Rama

Schmetterlinge überall

Satsang-Tagebuch meines Lebens an der Seite von Samarpan

Veth-Verlag

Veth Verlag
Holger Veth
Schänzelstraße 1
67459 Böhl-Iggelheim
Tel.: +49 (0)6324-969763
www.Veth-Verlag.de

1. Auflage August 2008

Umschlaggestaltung: Yehu, Bremhof & Rama
Schmetterling: © ericus - www.fotolia.de
Lektorat: Garima
Druck: Quickprinter
ISBN 978-3-939972-03-7

Zweimal zwei gleich vier ist Wahrheit.
Schade, dass sie leicht und leer ist,
Denn ich wollte lieber Klarheit.
Über das, was voll und schwer ist.

Emsig sucht' ich aufzufinden,
was im tiefsten Grunde wurzelt,
Lief umher nach allen Winden
und bin oft dabei gepurzelt.

Endlich baut' ich eine Hütte.
Still nun zwischen ihren Wänden
Sitz' ich in der Welten Mitte,
unbekümmert um die Enden.

(Wilhelm Busch)

Vorwort

Einem spontanen Impuls folgend schrieb ich Mitte 2001 eine Kurzgeschichte zum Thema Advaita, die ich an einen esoterischen Verlag schickte. Einige Wochen später bat man mich von deren Seite, ihnen das gesamte Manuskript zu schicken, was es ja leider nicht gab, und meine telefonische Nachfrage, ob man nicht auch aus diesem dreiseitigen Text ergänzt durch Bilder ein zumindest kleines Büchlein machen könne, wurde verneint. Zumindest bei ihrem Verlag sei das nicht möglich. Als ich fragte, wie viele Seiten ein Buch denn haben müsse, um bei ihnen eine Chance zu haben, erhielt ich zur Antwort: mindestens 150 Seiten! SCHLUCK! Das war jenseits all meiner Vorstellungen, und damit war das Thema für mich im Grunde erledigt. Doch genau drei Tage später ging mir folgende Überlegung durch den Kopf: 'Was hat es in den Jahren an Samarpans Seite nicht für intensivste Situation gegeben! Vollkommene Hingabe, bedingungslose Liebe und höchste Glücksgefühle auf der einen Seite; grenzenloser Widerstand, abgrundtiefe Trauer und bodenloser Schmerz auf der anderen Seite. Und immer wieder Samarpan, der mich in zumeist liebevoller, manchmal auch strenger Art und Weise auf die Wahrheit hinwies und ich so mehr und mehr den Ort kennen lernen durfte, an dem das wahre Glücklichsein zu finden ist. Wer weiß, ob eine ehrliche und detaillierte Schilderung über die beispielhafte Entwicklung einer Meister-Schüler-Beziehung nicht auch für andere interessant, vielleicht hilfreich oder zumindest unterhaltsam sein könnte?' – Kaum waren diese Gedanken vorüber gezogen, überkam mich solch eine Erinnerungsflut, dass ich mir unverzüglich einen Stift zur Hand nahm und ihn erst vier nahezu schlaflose Monate später wieder zur Seite legte.

Dank sei an dieser Stelle all denjenigen, die keinen Einwand gegen die Verwendung ihres Original-Namens hatten, auch wenn sie im Buch als Projektionsfläche gebraucht wurden und unter Umständen der Eindruck entstehen könnte, dass sie dieses oder jenes (falsch) gemacht haben.

Tatsächlich hat niemand irgend etwas gemacht, weder richtig noch falsch, da es in Wahrheit überhaupt niemanden gibt, der irgend etwas machen könnte.

Hinweisen möchte ich darauf, dass die geschilderten Ereignisse nicht unbedingt mit dem jeweils genannten Datum übereinstimmen, da ich zu der damaligen Zeit kein Tagebuch geführt habe, sondern – wie oben beschrieben – erst Ende 2001 begann, alles niederzuschreiben.

Samarpans wörtliche Rede habe ich im gesamten Buch so geschrieben, wie ich in Erinnerung habe, dass er es gesagt hat bzw. wie ich glaube, dass er es gesagt haben könnte.

Was all meine im Buch erwähnten Urteile anbelangt, so waren dies Urteile, die ich in dem jeweiligen Moment hatte und nicht notwendigerweise heute noch habe. Abgesehen davon bin ich mir bewusst, dass zum einen jedes Urteil ein Urteil des Verstandes ist, was mich in die Dualität führt und als Person von anderen trennt, und zum anderen, dass alle dargestellten Geschehnisse eine Projektion von mir und so gesehen jedes über irgendeine andere Person gefällte Urteil in Wahrheit ein Urteil über mich selbst ist. Klar ist auch, dass letzten Endes alle im Buch geschilderten Geschichten immer nur dazu da waren, die 'Geschichte von Rama', die Story dieses falschen und tatsächlich überhaupt nicht existierenden 'Ichs' am Leben zu erhalten, anstatt das ausgelöste und im jeweiligen Moment gegenwärtige Gefühl einfach nur zu fühlen, in Frieden damit und im Gewahrsein dessen zu sein, was wir alle in Wahrheit sind.

Das Buch 'Schmetterlinge überall' knüpft unmittelbar an die Geschehnisse des ersten Buches 'Auf der Suche nach dem Schmetterling' an. Das heißt, es beginnt im April 1998, als ich bereits seit ungefähr einem Jahr mit Samarpan umher reiste, und endet am Tag des Abschieds von Samarpan im September 2001.

Für Dich

1.

Niemand kann Gott kennen,
der sich nicht zuerst selbst kennen gelernt hat.
(Meister Eckhardt)

München, 23. April 98

Samarpan und Marga fliegen in die USA, und wir vier Staff-Mitglieder, Abhijat und seine Freundin Radhika, meine Freundin Grace und ich, beginnen mit unserer Musiktour. Ich sehe ihr ja mit gemischten Gefühlen entgegen, denn solange Samarpan dabei war, bekam „Musik-Master“ Abhijat wenigstens hin und wieder einen ‘Hit’ (Hieb) mit dem unsichtbaren Zen-Stab von Samarpan. Auf der anderen Seite sehe ich schon auch, dass Abhijat den Satsang mit Samarpan total unterstützt. Seine neueste Idee ist es, Aufzeichnungen von Sharings[1], die sich um spezielle Themen drehen, von verschiedenen Satsangs zusammen zu schneiden und als ‘Themen-Kassetten’ zu verkaufen. Allerdings ist das natürlich mit einem enormen Aufwand verbunden, und insofern bin ich nicht gerade begeistert, als er heute meint, Grace und ich sollten uns mal darum kümmern...

Bern, 27. April 98

Mannomann, wir vier gehen uns gegenseitig auf den Keks... es ist kaum auszuhalten! Wäre doch nur Samarpan hier. Aber warum glaube ich eigentlich, Samarpan zu brauchen? Letzten Endes ist die Stille doch in mir. Mmh. Na ja, vielleicht ist es ja so, dass, wenn ich alleine gegen meinen Verstand kämpfe, ich ganz alleine dastehe. Und wenn ich mit Samarpan sharel, sind wir zu zweit gegen meinen Verstand... ein klarer Vorteil, oder?

Stuttgart, 30. April 98

Feiere meinen Geburtstag bei meinen Eltern. Meinc Mutter backt einen Kuchen, alles ist wie in der ‘guten alten Zeit’; rührend. Ich habe meine Eltern so lieb, was haben sie mir nicht alles gegeben!!! Und natürlich zeige ich ihnen auch unsere neue Musik-CD, damit sie sehen, dass ihr Sohn auch jetzt noch etwas zu

---

1 To share (englisch): mitteilen. Ich habe bewusst nicht das deutsche Wort “mitteilen” benutzt, weil auch im Satsang mit Samarpan häufig von “sharen” die Rede war und das aus meiner Sicht nicht nur deshalb, weil Samarpan Englisch spricht. Für mich trifft das Englische “sharen” genauer, was diese Person gerade tut. Sie teilt nicht einfach nur irgendwelche neutralen Informationen mit, sondern sie öffnet quasi ihr Herz und “teilt” mit allen anderen, was gerade bei ihr präsent ist. Und meist handelt es sich dabei um intime Dinge oder intensive Gefühle wie z. B. Trauer, die dann auch für alle anderen fühlbar sein können. Es ist also eher ein *sich* mitteilen. Allerdings hätte sich die Formulierung “Im Satsang teilt sich eine Frau mit, dass...” oder ähnliches für mich sehr holprig angefühlt, und so wird hier im Buch meistens von *sharen* gesprochen.

Wege bringt. Während wir gemeinsam das erste Lied hören, blättern sie durch das Coverheft, in dem wir alle abgebildet sind.

„Die sehen ja alle ganz nett aus."

„Ja, und die sind alle auch ganz nett", sage ich glücklich.

„Und was bedeutet 'Rama'?"

Mmh. Ich hätte ja gerne verhindert, dass sie von meinem neuen Namen erfahren, aber unter dem Bild von mir steht es nun mal klar und deutlich...

„Ach so, Rama... das ist mein... Künstlername."

Kurz darauf – es läuft gerade 'Divine beloved' – fragt mich meine Mutter: „Und was bedeutet das?"

„Äh... divine beloved..." Huuuuu, da hat sich meine Mutter genau die 'richtige', will sagen die für meine Eltern kritischste Stelle herausgesucht. „Also ich würde es übersetzten mit... schluck... 'Göttlicher Geliebter'... schluck."

„Ach so", meint meine Mutter trocken und schluckt ebenfalls.

Stuttgart, 4. Mai 98

Wie schon in München bieten wir nun auch hier jeden Abend einen Musik-Satsang an. D. h.: Singen von Liedern aus dem Satsang im Wechsel mit Stille-Phasen und dem Anhören von Satsang mit Samarpan-Aufnahmen... ganz nett. Allerdings schwingt für mich dabei ein subtiles 'Doing' unseres 'Chefs' und seiner Assistentin mit, was ich jedoch nie zu sagen wagen würde.

Köln, 8. Mai 98

Abhijat will dies und will das. Nervig! Ein immer deutlicher in Erscheinung tretendes Programm von mir ist, dass ich nicht nein sagen kann. Auch wenn ich gerne würde. Aber wie steht es damit im Zusammenhang bzw. im Zusammensein mit dem Meister? Darf man dem Meister gegenüber überhaupt nein sagen? Und seinem Vertreter? Irgendwie sehe ich Abhijat nämlich so. Und auch wenn er mir irgendeine Arbeit aufträgt, die den Satsang unterstützt, wie eben neulich die Erstellung neuer Themen-Kassetten, bin ich mir diesbezüglich unsicher und druckse ziemlich herum, was auf ihn dann vermutlich recht komisch und verwirrend wirken muss und dadurch des Öfteren eine genervte Stimmung auf beiden Seiten entsteht, was mich dann wiederum noch mehr verunsichert...

Hamburg, 13. Mai 98

Mehr als die Hälfte der Tour ist vorbei, und bislang war der Besuch unserer Musik-Satsangs eher dürftig. Außerdem drücken wir vier uns ständig die Knöpfe. Mammamia. Der reinste Horror!

Hengelo, 16. Mai 98

Ein Desaster. Abhijat verkracht sich total mit den Leuten vom hiesigen Osho-Zentrum, da einer nach dem anderen unseren 'Musik-, Stille-, Satsang-Kassetten-anhören-, Stille-, Musik-'-Satsang verlässt und wir vier schließlich nur noch unter uns sind. Stattdessen machen sie im Aufenthaltsraum des Zentrums ihre eigene Party. Wild und ungestüm singen sie ein Lied nach dem anderen. Und irgendwo kann ich sie verstehen. Unsere, oder genauer gesagt Abhijats Musik-Satsangs der letzten Wochen hatten für meinen Geschmack einfach ein klein wenig zuviel an Heiligkeit.

Mannheim, 23. Mai 98

Wir waren mit Samarpan zwar noch nie in Mannheim, aber eine Satsang-Besucherin von hier hat uns in Stuttgart kennen gelernt und war so angetan von unserer Musik, dass sie uns gefragt hat, ob wir bei unserer Musiktour nicht auch ihre Stadt besuchen könnten. Sie würde sich um Raum und Werbung kümmern. Und jetzt sind wir hier. Und es ist toll. Zusammen mit ihrem asiatischen Mann besitzt sie ein thailändisches Lokal, und zur Begrüßung werden wir alle erst einmal ausgiebig bewirtet. Exquisit! Danach richten wir im Nebenraum alles her, und abends zum Konzert kommen richtig viele. Weil es lauter Leute sind, die von Satsang vermutlich keine Ahnung haben, ist es nicht schlecht, dass Abhijat vor jedem indischen Bhajan eine kleine Ansage macht, die ihm aus meiner Sicht ganz gut gelingt. Bescheiden spricht er über 'Das'. Schön, ihn auch einmal derart demütig zu erleben.

Stuttgart, 31. Mai 98

Schaue mal wieder bei meinen Eltern vorbei. Mein Vater:

„... unverantwortlich... Deine Zukunft..."

„Schau", unterbreche ich ihn: „Bei uns im Satsang geht es um die Wahrheit! Und hier bei Euch, geht es eben – wie so oft – nicht um die Wahrheit! Die Wahrheit ist: Wir haben keine Ahnung, was die Zukunft bringen wird!!!"

Ich merke, dass bei mir ein 'Kapiere es doch endlich!' mitschwingt, was natürlich dazu führt, dass eben dies nicht eintritt, sondern stattdessen zusätzliches Benzin ins Feuer gegossen wird. Und obwohl mir dies bewusst ist, kann ich doch nichts dagegen tun. Diese Diskussionen stellen meine Geduld wirklich jedes Mal erneut auf eine harte Probe. Mein Vater sieht mich ärgerlich an, und ich entgegne halb hilflos, halb wütend:

„Versteht es doch endlich! Ich bin einfach glücklich!" Verdammt noch mal!

„Jaaaa. DUUUU bist glücklich!!", schnaubt mein Vater. – Später erinnere ich mich daran, was Samarpan einmal zu dieser Thematik gesagte hat: 'Eure Eltern wollen die Wahrheit nicht hören. Sie haben nicht nach der Wahrheit gefragt. Lasst sie einfach in Ruhe. Lasst sie einfach in Frieden. Liebt sie einfach, so wie sie sind. Es geht nicht darum, mit der Wahrheit hausieren zu gehen.' – Tja, es scheint, ich habe diesbezüglich noch einiges an Lernbedarf.

Stuttgart, 15. Juni 98

Am Hauptbahnhof. Begrüße Samarpan mit einer kurzen, aber innigen Umarmung wie einen alten Bekannten. Die letzten Wochen haben mir gezeigt, es geht auch ohne ihn. Sehe ihn im Moment mehr als einen Freund, denn als einen Meister. Es gibt nicht viel zu sagen. Im Auto schaut er mich allerdings von der Seite an und fragt, wie denn die Musiktour so war. Ich denke mir: 'Wahrscheinlich weiß er ganz genau, dass wir uns ständig gegenseitig die Knöpfe gedrückt haben' und sage:

„Samarpan, die einzige Möglichkeit, es durchzustehen, war, immer wieder in die Stille zu gehen." Dabei grinse ich ihn an, er grinst zurück und sagt nichts. Schweigend setzen wir unsere Fahrt fort. Schön, wieder bei und mit ihm zu sein. Und dann ist nach wochenlangem 'Entzug' (hahaha) wieder Satsang.

„Glücklichsein ist nicht im Außen. Und jede Enttäuschung in unserem Leben ist genaugenommen eine Hilfe, um uns daran zu erinnern, wo wir das wahre Glücklichsein finden. – In Indien war einst ein Schüler, der erwartungsvoll am Straßenrand stand, weil der König gleich auf einem Elefanten vorbei reiten würde. Als sich dieser mit seinem ganzen Gefolge langsam näherte, zog ein Bettler den Schüler von hinten an seinem Umhang; offensichtlich wollte auch er etwas sehen. Aber der Schüler schubste ihn weg, denn er wollte nicht abgelenkt werden. Doch der Bettler kam zurück, zog und zerrte an ihm herum und fragte auf's Neue: 'Wer reitet da auf dem Elefanten?' - 'Der König!', sagte der Schüler kurz angebunden und hoffte, ihn damit zufrieden zu stellen. Doch der Bettler ließ und ließ einfach nicht locker und stellte immer wieder dieselbe Frage: 'WER reitet da auf dem Elefanten?'... Schließlich wurde es dem Schüler zu dumm. Er wendete sich dem Bettler zu und erkannte in diesem Moment seinen Meister." Kurze Stille. „Das ist der Satguru. Immer bereit, uns zu erinnern. Das Göttliche lässt uns nicht allein. Es möchte unsere ständige Aufmerksamkeit. Wenn wir sie ihm geben, ist da Frieden. Gib deine Aufmerksamkeit auf die Stille. Wieder und wieder."

Stille. Und ich denke: Wie schön, dass mir das inzwischen alles klar ist.

Stuttgart/Stiersbach, 17. Juni 98 (Retreat)

In Stiersbach angekommen, regnet es in Strömen, und der Innenhof ist ein einziger Matsch. Aber der Satsang ist wie üblich sehr schön. Außerdem ist es bei den Retreats immer eine Freude, so viele Bekannte aus den einzelnen Städten wieder zu sehen. Wobei es so viele dann auch wieder nicht sind, der Satsang-Raum ist eher leer, was auch daran liegen mag, dass Samarpan gestern im Satsang in Stuttgart nur eine ganz kurze 'Retreat-Werbeansprache' gehalten hat. So etwas scheint ihm einfach nicht zu liegen.

Nach dem Satsang treffen wir, der Staff, uns noch im kleinen Kreis bei Samarpan im Zimmer. Für Radhika ist Abhijats neue Freundin, die er vor kurzem in Köln kennengelernt hat und die auch hier beim Retreat aufgetaucht ist, natürlich eine unheimliche Herausforderung, und es ist bewundernswert, wie sie sich dem Schmerz hingibt, der immer wieder hochkommt, wenn sie die beiden zusammen sieht. Manchmal scheint sie ihn allerdings auch gerne wegreden zu wollen: 'Ach, was soll's? Wir sind sowieso alle eins!' Samarpan meint dazu:

„Versuche nicht, den Schmerz zu verstehen. Versuche nicht, ihn wegzubekommen. Das ist nur der Verstand mit seinem Wunsch nach Kontrolle. Es hilft nicht, den Schmerz wegzureden. Die einzige Möglichkeit ihn loszulassen, mit ihm in Frieden zu sein, ist, wenn man ihn willkommen heißt. Heiße all deine Schmerzen willkommen."

Stiersbach, 18. Juni 98 (Retreat)

Bei Abhijat tritt das Nach-hinten-Verdrehen der Augen in letzter Zeit immer häufiger auf. Auch während des Satsangs. Während Samarpan die Wahrheit spricht, sitzt Abhijat minutenlang mit nach hinten verdrehten Augen da und weil er direkt neben Samarpan auf dem Boden mit dem Gesicht zur Menge dasitzt, ist er natürlich im Blickfeld von allen, und es gibt immer einige, die ihn dann ganz gebannt anstarren; ich leider auch, aber ich kann einfach nicht anders. Es ist so... so... Und so sehen wir alle zu, wie sein Körper ab und zu fast nach hinten wegkippt. Wahrscheinlich weil er drauf und dran ist, ein für alle Mal ins Nirwana abzudriften. In mir löst das nichts Gutes aus, wobei es im Satsang ja noch geht. Aber als ich ihn heute Morgen etwas Organisatorisches fragte und er – direkt vor mir stehend – für ein paar Sekunden die Augen verdrehte, bis er sich schließlich 'erbarmte', mir seine Antwort mitzuteilen, hätte ich ihm den Hals umdrehen können. Wenn ich nicht wüsste, dass Samarpan in ihm seinen besten Mann sieht... Mannomann! Nur gut, dass gleich wieder Satsang ist.

„Nimm deine Gedanken nicht ernst. Deine Gedanken sind überhaupt nicht deine Gedanken. Da sind einfach Gedanken. Und es gibt niemanden, dem sie gehören. Papaji[2] sagte: 'Berühre keinen Gedanken. Sonst wird er dich beißen'. Das ist die Wahrheit. Sobald wir einen Gedanken berühren, ist da sofort Leid. Lasse die Gedanken einfach vorüberziehen. Sie haben nichts mit dir zu tun. Sei einfach Hier."

2 Hariwansh Lal Poonja, später auch „Poonjaji" oder „Papaji" genannt: Indischer Mystiker (1913-1997).

„Mit den Gedanken kann ich es noch verstehen“, meldet sich jemand zu Wort, „aber was ist mit den Gefühlen? Ich fühle mich nämlich gerade etwas mies.“

„Nimm auch deine Gefühle nicht ernst. Diese Gefühle sind nicht deine Gefühle. Es sind nur Gefühle. Vielleicht hast du dieses Gefühl von jemand anderen aufgeschnappt. – Weißt du, da ist einfach so ein mieses Gefühl, das mutterseelenallein durch den Raum schwebt. Wenn dann da jemand ist, wenn du als jemand identifiziert bist, bleibt es bei dir hängen, und du sagst: ‘ICH fühle mich mies.’ Wenn da jedoch niemand ist, ist da nichts, wo es hängen bleiben kann. – Du bist niemand! Und wenn da ein Gefühl ist, egal welches, fühle es einfach. – Da ist so ein mieses Gefühl? In Ordnung. Dann sei dieses Gefühl. Nicht getrennt von ihm. Und so zieht es ganz schnell weiter. Je besser man darin wird, desto schneller geht es. Und es ist interessant. All diese Gefühle sind so interessant. Denn: Sie machen das Leben interessant. Sie sind die Würze des Lebens. Wenn wir unsere Urteile über sie fallen lassen, sind es einfach interessante Erfahrungen.“

Nachdem der nach jedem Satsang stattfindende Verkauf von Kassetten, Bildern etc. abgeschlossen ist, setze ich mich in den Innenhof und erhole mich von dem ganzen Stress. Denn da Grace momentan krank ist, habe ich – wer sonst – neben dem Musizieren und Dolmetschen auch noch den Verkauf übernommen. Aber jetzt und hier genieße ich ganz diesen Moment, räkele mich wohlig auf dem Sofa und strecke alle viere von mir: Das Leben ist so schön! Da öffnet sich plötzlich die Türe von Samarpans Zimmer, er selbst kommt zu mir herüber und schnauzt mich ohne ersichtlichen Grund an:

„Wenn du nichts tun willst, musst du selbst Satsang geben!“

! ? ! ? ! ? ! ? ! ? ! ? ! ? ! ? ! S-C-H-L-U-C-K ! ? ! ? ! ? ! ? ! ? ! ? ! ? ! ? !

Ich sehe Samarpan sprachlos an und denke: WIE????? Was heißt hier Nichtstun??? Ich mache vor dem Satsang Musik, ich dolmetsche während des Satsangs, ich mache danach wieder Musik, dann kommt der Verkauf und das alles drei Mal am Tag! Während die ‘Nur’-Musiker ein recht beschauliches Leben führen. Ich verstehe absolut nicht, was Samarpan eigentlich will! Aber anscheinend wartet er auch gar nicht auf eine Antwort. Und was heißt: Ich muss selbst Satsang geben? Ich verstehe überhaupt nichts mehr.

„Ich verstehe nicht ganz...“, sage ich verstört.

„WAS WILLST DU?!“, bellt Samarpan, und ich frage mich, wie er das denn jetzt wieder meint? So wie ich ihn in den vergangenen Monaten verstanden habe, ist der Einzige, der etwas will, der Verstand. Will Samarpan jetzt von mir wissen, was der Verstand will oder was ich will? Das Ich, mein wahres Ich, will überhaupt nichts – soviel ich weiß. Und mein Verstand, würde ich ihn denn befragen, würde wahrscheinlich eher vom Satsang weg wollen, weil es da viel zu gefährlich ist. Das muss oder sollte Samarpan doch auch klar sein, oder? Scheiße: Wovon reden wir jetzt eigentlich? Ich kapiere gerade gar nichts. – Stille. Wir sehen uns an, und ich habe den Eindruck, Samarpan ist stocksauer. Auweia. Ich bin vollkommen verdattert und ohnmächtig, verstehe rein gar nichts mehr und weiß nicht, was ich sagen soll. Schließlich sagt Samarpan:

„Ich werde dich nicht auf meinen Schultern herumtragen."

Schluck! Panik! Ich nicke wortlos, nun vollkommen verwirrt, und Samarpan geht wieder ab.[3]

Im Satsang befinde ich mich in einer absoluten Scheißstimmung, während Samarpan erzählt, dass seine USA-Reise eine ziemliche Desillusionierung war, auch der Besuch bei seiner Familie und seiner Ex-Frau mitsamt seinen Kindern.

„Das ist nicht meine Familie. Das sind alles Fremde für mich. Ihr seid meine Familie! All meine Freunde sind hier. Hier ist meine Familie. Dies Hier ist mein Zuhause."

So sehr mir solche Worte ansonsten wie Butter runter gehen, in meiner jetzigen Stimmung könnte ich einfach nur abkotzen.

Stiersbach, 19. Juni 98 (Retreat)

„Ich akzeptiere jeden von euch, genau so wie er ist. Hier könnt ihr einfach entspannen. Hier kann man immer entspannen."

Mannomann! Von Entspannung kann in der gegenwärtigen Situation bei mir keine Rede sein. Wie auch? Und mit Grace, die wieder gesund ist, habe ich nach dem Satsang auch noch Stress. Toll! Es kommt mal wieder alles zusammen.

Stiersbach, 20. Juni 98 (Retreat)

„Ich will überhaupt nichts. Der Einzige, der etwas will, ist immer nur der Verstand. – Das Göttliche will nie irgend etwas. Das Göttliche ist immer

---

3 Heute erkenne ich, dass Samarpans Intervention nicht von ungefähr kam. Kurz zuvor hatten wir im Satsang einen sekundenlangen stillen Blickkontakt gehabt, und während ich den Eindruck hatte, dass Samarpan sehr erschöpft dreinblickte, dachte ich bei mir in etwa Folgendes: „Tja, während du die ganze Zeit im Vordergrund stehst und die ganze Arbeit hast, habe ich ein total easy-going Leben ohne jede Verantwortung im Hintergrund. Hehehe!" Daraufhin schien sich in Samarpans Blick zu der Erschöpfung noch Ärger hinzuzugesellen, was in mir ein gewisses Triumphgefühl inklusive der in etwa folgenden Gedanken auslöste: „Tja, selber Schuld! Ätsch!" Diese Begebenheit wurde allerdings unmittelbar nach Samarpans „Hit" für Monate zu weiten Teilen ausgeblendet. Anstatt meine eigene Arroganz zu sehen, projizierte ich diese nach Außen und ging voll in die Story von *„Samarpan, dem Bösen"*. Dazu kommt, und das dringt erst jetzt fast acht Jahre danach so ganz allmählich wieder in mein Bewusstsein, dass ich mich insgeheim durchaus schon als Satsang-gebenden Rama durch die Lande touren hatte sehen, so dass ich mich von Samarpans Worten absolut entblösst und durchschaut gefühlt hatte. Als hätte er mir mit einem Ruck sämtliche Klamotten vom Leib gerissen. Das war so furchtbar und erschreckend und schmerzhaft und peinlich, dass ich vollkommen unfähig bzw. nichts Willens war, mir, geschweige denn ihm - dies einzugestehen und stattdessen total dicht machte.

zufrieden mit dem, was gerade ist. Und das ist die Wahrheit: Alles soll genau so sein, wie es jetzt im Moment gerade ist. Es ist nur der Verstand, der glaubt, es besser zu wissen, wenn er sagt: 'Nein, es sollte anders sein.' Und das ist eine Lüge. Höre nicht auf den Verstand. Wende ihm den Rücken zu und sei einfach Hier."

Zergehen mir solche Worte beim Dolmetschen normalerweise auf der Zunge, könnte ich in diesen Tagen ständig die Wände hochgehen, wenn ich Samarpan so reden höre. – Nach dem Satsang hat Grace noch eine 'private session' bei und mit Samarpan, aber trotz allem ist es mit ihr gerade schwierig. Oder mit mir? Ich bin einfach ziemlich Scheiße drauf! – Scheiße!

Stiersbach, 21. Juni 98 (Retreat)

„Tue nichts. Egal, was du gerade tust. Schaue zu, aber werde nicht involviert in das Tun. Sei nicht identifiziert als der Tuer. Es gibt keinen Tuer. Das ist nur der Verstand. Lasse den Verstand in Ruhe. Aufstehen geschieht, Zähneputzen geschieht, Anziehen geschieht. Alles geht vor sich, und du tust währenddessen nichts. Du bist nur der Beobachter. Du schaust dieser ganzen Show nur zu. Dein ganzes Leben ist nur ein Film. Du bist nicht tatsächlich derjenige, der du glaubst zu sein. Du bist der Zuschauer. Und wenn wir nicht als der Tuer identifiziert, sondern einfach in der Stille, im 'No-mind', im Nicht-Verstand sind, sehen wir: Da ist niemand. – Lebe dein ganzes Leben im Nichtverstand. Nicht identifiziert als jemand, nicht identifiziert als dieser Körper. Dann bleibt nichts zurück und hinterlässt keine Spuren. Alles zieht an dir einfach nur vorüber. Und du bist nicht berührt davon, bist nicht Teil davon, unbeteiligt. – Im Zen heißt es: 'Durch das Leben zu gehen, ohne Fußspuren zu hinterlassen.'"

In der Mittagspause, kurz vor dem letzten Retreat-Satsang, ruft Samarpan Grace und mich noch schnell zu sich auf sein Zimmer, und unser beider Verstand denkt sofort: Vielleicht sagt Samarpan ja, dass wir jetzt ein neues Wohnmobil kaufen sollen.[4] Über dieses Thema war zwar in den letzten Tagen nicht mehr gesprochen worden, aber vielleicht ja jetzt!

„Hi Samarpan!", begrüßen wir ihn freudestrahlend.

„Liegen eigentlich Satsang-Terminpläne aus?", sagt der scharf.

„Äh, keine Ahnung", antworte ich erschreckt.

„Ich hatte dir doch gestern gesagt, dass du welche kopieren sollst!"

4 Da ich zu dieser Zeit das einzige Staff-Mitglied mit Auto war und alles transportierte, hatte Samarpan bereits im April angeregt, dass Grace und ich uns aufgrund des ständig wachsenden Satsang-Equipments wie Lautsprecher etc. nach etwas Größerem umsehen sollten. Mir hatte ein Wohnmobil vorgeschwebt, und in den Wochen zuvor hatten wir uns mit Samarpans Einverständnis tatsächlich einige gebrauchte angesehen. Allerdings war bis zu diesem Zeitpunkt nicht Gescheites dabei gewesen.

„Das schon, schluck. Nur erfuhr ich, dass jemand anderes sowieso zum Kopieren ging und habe dann den gebeten, die Satsang-Pläne gleich mit zu kopieren.“

„Und du hast nicht kontrolliert, ob derjenige es auch gemacht hat?“ - „Nö.“

„Es gibt jetzt also keine Schedules für die Leute zum Mitnehmen?“

„Sieht so aus.“ Oh, Gott! Samarpan kotzt voll ab.

„Soll ich dir einmal etwas sagen? Wenn du nicht tust, was ich dir sage, schmeiße ich dich raus!“

WAS??? Scheiße, Scheiße, Scheiße!!! Was ist denn jetzt los? Mein Verstand dreht voll auf. So eine Drohung – nur wegen ein paar Bogen Papier! Wo ist denn da die Akzeptanz? Offensichtlich will das Göttliche nicht, dass die Schedules ausliegen, also was soll's? Ich kapiere überhaupt nichts mehr, sitze nur da, bin total im Schmerz, habe totale Angst, alles zu verlieren. Auauauauau.

„Und du?“, wendet Samarpan sich Grace zu. „Bist du glücklich mit diesem Typen?“

Grace schaut zu mir, dann wieder zu ihm und antwortet:

„Na ja...“

Oh, Gott! Will er mich jetzt völlig fertig machen? Ich sage nichts, sondern fühle nur die Panik, die von Moment zu Moment schlimmer wird. Erwartet Samarpan, dass ich noch etwas sage? Eher nicht, oder? Schließlich sagt er doch immer, dass man Was-auch-immer-gerade-hier-ist einfach fühlen soll, oder? Im Moment weiß ich überhaupt nicht mehr, was hier gerade eigentlich los ist.

Langes Schweigen. Irgendwann fragt Samarpan mit ernster Miene:

„Okay?“

Ich sage nichts, zucke nur mit den Schultern und verlasse mit Tränen in den Augen den Raum. – Während des letzten Satsangs beachtet Samarpan mich nicht, und ich habe das Gefühl, wir zwei sind so weit getrennt wie noch nie zuvor. Puuuh! – Abends, als Samarpan nach Frankfurt und alle anderen zu sich nach Hause fahren, bleiben Grace und ich noch in Stiersbach, und der Mindfuck[5] in meinem Kopf geht weiter: ‘Ist Samarpan auf einem Powertrip, oder ist das die Story, in die ich hineingehe, um die Panik nicht zu fühlen?’ Ich verstehe wirklich überhaupt nichts mehr, bin total verwirrt, wie ich sein Verhalten mit der allzeit gepredigten göttlichen Akzeptanz dessen, was gerade ist, in Einklang bringen soll.

Stiersbach, 22. Juni 98

Mir ist immer noch nichts klar. Bin ich jetzt noch im Staff – oder war das schon der Rauswurf? Auweia! Sollte Samarpan mich wirklich rausgeschmissen

5 Überflüssiges Nachdenken und Grübeln.

haben oder rausschmeißen, falle ich, glaube ich, in ein ganz, ganz schwarzes Loch... Angst, Panik... oh, Gott: Dann ist echt alles aus. – Grace hingegen sieht das Ganze gar nicht so ernst und meint, ich solle Samarpan doch einfach anrufen, was ich jetzt auch tue. Mit zitternder Stimme sage ich ihm, dass ich doch schließlich alles hinter mir gelassen habe und total mit ihm bin, dass er mein Leben ist! Und Samarpan ist wieder ganz der Alte und sagt liebevoll, ich könne Dinge durchaus delegieren, müsse aber schauen, ob sie auch gemacht werden. Puuuuuuh, ich atme auf!

„Alles okay, Rama?“ - „Alles okay, Samarpan.“

Uff!!! Ich bin noch im Staff! Mannomannomann! Das ist noch einmal gut gegangen. Ich habe keine Ahnung, was ich ohne Samarpan machen würde.

Stuttgart, 24. Juni 98

Zwei Tage sind vergangen, und mittlerweile habe ich wieder ein klein wenig Abstand gewonnen, aber trotzdem: Jungejunge! Wer weiß, ob ich in der Lage wäre, mich nach einem Rauswurf wieder zu berappeln? Und selbst wenn: Unter Umständen bliebe ich für den Rest meines Lebens oder doch zumindest auf Jahre hinaus mit einem unguten Gefühl und Zweifeln an mir und an der Wahrheit zurück. Da ist auf der einen Seite meine Wahrnehmung, mir keiner Schuld bewusst zu sein, mir nicht bewusst zu sein, dass ich etwas falsch gemacht habe, übereinstimmend mit der von Samarpan stets verkündeten Wahrheit, dass niemand etwas falsch macht, weil da niemand ist, der überhaupt irgend etwas machen könnte, weder falsch noch richtig. Und auf der anderen Seite die Reaktion von Samarpan; die Reaktion desjenigen, der behauptet, eins mit Gott zu sein. Ein Verhalten, das ich nicht anders zu interpretieren weiß, als dass er, also Gott, mich falsch macht.[6] Irgendwie kriege ich das nicht auf die Reihe, und hätte mich Samarpan tatsächlich hinausgeworfen, würde da vielleicht tatsächlich ein auf ewig nagender Zweifel in mir und an mir selbst bleiben. Ich meine, was gibt es Schlimmeres für einen Erdling, als vom Göttlichen selbst verurteilt zu werden? Mammamia! Und ich kann mich momentan sehr gut in die Lage eines Hinausgeworfenen hineinversetzen, der mental völlig durcheinander ist und nur sehr schwer wieder auf die Beine kommt.

Stuttgart, 27. Juni 98

Obwohl der Anschiss schon eine Woche her ist, steckt mir, wenn ich daran denke, die Angst immer noch in den Knochen. Jungejungejunge! Das war der Horror! Und dieser Horror kann jederzeit wiederkommen, wenn ich irgend

6 Im Buch wird mehrfach die Redewendung „jemanden falsch machen“ verwendet. Damit ist gemeint, auf sein Gegenüber zu projizieren, dass es dort einen Jemand gibt (das heißt, eine von einem selbst getrennte Person), die in den Augen des Projizierenden irgend etwas falsch macht. (Wobei natürlich derjenige, der projiziert, selbst auch nur eine Projektion von einem selbst ist (in dem Fall von Rama), der lediglich in der Vorstellungswelt des eigenen Verstandes existiert.)

etwas falsch oder gar nicht mache, was Samarpan von mir will. – 'Will, will, will!' Wenn ich nur daran denke, vergeht mir schon jetzt jede Lust, ihm zu helfen... keine sehr rosige Aussicht.

Hamburg, 29. Juni 98

Zurück in Hamburg. Habe mich mittlerweile einigermaßen beruhigt. Allerdings geht mir das erleuchtete Geschwätz innerhalb des Staffs vor dem Satsang gewaltig auf den Keks. Irgendwie ist es etwas Anderes, wenn Samarpan so redet. Ihn bin ich bereit, als Meister zu akzeptieren, aber wenn mir ein anderes Staff-Mitglied die Knöpfe drückt und ein 'Fühle doch einfach den Schmerz!' hinterher schiebt, kommt das total arrogant rüber und löst in mir eine enorme Aggression aus. Teile ich die mit, kriege ich ein 'Dann fühle die Aggression!' vor den Latz geknallt. Kotz! – Im Satsang sage ich Samarpan, dass es mich ziemlich nervt, wenn einige so tun, als seien sie erleuchtet, und während ich das noch share, schauen die Betroffenen recht betreten drein, oder bilde ich mir das nur ein? Jedenfalls sagt Samarpan:

„Die Wahrheit ist: Wir sind alle erleuchtet. Papaji sagte es immer wieder, und von ihm kamen etliche zurück, die von sich sagten, sie seinen jetzt erleuchtet."

„Aber das ist doch voll zum Kotzen!"

„Ja, wenn jemand denkt, er ist irgend jemand , der erleuchtet ist, dann ist das nervig", lacht Samarpan. „Wobei Papaji meinte: 'Immer noch besser man denkt, man sei erleuchtet, als dass man denkt, man sei nicht erleuchtet.' – Schau: diese Vorstellung 'Ich bin spirituell. Ich bin ein Sucher. Ich bin mit dem Meister.' ist weit verbreitet. Als ich bei Osho[7] auf der Ranch in Oregon lebte, hielt ich mich als dauerhaft dort wohnhafter 'Resident' ebenfalls für spiritueller als all die anderen, die nur zu den Festivals anreisten. Und diese Arroganz tut in der Tat weh. Es ist derselbe Verstand, der sich ein spirituelles Gewand umgehängt hat; dasselbe Ego. Die Wahrheit ist: Der Verstand wird nie erleuchtet werden. Das ist ein Widerspruch in sich."

Hamburg, 30. Juni 98

„Du kannst total auf das Leben vertrauen. Gib dich ihm einfach völlig hin."

Hat Samarpan das früher schon einmal gesagt? Ist anzunehmen. Und obwohl ich nun schon einige Monate mit ihm umher reise, habe ich es heute irgendwie anders gehört und auf- bzw. wahrgenommen. Irgendwie verstehe ich diese Aussage heute zum ersten Mal wirklich. Moment: Kann ich tatsächlich behaupten, es wirklich gehört zu haben, oder habe ich es nur ein klein bisschen

7 Baghwan Shree Rajneesh, von seinen Schülern später „Osho" genannt: Indischer Mystiker (1931-1990). Der Begriff „Osho" ist heute eingetragenes Markenzeichen der Osho International Foundation.

besser verstanden und werde in ein paar Jahren denken: 'Nein, erst jetzt habe ich es wirklich ganz gehört'? Gibt es immer tiefere 'Lern'-Ebenen? Und was war in den vergangenen Monaten? Habe ich immer geschlafen, wenn Samarpan von Vertrauen sprach? Oder habe ich etwas Anderes gehört? Höchst seltsam. Und wenn ich erst jetzt höre, was er vielleicht schon oft gesagt hat, dann gibt es hier im Raum wahrscheinlich einige, die es jetzt gerade (noch immer) nicht gehört haben. Ich schaue mir die einzelnen Gesichter an und frage mich, wer es wohl gehört hat und wer nicht... spannend. Und noch etwas wird mir klar: Wenn ich diese Aussage heute zum ersten Mal 'gehört' habe, obwohl ich sie schon oft gehört habe (und ich als Dolmetscher muss es zwangsläufig gehört haben, ja wahrscheinlich habe ich es sogar aus meinem eigenen Mund schon oft gehört... peinlich), ist denkbar, dass ich einiges von Samarpans Aussagen auch heute noch nicht höre... verrückt. Ich denke ja eigentlich, dass ich alles verstehe, was ich von ihm höre und schließlich auch dolmetsche, aber wer weiß? Da höre ich Samarpans Stimme im Hintergrund:

„Ich weiß überhaupt nichts. Das ist die Wahrheit."

Und auch das verstehe ich jetzt in diesem Moment klarer als je zuvor... Es gibt für mich noch so viel zu lernen.

Hamburg, 1. Juli 98

Sehr zu meinem Leidwesen haben Grace und ich unterschiedliche Vorstellungen über das 'Wie oft', was sich mittlerweile zu einem ziemlichen Thema entwickelt hat. Und je mehr ich sie bedränge, desto mehr zieht sie sich zurück, was in mir wiederum die Angst steigert, nicht 'genug' zu bekommen und ich sie noch mehr bedränge. Das ist natürlich ein Teufelskreis, aber irgendwie kann ich da nicht aussteigen. Sobald es Richtung Bett geht, denke ich: 'Hoffentlich...', und sie denkt wahrscheinlich das gleiche, nur umgekehrt. Als ich Samarpan diesbezüglich frage, meint der:

„Ja, wir haben die Vorstellung: Wir brauchen es. Und zwar jetzt auf der Stelle. Und wenn meine Partnerin mich wirklich lieben würde, dann würde sie es mir geben. Aber das ist nicht die Wahrheit. Du brauchst keine Frau. Und wenn wir nicht in diese Geschichte hinein gehen, ist diese ganze sexuelle Energie einfach nur eine Körperempfindung. Im Grunde genommen sogar recht angenehm. – Nimm diese Situation einfach als Meditation. Fühle die Erregung, das Wollen, die Angst, die Wut, die Frustration. Fühle alles. Erlebe alles. Und tue nichts. Schaue nur zu. Beobachte die ganzen Storys, mit denen dein Verstand daherkommt, aber bewege dich nicht von der Wahrheit weg. Bleibe im Moment. Papaji sagte: 'Sei wie ein Fels. Rühre dich nicht vom Fleck.'"

„Ich fühle mich aber so verflucht hilflos... Scheiße."

„Das ist wunderbar. Schließe Frieden mit diesem Schmerz. Schließe Frieden mit der Vorstellung, dass du vielleicht nie wieder Sex haben wirst."

„Oh, Gott! Das ist aber verdammt viel verlangt."

„Das ist schlichtweg der Preis, der Preis für den Frieden. Aber ich sage dir: Es ist es wert. Es ist die Freiheit wert. – Weißt du: Als ich noch ein junger Mann war und auf die Priesterschule ging, brachte man mir bei, dass Sex tabu sei. Nur wurde dieses Thema dadurch erst recht sehr interessant. Schließlich kreisten meine Gedanken nur noch darum. Und das ist keine Freiheit. Es ist Sklaverei. Auf der einen Seite ist da die Vorstellung: Sex ist es! Und gleichzeitig sind da alle möglichen Urteile darüber. Und so hält man diese Illusion am Leben. – Schau: Wenn bei deiner Partnerin Offenheit ist und du mit ihr schläfst, genieße es. Und wenn da gerade keine Offenheit ist, dann ist es auch in Ordnung. Du brauchst niemand anderen, um Sex zu haben. Sex ist nicht etwas, das der Körper benötigt. Das ist nur der Verstand, diese Vorstellung: 'Ich brauche es.' Aber das ist nicht die Wahrheit. DU brauchst überhaupt nichts. Gehe einfach nicht in die Geschichte hinein so von wegen, dass diese Energie irgend etwas bedeutet oder irgend etwas damit passieren muss. Das ist nur der Verstand. Im Moment ist es einfach nur ein Körperphänomen. Genaugenommen sogar recht angenehm. Fühle es einfach. Es ist leicht. Und das ist es, wirklich frei von Sex zu sein."

Lange Stille. Sex im Satsang bzw. eine Frage zu Sex natürlich (hahaha) ist immer spannend. Jetzt schlurft ein unscheinbarer Typ nach vorne und sagt in leicht leidendem Ton:

„Bei mir ist es gerade umgekehrt, Samarpan. Meine Freundin will die ganze Zeit!"

Einige Männer stöhnen auf. Weil sie eifersüchtig sind? Oder ist das nur eine Projektion meinerseits?

„Ja, ich hatte auch schon einmal solch eine Freundin." Samarpan lacht den Fragenden an: „Der Traum eines jeden Mannes. Doch wenn er Wirklichkeit wird..."

„... ist es furchtbar", vollendet der offenbar Geplagte Samarpans Satz und mir wird klar, dass ich diese Thematik so noch nie betrachtet habe.

„Ja", sagt Samarpan und schaut den Mann verstehend an.

„Ja", sagt der Mann und schaut Samarpan verstehend an.

Minutenlange Stille.

„Okay?", fragt Samarpan schließlich.

„Okay", sagt der Mann, steht auf und geht wieder relativ schlapp an seinen Platz. Jetzt ist, glaube ich, niemand mehr eifersüchtig auf ihn. Zumindest ich nicht.

„Warum gibt es eigentlich dieses Problem zwischen Mann und Frau, Samarpan?", fragt eine Frau.

„Das habe ich mich auch schon oft gefragt", grinst Samarpan. „Es ist einfach einer von Gottes kleinen Witzen."

„Hohohohohoho." Einige lachen mit. Ich auch.

„Wisst ihr: Eine Frau möchte ein Nest, ein Haus auf dem Land, ein paar Kinder..., und Männer haben ihr Interesse häufig eher auf einem anderweitigen Gebiet. Und es IST ganz einfach so, wir können es nicht ändern. Das Einzige, was wir tun können, ist, den anderen in seinem Sein, mit seiner Konditionierung, mit seinem ganzen astrologischen Make-up zu respektieren, zu akzeptieren, genauso wie wir uns selbst nur so respektieren und akzeptieren können, wie wir sind. Einfach."

Hamburg, 2. Juli 98

Heute Abend krabbelt an der Decke des Satsang-Raumes eine Spinne entlang, was eine Frau, die Zeit ihres Lebens furchtbare Angst vor Spinnen hatte, in eine Lähmung versetzt und sie es sofort shart.

„Ist dieses Gefühl von Lähmung jetzt Hier?", fragt Samarpan. - „Ja."

„Wunderbar. Wo in deinem Körper empfindest du diese Lähmung?"

„Huch!? Jetzt ist es weg... nein, es ist da, aber nur ganz klein."

„Gut. Dann mache es größer. Lasse uns herausfinden, was es mit 'Lähmung' auf sich hat."

„Aber es fühlt sich furchtbar an."

„Ich verstehe, aber schau: Das ist nur der Verstand. Wir glauben, dass all diese Gefühle, die uns unser ganzes Leben lang verfolgen, uns Böses wollen, und so rennen wir ihnen immer wieder davon, sind unser ganzes Leben auf der Flucht vor ihnen. Dabei sind all dies Boten: Boten, die uns eine Botschaft überbringen wollen, eine Botschaft der Freiheit. Wenn wir anhalten und uns von diesem Gefühl kriegen lassen, erhalten wir die Botschaft und finden heraus, was es mit diesem Gefühl auf sich hat. – Möchtest du herausfinden, was es mit 'Lähmung' auf sich hat, welches Geschenk 'Lähmung' für dich bereithält?"

Stille. Sie scheint innerlich abzuwägen, und ich denke: Gott, gibt es etwas Spannenderes?

„Ja", sagt sie nun leise.

„Wunderbar. Ist 'Lähmung' jetzt gerade da?", fragt Samarpan erneut. - „Ja."

„Gut. Dann mache sie größer."

„Puh... Sie ist riesig. Und ich kann nichts machen."

„Ja, das ist die Wahrheit: Du kannst nichts machen... Gib dich der Spinne hin. Lasse dich von der Spinne auffressen."

Stille.

„Und?" - „Nichts." - „Keine Lähmung?" - „Nein, es ist in Ordnung."

„Ist das nicht interessant? Das, wovor wir all die Jahre davonlaufen... wenn wir innehalten, wenn wir anhalten, finden wir heraus: Es ist in Ordnung, da ist Frieden. Gangaji[8] sagt: 'Lasse dich fressen.' Ja! Lasse dich von all deinen Gefühlen

---

8 Amerikanische Satsang-Lehrerin.

auffressen. Dann entdeckst du das, was nicht gefressen werden kann. Dein wahres Selbst, diesen Frieden, der du bist. Und du findest ihn im Zentrum von jedem Gefühl. – Und es ist so schnell. Wir hätten jahrelang Therapie machen können, nachsehen, woher diese Angst kommt usw. Aber Hier, in der Mitte der Lähmung, entdecken wir: Da ist nichts. Keine Lähmung. Keine Spinne. Kein Ich, das gefressen werden könnte. Nur Frieden. So einfach. So schnell. – Und wenn die Lähmung wiederkommt... gehe einfach direkt ins Zentrum. Jetzt weißt du: Da ist nichts verkehrt an ‘Lähmung’. Nur ein Gefühl. Genaugenommen gar nichts.“

Hamburg, 3. Juli 98

„Samarpan, was hältst du eigentlich von körperlicher Ertüchtigung?“, fragt jemand im Satsang.

„Joh, warum nicht?“

„Machst du denn etwas in dieser Richtung?“

„Na ja, wenn ich an mir so hinunter sehe: Schaden würde es mir vermutlich nicht, aber trotzdem geschieht es nicht.“

Stille. Und als der Fragesteller Samarpan unvermindert anstarrt, zuckt dieser mit den Schultern und sagt lässig:

„Ich kriege einfach meinen Hintern nicht hoch.“

Huahuahuahuahua.

„Aber ist es nicht so, dass man in einem derartigen Fall einfach seinen inneren Schweinehund überwinden muss?“

„Schau: Es ist ganz simpel.“ Samarpan lächelt. „Ich sage mir einfach: Wenn das Göttliche will, dass dieser Körper Sport machen soll, dann muss es mir die notwendige Motivation geben. Und solange da keine Motivation ist, what to do?“

Hamburg, 5. Juli 98

Obwohl ich um Hunde aufgrund einiger unangenehmer Kindheitserfahrungen ansonsten einen großen Bogen mache, ergibt es sich hier, dass ich mit dem Hund des Hauses im Garten spiele. Und wenn er direkt vor mir sitzt und mich erwartungsvoll ansieht und drauf wartet, dass ich den Stock werfe, schauen wir uns an, und ich sehe hinter diesen Augen etwas, das ich kenne.

Abends im Satsang sage ich zu Samarpan:

„Da war irgend etwas, irgend etwas Bekanntes. Ich wusste: Dieser Hund ist nicht mein Feind. Er ist mein Freund.“

„Ja. Das ist die Wahrheit. Dieser Hund ist nicht getrennt von dir. Was du in seinen Augen siehst, ist dein eigenes Selbst. Wunderbar.“

Stille. Und wir zwei sehen uns an. Alles scheint wieder gut zu ein. Wie schön.

Kiel, 6. Juli 98

„Der Verstand ist nie zufrieden. – Andrew Carnegie war einer der reichsten Männer der Welt, und als er auf seinem Sterbebett gesagt bekam, dass er doch sicher sehr zufrieden sein müsse mit dem, was er erreicht habe, gab dieser zurück: ‘Nein, das bin ich nicht. Ich hätte gerne zehn Mal mehr verdient.’ – Das ist der Verstand. Und im Verstand gibt es keine Zufriedenheit. Zufriedenheit ist nirgendwo im Verstand. Höre nicht auf den Verstand. Zufriedenheit ist Hier, in diesem Moment. Komme einfach nach Hier.“

Kiel, 7. Juli 98

„Man muss den Verstand nicht zum Stillstand bringen. Der Verstand kann tun und lassen, was er will. Beachte ihn einfach nicht. – Seht: Die Gedanken stören die Stille nicht. Lasse sie vorüber ziehen, wie Wolken am Himmel. Der Himmel wird nicht von ihnen beeinflusst. Es ist in Ordnung. Da ist nichts, was bekämpft werden müsste. Halte einfach deine Aufmerksamkeit auf den Himmel hinter den Wolken gerichtet, auf die Stille hinter den Gedanken, auf das, was immer da ist. Und die Stille IST immer da, sie ist immer Hier.“

Kiel, 9. Juli 98

„Wisst ihr: In der Beziehung zum Meister ist es wie bei einer Liebesbeziehung. Zuerst ist da die Verliebtheitsphase, dann fängt nach und nach der Alltag an, und es treten Reibereien auf. Wer dann sofort zum nächsten Meister rennt, um sein Ego dort weiter ‘hätscheln’ zu lassen, kann auf diese Art und Weise sein Leid für immer behalten. – Wenn man den Schmerz und die Schläge des Meisters jedoch in Demut annimmt, im Vertrauen darauf, dass dies nur aus Mitgefühl und zu seinem eigenen Besten geschieht, löst sich irgendwann der Schüler auf, löst sich der Meister auf, und da ist nur noch Das.“

Kiel, 10. Juli 98

Abhijats neueste Idee ist, in jedem Satsang Protokoll zu führen.

„... Irgendwann kann das mal jemand in den Computer eingeben, und wenn man dann in zehn Jahren ein Stichwort eingibt, bekommt man automatisch die entsprechenden Stellen geliefert.“

„Wozu der ganze Aufwand?“, sage ich. „Dann gibt man ‘Trauer’ ein und erhält 1000 Stellen aus 100 Satsangs. Und dann?“

„Du bist ja nicht sehr supporting...“, erwidert er.

Mmh. Es ist wohl besser, ich halte meinen Mund. Und so lange nicht ich mit dem Protokollführen beauftragt werde, kann es mir ja letztendlich auch egal sein.

Kiel, 12. Juli 98

Bei mir ist die vergangenen Tage einiges hochgekommen, aber jedes Mal, wenn ich den Impuls hatte, es im Satsang zu sharen, kam mein Verstand mit immer neuen Argumenten, die da lauten: 'Wozu brauchst du Samarpan? Du, als Mitreisender, hörst es doch Tag für Tag ein Dutzend Mal. Dass es nur darum geht, den Schmerz zu fühlen. Eigentlich solltest du es inzwischen begriffen haben, du Flasche! Und außerdem könnte Samarpan dir, selbst wenn du zu ihm gingst, auch nichts anderes sagen, als dass du den Schmerz einfach fühlen sollst. Also fühle den Schmerz doch jetzt einfach gleich selbst, ohne Samarpan lange zu belangen!' Oder: 'Bist du schon so abhängig von Samarpan, dass du ohne ihn gar nicht mehr klar kommst? Nimm dich bloß in Acht vor ihm!' – Was da abläuft, wird mir allerdings erst klar, als Samarpan im Abend-Satsang heute davon spricht, dass der Verstand alle Tricks nutzen wird, um einen von der Wahrheit abzuhalten. Und so share ich schnurstracks, was Sache ist, schütte ihm mein Herz aus, und alles löst sich innerhalb von einer Minute in Wohlgefallen auf. Es ist unglaublich: Tagelang habe ich in meinem eigenen Ego-Saft geschmort, habe gelitten – wegen nichts!

„Wäre ich nur gleich zu dir gekommen..."

„Ja! Du bist immer eingeladen, zu mir zu kommen oder mich anzurufen, Rama. Jederzeit."

Stille. Wir beide strahlen uns an. Wie schön.

Stuttgart, 14. Juli 98

Grace und ich klappern mal wieder alle Stuttgarter Wohnmobil-Händler ab, und heute werden wir tatsächlich fündig: ein ausgebauter VW-Bus mit Hochdach für relativ wenig Geld. Super! Und so sagen wir dem Verkäufer, dass wir nächste Woche – nach dem Retreat in Interlaken jetzt am Wochenende – voraussichtlich wiederkommen werden. Spannend!

Interlaken, 18. Juli 98 (Retreat)

Nachdem gestern, wie am ersten Abend meistens, so viel los war (Aufbau, Begrüßung, Zimmer beziehen usw.), erzähle ich nun heute beim Frühstück Samarpan und Marga von dem VW-Bus-Wohnmobil, und beide sagen sofort, dass es sich gut anfühlt. Super! Und schon ist wieder Satsang. Was für ein Leben! Gerade hat Samarpan jemand zur Wahrheit geführt und fordert ihn nun auf:

„Jetzt sprich von Hier aus."

Derjenige schaut zunächst etwas hilflos drein... dann:

„Es ist unmöglich, von Hier aus etwas zu sagen..."

„Ich weiß, dass es unmöglich ist, die Wahrheit zu sprechen. Aber das hat mich bislang nicht davon abgehalten, es trotzdem immer wieder zu versuchen.

– Solch eine wunderbare Herausforderung: das Unsagbare zu sagen. Gangaji sagte einmal nach einer Passage von ihr im Satsang: 'Das war jetzt gerade ganz nah dran, aber trotzdem ist es nicht DIE Wahrheit.' – Es gab einmal einen Meister mit Namen Ramakrishna[9], der hatte zum wiederholten Male ein blitzartiges Erkennen der Wahrheit, dieses Mal besonders klar und deutlich, und rief daraufhin in aller Eile seine Schüler zu sich, weil er ihnen jetzt endlich DIE Wahrheit würde sagen können. Doch als sie sich vor ihm versammelt hatten, blieb er stumm und fing an zu weinen: 'Ich kann es euch einfach nicht sagen.' – Das ist die Wahrheit. Ich kann euch die Wahrheit nicht sagen. Ich kann den Weg weisen, euch hier und da darauf aufmerksam machen, wenn ihr vom Weg abgekommen seid oder wo eine Sackgasse ist. Und ich kann euch sagen, wo es am schnellsten geht. Aber das alles ersetzt nicht das eigene Sehen, das eigene Erleben der Wahrheit. Solange es nicht deine eigene Erfahrung ist, sind das alles nur Worte. Leere Worte. – Schau: All die Worte sind nur dazu da, um dich zur Stille zu führen. Um dich nach Hier zu bringen. Wenn du Hier bist, gibt es nichts mehr zu sagen oder zu verstehen. Du weißt."

Zwischen Vormittag- und Abend-Satsang fahren Samarpan und Marga, Abhijat und Radhika sowie Grace und ich mit der Zahnradbahn auf die Schynige-Platte, einen Berg hoch oberhalb von Interlaken. Oben angekommen gehen wir etwas spazieren und kommen dabei an einer kleinen Kinderrutsche vorbei, die in den Hang eingelassen ist. Wir alle gehen am Beginn der Rutsche vorbei und außen entlang den Berg hinunter, nur Samarpan, der als letzter läuft, setzt sich drauf und kommt zu unser aller Vergnügen mit einem etwas verlegenen, aber total süßen Gesichtsausdruck hinter uns her gerutscht. Ich denke zum wiederholten Male: welch ein Meister! Mit Osho hat das sicher keiner erlebt! Was habe ich, was haben wir für ein Glück!! Dann ein kleiner Imbiss und nun die Talfahrt. Neben Abhijat verdreht auch Radhika in letzter Zeit immer öfter ihre Augen nach hinten weg, und jetzt gerade sitzen mir beide in der Vierersitzecke gegenüber und könnten sich gegenseitig Konkurrenz machen, wer seine Augen am weitesten nach hinten verdrehen kann. Es sieht zum Fürchten aus. Einige Bergbahnmitfahrer schauen nur ein wenig befremdet, anderen steht das Entsetzen ins Gesicht geschrieben. Und Samarpan – ich wende mich nach rechts – sitzt ebenfalls mit nach hinten verdrehten Augen da. Muss das denn sein? Ich weiß, ich sollte niemanden verurteilen, aber ich habe nun einmal verdammt viele Urteile darüber. Inklusive dem, dass ich mich selbst dafür verurteile, Urteile zu haben. – Mannomann. So verzwickt, wie ich gerade denke, kann ich nur im Verstand sein. Fuck! Aber Abhijat und Radhika treiben mich einfach immer wieder in den Wahnsinn.

---

9 Indischer Guru (1836-1886).

Während die Sonne hinter einem Berggipfel verschwindet, erinnere ich mich an einen Satz, der da lautet: 'Die größten Trips innerhalb einer spirituellen Gemeinschaft laufen oft in unmittelbarer Nähe des Meisters ab.' Ich weiß nicht, ob es so ist oder nicht. Doch wenn ich Abhijat und Radhika so betrachte, wie sie mir – anstatt aus dem Fenster zu schauen und die grandiose Bergwelt zu genießen – mit flatternden Lidern immer noch nur das Weiße ihre Augen zeigen, klingt etwas in mir an. Allerdings wird mir gerade klar, dass ich selbst die Bergwelt ebenfalls nicht bewundere, sondern wie gebannt auf Abhijat und Radhika starre. Ich bin selbst voll im Verstand, voll in der Story, anstatt – wie Samarpan immer sagt – einfach im Moment zu sein. Gut, gut, ich habe es erkannt, also was jetzt? Was würde Samarpan sagen? Gehe hinein in das Gefühl. Huuu... ich bin so etwas von aggressiv... diese Energie kenne ich von mir gar nicht... ich bin doch so ein Sanfter und Lieber, oder etwa nicht? – Als Abhijat und Radhika in der Talstation ihre Augen wieder öffnen, wissen sie vermutlich genau, dass ich sie die ganze Zeit angeschaut habe. Lächelnd schenken sie mir einen, wie mir scheint, gnädigen und etwas abfälligen Blick, bevor sie sich einander zuwenden und noch einmal voreinander für ein paar Sekunden die Augen verdrehen... Ich wende mich ab, es ist zu schlimm. – Dann ist endlich wieder Satsang:

„Siehe es als ein Geschenk an, wenn dir ein anderer die Knöpfe drückt. Jeder Schmerz hat ein Geschenk für dich. – Für gewöhnlich denken wir, dass 'es', dass der Schmerz etwas Schlimmes ist. Dabei handelt es sich bei der Nachricht, die dieser Bote uns überbringen will, um eine Nachricht des Friedens. Das bedeutet: Der andere tut uns eigentlich einen Gefallen. Und im Grunde wäre es angebracht, sich bei demjenigen, der den Schmerz in uns verursacht hat, sogar noch zu bedanken, sich vor ihm zu verbeugen. – Aber das brauchst du nicht im Außen tun. Tue es besser nicht im Außen. Sonst hält der andere dich wahrscheinlich für komplett übergeschnappt. Tue es innerlich."

Samarpan legt die Hände vor dem Gesicht zum Namasté[10] zusammen und verbeugt sich leicht.

Stille. Und ich denke: Jungejunge! Wenn man da einmal steht, dann hat man gewonnen.

Interlaken, 19. Juli 98 (Retreat)

„Es ist alles nur eine riesengroße Illusion. Und wir halten sie am Leben mit vielen kleinen Lügen in unserem Alltag. Und alle spielen mit. Es ist eine gegenseitige Verschwörung. Und solange man selbst lügt, wird man auch

10 Eine Geste, die soviel bedeutet wie: *Ich grüße das Göttliche in Dir.*

immer wieder angelogen werden. Es heißt: 'Einen ehrlichen Menschen kann man nicht betrügen.' Das ist die Wahrheit. – Hört auf mit den Lügen. Und seien sie noch so klein."

Stuttgart, 20. Juli 98

Nach dem letzten Satsang hatte ich gestern Abend nochmal mit Samarpan geredet, und wir waren so verbleiben, dass Abhijat mit Radhika meinen Audi übernehmen und Grace und ich den Bus für uns als unser neues Zuhause kaufen werden. Heute wird dieser Traum nun in Erfüllung gehen!

Früh am Morgen fahren wir zu dem Wohnmobil-Händler, kaufen den VW-Bus, und es ist sagenhaft: Es gibt eine Kochmöglichkeit samt Spülbecken und einen Kühlschrank. Abgesehen von einer Duschmöglichkeit – da wird der Besuch eines Schwimmbads nötig – werden wir also ab sofort vollkommen autark sein und unser eigenes Reich haben: toll! Dazu besorgen wir Camping-Geschirr, neuen bunten Vorhangstoff und zwei dünne Schaumstoff-Matten als zusätzliche Unterlage zum Schlafen auf den doch eher harten Polstern. Und als i-Tüpfelchen kaufen wir mit Samarpans Erlaubnis noch eine außen am Fahrzeug zu montierende Gepäckbox als zusätzlichen Stauraum, so dass wir im Bus selbst mehr Platz haben, um darin wohnen und schlafen zu können. Bei meinem Bruder laden wir meine ausrangierten Töpfe sowie einen alten Camping-Tisch ein; zwei Klapp-Stühle, diverse Plastikbehälter und ein rot-weißes Kuschelkissen finden wir im Baumarkt. Und als wir am späten Nachmittag bei der Zulassungsstelle sind, nehmen wir als Wunschkennzeichen nach kurzem Überlegen (S-UN oder S-AM oder S-KY) letzteres sowie als Zahlen unsere Geburtsjahre. Also: S-KY 6768.

Stuttgart/Gmund, 24. Juli 98 (Retreat)

Beglückt und dankbar machen wir uns mit unserem Wohnmobil auf den Weg, mittlerweile sind alle Sachen verstaut. Die Dinge von Samarpan oben unter dem Dach, unsere privaten in den Schränken. Wenn ich in den inneren Rückspiegel sehe oder mich umdrehe, sehe ich unser Zuhause, unser Heiligtum: eine 1,5 mal 1,5 Meter große Sitzecke, die bei Bedarf jederzeit zur Schlafstatt umgestaltet werden kann. Wie schön! Ein Traum! Wer hätte das gedacht? Das Leben ist so schön.

Nachmittags: Ankunft in Gmund. Und schon zu Beginn dieses Retreat liegt solch eine liebliche Stimmung in der Luft. Stille. Frieden. Die Sonne scheint, die Vögel zwitschern, und hier im Satsang-Raum ist so viel Ehrlichkeit, so viele offene Sharings, so viele alte Wunden werden geheilt... Es ist so beglückend.

Gmund, 25. Juli 98 (Retreat)

Im heutigen Morgen-Satsang äussert eine Frau, dass hier viel esoterischer Quatsch erzählt wird. Und während es anfangs noch recht friedlich hin und hergeht, wird es jetzt allmählich unangenehm. Samarpan scheint stocksauer zu sein und sagt ihr schließlich, dass sie ihn nach dem Satsang unter vier Augen sprechen könne, jetzt aber bitte hinausgehen möge. Sie weigert sich zunächst, wird dann jedoch mehr oder weniger freiwillig nach draußen 'begleitet'. – Totenstille. Von Liebe und Akzeptanz aus meiner Sicht keine Spur. Nach einer Weile fragt jemand:

„Samarpan, kann ich etwas dazu sagen?"

„Ich möchte, dass jetzt niemand irgendwas dazu sagt", sagt Samarpan kurz und knapp.

Hua! Es wird verdammt ungemütlich, und der verbleibende Rest des Satsangs findet in ziemlich bedrückender Atmosphäre statt. Noch bevor die Musik losgeht, verlässt Samarpan den Raum, und Abhijat stimmt einen recht wilden Song an, zu dem alle erleichtert mitsingen oder sich den Frust vom Leib tanzen. – Später, als die Musik vorbei ist, gehe ich, weil es etwas Organisatorisches zu besprechen gibt, zu Samarpan und finde bei ihm die Frau von eben mit geschlossenen Augen in Stille sitzend. Wäre interessant zu erfahren, was die beiden wohl miteinander besprochen haben.

Zu Beginn des Nachmittag-Satsang sitzen wir wieder singend im Satsang-Raum mit dem Gesicht zum Fenster, als wir alle die Frau entlang der Glasfront des Satsang-Raumes im Rücken von Samarpan mit ihrem Koffer langsam in Richtung Bahnhof davon marschieren sehen. Ich fühle mich sehr ungut und denke: Kritik am Meister scheint tatsächlich das absolute Tabu zu sein. Und mein Verstand ist im Moment voll davon. Das kann ja noch heiter werden... Dann geht der Satsang los; mit einer kleinen Schelte an alle. Immer noch genervt, wie ich glaube, sagt Samarpan, dass die Energie im Satsang heute Morgen sehr hoch gewesen sei und wir diese 'hohe Energie' durch unser wildes Singen einfach hinausgeworfen hätten, anstatt sie nur zu fühlen. Betretene Gesichter, wobei ich mich eigentlich ganz wohl fühle. Liegt das daran, dass ich als Dolmetscher an Samarpans Seite sitzend und Samarpans Worte wiedergebend eine Sonderrolle inne habe? Wie auch immer. Diese Geschichte von wegen 'hoher Energie' und dass er uns Vorwürfe macht, lässt in mir vielmehr folgenden Eindruck entstehen: Samarpan ist sauer, weil er Scheiße drauf war und wir Spaß hatten. Aber das zu äussern, traue ich mich nicht, sonst bin ich vielleicht der nächste, der seine Koffer packen darf. Und dazu habe ich ganz gewiss keinen Bock. Na ja. Der Abend-Satsang ist schließlich wunderschön, und alle sind wieder 'happy'.

Gmund, 26. Juli 98 (Retreat)

Es ist so schön an Samarpans Seite, und ich kann mir nichts Schöneres vorstellen. Ich kann mir momentan auch nicht vorstellen, je von mir aus wegzugehen. Und dass auf der anderen Seite Samarpan mich wegschickt, kann ich mir auch nicht vorstellen – zumindest nicht, solange ich immer tue, was er von mir verlangt – denn das hieße ja, er würde mich nicht akzeptieren. Und da er immer nur von Akzeptanz redet... besteht von dieser Seite also keine Gefahr.

Allerdings hat mein Verstand vor kurzem eine neue Horroridee fabriziert, mit der er mir regelmäßig Angst einjagt. Und so share ich im Morgen-Satsang:

„Samarpan. Bei mir ist Angst, dass du eines Tages sagen könntest: ‘Rama, du bist solch ein wunderbarer Dolmetscher, aber dein Talent, die Wahrheit selbst zu sprechen, geht dadurch vollkommen verloren. Es ist daher an der Zeit, so langsam auf eigenen Füßen zu stehen.’ Und dem wäre ich dann hilflos ausgeliefert.“

„Ich verstehe“, lacht Samarpan. „Du hättest keine Verteidigungsmöglichkeit mehr. – Schaut: Der Verstand ist so trickreich... es ist verwunderlich.“

Stille. Und ich denke: Sag’, dass du mich nie wegschicken wirst, sondern ich immer bei dir bleiben kann/darf/werde!!! Doch Samarpan bleibt still! Sehr lange Stille. Während der wir uns unentwegt ansehen.

„Samarpan“, kommt es da von jemand anderen, und Samarpan wendet sich von mir ab und der anderen Person zu, „wie steht es eigentlich mit den ganzen unterschiedlichen Religionen?“

„Schau: Im Kern von jeder Religion ist die Wahrheit. Jede Religion entstammt der Wahrheit. Es gibt nicht unterschiedliche Wahrheiten, sondern nur Die Wahrheit. – Als Jesus gefragt wurde: ‘Und was ist mit unseren alten Gesetzen? Denen, die wir von Abraham erhalten haben?’, gab er zur Antwort: ‘Bevor Abraham war, bin ich.’ – Das ist die unveränderliche eine Wahrheit. Und alle Religionsgründer haben diese Wahrheit gesehen, haben diese Wahrheit erfahren, haben diese Wahrheit erlebt. Dass wir nicht getrennt sind. – Jesus sagte: ‘Der Vater und ich, wir sind eins.’ – Buddha, Mohammed und alle anderen haben erkannt: Wir sind alle eins. Und sie wären nie auf die Idee gekommen, sich gegenseitig zu bekriegen. – Solange der Meister hier ist, ist die Wahrheit lebendig, da der Meister die Wahrheit lebt. Erst nach dem Tod des Meisters entsteht dann im Lauf der Zeit unter den Nachfolgern ein Glaubenssystem um die Wahrheit herum, was sich von den Glaubenssystemen anderer unterscheidet. Und damit einhergehend entsteht ein Religions-Ego und der Glaube: ‘Wir haben die Wahrheit. Und ihr habt sie nicht.’ – So kommt es zu Kriegen, weil jeder seine Wahrheit für die einzig richtige hält. Aber das ist nicht die Wahrheit. Wir sind alle eins. Wir sind alle göttlich. Wir sind alle Brüder und Schwestern. Nicht getrennt voneinander. Wenn ich das erkenne, ist da Frieden. Der Frieden fängt Hier an. Bei mir. Wenn ich mit mir in Frieden bin, bin ich in Frieden mit allen anderen. Denn dann ist da nichts, was ich bekämpfen müsste. Nichts im Außen, was ich als falsch betrachte, da ich mit allem in mir Frieden geschlossen habe. Sei einfach in Frieden. Du *bist* Frieden.“

Im Nachmittag-Satsang wird es aufgrund des fantastischen Wetters und der vielen Leute im Satsang-Raum in physischer Hinsicht so richtig heiß, was jemanden zu der Frage verleitet:

„Samarpan? Eigentlich könnten wir Satsang doch auch im Freien abhalten, oder? So wie Jesus vor 2000 Jahren."

„Ja, das wäre bestimmt schön", lacht Samarpan. „Nur die ganze Technik nach draußen zu verlegen, wäre etwas schwierig."

„Und wie wäre es damit", meldet sich nun ein anderer, „den Satsang nackt abzuhalten?"

Während Samarpan noch antwortet, sehe ich uns alle in meiner Fantasie nackt und friedlich in Stille beisammen sitzen und denke: Ein wahrhaftig paradiesischer Zustand wäre das. Wenngleich es für die Presse, wenn sie Wind davon bekäme, natürlich ein gefundenes Fressen wäre: 'Sex-Guru in Oberbayern. Lesen Sie bei uns, wie ein selbsternannter, amerikanischer Guru unter dem Vorwand von Meditation die Naivität dutzender unschuldiger Frauen und Mädchen ausnutzte.' – Traurig, wie eine derart wunderbare Sache, die sich aus dem Moment heraus entwickelt hätte, in solch ein Licht gestellt werden würde. Und ich denke, dass die eine oder andere von den Medien verteufelte Gruppe mitsamt ihrem Guru vielleicht gar nicht so 'teuflisch' war, wie sie in der Öffentlichkeit dargestellt wurde.

Um 18 Uhr ist der Satsang zu Ende, dann gibt es noch eine Kleinigkeit zu essen, und bis wir alles in unser Wohnmobil eingeladen haben, ist es halb zehn Uhr abends. Gähn! Aber es hilft nichts, morgen geht die Working-Party in Stiersbach los; also los.

Gegen zwei Uhr nachts kommen Grace und ich dort an. Die anderen, die jetzt meinen Audi haben, waren natürlich schneller. Na ja, Hauptsache wir können morgen ausschlafen. Ich bin fix und alle.

Stiersbach, 27. Juli 98 (Working-Party)

Ich liege mit Grace noch im Bett, als die Seminarhausleiterin ohne anzuklopfen unser Zimmer betritt. Oder haben wir es nur nicht gehört, weil wir anderweitig (hehehe) beschäftigt waren?

„Was gibt's?"

„Samarpan möchte euch sprechen. Sofort!"

Was ist denn jetzt schon wieder los? Mann! In aller Eile ziehen wir uns an. Es ist zehn Uhr morgens, draußen vor dem Fenster sind die offiziellen Working-Party-Teilnehmer schon am werkeln.

„Ich will, dass ihr euch auch nützlich macht", sagt Samarpan bestimmt, und ich denke: will, will, will! Wenn ich das schon höre! Ich sehe zum Fenster hinaus... Na, großartig. Dass wir ein intensives Retreat in Gmund und eine kurze Nacht hinter uns haben, scheint niemand zu interessieren. Ich merke, wie in mir die Unlust aufsteigt, aber was soll ich sagen, nach meiner Erfahrung mit Samarpan vor vier Wochen hier? Also melden wir uns bei der Seminarhausleiterin, die die Arbeiten verteilt. Grace landet im Hof, ich lande im Garten. Grabe etwas um, gehe einem anderen zur Hand, mähe den Rasen und fühle mich die ganze Zeit über elend. Geradezu krank. Kotzübel. Aber wenn ich mich jetzt ins Bett läge, würde ich vom 'Chef' wahrscheinlich ganz schön Ärger kriegen...

Etwas später läuft mir Marga, die ich schon lange nicht mehr gesehen habe, über den Weg und fragt mich, wie es mir denn gehe.

„Schlecht." - „Dann leg dich doch ins Bett."

Während sie von dannen zieht, denke ich: mmh, wenn die Frau vom Chef es sagt, wird es wohl in Ordnung gehen.

Fünf Minuten später bin ich in meinem Zimmer, habe allerdings ein schlechtes Gewissen, wenn ich sehe, wie sich alle anderen vor meinem Fenster wild abrackern. Liege absolut mindfucking im Bett.

Eine Stunde später raffe ich mich daher wieder auf, hänge herum, weil mir einfach verdammt übel ist, sitze ich nur im Eck und denke: 'Scheiße, wahrscheinlich sieht es so aus, als würde ich faulenzen'. Fühle mich verdammt elend. Eine halbe Stunde später lege ich mich wieder hin... Scheiße, geht es mir beschissen. Absoluter Mindfuck. Fuck! Was soll ich machen? Bleibe ich liegen, halte ich es vor schlechtem Gewissen, nicht zu helfen, kaum aus. Helfe ich mit bzw. versuche ich mitzuhelfen, wird mir sofort kotzübel. Verflucht! Samarpan ist bestimmt ärgerlich, dass ich jetzt nicht helfe. Aber was soll ich machen? Wie kann ich ihm begreiflich machen, dass ich mich schlecht fühle? Es ist natürlich schon irgendwie komisch, dass ich ausgerechnet in dem Moment krank werde, wenn es an die Arbeit geht, aber trotzdem: Darf ich von ihm als Meister nicht erwarten, dass er mich auch dann noch bedingungslos annimmt? Irgend etwas stimmt da nicht, zumindest habe ich dieses Gefühl. Wenn Samarpan mich nicht annimmt, kann das doch eigentlich bloß bedeuten, dass er einen Knopf gedrückt bekommen hat... vielleicht von der Seminarhausleiterin, die ihm Dampf gemacht hat, dass er 'seinen' Staff einmal etwas antreiben soll? Nur er, als Meister, der ja angeblich alles sofort fühlt, was bei ihm ausgelöst wird, dürfte das bei ihm gegebenenfalls vorhandene schlechte Gewissen (wegen uns 'faulem' Staff) dann eigentlich nicht an uns und insbesondere gerade an mir ausagieren, oder?

Mindfuck. So ein Scheiß aber auch. Mir geht's zum Kotzen! Puuuuh! Also noch mal: Angenommen, Samarpan fühlt alles und ist nie in einer Story (gefangen), dann muss ich wohl gerade in einer sein. Nur in welcher? Mir geht es doch schlecht, oder nicht? Verdammt, ich weiß überhaupt nichts mehr. Oder sollte er doch in einer Story sein? Aber das wäre ja... das würde ja... bedeuten..., dass er wirklich genau wie wir, genau wie ich ist, und das kann ja eigentlich nicht sein, oder? Ich meine... schließlich ist er doch der Meister! Andererseits sagt Samarpan, dass auch Jesus noch bis zum Schluss der Möglichkeit des Gefangenseins in einer Story ausgesetzt war. Und Jesus war ja wohl auf alle Fälle erleuchtet, oder?

Mannomann. Geht es mir dreckig. Verdammt noch mal, was mache ich nur? Soll ich das mit Samarpan sharen? Nur so geladen wie der vermutlich ist, wird er kaum gut darauf zu sprechen sein, wenn ich seine 'Meisterschaft' in Frage stelle. Aber wer soll mir sonst aus diesem Durcheinander wieder heraus helfen? Mann, ich habe total Angst, aber es hilft alles nichts: Ich muss zu ihm.

„Hallo Samarpan!", sage ich innerlich schlotternd. - „Hallo Rama!"

„Ich glaube, mir ist etwas klar geworden", fahre ich ziemlich überhastet fort, um das Ganze möglichst schnell über die Bühne zu kriegen. „Ich glaube, ich muss lernen, dass wir alle bis zum Schluss in einer Story gefangen sein können, so wie Jesus am Kreuz, als er ausrief: 'Vater, warum hast du mich verlassen.'"

Puh! So, damit wäre alles gesagt, ohne dass ich Samarpan direkt unterstellt hätte, selbst in einer Story zu sein bzw. heute Morgen in einer gewesen zu sein. Allerdings könnte er es natürlich durchaus auf sich beziehen, und irgendwie hätte ich schon auch gerne, dass er dies zugibt... und sich entschuldigt. Doch Samarpan sagt überhaupt nichts, sondern schaut mich nur mit funkelnden Augen an. Stille. Und jetzt? Shit, hoffentlich rastet er jetzt nicht aus! Ich habe ein verdammt schlechtes Gewissen, denn mit meinen Überlegungen ist schließlich jeder über einem stehende Meister ent-zaubert! Fragend und ängstlich sehe ich Samarpan an, denn ich habe das Gefühl, er ist sauer.

„Wie kommt es eigentlich, dass in dem Moment, da Marga sagt 'Leg dich doch ins Bett', du dies sofort machst?"

Scheiße: Samarpan IST sauer.

„Äh, na ja", stottere ich, „Ich bin einfach krank."

Samarpan sagt nichts, aber ich habe den Eindruck, dass er mir nicht glaubt und stocksauer ist. Das führt dazu, dass es mir noch schlechter geht. Scheiße verdammte!

„Äh... also... ich gehe dann jetzt mal wieder ins Bett..."

Samarpan sagt immer noch nichts, und ich sehe zu, dass ich schnell verdufte.

Es wird Abend. Endlich ist Satsang. Da kann ich einfach dasitzen und muss mich nicht körperlich anstrengen. Außerdem ist meine Erfahrung, dass ich mich – selbst wenn es mir zu Beginn des Satsangs physisch oder psychisch schlecht geht – nach einigen Minuten des Dolmetschens wesentlich besser, wenn nicht sogar richtig gut fühle. So auch jetzt. Welch ein Segen! Die Worte fließen mir – wie üblich – von ganz alleine aus dem Mund. Alles geschieht. Ich tue nichts. Wie schön.

Gegen Ende des Satsangs spricht Samarpan die Staff-Arbeitssituation hier bei der Working-Party an. Wahrscheinlich sind die Musiker auch nicht so scharf auf körperliche Arbeit und haben mit ihm darüber geredet, denn Samarpan meint nun:

„Also ich habe mir folgendes gedacht: Die Burschen hier sind ja ständig unterwegs und haben im Grunde nie Zeit, auch einmal zu üben und neue Stücke zu proben. Deshalb dachte ich mir, dass sie diese Tage nutzen könnten, um ein wenig an ihrer wunderschönen Musik zu arbeiten."

Allgemeines Einverständnis. Und was ist mit mir? Eigentlich sehe ich mich nicht unbedingt als Musiker, sondern als Dolmetscher, der halt nebenbei mit musiziert. Also doch wieder zur Arbeitseinteilung?

Stiersbach, 28. Juli 98 (Working-Party)

Sobald die Arbeitszeit nach dem Frühstück gekommen ist, geht es mir wieder elend. Und dummerweise lungert der Satz von Samarpan 'Wenn du nicht tust, was ich dir sage, schmeiße ich dich raus' in meinem Verstand nach wie vor sehr im Vordergrund herum. Ich kann nichts dagegen tun. Bleibe liegen. Sehe die anderen draußen arbeiten, Spaß haben und komme mir isoliert vor. Irgendwie bin ich nicht in Frieden damit, dass ich krank bin. Und mein schlechtes Gewissen wird noch verstärkt, als ich sehe, dass auch Samarpan selbst Hand anlegt. Von meinem Fenster aus kann ich beobachten, wie er gemeinsam mit Marga die Terrasse vor seinem Zimmer zementiert. Samarpan in altem Hemd und alter Jeans: eigentlich ein Bild für die Götter. Nur ist mir im Moment absolut nicht nach Scherzen zumute. Fuck!

Im weiteren Verlauf des Vormittags sehe ich bei den Musikern im Satsang-Raum vorbei, probe etwas mit, bin jedoch nicht wirklich bei der Sache. Als Radhika mich fragt, was los ist, sage ich ihnen, dass ich mich gar nicht gut fühle, und spontan geben sie mir eine Massagesession. Toll, solche Freunde zu haben und toll, wenn man sich zur Abwechslung einmal nicht die Knöpfe drückt, sondern sich einfach nur lieb hat.

Abends wieder Satsang. Mir geht es zwar schlecht, aber wenn ich einfach nur mit dem Mikrofon in der Hand dasitze, geht es so einigermaßen. – Lange Stille. Tut gut.

„Bevor dieser Körper da war, bist du einfach. Wenn dieser Körper wieder weg sein wird, bist du einfach. All die Ereignisse in deinem Leben haben dich nicht verändert. Du bist unverändert. Nichts berührt dich wirklich. Es ist genau wie im Kino, wo die Leinwand von dem Film, der auf sie projiziert wird, nicht wirklich berührt wird. Da sind alle möglichen bunten Bilder, große Dramen passieren..., aber in dem Moment, da der Projektor abgeschaltet wird, ist die Leinwand wieder weiß, ist die Leinwand wieder leer. Keine Blutsflecken, keine Tränen, nichts. – Dein ganzes Leben ist nur ein Film, nicht wirklich. Und du bist nicht dieser Schauspieler, du bist nicht diese Rolle im Film. Du bist die Leinwand, auf die dieser Film projiziert wird: diese Leere, dieses Bewusstsein, in dem sich alles abgespielt. Das ist die Wahrheit. Das ganze Universum befindet sich in dir, existiert nur in deiner Vorstellung, ist nicht wirklich. Wenn du das erkennst, bist du frei."

Stiersbach, 29. Juli 98 (Working-Party)

Es ist wie verhext! Ich glaube, Samarpan findet es befremdlich – und das kann ich ihm nicht verdenken –, dass ich tagsüber nichts tue oder nur herumhänge, aber abends beim Satsang dann topfit bin. Zumindest von Außen betrachtet. Innerlich bin ich auch im Satsang nicht ganz mit mir und Samarpans mir gegenüber an den Tag gelegten Verhalten in Frieden. Aber das Dolmetschen ist einfach 'mein Ding'. Da fühle ich mich genau am richtigen Ort und dass es als Heilmittel für mich fungiert, habe ich ja bereits erwähnt. Dummerweise hält es nur bis zum nächsten Morgen an. What to do?

Stiersbach, 31. Juli 98 (Retreat)

Mittags kommen die Retreat-Teilnehmer. Jetzt wird es richtig voll, und wir werden wie immer bei Reatreats dreimal am Tag Satsang haben. Wie schön. Und mit mir geht es endlich, wenn auch langsam, wieder aufwärts, so dass ich sogar den Job als Einkaufsfahrer annehme. Fahren ist ja ohnehin auch 'mein Ding'.

Stiersbach, 1. August 98 (Retreat)

Das Leben ist so schön. Man könnte meinen, Stiersbach sei ein Ashram. Genauso stelle ich es mir wenigstens vor. Alle haben Spaß bei der Arbeit und sind spirituell auf das Gleiche ausgerichtet.

Intensiver Blickkontakt mit Samarpan zu Beginn des Satsangs. Fast ein ganzes Lied lang. Er scheint mich schon gern zu haben, und ich kann wieder aufatmen. Manches Mal dachte ich in den letzten Tagen, dass ich auf seiner Abschussliste stehe. Na ja, im Moment geht es mir jedenfalls wieder gut. Wenig später shart jemand, dass es ihm im Alltag oft schwer fällt, in Stille und in Frieden zu sein, wenn man doch den ganzen Tag von vielen Menschen umgeben ist.

„Ja, so ist es", bestätigt Samarpan. „Wenn wir, wie hier, von stillen Verständen umgeben sind, wird unser eigener Verstand auch still. Sind wir hingegen von geschwätzigen Verständen umgeben, wird unser eigener Verstand ebenfalls aktiv. Die Frage ist: Mit wem umgibst du dich? Wie gestaltet sich deine Mittagspause? Mit welcher Art von Menschen verbringst du deine Abende? – Gib in den Zeiten, in denen du es dir aussuchen kannst, was du tust, deinem Verstand durch überflüssige Gespräche nicht unnötige Nahrung. – Ich habe für mich herausgefunden, dass ich am liebsten alleine bin. Wenn ich nicht gerade Satsang gebe, ruhe ich einfach in mir selbst. Und tue nichts."

Das spricht etwas in mir an, und nach dem Satsang rede ich privat mit Samarpan:

„Samarpan, ich habe das Gefühl, es geht mir so ähnlich wie dir. Die dreimal zwei Stunden dolmetschen pro Tag sind für mich überhaupt kein Problem. Auch das Musizieren nicht. Aber ich merke, zwischendrin brauche ich einfach Ruhe, möchte ich nichts tun, muss wieder auftanken, mich erholen, denn sonst wird es schon anstrengend für mich." Samarpan schaut mich einen Moment an und sagt dann:

„Wir müssen einfach beide zusehen, dass wir die Balance finden."

Mmh. Eigentlich hätte ich ja gerne gehabt, dass er sagt: 'Ja, Rama. Es ist toll, wenn du dolmetschst, und wegen all dem anderen brauchst du dir keine Gedanken machen.' Aber so kann ich wohl davon ausgehen, dass Samarpan

doch die Vorstellung hat, ich könnte und vor allem ich sollte auch zwischen den Satsangs ruhig etwas mehr leisten, oder ist das eine Projektion? Mmh. Vielleicht sollte ich all denen, die in der Vergangenheit schon einmal für Samarpan gedolmetscht haben und mich jetzt immer wieder einmal erstaunt fragen, wie ich das nur mache und schaffe, nicht mehr locker-flockig zur Antwort geben, dass es für mich vollkommen 'easy' ist. Da mag möglicherweise ein völlig falscher Eindruck entstehen, der hinten herum dann auch bei Samarpan so ankommt. Das Dolmetschen ist zwar vollkommen easy, aber eben nur dann, wenn ich abgesehen vom Dolmetschen wirklich nichts zu tun habe, beziehungsweise nicht unter dem Druck stehe, etwas tun zu müssen. Mmh. Wir schauen uns in die Augen. So ganz traue ich dem Frieden nicht. So ganz traue ich Samarpan nicht, dass er mich nicht abermals aus dem Nichts heraus zur Schnecke machen könnte und so sage ich lediglich:

„Okay."

Stiersbach, 2. August 98 (Retreat)

Normalerweise kann man bei einem Retreat nicht so einfach nur für einen einzelnen Satsang kommen und gleich wieder gehen, aber Samarpan mit seinem großen Herzen macht immer wieder eine Ausnahme, so auch heute Abend. Ein junges holländisches Pärchen, das gerade per Zug durch ganz Europa tourt, hat irgendwo von Satsang gehört und dass ein gewisser Samarpan gerade in der Nähe von Stuttgart ist und 'schneit' für den Abend-Satsang vorbei. Das Mädchen, Anfang zwanzig, stellt relativ zu Beginn eine Frage, Samarpan antwortet ihr, und während er noch spricht, breitet sich auf ihrem Gesicht plötzlich ein himmlisches Lächeln aus. Ganz offensichtlich hat sie gerade ein Erleuchtungserlebnis und schwelgt minutenlang in Glückseligkeit, ohne dass ein weiteres Wort gesprochen wird.

Absolute Stille. Viele im Satsang-Raum sind wie erstarrt. Selbst seit Jahren auf der Suche nach Erleuchtung, stolpert hier zufällig eine 'Anfängerin' herein und erwacht... 'Das darf ja wohl nicht wahr sein!', scheint der Verstand vieler zu lamentieren. Ihr holländischer Freund sitzt ebenfalls recht unbeholfen da;

anscheinend weiß er überhaupt nicht, was hier gerade los ist. Aber dass hier gerade etwas Außergewöhnliches geschehen ist, kann ihm nicht verborgen geblieben sein. Jedenfalls schaut er unsicher von einem zum anderen. Puh! Keiner sagt etwas. Der Verstand steht buchstäblich still. So etwas gibt es doch gar nicht. Nach einer Weile shart jemand:

„Ach, Samarpan! Was habe ich im Lauf der Jahre nicht schon alles an Gruppen teil- und Unannehmlichkeiten auf mich genommen... und bin immer noch nicht da, wo ich gerne wäre..."

„Ja, so ist es. Papaji sagte: 'Manche Menschen sind wie Zunder. Kaum kommen sie dem Feuer nahe: wusch und weg. Andere Menschen sind wie Holz. Sie brauchen ein bisschen länger, aber irgendwann verbrennen auch sie. Dann gibt es Menschen, die sind wie nasses Holz. Sie qualmen erst einmal eine Zeitlang.'" Vereinzeltes leises Vor-sich-hin-Lachen erfüllt den Raum. „Und dann gibt es noch welche, die sind wie Steine. – Ich bin einer von denjenigen. Aber auch die fangen schließlich Feuer. Ich bin sozusagen der beste Beweis, dass es jeder schaffen kann. Es gibt also keine Entschuldigung für dich."

Nach dem Satsang trifft sich der Staff noch in Samarpans Zimmer, und Samarpan erklärt uns, wie er es sich künftig vorstellt. Abhijat soll die professionelle Musikerin mit Namen Kira, die seit einiger Zeit mit uns umher reist und sich bislang stets im Hintergrund hielt, ab sofort musikalisch mehr zu Rate ziehen. Radhika soll seine Helferin sein, Grace sich um den Verkauf kümmern, und ich soll die Rolle des 'Fuhrpark-Verantwortlichen' für unsere beiden Autos übernehmen. Für mich fühlt sich das etwas komisch an, so mir-nichts-dir-nichts einen Job aufs Auge gedrückt zu bekommen, aber was soll ich sagen? Wenn der Meister es so will... Als alle weg sind, rede ich mit Samarpan dann doch noch darüber, dass ich es im Grunde sehr schön fand, wie sich bislang alles von selbst gefügt hätte. Schließlich hätten wir hier nicht irgendwelche Arbeitsverträge mit fixierten Jobbeschreibungen unterschrieben. Und was ist, wenn man – natürlich geht es mir bei dieser Frage ausschließlich um mich – jetzt irgend etwas übergestülpt bekommt bzw. der eigene 'Job' um Tätigkeiten erweitert wird, für die man keine Energie hat? Bekomme von Samarpan keine klare Antwort bzw. gibt er mir möglicherweise eine klare Antwort, nur bekomme ich sie irgendwie nicht mit. Habe ein ungutes Gefühl bei der Vorstellung, dass er eines Tages etwas von mir verlangen könnte, wozu ich keine Lust oder Energie habe.

Stiersbach, 3. August 98 (Retreat)

Ein neuer Tag, ein neues Spiel. Und ein neuer Satsang. Allerdings liegen die Ereignisse des gestrigen Abends immer noch in der Luft, auch wenn die beiden Interrailer schon längst wieder weiter auf ihrer Europatour unterwegs sind.

Dass sich da jemand, der von ‘Tuten und Blasen’ keine Ahnung hat, für 20 DM mal eben die Erleuchtung abgeholt hat, ist einfach Wahnsinn. Samarpan spürt es scheinbar, und ohne dass jemand etwas fragt, sagt er:

„Schaut: Wir wissen nicht, was der oder die einzelne als Vorbereitung schon in früheren Leben gemacht hat. Auch Jesus hat einmal darüber gesprochen.“ Und Samarpan erzählt das Gleichnis vom Hausherrn, der früh am Morgen und dann im Lauf des Tages abermals mehrfach in die Stadt ging, um Arbeiter für sein Feld einzustellen und am Abend allen den gleichen Lohn ausbezahlte, obwohl sie unterschiedlich lange für ihn gearbeitet hatten. „Gott liebt uns alle auf die gleiche Weise. Er gibt uns alles. Sei glücklich mit dem, was du hast, und vergleiche dich nicht mit anderen. Alles Vergleichen ist nur im Verstand. – Du hast es! Jetzt gerade!“

Abend-Satsang. Nachdem Radhika gerade eben ‘sehr im Prozess’ war, shart Abhijat nun, wie schön die letzte Nacht mit seiner neuen Freundin war...

Stille. Samarpan sagt nichts. Sehr ungewöhnlich! Minutenlang kein Wort. Was ist denn jetzt los? Es herrscht eine ganz seltsame Stimmung. Endlich sagt Samarpan bedrückt:

„Ich muss zugeben, dass bei mir gerade ein Schmerz und ein Urteil darüber präsent sind.“

Totenstille. Oh, Gott! Samarpan ist im Schmerz! Und shart das im Satsang! Oh, Gott!! Sofort fühle auch ich mich total im Schmerz, und ich glaube, allen geht es so... ui, ui, ui.

„Es hat mit Abhijats Sharing in Gegenwart von Radhika zu tun. Und das genau in dem Moment, da sie erst kurz zuvor in aller Offenheit und Unschuld ihren Schmerz geshart hatte.“

Stille. Oh, das tut weh. Samarpan hat die Augen geschlossen. Oh, oh, oh. Niemand sagt etwas. Es ist absolut still. Das gab es noch nie. Und wieder bewundere ich Samarpan. Er shart einfach und ehrlich, was bei ihm gerade los ist, ohne dass irgendeine Aggression gegen Abhijat mitschwingen würde. Echt bewundernswert. Wahrhaft meisterlich.

Totale Stille.

Nach einigen Minuten steht Samarpan auf und verlässt den Satsang-Raum. Puuuuh. – Als wäre nichts gewesen, nimmt Abhijat sich nun seine Gitarre und beginnt mit der Musik, was sich ganz schrecklich anfühlt. Aber wer kann ihn dran hindern? Wer, wenn nicht ich, der ich nach wie vor mit dem Mikrofon in der Hand vorne im Dolmetscherstuhl dasitze. Scheiße, ich hasse so etwas... Abhijat singt einsam vor sich hin, während ihn die meisten fassungslos anstarren und ich eine Scheißangst vor der Aufmerksamkeit habe, die ich gleich auf mich ziehen werde... so ein Mist so ein verfluchter... aber es geht nicht anders:

„Abhijat!“ Abhijat ist so in ein Stück vertieft, dass er mich gar nicht wahrnimmt.

„Abhijat!!“, sage ich nun etwas lauter, und Abhijat verstummt. Alle wenden sich mir zu. Puuuuuuh. „Ich finde es keine so gute Idee, jetzt Musik zu machen. Schluck. In Gmund gab es einmal eine ähnliche Situation – Du warst bei diesem Satsang nicht anwesend –, und Samarpan sagte nachher, dass er es lieber gesehen hätte, wenn wir in diesem Moment auf Musik verzichtet hätten.“

Puuuuuh! Alle wenden sich nun Abhijat zu, der wortlos seine Gitarre einpackt und unverzüglich den Raum verlässt. Ich bleibe noch einige Minuten mit geschlossenen Augen sitzen und fühle die Aufregung; Mammamia.

Spät in der Nacht geht das Gerücht um, dass Abhijat all seine Sachen gepackt hat und wohl nie wieder bei Samarpan musizieren wird...

Stiersbach, 4. August 98 (Retreat)

Als ich den Satsang-Raum eine halbe Stunde vor Satsang-Beginn betrete, ist Abhijat schon da und spielt auf seiner Gitarre ein ruhiges Instrumental-Stück. Ich setze mich auf die Trommel und sehe ihn erwartungsvoll an. – Als das Lied endet schaut auch Abhijat auf. Unsere Blicke treffen sich. Verstehen! Abhijat sieht, dass es mir gestern Abend nicht um ihn persönlich ging, und ich sehe, dass Abhijat dies sieht. Wir zwinkern uns zu; wie schön. – Nun kommen auch die anderen Musiker, und alles ist wie immer. Gemeinsam spielen wir, das Leben lobpreisend. Und alle anderen singen ebenfalls wieder mit. Wie wunderbar.

Als Samarpan wenig später ebenfalls kommt, ist Abhijat dann doch noch ein wenig geknickt, worauf Samarpan ihn liebevoll anlächelt und gleich darauf Bezug nimmt:

„Wisst ihr: Niemand tut wirklich etwas. Wir sind alle nur Marionetten, und Gott ist der Puppenspieler.“

Alle lachen, Abhijat am lautesten:

„Hahaha! Ja, und ich hatte schon überlegt, ob ich heute Morgen mit nacktem Oberkörper mich selbst auspeitschend hier herein kommen sollte...“

„Hohoho.“

Einige lachen. Dann wird es vollkommen still, und Abhijat und Samarpan sehen sich eine Zeitlang an. Alles scheint wieder gut zu sein. Puuuh, bin ich froh. Jetzt sind wir alle wieder eins.

Schöne Stille. Dann wendet sich Samarpan allen zu:

„Schaut: Papaji sagte: ‘Nichts ist je geschehen.’ Das ist die Wahrheit. Du hast noch nie irgend etwas gemacht. Wir alle haben noch nie irgend etwas gemacht. Es gibt keine Schuld. Jesus sagte, dass wir zwar alle Sünder sind, uns aber all unsere Sünden durch ihn vergeben worden sind. Auch hier: keine Schuld. Es sind andere Worte, unterschiedliche Bilder, aber beide weisen auf die gleiche Wahrheit hin: Hier ist niemand, der irgend etwas tut. Jedes Tun ist eine Illusion."

Samarpan ist so wunderbar. Keinerlei Vorwürde oder Urteile sind spürbar. Er nimmt uns alle so an, wie wir sind (na ja, mich vielleicht nicht so ganz; ich kann diese Story einfach immer noch nicht loslassen), und Abhijat dankt es ihm mit dem Namasté-Gruß.

Stiersbach, 5. August 98 (Retreat)

Wie bereits in den letzten Tagen bin ich auch heute wieder zwischen den Satsangs mit dem Auto unterwegs und habe inzwischen total Gefallen daran gefunden. Sei es, dass ich nach Schwäbisch Hall zum Baumarkt fahre, nach Backnang zum Copyshop oder sonstwohin. Mir ist dabei stets, als würde ich zwischen verschiedenen Welten pendeln. Mit meinem Schiff (Auto) mache ich an fremden Inseln fest, die sich vom dort vorherrschenden (energetischen) Klima alle ein wenig unterscheiden (Baumarkt eher rau, Gemüseladen eher herzlich), und nach vollbrachter Arbeit bzw. erfolgreicher Reise laufe ich wieder meinen 'Heimathafen' an. Schon in der Nähe treffe ich oft auf Retreat-Teilnehmer, die spazieren gehen und mich begrüßen oder mir zuwinken. Manchmal nehme ich den einen oder anderen ein Stückchen mit, dann bin ich wieder an meiner Anlegestelle. Und meistens geht es gleich wieder los, auf die nächste Tour. Jede Fahrt ist ein Abenteuer, es macht total Spaß. Nur mit Samarpan bin ich noch nicht wieder ganz im Reinen, weil ich an dem Bild festhalte, dass er mich in meinem Kranksein nicht so angenommen hat, wie ich war, obwohl er doch immer sagt, dass man alles und jeden so annehmen sollte, wie er, sie oder es nun einmal ist. – Abends höre ich mich im Satsang fragen:

„Samarpan, mir wird klar, dass, wenn ich dich im Satsang sagen höre 'Ich gebe dem Verstand keinerlei Energie.' oder 'Ich bin immer in Frieden'... ich dann die Vorstellung bekomme, du seiest nie im Verstand gefangen."

„Ja, wir haben diese Vorstellung. Das ist okay. Lasse einfach diese Vorstellung los. – Es gab einmal einen Meister, der so in Frieden mit sich und der Welt war, dass er allem vollkommen gleichgültig gegenüber stand. Sein ganzer Besitz war lediglich eine Bettelschale. Wenn jemand etwas hinein legte: gut. Wenn jemand etwas herausnahm: gut. Seine Gleichgültigkeit gegenüber allem führte schließlich dazu, dass einige seiner Schüler so besorgt um ihn waren, dass sie ihn entführten, aus Angst, ihrem Meister könne etwas zustoßen. Das wiederum brachte einen anderen Teil seiner Schüler auf, die dies nicht für richtig hielten und ihn wieder befreiten. So ging es hin und her. Und der Meister sagte nichts. Er war einfach in Frieden."

Ich nicke und denke: Ja, genauso stelle ich mir einen wahren Meister vor. Insbesondere in Momenten, da ich den Eindruck habe, dass Samarpan irgend etwas (vor allem mich) nicht akzeptiert, dass er nicht das lebt, was er hier lehrt.

Aber ich sehe in der Tat ein, dass das eine Vorstellung ist. Und trotzdem scheine ich irgendwie daran festzuhalten, vielleicht aus Bequemlichkeit, wer weiß.

„Keine Vorstellungen", sagt Samarpan liebevoll lächelnd. „Nur Das."

Stiersbach, 6. August 98 (Retreat)

Der letzte Retreat-Tag ist da, die Sonne scheint, und nach dem Frühstück verfrachten wir Stühle, Matten und Kissen sowie unser ganzes technisches Equipment nach draußen in den gestern fertig gestellten Innenhof. Dass heißt: Zum ersten Mal wird der Satsang im Freien stattfinden. Wie schön. Die Vögel zwitschern, es liegt ein paradiesischer Frieden in der Luft, und die ersten Minuten im Satsang ist es still. Schließlich meint Samarpan:

„Wisst ihr: Wieder und wieder nehme ich hier vorne Platz und frage mich: 'Was wollen nur all die Leute hier von mir?' – Da ist nichts, nicht wirklich. Da ist nichts, was ich habe, was ihr nicht auch habt."

2.

Sei kein Christ, sei ein Christus.
Sei kein Buddhist, sei ein Buddha.
(Osho)

Stiersbach/Gmund, 7. August 98 (Retreat)

Am frühen Nachmittag kommen wir in Gmund an; ein neues Retreat beginnt. Abgesehen von Anubhavo und ein paar weiteren Helfern ist noch niemand da. Wie schön, wieder hier zu sein. Im Essraum sitzend begrüße ich alle nach und nach eintrudelnden 'Familienmitglieder'. Da kommt gerade Kira:

„Hallo Rama!" - „Hallo Schwesterherz!" Sie ist total berührt.

Und schon ist wieder Satsang:

„Als ich heute Morgen am Bahnsteig stand, blickte mich ein kleiner Junge aus dem Fester seines Abteils an. Und für einige Augenblicke ruhten unsere Blicke ineinander: ein kleiner Buddha. Alle Kinder sind Buddhas. Sie sehen die Wahrheit so klar. Wer war es, der sagte: 'Der Kaiser hat ja gar keine Kleider an'? Es war keiner der Erwachsenen. Es war ein Kind. Es sind die Kinder, die Gott am nächsten sind. Es ist deren Unschuld. Nicht umsonst sagte Jesus: 'Lasset die Kinder zu mir kommen.' Wir alle müssen wieder Kinder werden. Nur in Unschuld offenbart sich das Göttliche."

Gmund, 8. August 98 (Retreat)

Im Nachmittag-Satsang spricht Samarpan über die Arroganz des Verstandes und erzählt die Geschichte von Petrus.

„Samarpan", fragt da jemand, „ich möchte dich um einen neuen Namen bitten."

Samarpan schließt kurz die Augen, öffnet sie wieder und sagt:

„Petrus."

Ich dolmetsche und muss mir das Lachen verbeißen. 'Petrus': oh, Gott, oh, Gott, oh, Gott. Im Englischen spricht Samarpan immer von 'Peter', und das ist im Deutschen ja auch in Ordnung. Aber Petrus... grenzt ja fast schon an eine Bestrafung. Ich meine, gut, auf alle Fälle ist es eine Hilfe, sich nicht mit seinem Namen zu identifizieren, aber ich möchte trotzdem nicht in seiner Haut stecken.

Den anderen scheinen ähnliche Gedanken durch den Kopf zu gehen, denn hier und da ist ein unterdrücktes Prusten zu hören. Auch dem neu ernannten Petrus ist es ganz augenscheinlich nicht geheuer. Die unterdrückten Lacher provozieren natürlich weitere unterdrückte Lacher, und es fehlt nicht viel, dass der ganze Raum in ein sicher sehr befreiendes Lachen ausbrechen würde. Aber das wäre Petrus gegenüber einfach total unfair. Ojemine, was für eine Situation!

„Ich habe das Gefühl, die anderen machen sich über diesen Namen lustig", meldet sich Petrus unsicher zu Wort.

„Weißt du, Petrus ist ein ganz besonderer Name", sagt Samarpan, wie ich glaube, leicht genervt: „Den ich bislang noch nie vergeben..." Ich kann kaum dolmetschen, so stark ist der Lachreiz... „sondern mir für einen ganz besonderen Menschen aufgehoben habe."

Du meine Güte! Allen Augenpaaren steht ein Prusten ins Gesicht geschrieben; oh, Gott!

„Petrus", fährt Samarpan fort, und ich übersetze Petrus jetzt eigenmächtig mit Peter, vielleicht kann ich noch retten, was zu retten ist und schaue fragend in die Runde. Von überall her kommt zustimmendes, dankendes Kopfnicken.

„Peter hatte seine Lektion gelernt. Dass wir zu allem fähig sind. Und Petrus bedeutet Fels."

Hier übersetze ich das englische Peter von Samarpan wieder mit Petrus, denn zum einen bin ich mir nicht sicher, ob Peter ebenfalls Fels bedeutet, und zum zweiten habe ich ohnehin nicht viel Zeit zu überlegen.

„Sei wie ein Fels. Sei wie ein Fels in der Brandung. Sei du die Ruhe in der Unruhe. Lebe du die Wahrheit umgeben von der Illusion und bewege dich nicht von ihr weg. Darum geht es bei dem Namen: Petrus/Peter."

Sicherheitshalber übersetze ich beides. Dann kann er es sich heraussuchen.

Stille. Petrus bzw. Peter sitzt immer noch ziemlich 'bedröppelt' da, und ich habe den Eindruck, keiner hier im Raum möchte mit ihm tauschen. Was Samarpan über Petrus gesagt hat, ist wunderschön, aber der Name Petrus ist im Deutschen doch ziemlich 'witzfigurmäßig' vorbelastet. Aber wie soll man Samarpan das erklären? Oh, Gott: der arme Petrus!

Nach einigen unendlichen Sekunden erbarmt sich Radhika seiner:

„Ähm, Samarpan... Petrus ist im Deutschen ein Name..."

Wenn ich vorsichtig nach rechts zu Samarpan hinüber sehe, habe ich das Gefühl, als ob bei ihm ein enormes Genervtsein hochkommt und er denken mag: Offensichtlich haben sich alle gegen ihn und diesen Namen verschworen.

„Gut", sagt Samarpan kurz angebunden, als Radhika geendet hat, „dann nehme ich diesen Namen eben wieder zurück."

Totenstille. Und eine Stimmung wie auf dem Friedhof. Brrrrrrrr... fröstel. – 'Wunderbar', würde Samarpan wahrscheinlich sagen: 'Dann fühle dich einfach fröstelnd.' So verbringe ich den Rest des Satsangs.

Gmund, 9. August 98 (Retreat)

Samarpan scheint etwas genervt zu sein und beruft nach dem Mittagessen eine Staff-Besprechung ein, in der er sich beklagt, dass es nicht wirklich still ist, dass hier und da Gespräche stattfinden. Wenn die Teilnehmer reden, nun gut. Aber wir als Staff müssten mit gutem Beispiel voran gehen. Bei Gangajis

Retreat, an dem er auf seinem USA-Trip vor ein paar Wochen teilgenommen hat, sei es mucksmäuschenstill gewesen. Auch vom Staff hätte man nicht ein Wort vernommen.

Schluck! Etwas geknickt ziehen wir von dannen, und Anubhavo, der Gangaji schon lange kennt, sagt, bei ihr sei es vor sechs Jahren, als sie mit Satsang anfing, mit dem Gerede ganz genauso gewesen. Mmh? Wieder einmal beschäftigt mich die Überlegung: Wo ist Samarpans Akzeptanz dessen, was ist? Es wird geredet, okay. Sagt Samarpan nicht immer wieder: 'Alles ist perfekt, wie es ist.'? Offensichtlich hat er die Vorstellung, dass es anders sein sollte. Nur dann sollte er eben diese Vorstellung loslassen, anstatt zu versuchen, sein 'Außen' zu verändern und uns – insbesondere mich – anzumachen. Ich habe es einfach nicht gern, wenn man mir sagt, ich mache es falsch. Außerdem erinnere ich mich, aus seinem Mund vernommen zu haben, dass das eine Lüge ist. Mmh? Irgend etwas verstehe ich noch immer nicht, zumal er im Nachmittag-Satsang wieder sagt:

„Du bist in Ordnung, genauso wie du bist. Wenn dir irgend jemand sagt, dass mit dir etwas nicht stimmt... dann drehe dich um und gehe weg."

Tja, wenn ich nicht so gerne Samarpans Dolmetscher wäre und irgendeine Idee hätte, was ich sonst machen könnte... aber da ist nichts. Außerdem: Würde ich wirklich weg wollen, oder ist das wieder einmal nur so eine blöde Idee meines Verstandes? Besser erst gar nicht darüber nachdenken...

Gmund, 10. August 98 (Retreat)

Vor dem Satsang streut jemand rote Rosenblätter auf Samarpans Weg von der Türe bis zu seinem Stuhl; wie schön. – Im Satsang selbst erzählt Samarpan nun abermals die Geschichte, die er schon in Stiersbach erzählt hat:

„Da war dieser Meister, der allem vollkommen gleichgültig gegenüberstand. Er saß mit seiner Bettelschale auf dem Boden, und während manche etwas hinein legten, nahmen andere etwas heraus. Für ihn war alles eins. Das löste bei manchen seiner Schüler die Angst aus, dass ihn jemand einfach mitnehmen könnte, so dass diese beschlossen, ihn zu seiner eigenen Sicherheit zu entführen. Doch da waren noch die anderen Schüler, die auch von seiner Gegenwart profitieren wollten und ihn deshalb wieder heimlich zurückholten. So ging es hin und her. Ihm war alles gleich."

Stille. Und ich merke erneut: Ja, das kommt meiner Vorstellung von einem erleuchteten, egolosen Meister recht nahe. So stelle ich mir einen wahrhaftigen, echten Meister vor, und wann immer ich bei Samarpan irgendein Urteil – insbesondere über mich – zu spüren glaube, vergleiche ich ihn mit eben dieser Vorstellung. Ist DAS mein Problem?

Gmund, 11. August 98 (Retreat)

Im Vormittag-Satsang wartet Samarpan mit einer neuen Überraschung auf:

„Gangaji hat so schöne Videos..."

Na prima! Das hätte er jetzt also auch gern! Sofort meldet sich ein Typ, der zu Hause eine ältere Kamera hat, die er bis zum Nachmittag gleich holen will. Ein Video-Recorder ist auch schnell aufgetrieben, und Abhijat, als Samarpans rechte Hand, wird von diesem beauftragt, die Verantwortung zu übernehmen und sich um alles Nötige zu kümmern.

Gleich nach dem Satsang ordnet unser 'Chef' für den gesamten Staff an, um 15 Uhr im Satsang-Raum zu erscheinen, um alles vorzubereiten, so dass während der Nachmittag-Session bereits die erste Aufnahme erfolgen kann. Ojemine! Na ja. Also bin ich pünktlich zur Stelle, wobei ich jedoch null Bock auf irgend etwas habe, weil ich glaube, dass es hier schon wieder um einen Ego-Trip von Samarpan geht. Dementsprechend lustlos hänge ich herum und mache nur, was man mir sagt. Jegliche Eigeninitiative ist verschwunden, was den Chef ziemlich auf die Palme treibt.

Eine Stunde mühen wir uns ab, Vorhänge hinter Samarpans Stuhl aufzuhängen, Kamera und Recorder aufzubauen, alles miteinander zu verkabeln und, und, und... werden mit alldem gerade noch rechtzeitig fertig, so dass der Nachmittag-Satsang pünktlich um 16 Uhr anfangen kann. Ächz! Geschafft! Gleich nach Samarpans Namasté beklagt sich Abhijat als Allererster, dass der Staff nicht mitzieht:

„Teile des Staffs sind zum Aufbau überhaupt nicht erst aufgetaucht. Rama ist zwar gekommen, hat dann aber nichts gemacht. Ich bin echt stocksauer und drauf und dran, meine Rolle als 'Chef' an den Nagel zu hängen!"

Während Samarpan Abhijat antwortet, geht mir folgendes durch den Kopf. Samarpan sagt immer wieder und wieder: 'Wenn da keine Energie für etwas ist, dann will das Göttliche offensichtlich nicht, dass das gemacht wird; ganz einfach – kein Problem.' An anderer Stelle hingegen sagt er auch: 'Sei total. Mit allem. Sei ein totaler Schüler. Gib dich vollkommen dem Meister hin. Gib dich vollkommen der Wahrheit hin.' Also wem soll ich mich jetzt hingeben? Seinem Wunsch nach Videoaufzeichnungen? Oder meiner Wahrheit, dass ich im Moment keine Lust habe? Auf was soll ich hören? Wem soll ich folgen? Das ist eine Frage, die mich immer wieder beschäftigt. Ich muss es einfach einmal ansprechen:

„Samarpan, ich dachte immer: Wenn da Energie ist, gut; und wenn da keine Energie ist, auch gut."

„Man kann sich auch einbilden, dass da keine Energie ist", grinst er mich an.

Was soll ich da sagen? Woher soll ich wissen, ob ich mir nur einbilde, keine Energie zu haben? Schweigen.

„Bei mir ist da einfach keine Energie“, sage ich und denke: ‘Schluss aus.’

„Ich glaube nicht, dass das Leben dich mit dieser Einstellung außerhalb des Satsang-Rahmens unterstützen wird.“

Woher zum Teufel will Samarpan das jetzt schon wieder wissen? Weist er nicht immer wieder darauf hin, dass Ramana[11] gar nichts tat und das Leben sich trotzdem um ihn kümmerte? Ich verstehe überhaupt nichts mehr. Mir ist überhaupt nicht klar, wie ich diese Aussage mit der von Samarpan stets propagierten Wahrheit in Einklang bringen soll, dass wir nichts über die Zukunft wissen. Vielleicht geht mein Leben ja wirklich an anderer Stelle weiter, und wenn es denn so sein sollte: gut. Und wenn das Leben sich in diesem Fall nicht um mich kümmern sollte: na ja, nicht ganz so gut, aber man wird sehen. Doch falls die Zukunft an Samarpans Seite so aussehen sollte, dass der Staff die Egotrips des Meisters ausbaden darf, habe ich ehrlich gesagt auch gar keine Lust mehr, weiterhin an seiner Seite zu sein und ihn und seine Arbeit zu unterstützen.

„Wisst ihr“, sagt Samarpan mit einem Seitenblick auf mich nun zu allen gewandt: „Wir können es ja folgendermaßen machen: Rama trägt ab sofort immer ein Schild um den Hals, auf dem dick und fett steht: keine Energie.“

Ein paar lachen, Samarpan grinst zu mir herüber, und ich sage:

„Ich finde das überhaupt nicht lustig.“

„Doch!“, sagt Samarpan amüsiert. „Es ist sehr lustig. Wir übertreiben es einfach bis ins Lächerliche.“

Lange Stille. Und ich habe den Eindruck, dass ich überhaupt nicht mehr verstehe, was eigentlich ‘Sache’ ist. Bin ziemlich ratlos. Schließlich meldet sich eine Münchnerin zu Wort und meint, dass sie das mit der Energie bislang eigentlich auch so sah wie ich. Samarpan daraufhin zu ihr:

„Ja, im Grunde ist es auch so. Aber sage das nur ja nicht Rama!“

Ich dolmetsche und verstehe immer weniger. Samarpan weiter zu der Frau:

„Weißt du: Bei dir sehe ich nicht, dass du auf deiner Energie sitzt.“

Aha: Und ich – im Gegensatz zu der Frau – sitze also auf meiner Energie. Ich merke, wie ich mich total falsch gemacht und nicht gesehen fühle. Was läuft hier nur gerade für ein Trip? Wie auch immer. Für mich hat das jedenfalls nichts (mehr) mit Satsang zu tun, und wie auch in Stiersbach fühle ich mich mit meiner wenigen Energie nicht so angenommen, wie ich jetzt gerade bin. Dieser Video-Mist ist doch der totale Ego-Trip, und wenn das jetzt der neue Umgangston ist und es fortan darum gehen sollte, immer professioneller zu werden, alles immer besser und größer zu machen, leugnet man – in meinen Augen – die Wahrheit: dass nämlich alles perfekt ist, so wie es jetzt gerade ist. Und ich merke, dass ich

11 Ramana Maharshi: Indischer Heiliger (1879-1950).

nicht gewillt bin, diesen Trip zu unterstützen. Dann lieber gleich auf der Stelle einen Schlussstrich unter diesen Spuk ziehen. Wenn das Leben mir gerade keine Energie gibt, soll es mit mir ja vielleicht wirklich an einer anderen Stelle weitergehen. Mit der Bereitschaft, meinen Staff-Platz loszulassen, sage ich:

„Um die Wahrheit zu sagen: Ich habe keine Ahnung, was das Leben mit mir vorhat, wo das Leben mich hinführen möchte...“

Einige im Satsang-Raum starren mich entgeistert an, wie ich so etwas sagen kann, aber auch jetzt noch fühlt es sich total stimmig an. Ich habe keine Lust, die Ego-Trips des Meisters mitzumachen. Fühle mich ganz in meiner Stärke.

Für einen Moment herrscht Schweigen, dann sagt Samarpan etwas von wegen ‘... in einer Gruppe... alle an einem Strang ziehen...’

„Das mag alles richtig sein“, entgegne ich, „aber wenn da keine Energie ist, dann ist da keine Energie.“

„Manchmal ist es einfach notwendig, etwas ernst zu nehmen“, meint Samarpan.

„Warum?“, frage ich schnell. Das möchte ich jetzt zu gerne wissen!

Schweigen.

Langes Schweigen. Und ich habe das Gefühl, Samarpan in eine unangenehme Lage gebracht, ihn irgendwie bloßgestellt zu haben, denn sonst sagt er immer, dass man nichts ernst nehmen soll. Da ich mich von Sekunde zu Sekunde elender fühle, komme ich ihm zu Hilfe, indem ich ihm eine mögliche Antwort quasi auf dem Silbertablett serviere:

„Weil es sonst keinen Spaß macht?“

„Genau“, erwidert Samarpan erleichtert. Auch von mir fällt der Druck ab, und doch stehe ich vor einem Rätsel. Und ärgere mich ein wenig, dass ich ihm aus der Klemme geholfen habe.

Nur: Was ist jetzt die Wahrheit? Muss man gewisse Dinge doch ernst nehmen? Ich verstehe immer noch nicht(s).

Stille. Seltsame Situation. Irgendwann sagt Samarpan:

„Weißt du: Ich habe mich früher besser angestellt.“

„Wie? Was?“, frage ich verdutzt.

„Na, in der Schule: da habe ich mühelos auf ‘krank’ gemacht.“

„Ja wie? Heißt das: Du hast vorgegeben krank zu sein, obwohl du gar nicht krank warst?“

„Genau“, grinst Samarpan mich an, und bei mir fällt ein Groschen.

„Samarpan!“, rufe ich erleichtert aus. „Jetzt verstehe ich! Du dachtest in Stiersbach, ich täte so, als sei ich krank, um nicht arbeiten zu müssen!“

Samarpan grinst von einem bis zum anderen Ohr, und ich rede weiter:

„Nein! Ich habe ein ganz anderes Programm. Ich durfte als Kind nie krank sein. Und wenn ich doch einmal krank war, wurde ich trotzdem zur Schule geschickt, damit ich nichts verpasste. Und selbst wenn der seltene Fall eintrat, dass es mir derart schlecht ging, dass meine Mutter der Meinung war, ich solle doch besser gleich zu Hause bleiben, wurde erst noch mein Vater im Büro angerufen, der dann das endgültige Einverständnis geben musste. Insofern kann ich die Tage, an denen ich tatsächlich zu Hause war, an einer Hand abzählen. Und an diesen Tagen war ich wirklich krank. Und weder bei der Bundeswehr, wo es ja regelrecht Mode war, sich 'abzuseilen', noch in meinem Berufsleben habe ich auch nur einen einzigen Tag auf krank gemacht."

Haaaaa! Ich merke, wie die ganze Last der letzten Wochen von mir abfällt. Weil ich früher nie krank sein durfte, war ich mit meinem Kranksein in Stiersbach nicht in Frieden, was bei Samarpan dann auslöste, dass er sein

Faulheitsprogramm auf mich projizierte. Verrückt, wie unsere Programme da ineinander gegriffen haben. Puh! Ich bin jetzt so erleichtert, dass ich spontan aufstehe, zu Samarpan hinüber gehe und mich auf seinen Schoß setze. Jetzt ist alles wieder gut! Allerdings fühlt es sich nun doch etwas komisch und 'mich-klein-machend' an, jetzt und hier auf Samarpans Schoß zu sitzen, weshalb ich schnell wieder aufstehe und zu meinen Dolmetscherstuhl zurückgehe. Von hier aus sehe ich zu Samarpan und denke: Es gibt doch nichts Schöneres, als hier bei ihm zu sein! Stille. Und wir beide strahlen uns an:

„I love you, Samarpan", sage ich aus tiefstem Herzen. Und Samarpan erwidert:

„I love you, too." Wie schön.

Beim Abend-Satsang zeige ich meinen guten Willen und helfe bei der Video-Aufnahme, so gut ich kann. Auch wenn ich nach wie vor das Bild habe, dass es eine Schnaps- oder zumindest eine Verstandes-Idee ist, wir vom Staff alle relativ ausgelastet sind und in meinen Augen Video momentan einfach nicht ansteht. Aber gut, man wird sehen. Habe noch im Satsang einen wunderschönen, langen, stillen, liebevollen Blickkontakt mit Samarpan wie seit Wochen nicht mehr. Tut das gut!!! Jetzt sind wir zwei wieder ganz miteinander im Reinen. Wie schön.

Gmund, 12. August 98 (Retreat)

Nach dem heutigen Satsang stimmt Abhijat ein 'wildes' Lied an (Being on fire, burning in your love), und alle singen lauthals mit, während ich alles aus der Djembe heraushole: Bumm, tackatack, tackabumm, tackatack, tackabumm... Auch Samarpan wird von der hohen Energie in seinem Stuhl sitzend mitgerissen, steht auf und fängt an, uns in Osho-Manier mit seinen Händen noch weiter anzufeuern. So ähnlich muss es in Poona gewesen sein. Wahnsinn! Samarpan heizt uns voll an, und ich habe den Eindruck: Er ist selbst ganz überrascht, in welche Energie, in was für eine Rolle er da plötzlich hineingerutscht ist. Manche der alten Sannyasins fühlen sich vermutlich um einige Jahre nach Indien zurückversetzt, heben die Hände und feuern Samarpan wiederum an! Wir alle peitschen uns gegenseitig immer mehr auf!! Es ist echt, als seien wir alle mitten im 'Feuer'!!!

Schließlich führt Samarpan die Hände vor dem Gesicht zusammen, die Musik endet, und er grüßt mit Namasté in die Runde. Selten habe ich ihn so aufgelöst und glücklich gesehen.

Abends treffen wir uns im kleinen Kreis mit Samarpan und sehen eines der heute im Satsang aufgezeichneten Videos an. Danach sitzen wir noch gemütlich beieinander, und Samarpan spricht davon, dass jegliches Helfen-Wollen zu nichts führt. Ich denke dabei an eine Situation, als Grace neulich traurig im Bett lag, ich mich einfach wortlos zu ihr legte und sie in den Arm nahm. Ohne den Gedanken, ihr helfen zu wollen – ohne überhaupt irgendeinen Gedanken.

„Ja, das kenne ich“, sage ich. „Neulich war Grace im Schmerz, und ich legte mich einfach in Stille, ohne etwas zu sagen, zu ihr.“

„Moment einmal“, werde ich in diesem Moment von Kira unterbrochen. „Stille heißt ja nicht einfach nur, dass man nichts sagt...“

'Das meinte ich auch nicht', will ich sagen, bin jedoch wie erstarrt, weil ich merke, dass mein Löwenverstand Blut wittert und angriffslustig den Kopf hebt, als ob er sehen will, ob es hier für ihn etwas zu futtern gibt. Prompt kommt ihm etwas vor die Pranke, denn jetzt sieht er sich Kiras Frage gegenüber gestellt:

„Kennst du die Stille denn nicht, Rama?“

Puuuh! Welche Stille? Oh, Gott, ich ahne Böses: 'Stille? Stille? Stille?'... keine Ahnung.

„Vielleicht kennt Rama die Stille ja gar nicht, weil er ständig dolmetschen muss?“, wendet sich Kira nun an Samarpan und die anderen, nachdem ich nichts sage, sondern sie nur entsetzt anstarre.

Samarpan sagt erst einmal gar nichts, sondern schaut mich einfach nur an. Mein Verstand ist bereits in Sprungbereitschaft, als ich mich mit der nächsten Frage Kiras konfrontiert sehe:

„Kennst du das nicht, wenn du im Satsang vollkommen ausklinkst und in Glückseligkeit schwelgst?“

Oh, Gott! Jetzt sehen mich alle an und warten gespannt auf eine Antwort. Ich bin im Satsang in der Regel einfach in Frieden, aber dass ich vollkommen 'aus-space' und in anderen Dimensionen voller Glückseligkeit dahinschwebe, so wie es bei Kira der Fall zu sein scheint, könnte ich nicht behaupten. Also was soll ich sagen?????

Der Löwe springt und landet mit einem Satz direkt auf mir drauf. Schnapp! Aaaaaaaaaa! Oh, Gott! Jetzt ist alles aus! Ich schaue von einem zum anderen, sehe fünf erwartungsvolle, stille, auf mir ruhende Augenpaare und denke: 'Verdammt, ich dachte, ich würde die Stille kennen, aber das war scheinbar ein Irrtum! Offensichtlich gibt es da noch etwas Anderes! Und nicht nur das!

Alle anderen im Staff scheinen dieses andere zu kennen! Ohhhhh, Scheiße!!!!! Wahrscheinlich dachten sie, die offensichtlich Erleuchteten, die die Erleuchtung ja überall sehen, ich sei auch erleuchtet!' Oh, Gott! Oh, nein! Puuuuh!

Stille... von wegen! Mein Verstand hat in Nullkommanichts die Oberhand gewonnen. Der ganze Staff ist erleuchtet – nur ich nicht! Aaaargh!! Das darf nicht wahr sein!!! Alle haben es, nur ich nicht! Alle sind dort, sind im Paradies und ich als einziges, armes Schwein in der Hölle! Ich bin bei diesem Wettrennen nach Erleuchtung der Letzte! Und verlieren konnte ich schon als Kind nicht... oh, verflucht! Jetzt ist echt alles aus! Und nun ist es heraus! Alle wissen um meine Nicht-Erleuchtung Bescheid... oh, Gott! Samarpan sagt zwar irgend etwas, aber ich höre und sehe nichts mehr. Das ist der Tod, das ist mein Ende.

Ein paar Minuten später steht meine Nichterleuchtung zwar nicht mehr im Mittelpunkt, die anderen reden jetzt wieder über etwas Anderes, aber in mir ist der Teufel los! Ich habe keine Ahnung, wie ich je wieder in Frieden kommen und mich mit dem Rest des Staffs auf einer Ebene und nicht als der letzte Trottel, der es nie kapiert, fühlen soll. Die Überzeugung, ein Versager zu sein, ist einfach zu tief. Das ist das Ende. End-gültig.

Liege die ganze Nacht wach. Verflucht! An diesem Punkt stand ich ja schon öfter, aber jetzt ist nicht nur meine Freundin erleuchtet... nein! Der gesamte Staff ist erleuchtet, und ich bin der einzig übrig gebliebene Unerleuchtete. Bin der Letzte. Trage die rote Laterne. Und bislang war nur deshalb Frieden, weil ich es nicht wusste. Ich hatte es zwar insgeheim manchmal befürchtet, doch jetzt ist es heraus. Und damit alles aus. Den letzten beißen die Hunde... Scheiße, verdammte! Ich werde als 'die arme Sau' des Samarpan in die Geschichte eingehen. Als derjenige, der dem Ziel bereits zum Greifen nah war, es aber Zeit seines Lebens nie erreichte... au, au, au.

Gmund, 13. August 98 (Retreat)

In Endzeitstimmung schleppe ich mich zum Satsang. Da es mir noch genauso dreckig geht wie gestern Abend, bitte ich Abhijat zu dolmetschen. Irgendwo ist mir klar, dass die ganze Sache dadurch noch öffentlicher wird und mehr Bedeutung bekommt, aber was soll ich machen? Ich kann doch nicht so tun, als sei nichts!?

Gleich nach dem Namasté gehe ich zu Samarpan nach vorne und knie mich vor ihn hin. Es gibt nichts zu sagen. Dass ich nicht mehr weiter weiß, sieht er meinem verheulten Gesicht wahrscheinlich auch so an.

Einige Zeit vergeht, ohne dass ein Wort fällt. Dann sagt Samarpan:

„Du siehst die Wahrheit sehr klar. Nur betrachtest du sie vom Verstand aus."

'Mache etwas!!! Wecke mich auf!!! Hilfe!!!', schreie ich innerlich. – Wieder vergeht einige Zeit. Schließlich wendet sich Samarpan ab und fragt in die Runde:

„Was gibt es sonst noch?“

Ich schließe die Augen und bleibe den restlichen Satsang, von dem ich nichts, aber auch gar nichts mitkriege, zu seinen Füßen sitzen bzw. liegen. Hölle!

Schließlich ist der Satsang vorüber, und die Musik beginnt. Samarpan steht auf, grüßt im Kreis mit Namasté und deutet mir mit dem Finger an mitzukommen. Ich ihm hinterher. Wir gehen zu ihm ins Zimmer und setzen uns auf seinen Balkon, während die anderen unten noch immer fröhlich singen. Die Sonne scheint, und Samarpan meint ganz locker:

„Lass uns jetzt nicht ernst werden.“

„Mir ist gerade aber verdammt ernst zumute!“, erwidere ich leicht ärgerlich.

Samarpan schaut mich an und sagt nach einer Weile:

„Du hast es! Gerade Jetzt!“

„Echt? Du meinst: Ich habe es und sehe es gerade nur nicht? Und irgendwann in der Zukunft werde ich es sehen und erkennen, dass ich es schon immer hatte, also auch damals, als ich hier – jetzt – auf dem Balkon mit dir saß?“ – Samarpan nickt.

Stille. Oder ist das nicht Stille? Gibt es verschiedene Stillen? Oder sollte ich besser ‘Schweigen’ schreiben. Oder: ‘Wir schweigen.’ Ich bin völlig durcheinander und habe das Gefühl, überhaupt nichts mehr zu wissen.

„Unternimm heute Mittag einen langen Spaziergang. Ganz für dich alleine. Sei einfach mit dem, was Hier ist.“

Puuuh. Schweren Herzens erhebe ich mich, gehe nach unten, ziehe mir die Schuhe an und mache mich unverzüglich auf den Weg. Am See entlang nach rechts bis zum Strand, den Berg hoch, am Hotel vorbei und weiter ins Hinterland. Ich fühle mich vollkommen verlassen und allein. Es ist furchtbar: Das ist die totale Einsamkeit. All meine Freunde sind erleuchtet und gut drauf; nur ich nicht. Und wahrscheinlich werde ich es auch nicht wieder sein. Tiefste Trostlosigkeit. Die nächsten Jahre – wenn nicht der Rest meines Lebens – werden die Hölle sein. So viel steht fest. Von diesem Schlag werde ich mich nie wieder erholen...

So trotte ich vor mich dahin... jetzt heißt es wirklich: ‘Game over’. Immer wieder sehe ich die nächsten beschissenen Jahre bildlich vor mir, dass ich einfach nur wie ein Baby drauflos- und vor mich hinheulen kann... es ist einfach nur beschissen... aber ich kann nichts, a-b-s-o-l-u-t gar nichts dagegen tun...

Während es nun leicht zu nieseln anfängt und sich mein Rundgang dem Ende nähert, wird mir klar, dass, sobald ich mit jemanden – außer Samarpan – darüber reden sollte, dies der ‘Sache’ Energie geben würde. Nur gut, dass gerade ein Stille-Retreat ist. Ich werde mich jetzt echt daran halten, höchstens mit Grace reden und auch dann nicht dieses leidige Thema ansprechen. Denn das führt zu nichts, wie ich aus meiner Erfahrung im vergangenen Februar weiß, wo ich schon einmal auf diesem Trip war. Und ich hoffe, der Rest des Staffs wird mich auch nicht damit aufziehen. Puuuuh.

Damit kehre ich von meiner großen Runde zurück, nehme mit niemand Kontakt auf, sondern bin ganz bei mir.

Im Abend-Satsang dolmetsche ich wieder, und als ich abends in Stille in den Armen meiner erleuchteten Freundin liege, zwinge ich mich, nichts zu sagen.

Gmund, 14. August 98 (Retreat)

Ich versuche den ganzen Tag, dem Verstand keinerlei Aufmerksamkeit zu geben. Gelingt mir jedoch eher schlecht als recht. Verdammt! Im Satsang höre ich Samarpan sagen:

„When there is pain or sadness or anything: you don't need to know anything, you don't need to understand anything. Just feel it. That's all you have to do."

„Wenn da Schmerz oder Trauer oder sonst irgend etwas ist: Du brauchst nichts zu tun, du brauchst nichts zu verstehen. Fühle es einfach. Das ist alles, was du tun musst."

Irgendwie fällt mir das Dolmetschen heute schwer. Wahrscheinlich weil ich mich ganz besonders bemühe, Samarpans Worte zu verstehen.

„As soon as we do something, this is only the mind. – Don't do anything."

„Sobald wir irgend etwas tun, ist dies nur der Verstand. – Tue überhaupt nichts."

Stille. Und ich denke: Alles schön und gut. Aber wie um Himmels willen soll man still halten, wenn man gerade quasi auf dem Höllenfeuer geröstet wird?!?!?!?!?!

Gmund, 15. August 98 (Retreat)

„Bevor der Herrscher über ein kleines Königsreich in den ihm aufgezwungenen Krieg gegen seinen Nachbarn zog, bekam er von einem Weisen eine in Pergament eingewickelte Münze in die Hand gedrückt mit den Worten: 'Wenn du einmal in einer aussichtlosen Situation bist oder in einer ganz erhabenen, dann schaue dir diese Münze an.' Damit verließ der König den Palast und machte sich mit seinem Gefolge auf den Weg. Der Kriegsverlauf war alles andere als günstig, und nach kurzer Zeit waren sie von den feindlichen Soldaten eingekesselt. Ihre Niederlage schien besiegelt. In diesem Moment erinnerte sich der König an die Münze, packte sie aus und las, was auf ihr geschrieben stand: 'Auch das wird vorübergehen.' Aus diesem einen Satz schöpfte der König so viel Kraft, dass er selbst die richtigen Worte zur Motivation seiner Männer fand, und gemeinsam gelang es ihnen, sich nicht nur aus dieser beschwerlichen Lage zu befreien, sondern das gegnerische Heer letztendlich sogar noch zu besiegen. Jetzt war der König Herrscher über ein viel größeres Reich als zuvor, und als er im Triumphzug unter dem Jubel der Menge in seine Heimatstadt zurückkehrte, nahm er sich wieder die Münze zur Hand und las abermals: 'Auch das wird vorübergehen.'" Kurze Stille. „Das ist die Wahrheit. Wenn du dich in einer ausweglos erscheinenden Situation befindest, dann erinnere dich: 'Auch das wird vorübergehen.' – Alles geht vorüber; alles bis auf das, was du bist. Dieses ewige Dasein, diese Präsenz, diese Gegenwart."

Abend-Satsang.

„Halte nach Antworten nicht im Verstand Ausschau. Dort ist nur erlerntes Wissen, und das ist wertlos. Sei einfach im Moment. – Es gibt die Geschichte eines Schülers, der schon geraume Zeit bei seinem Meister verbracht hatte und ihn nun fragen wollte, ob er inzwischen bereit sei, ebenfalls lehren zu dürfen. Und der Meister sagte ihm, dass er ihn in einer paar Tagen prüfen werde. Also ging der Schüler Tag und Nacht noch einmal all das durch, was er in den vergangenen Jahren beigebracht bekommen hatte, auf dass er alle Fragen würde beantworten können. Der Tag der Prüfung kam, und der Schüler ging zum Haus des Meisters. Drinnen angekommen nahm er vor ihm Platz, und der Meister fragte ihn, auf welcher Seite er im Vorraum seine Schuhe abgestellt hätte. Der Schüler wusste es nicht. Er hatte zu viel anderes im Kopf gehabt, als auch noch darauf achten zu können. – Schaut: Es geht nicht darum, irgend etwas zu wissen. Der Verstand weiß nichts und wird nie etwas wissen. Nichts Wirkliches. Halte nicht bei ihm nach Weisheit Ausschau. Alles ist im Moment. Die gesamte Weisheit des Universums ist im Moment. Sei einfach im Moment."

Nachts liege ich wach und versuche, ganz Hier zu sein, ganz in diesem Moment... doch von irgendwelchen weisen Sachen, geschweige denn der gesamten Weisheit des Universums, finde ich keine Spur. Irgend etwas scheine ich verkehrt zu machen.

Gmund, 16. August 98 (Retreat)

Heute Morgen geht es mir eigentlich ganz gut. Im Satsang frage ich Samarpan:

„Du sagst, dass im Verstand keine Antworten sind, aber trotzdem mache ich manchmal die Erfahrung, dass ich nach langem Nachdenken zu einer Lösung finde."

„Ich verstehe, so kommt es einem vor. Aber tatsächlich kommt die Lösung aus dem Moment. Plötzlich ist sie Hier. – Da mag stundenlange Verstandesaktivität sein, und wir sehen nicht klar. Und plötzlich ist da ein Moment der Stille. Plötzlich bist du Hier. Und Hier ist die Lösung. Hier ist immer die Lösung. Sei einfach Hier; von Anfang an."

Stille. Und eigentlich ist alles wieder glasklar. Was mir aber noch mehr als Samarpans Worte hilft, ist, dass Grace nach dem Satsang wegen irgendeiner zumindest für mich lächerlichen Story im Schmerz ist. Daraus schließe ich, dass sie demnach gar nicht sooo erleuchtet sein kann. Puuuuuh! Auch Abhijat hat Stress mit Radhika, also alles halb so wild. Wir sind alle noch gleich verdammt unerleuchtet. Und mit solch einer Gruppen-Unerleuchtung kann ich wesentlich besser leben und umgehen, als wenn ich der einzige Unerleuchtete bin. Gerettet! – Mittag-Satsang:

„Ein König sprach zu seinem Weisen: ‘Lehre mich den Frieden.’ Und der Weise sagte: ‘Gut, aber dafür verlange ich, dass du mir diese Schale hier mit Gold füllst.’ Sofort schickte der König seine Diener, um Gold zu holen, was alsbald in die kleine Schale geschüttet wurde. Doch kaum lag es darin, verschwand es auch schon wieder, denn es war eine Zauberschale. Also ließ der König weiteres Gold herbei schaffen, aber soviel auch in die Schale geschüttet wurde, alles löste sich in nichts auf. ‘Das ist der Verstand’, sagte der Weise. ‘Er ist unersättlich. Egal, was wir auch tun; egal, wie sehr wir ihm gehorchen und tun, was er uns aufträgt: Das versprochene Glücklichsein stellt sich nie ein.’ Schaut: Der Verstand ist nie zufrieden mit uns; nie zufrieden mit dem, was er von uns bekommt. Hören wir auf den Verstand, versuchen wir es dem Verstand recht zu machen, werden wir unser ganzes Leben lang nie in Frieden sein. Denn der Verstand ist nie zufrieden. Wenn man das einmal erkannt hat, schenkt man dem Verstand überhaupt keine Aufmerksamkeit mehr... und ist unmittelbar glücklich. Dann ist Glücklichsein nicht etwas, was irgendwo in der Zukunft liegt. Dann ist Glücklichsein Hier. Dann ist Glücklichsein Jetzt. Glücklichsein ist immer Hier und Jetzt. – Das ist die Wahrheit. Glücklichsein, Frieden bedeutet nicht, dass all unsere Wünsche erfüllt werden, sondern es ist einfach die Abwesenheit von allen Wünschen. Die Abwesenheit des Wunsches nach irgend etwas Anderem als nach dem, was gerade ist. Das ist alles. So einfach.“

Gmund, 17. August 98 (Retreat)

Hochzeits-Satsang von Samarpan und Marga. Das heißt: Beide sitzen gemeinsam vorne und stehen Rede und Antwort, wobei es schön ist mit anzusehen, wie sehr die beiden ineinander verliebt sind. Und abends findet eine große Party unten am See statt; super!

Gmund, 18. August 98 (Retreat)

Im Morgen-Satsang shart Samarpan als erstes, dass bei ihm und Marga letzte Nacht Trauer da war. Ich nehme an, weil sie heute Morgen nach Frankfurt gefahren ist.

„Da war keine Story“, sagt Samarpan. „Wir beide hielten uns einfach die Hand und fühlten alles, was hochkam.“

Stille. Ich bin so von Dankbarkeit Samarpan gegenüber erfüllt, dass ich ihm sage:

„Oh, Samarpan, vielen, vielen Dank! Diese Offenheit, uns an Deinem Prozess teilhaben zu lassen, ist so schön, schätze ich so sehr wert." Und das ist die Wahrheit: Ich empfinde es als solch ein Geschenk, sehen zu dürfen: Samarpan ist kein Übermensch, sondern ganz genauso wie wir. Danke, danke, danke!

Abend-Satsang.

„Der einzige Teufel ist der Verstand. Es gibt keinen anderen Teufel. Es gibt keinen Teufel im Außen. Es gibt keinen Teufel außerhalb von dir. Es ist alles in dir."

Gmund, 19. August 98 (Retreat)

Vor dem Satsang gab es Stress innerhalb des Staffs. Mannomann; dieser Abhijat... als Chef kann er manchmal eine Katastrophe sein, und er mag umgekehrt dasselbe von uns als seinen Mitarbeitern denken. – Ziemlich geladene Atmosphäre während wir gemeinsam – eigentlich eher jeder für sich – musizieren. Ein im Grunde genommen schönes Lied von Abhijat, doch im Moment sind wir – so scheint's – alle völlig im Verstand. Entweder spürt Samarpan dies oder Abhijat hat vor dem Satsang noch ein paar Worte mit ihm gewechselt. Denn gleich nach dem Namasté, wird er von Samarpan gefragt:

„Was ist denn gerade los, Abhijat?"

Ich erwarte, dass er sich über uns beschwert, aber nein... er bleibt neutral. Toll!

„Ich scheine bei den anderen im Staff ständig irgendwelche Knöpfe zu drücken..."

„Cool!", lacht Samarpan. „Und weißt du was: Genau das ist dein Job."

Hohohohoho. Ich sehe zu Abhijat hinüber, nicke zustimmend und denke: Ja, das machst du prima! Abhijat grinst uns alle an. Und plötzlich ist die ganze Anspannung weg. Wie schön. Vollkommene Stille.

„Und jetzt spielt dieses Lied noch einmal", wünscht sich Samarpan. Dem kommen wir gerne nach, nehmen freudig unsere Instrumente zur Hand und singen nun jetzt wieder vereint:

Way of the heart, fragrance of love; just one to one, just who we are.
River of life flows from here to now, carries me on to back where I belong
Seeds are opening, flowers of love; just coming home back to the source.
So many lives pretending separate; grace of the truth is calling me back.

Ach ja: Auch wenn Abhijat mir regelmäßig die Knöpfe drückt (und umgekehrt), hat er doch auch vieles, was ich an ihm bewundere. So zum Beispiel, dass er mitten im Satsang still und leise, angeregt von den Sharings der Leute oder Samarpans Worte, spontan neue Lieder schreibt bzw. bestehende Songs von ihm umschreibt. So auch heute. Im weiteren Verlauf des Satsangs spricht eine Frau davon, wie schwer es ihr fällt, alte Dinge loszulassen, und jetzt – nach dem Satsang – singen wir alle aus vollem Hals statt 'Blow me away', ein wunderschönes Lied, das auch auf unserer CD zu finden ist: 'Throw it away'. Witzig. Und nicht nur den Refrain hat Abhijat geändert... nein: Er hat auch gleich noch ein paar passende Strophen dazu geschrieben. Cool! Und während ich beschwingt trommle, geht mir ein Gedanke durch den Kopf: ach, Abhijat: Bei all dem Stress habe ich Dich doch auch lieb.

Gmund, 20. August 98 (Retreat)

„Samarpan!", shart jemand im Satsang. „So oft habe ich das Gefühl bzw. sagt mir mein Verstand, dass ich es falsch gemacht habe."

„Schau: Da ist nichts verkehrt dran, etwas falsch zu machen. Immer alles richtig machen zu wollen, ist so viel Arbeit. Und genaugenommen lernt man mehr, wenn man es falsch macht. – Mache es falsch! Versuche, es falsch zu machen! Auf diese Weise findest du heraus, ob du überhaupt etwas falsch machen kannst. Ich habe es mein ganzes Leben 'falsch' gemacht. Und jetzt sitze ich hier. Die Wahrheit ist: Wir machen überhaupt nichts. Wir können überhaupt nichts machen. Wir sind nur der Zuschauer in diesem Drama, in diesem Schau-Spiel. Entspanne einfach. Es ist alles in Ordnung."

Gmund, 21. August 98 (Retreat)

Im Satsang erzählt eine Frau, dass es einem Bekannten von ihr extrem schlecht geht und er im Grunde gar nicht mehr leben will. Dieser Bekannte war auch öfters beim Satsang gewesen und hatte sogar immer wieder bei Samarpan angerufen.

„Ja, ich habe stundenlang mit ihm telefoniert..., aber wenn jemand diese ganze göttliche Energie nimmt und in den Verstand hinein packt, ist es einfach zuviel für den Verstand. Der Verstand kann das Göttliche nicht verstehen. Versucht man es trotzdem, kann es einen buchstäblich in den Wahnsinn treiben. – Versucht nicht, das Göttliche, die Wahrheit, meine Worte mit dem Verstand zu verstehen, denn das funktioniert nicht. – Eine meiner Schwestern hatte ein Erleuchtungserlebnis, doch da sie keinen Meister hatte, der ihr den Weg weisen und die Wahrheit darüber hätte sagen können, wusste sie diese Erfahrung nicht einzuordnen und wurde verrückt. Der Verstand kann die Wahrheit nirgends einordnen, er hat dafür einfach keinen Platz. Es ist traurig, aber da kann man nichts machen. Auch Jesus muss diese Erfahrung mit einem seiner Schüler gemacht haben, denn er spricht davon in der Geschichte, in der ein Gast, der ohne angemessenes Gewand zur Hochzeit, also zur Wahrheit kam, umgehend wieder hinausgeworfen wurde. – Und das ist die Wahrheit: Man muss nackt zu

Gott kommen, ohne das Ego, ohne den Verstand. Nur nackt können wir das Paradies betreten. Das ist das angemessene 'Gewand'. – Wenn man einmal erkennt, dass der Verstand nur Unheil stiftet, hat man den Großteil des Weges schon hinter sich. Lasse den Verstand einfach zurück und komme nach Hier. Hier gibt es keinen Verstand. Hier ist nur Stille. – Wisst ihr, tatsächlich ist es solch ein Geschenk, diesen Körper zu haben. Und es hilft überhaupt nichts, diesen armen Körper umzubringen. Denn dieses 'Ich' ist immer noch da. Auch alle Probleme, die damit zusammenhängen sowie all die Gefühle, wegen derer man diesen Schritt unternommen hat... Und während in dieser grobstofflichen Welt all unsere Ängste eine gewisse Trägheit haben und sich relativ langsam manifestieren, geht es in der feinstofflichen Welt viel schneller zu. Unmittelbar kommen all die Gespenster, vor denen man sein Leben lang davon gelaufen ist, zu einem her. Und dann mag es so zugehen wie in den Höllenbildern von Dante. All die unerledigten Dinge, Streitigkeiten, Ängste... – Die Wahrheit ist: Es gibt keine wirkliche Hölle. Die einzige Hölle ist die Hölle hier drin." Samarpan deutet auf seinen Kopf.

„All das sind nur Vorstellungen des Verstandes. Finde es jetzt heraus. Heiße die Gespenster jetzt willkommen. Fühle deine Gefühle. Und dazu ist es sogar von Vorteil, einen Körper zu haben. Er gibt uns einen Bezugspunkt, denn ohne Körper schwebte man einfach in der Gegend herum. Wertschätze deinen Körper. Er ist ein dir so treu ergebenes Tier. Das ist wunderbar. Da ist nichts verkehrt. Das einzige 'Verkehrte' ist die Programmierung des Verstandes. Ignoriere sie. Wende ihr den Rücken zu. Und sei einfach in Frieden. Jetzt. – Und falls bei dir noch unerfüllte Wünsche sind, dann siehe sie dir jetzt an. Schaue, ob sie dich wahrhaftig glücklich machen würden. Denn es sind gerade unsere unerfüllten Wünsche, die uns nach dem Tod dieses Körpers wieder zurück in die Illusion, zurück in einen neuen Körper ziehen. Und das geht so lange, bis wir entdecken, dass dies nur eine Illusion ist. – Solch eine wunderschöne Illusion, aber eben eine Illusion."

Gmund, 22. August 98 (Retreat)

Griechenland: Wir kommen! Aber vorher muss noch alles in unser Wohnmobil geladen werden. Während ich im Bus stehend überlege, wo ich die zusätzliche Video-Ausrüstung samt 20 Master- sowie 100 leere Video-Kassetten verstauen soll, kommt eine ältere Sannyasin, die schon oft bei unseren Retreats war und in den letzten Tagen mehrere Privat-Sessions bei Samarpan hatte, zu Grace und mir in den Bus geklettert. Sich geheimnisvoll gebärdend teilt sie uns mit, dass sich bei ihr etwas 'geändert' habe. Grace und ich schauen sie fragend an.

„Die Leute hier in Gmund haben noch nichts bemerkt, die bei mir daheim hingegen schon. Und wenn ihr ein Problem habt, dann könnt ihr von jetzt an gerne erst einmal zu mir kommen. Gegebenenfalls leite ich es dann an Samarpan weiter."

Hääääääääää? Möchte Samarpan entlastet werden? Seltsam. Kommt das echt von Samarpan? – Als sie wieder weg ist, schauen Grace und ich uns innerlich kopfschüttelnd an, und Grace sagt:

„Also, wenn die jetzt erleuchtet ist... ich könnte mir nicht vorstellen, sie zur Meisterin zu haben."

„Ich auch nicht", erwidere ich. Ich verstehe auch nicht, wie man – wenn man schon erleuchtet ist – so groß damit angeben muss. Nach meinen Höllenschmerzen in der letzten Woche wäre ich – das glaube ich zumindest – ganz still und voller Demut und Mitgefühl für alle Nichterleuchteten. Aber mir steckt der Horror noch so sehr in den Knochen, dass ich diese Gedanken selbst Grace gegenüber nicht aussprechen würde. Ich habe im Moment absolut keinen Bock auf eine Wiederholung dieses 'Ich bin erleuchtet'- bzw. 'Ich bin nicht erleuchtet'-Spiels.

Gmund/Trient, 23. August 98

Was gibt es Schöneres, als mit einem Wohnmobil in Urlaub zu fahren? Innsbruck, die alte Brennerstrecke, Bruneck, Bozen... Ein Tag im Paradies! Das Leben ist so schön. Abends fahren wir auf einen am See gelegenen Campingplatz oberhalb und östlich von Trient und bereiten auf dem Herd die erste Mahlzeit in unserem neuen Zuhause zu: Spagetti mit Tomatensauce. Schleck.

Venedig, 25. August 98

Italien! Urlaub! Freude! Freude! Freude! – Plaza San Marco, Gondeln, tausend Brücken, Sonne... Venedig ist echt ein Traum. Welch ein Leben! Und mit Grace zusammen zu sein, ist wunderschön. Die erste Frau, mit der ich fest befreundet bin. Schön. Viel schöner, viel tiefer und intensiver als dieser ständige Partnerwechsel wie zu Beginn meiner Mitreise-Zeit.

Venedig, 27. August 98

Nachmittags legt die Fähre ab, und schnell lassen wir das Festland hinter uns. Meer so weit das Auge reicht. Das Leben ist so schön.

Gegen Abend wird es kalt, und es stellt sich die Frage: Wo werden wir schlafen? Denn unser Bus ist in den Tiefen des Schiffes eingeschlossen, und eine Kabine kommt aus Kostengründen nicht in Frage. Andere Rucksackreisende haben es sich auf dem Oberdeck mit Iso-Matte und Schlafsack gemütlich gemacht... alle Plätze sind belegt... mal sehen. Ich merke: Wenn ich darüber nachdenke und nach Möglichkeiten suche, wo ich schlafen kann, gerate ich ins Leid. Bin ich jedoch einfach im Moment, ist es in Ordnung.

So vergeht der erste Teil der Nacht relativ friedlich. Mal sind wir in der Bar, mal in einem der anderen Räume...

Schließlich geht es gen Mitternacht, und ich sage mir: 'Immer schön im Moment bleiben!'

Irgendwann dann legen wir ein Handtuch auf das grüne, harte, kalte Deck direkt neben der Reling und decken uns mit einem seidenen Tuch von Grace zu... brrr. Aber immer noch versuche ich, mir ständig vor Augen zu halten, dass es auch jetzt nur darum geht, einfach im Moment zu sein und es so anzunehmen, wie es eben ist. Der Wind, die Kälte, die Härte... aber auch Grace in meinen Armen...

Korfu, 28. August 98

Nach einer eher kurzen Dusche, da dreckig und primitiv, fühle ich mich wieder frisch, und auch die Müdigkeit hält sich in Grenzen. Außerdem haben wir den ganzen heutigen Tag ja nichts anderes zu tun, als einfach nur auf dem Deck abzuhängen; wie schön.

Nachts um elf kommen wir auf Korfu an und fahren gleich noch zu dem Meditationszentrum, in dem das bevorstehende Retreat stattfinden soll.

Als wir nach Mitternacht schließlich dort eintrudeln, ist keiner mehr zu sehen. Also parken wir bei Mondschein vor dem Hauptgebäude und legen uns fix und fertig und völlig verschwitzt (Horror!) hinten im Bus ins Bett...

Korfu, 29. August 98

Es ist brütend heiß. Tagsüber kommen die anderen per Flugzeug an. Samarpan, Marga, Abhijat und Radhika wohnen alle im selben Gebäude, während Grace und ich von den Zentrumsleitern ein anderes Haus gezeigt gekriegt haben, vor dem wir unser Wohnmobil hinstellen und in dem wir sogar duschen können. Klasse! Und abends findet bereits der erste Satsang statt. Geiles Leben.

Korfu, 30. August 98

Im heutigen Satsang stellt ein sehr intellektuell aussehender Typ eine Frage über Gott und shart, wie seiner Meinung nach alles zusammenhängt. Samarpan:

„Schau: Seit Jahrhunderten haben Philosophen immer wieder versucht, Gott zu verstehen. Aber das Göttliche kann nicht verstanden werden. Der Verstand kann das Göttliche nicht verstehen. Das Endliche kann nicht das Unendliche verstehen. Jeder Versuch, Gott verstehen zu wollen, ist von vorneherein zum Scheitern verurteilt. Also versuche es gar nicht. Wende dem Verstand den Rücken zu und sei einfach. Das ist genug."

Korfu, 31. August 98

Im Satsang sehe ich vorne bei Samarpan auf dem Tisch ein kleines Päckchen liegen, das dieser jetzt – nach dem Namasté – in die Hand nimmt und auspackt:

Es sind lauter kleine Bonbons.

„Hey! This is cool! Let's have 'Prassad'[12]." Damit steht Samarpan auf und wirft jedem ein Bonbon zu. Einem nach dem anderen. Welch ein schönes Ritual. Wie eine Vogelmutter, die ihre Jungen füttert. – Schließlich ist die Schachtel leer, und alle sind versorgt. Allgemeines Frohsein. Wunderschöne Stille.

Korfu, 1. September 98

Abhijat kommt bei Grace und mir vorbei und bringt uns sein privates Moskitonetz. Super! Die beiden letzten Nächte waren nahezu schlaflos. Horror! Außerdem richtet er von Samarpan aus, dass dieser uns in seiner Nähe haben will, wir unseren Bus bei ihnen vor das Haus stellen und auch dort duschen sollen. Abhijat sagt dies auf eine ziemlich autoritäre Art und Weise, was in mir den Eindruck erweckt, dass er es regelrecht genießt, mir zu sagen, was ich zu tun habe. Und das nervt mich ganz gewaltig an! Auch dieses 'Samarpan will' löst in mir nichts Gutes aus, will sagen: Widerstand. Die Zentrumsleute haben uns den Platz hier angewiesen, warum also irgend etwas verändern? Alles ist perfekt, wie es ist. Irgendwie bin ich da wohl gerade auf das Falsche fixiert, doch dieses Wissen hilft mir nicht, schneller aus der Story heraus zu gehen: 'Samarpan will etwas Anderes als das, was gerade ist', bzw. 'Samarpan hört auf seinen Verstand, der mich oder mein Verhalten verurteilt, mit dem Bus woanders zu parken'. Und auch als ich Samarpan abends im Satsang wie üblich von Loslassen, dem Verstand den Rücken zuwenden und Akzeptanz reden höre, bringt mir das keinen Frieden, wenn ich mich außerhalb des Satsangs nicht von ihm akzeptiert fühle.[13]

Korfu, 2. September 98

„Ich möchte euch kurz erzählen, was ich heute erlebt habe", beginnt Samarpan. „Marga saß auf dem Balkon, aß Schokolade, und ich fragte sie, ob sie mir ein Stück abgeben würde. Und Marga sagte: 'Nein.' Ich sagte daraufhin nichts mehr, sondern ging nach drinnen und legte mich auf das Bett. Da war irgendein Schmerz präsent. Ich versuchte jetzt nicht, diesen Schmerz zu analysieren oder sonst irgend etwas mit dem Schmerz zu machen, sondern ich fühlte den Schmerz einfach. Und so führte mich dieser Schmerz immer weiter zurück...

12 Indische Süssigkeit, die man zu besonderen Anlässen serviert.

13 Rückblickend sehe ich, dass dies nicht die erste und auch nicht die letzte Situation war, in der ich eine wahrscheinlich neutral gemeinte Bitte Samarpans aufgrund der Art und Weise, wie sie an mich herangetragen wurde, in den falschen Hals gekriegt und auf Samarpan die Rolle des Bösen projiziert habe. Außerdem erinnere ich mich, dass ich durchaus nicht unglücklich gewesen war, ein anderes Haus zugewiesen bekommen zu haben und somit in gewisser Weise meine „Ruhe" vor Samarpan zu haben.

bis ich wieder im Bauch meiner Mutter war... Wärme, Geborgenheit. Solch ein exquisites und wunderbares Erlebnis. – Wenn wir den Schmerz einfach fühlen, offenbaren sich so viele Geschenke. Halte einfach inne. Und fühle den Schmerz. Fühle, was auch immer gerade Hier ist. Das ist der Frieden."

Korfu, 3. September 98

Grace und ich sind Samarpans Wunsch beziehungsweise Anordnung mittlerweile nachgekommen und stehen jetzt mit dem Bus vor dem Haus von Samarpan samt Staff. Wider Erwarten ist es nun doch sehr schön. Perfekt.

Abends stolpert jemand auf dem Weg zum Satsang-Raum und verstaucht sich offenbar den Fuß. Dabei veranstaltet derjenige, der es auch sonst liebt, eine Show aus sich zu machen, ein ziemliches Geschrei und genießt die ihm dadurch zukommende Aufmerksamkeit. Nervig solche Typen.

Entspannte Atmosphäre im Satsang. Wie schön. Lange Stille-Phasen. Es gibt nichts Besseres.

„Samarpan, angenommen man würde dich nach zehn Geboten fragen..."

„Oh, mein Gott", lacht Samarpan. „Nun... lasst uns mal sehen. Also: Die Wahrheit ist alles, was es gibt. Gib all deine Aufmerksamkeit auf die Wahrheit, auf die Stille, auf Gott. Hört sich ziemlich nach dem ersten Gebot aus der Bibel an, stimmt's? – Gib dem Verstand überhaupt keine Aufmerksamkeit. Ignoriere den Verstand einfach. – Akzeptiere deine Eltern, deine Freunde and alle anderen, genau so wie sie sind. Und akzeptiere insbesondere dich selbst, so wie du bist. Akzeptiere diesen Moment, genau so wie er ist."

Stille. Und manche fangen an, sich Notizen zu machen.

„Das waren jetzt aber erst vier oder fünf", wirft jemand ein, den ich noch nicht häufig beim Satsang gesehen habe.

„Schaut: Im Grunde ist jede Form von Gebot nur etwas für den Verstand. Hier benötigen wir keine Gebote. Sei einfach Hier. Wenn man das befolgt, ist das genug."

Lange, schöne Stille.

„Und was ist, wenn man sich seinen Fuß verstaucht?", fragt der 'Kranke'. Einige geben Unmutslaute von sich.

„Nun, vielleicht müssen wir noch ein weiteres Gebot hinzufügen."

T-O-T-E-N-S-T-I-L-L-E. Und Samarpan sagt:

„Shit happens!" Brüllendes Lachen. Huahuahuahuahua!

„Aber das ist doch gar kein Gebot", wendet der Kranke ein, als sich alle wieder beruhigt haben.

„Wie auch immer", erwidert Samarpan, und ich denke: was für ein Voll-Idiot.

Korfu, 4. September 98

Das Leben könnte nicht schöner sein: phantastisches Wetter, Sonne, Strand, Meer, Liebe, Lust... Und auch mit Samarpan habe ich inzwischen wieder völlig entspannt. Es ist so wunderbar, dass er uns immer und immer wieder auf die Wahrheit hinweist, dass nicht er es ist, der uns den Frieden oder sonst irgend etwas geben kann, sondern wir bereits alles in uns haben bzw. alles sind. Dadurch ist im Grunde keine Gefahr der Abhängigkeit gegeben, es sei denn, man hängt an dem Glauben fest, dass er doch etwas für einen selbst hat. Welch eine Gnade, zu einem richtigen Meister geführt worden zu sein, der derartige Projektionen bzw. Fehlidentifikationen seiner Schüler unverzüglich ans Licht bringt und die Wahrheit darüber spricht.

Nach dem Satsang sitzen wir, der gesamte Staff mit Samarpan und Marga noch bei ihnen auf dem Balkon. Stille. Frieden. – Dann sagt Abhijat plötzlich irgend etwas 'Weises' in die Stille hinein, und in meinen Ohren klang es verdammt erleuchtet.

Beschissene Stille! Ich weiß nicht... Wenn Samarpan die Wahrheit spricht, ist es für mich in Ordnung. Aber wenn jemand vom Staff erleuchtet daherredet, nervt es mich noch immer gewaltig an. Scheiße! Allerdings scheint Marga ähnlich zu empfinden, denn sie bittet Abhijat, es zukünftig doch zu unterlassen. Und Daddy Samarpan hat auch dazu wieder eine kleine Geschichte parat:

„Gangaji war einmal auf einer Party, bei der nur 'Erleuchtete' waren. Keiner nahm das Wort 'Ich' in den Mund; stattdessen sprachen alle lediglich vom 'Körperverstand'. Im Lauf des Abends trat sie jemanden versehentlich auf den Fuß und wurde von demjenigen sofort angeschnauzt: 'In diesem Körperverstand ist gerade große Wut!'... Es ist der gleiche Verstand, der sich ein spirituell aussehendes Erleuchtungsgewand umgehängt hat. Und das ist schlichtweg Schwachsinn."

Betretene Stille. Denn vermutlich hat jeder von uns hier und da schon einmal besserwisserisch satsangmäßig daher geredet. Samarpan weiter:

„Es ist wichtig, dass wir keine Satsang-Sprache entwickeln. Denn das ist nicht die Wahrheit. Wenn die Worte aus dem Verstand kommen und nicht aus dem Moment, sind es keine Worte der Wahrheit. Dann ist es nur Blödsinn."

Korfu, 5. September 98

Grace ist ziemlich im Schmerz, weil ich beim Frühstück mit einer anderen Frau geredet und wir Adressen ausgetauscht haben. Zugegebenermaßen war da auch eine gewisse knisternde Energie zwischen uns. Nachdem Grace mich eine Weile genervt hat und ich nicht auf ihre 'Kampfansage' einsteige, sagt sie schließlich:

„Eigentlich können wir unsere Beziehung ja genauso gut sein lassen..."

Ist diese Drohung ihr letztes Mittel, ihre letzte Waffe, mich in ihre Story mit hineinzuziehen? Aber da beißt sie bei mir auf Granit.

„Okay“, sage ich und denke: ‘Dann lassen wir es eben sein. Andererseits wird sie sich auch wieder beruhigen; spätestens, wenn sie mit Samarpan gesprochen haben wird. Denn ich habe ja nicht wirklich ein Interesse daran, mit irgend jemand anderen zusammen zu sein.’

Den ganzen Tag gehen wir getrennte Wege. Nervig! Auch im Satsang findet kein ‘Connecten’ statt. Kommt mir aber gerade recht. Wenn mir jemand auf die Nerven geht, nervt mich das verdammt an. Da helfen alle schlauen Sprüche nichts.

Nach dem Satsang findet am Strand ein Fest statt, und während ich in der Nähe des Lagerfeuers sitze, beobachte ich, wie Grace mit Samarpan redet und danach wieder im Frieden ist. Grrr!! Samarpan hat ihr wahrscheinlich gesagt: ‘Schau: Rama muss einfach noch ein bisschen mit anderen Frauen flirten...’ Ich merke, dass ich mit dieser Vorstellung nicht im Frieden bin. Heißt das, dass es so ist? Hätte ich gerne, dass es anders ist? Scheiße! Unterdessen amüsiert sich Grace bestens mit einem anderen Satsang-Fuzzi. Verdammt! Ich glaube, jetzt sollte ich auf schnellstem Weg zu Samarpan gehen und mit ihm reden... Eigentlich wäre ich gerne mein eigener Meister, aber was soll’s? Ich weiß einfach nicht, wie ich mit diesem Frust umgehen soll. So eine Scheiße!!! Also gehe ich zu Samarpan, share, was bei mir gerade los ist, und er sagt mir, was er ihr gerade gesagt hat. Mmh. Ich sehe Samarpan an und frage mich, ob das wirklich alles ist, was er ihr gesagt hat...

„Irgendwie komme ich mir vor, Samarpan, als hättet Ihr Euch beide gegen mich verschworen...“

„Ich habe Dir alles gesagt, es ist alles offen, Du weißt jetzt alles.“

„Weißt Du, Samarpan: Ich find’s einfach scheiße, sich mit seinem Partner zu streiten!“, fruste ich.

„Nein, streiten kann Spaß machen. Manchmal streite ich mit Marga, und dann geht es: Bumm, bumm, bumm, bumm... immer abwechselnd... ein tolles Spiel!“

Na, ich weiß nicht... Stille.

„Ich sollte jetzt wohl zu ihr gehen...“, sage ich halb fragend und merke, dass bei mir immer noch ein gewisses Genervtsein vorhanden ist, da ich die Vorstellung habe: ‘Grace hat gesagt, sie wolle mit mir Schluss machen, nur um mir weh zu tun. Und jetzt tut sie so, als wäre nichts gewesen. Wie kann sie erwarten, dass ich ihr einen ganzen Tag Frust so mir nichts Dir nichts verzeihe?’

Auf Umwegen bewege ich mich in Richtung Grace, setze mich neben sie und nehme zaghaft ihre Hand. – Zunächst ist es noch etwas komisch, doch dann sitzen wir wieder glücklich vereint da und sehen zu Samarpan hinüber, der sich geduldig bereits wieder eine andere Leidensgeschichte anhört. In Gedanken schicke ich ihm einen Dank für seine Offenheit und Ehrlichkeit sowie seine ständige Verfügbarkeit. Unglaublich! Dankedankedanke!!

Korfu, 6. September 98

Die Sache mit dem Video läuft nicht so, wie Samarpan es sich vorstellt. Wir nehmen zwar jeden Satsang auf, aber mit dem nachmittäglichen Kopieren der Aufzeichnungen vom Vorabend klappt es nicht so richtig. Da wir nur unsere Kamera und einen einzigen Video-Recorder haben, zieht sich die Herstellung von vier Kopien eines Satsang über acht Stunden hin! Wahnsinn! Aber Samarpan will nun mal unbedingt, dass die Leute, die hier sind, ihre Videos gleich selbst mit nach Deutschland mitnehmen können. Außerdem möchte er auf den Kassetten nicht nur den Satsang selbst haben, sondern zusätzlich noch ein schönes Intro: Meer, Sonne... dann ein eingeblendetes 'Satsang mit Samarpan' samt Datum und Uhrzeit. Alles ist nicht ganz so einfach, und wir sind recht unmotiviert, was diese ganze Geschichte anbelangt. Keiner hat wirklich Lust, sich in dem Bereich zu engagieren, und Kira hat deswegen heute einiges von Samarpan zu hören gekriegt. Anscheinend ist er richtiggehend ausgerastet. Auhauerha.

Als ihn abends jemand nach 'Vorstellungen' befragt, spricht Samarpan diesen Vorfall sogar im Satsang an:

„Ja, so ist es. Wochenlang hatte ich die Vorstellung und den Wunsch, euch zukünftig nicht nur Audio-, sondern auch Video-Aufnahmen anzubieten... Und ihr könnt diese Burschen hier an meiner Seite fragen: Ich habe ihnen ganz schön Dampf gemacht. Aber mittlerweile musste ich einsehen, dass ich diese Vorstellung loslassen muss..."

Recht so, denke ich zufrieden. Allerdings, wenn ich es recht überlege, habe ich selbst auch noch so viele Vorstellungen, die ich loslassen muss, und ich frage mich, ob es denn überhaupt nie aufhört damit.

„Samarpan, hört das mit dem Loslassen denn nie auf?", fragt jemand genau in diesem Moment.

„Nein", antwortet Samarpan sanft. „Schaut: Loslassen ist keine Sache, die man einmal tut, und damit hat es sich dann. Man lässt eine Sache los, dann kommt die nächste, die nächste usw. Es hört nie auf. Da gibt es immer noch etwas, was es loszulassen gilt."

Korfu, 8. September 98

„Diese ganze Illusion ist nicht real, nicht wirklich. Jede Sache, die einen Anfang hatte, wird auch ein Ende haben. Dieses ganze Universum hatte einen Anfang und wird ein Ende haben. Das meine ich, wenn ich sage, es ist nicht 'wirklich'. Unsere Gedanken, unsere Gefühle, unsere Körper kommen und gehen und sind demzufolge nicht wirklich. Aber DU bist wirklich. Du bist schon immer gewesen. Und du wirst immer sein. Du hattest keinen Anfang, und du hast kein Ende. Du bist. Vor dem Universum, nach dem Universum: Du bist. Das ist das Einzige, das wirklich ist."

Korfu, 9. September 98

Im Abend-Satsang shart jemand, dass ihm das alles manchmal schlichtweg zu viel zu sein scheint.

„Samarpan? All diese Gefühle... Wo soll das noch hinführen?"

„Es mag einem so erscheinen", antwortet Samarpan mitfühlend. „Aber das Leben gibt uns nie mehr, als dass wir nicht damit umgehen könnten. Als ich anfing, Satsang zu geben, kamen drei oder vier Leute. Und das war genau richtig, denn von meiner Konditionierung her bin ich vollkommen schüchtern. Dann kamen mehr, und ich dachte: Jetzt reicht es, mehr wäre zuviel. Dann habe ich damit entspannt, und es kamen wieder mehr... und mittlerweile ist mir vollkommen egal, wie viele Leute kommen. Fühle einfach alle Gefühle, die hochkommen. Akzeptiere die Situation, wie sie heute ist. Und denke nicht an Morgen. Das Morgen wird sich um sich selbst sorgen."

Nachts habe ich zum wiederholten Male Stress mit Grace. Weil man den Bus nicht richtig verdunkeln kann, werden wir beide morgens immer sehr früh wach. Und Grace würde daher gerne unser Strandhandtuch vor das Fenster hängen, was mir überhaupt nicht passt.

„Du weißt doch genau, dass wir uns damit abgetrocknet haben, es also voll von getrocknetem Meerwasser – will sagen Salz – ist, was dann herunter auf die Polster geradewegs in unser Bett hinein rieseln würde..."

Ich weiß zwar, dass es sich nur um einzelne (Salz-)Atome handeln kann, aber trotzdem... Zugegeben: Selbst mir ist klar: Was die Sauberkeit in meinem Bus anbelangt, habe ich echt einen Dachschaden. Aber ich kann es nicht ändern... Arme Grace!

Korfu, 10. September 98

Radhika, die vor ein paar Tagen mit Samarpan aneinander geraten und seither nicht mehr zum Satsang gekommen ist, fliegt nachmittags ohne große Verabschiedung nach Hause. So wie es momentan aussieht, wird sie wohl nicht mehr mit uns herum reisen. Sachen gibt es... Na ja, gleich ist wieder Satsang.

Schöne Stille zu Beginn.

„Jeder Moment ist frisch, neu. Sei offen für diesen Moment, für die Schönheit dieses Momentes. Erfahre diesen Moment, total, wie ein kleines Kind. Ein kleines Kind weiß nichts, es ist einfach offen. Es betrachtet die Welt mit großen staunenden Augen. Wenn wir die Welt mit Kinderaugen betrachten, sehen wir sie mit den Augen des Göttlichen und erleben alles ganz direkt, ohne dass der Verstand im Weg ist. Wunderschön.“

Korfu, 12. September 98

Während wir alle den letzten Tag am Strand genießen, gibt Samarpan auch heute noch fast den ganzen Tag über Einzel-Sessions. Schon unglaublich. Er gibt wirklich sein ganzes Leben für Satsang. Bewundernswert. – Im Abend-Satsang shart jemand:

„Samarpan! Manchmal habe ich das Gefühl, innerlich zu verbrennen.“

„Das ist wunderbar. Wirf alles in dieses Feuer hinein. – Lasse alles verbrennen. Dann entdeckst du das, was nicht verbrennen kann. Dein wahres Selbst. Dich.“

München, 21. September 98

Der erste Satsang-Abend wieder in Deutschland. 16 Uhr Treff, Schillerstraße 37. Doch es bleibt nicht viel Zeit zu reden, denn bis 19 Uhr muss der Raum hergerichtet sein, und Grace fehlt als Helferin, weil sie krank im Bett liegt. – Irgendwie schon verrückt das alles: eben noch auf Korfu, jetzt hier in München; welch ein Leben! Gut, dass gleich wieder Satsang ist. Und da kommt er auch schon: Samarpan. Wie schön. – Musik. – OM – Namasté – Stille... wie wohltuend, wie nährend... schmelz... schmelz... und noch mehr schmelz. Es gibt nichts Schöneres.

München, 22. September 98

„Der Verstand beherrscht uns mittels Gefühlen. Wenn wir in Frieden mit den Gefühlen sind, hat der Verstand keine Macht. – Da ist zum Beispiel das Programm ‘Man muss hart arbeiten, sonst bekommt man keine Rente.’ Dann ist da diese Vorstellung, wie man mittellos unter einer Brücke lebt. Und auf diese Vorstellung folgt ein Gefühl. Es ist nur ein Gefühl, genaugenommen gar nichts. Aber wenn wir mit ihm nicht in Frieden sind, es nicht haben wollen, es nicht fühlen wollen, dann bekämpfen wir es und geben ihm damit Energie, machen es real. Nicht wirklich real, aber wenn wir glauben, dass es real ist, wenn wir es als real hin- und annehmen, dann werden wir allem gehorchen und alles unternehmen, was der Verstand uns diktiert, nur damit wir dieses Gefühl nicht fühlen müssen. Und so bleibt der Verstand an der Macht.“

Stille.

„Schaut: Die meisten Menschen verbringen ihr ganzes Leben im Verstand. Sie haben den Verstand zu ihrem Meister gemacht. Um frei vom Verstand zu sein, ist das Einzige, das wir tun müssen, die Gefühle zu fühlen, die Angst zu fühlen. – ‘Ich bin alt und mittellos?’ ‘Okay, ich schließe damit Frieden.’ So verliert das Programm, das dieses Gefühl ausgelöst hat, seine Kraft. Nicht, dass es nicht mehr da ist, aber es hat keine Macht mehr über dich. Es ist, als ob du diesem Tiger den Zahn gezogen hast. Und das machen wir, indem wir alle Gefühle einfach fühlen. Dazu brauchen wir nicht zu wissen, warum dieses Gefühl da ist, in welcher Situation in der Kindheit oder einem früheren Leben dieses Programm entstanden ist. Das ist Therapie und kann Jahre dauern, ohne etwas zu bewirken, weil es eben gerade nicht darum geht, es zu verstehen. – Wir müssen unsere Gefühle einfach nur fühlen. So verliert ein Programm nach dem anderen seine Macht. So verliert der Verstand seine Macht. Und du bist frei."

München, 23. September 98

„Samarpan, könntest du bitte etwas zum Thema Schmerz und Leid sagen?", fragt jemand.

„Gerne! Schau: Hier müssen wir aufpassen. Schmerz ist nicht gleich Leid. Wenn da Schmerz ist, und man sagt Nein zu dem Schmerz, dann ist da Leid. Sagt man aber Ja zum dem Schmerz, dann ist da kein Leid, sondern Frieden. Wenn wir uns Jesus zum Beispiel anschauen: Obwohl er bespuckt, verhöhnt, gefoltert wurde: er blieb in Frieden. Jesus hielt seine Aufmerksamkeit auf die Stille, auf Gott gerichtet und ließ sich nicht vom Verstand in eine Geschichte hineinziehen, obwohl ihm dazu reichlich Gelegenheit gegeben wurde. All seine Jünger hielten sich irgendwo versteckt, Petrus, sein 'Fels', verleugnete ihn..., doch Jesus blieb in Frieden. Er starb für uns am Kreuz um aufzuzeigen, dass, wenn es unter derartigen Umständen möglich ist, in Frieden zu sein, es für uns mit unseren verhältnismäßig kleinen Unannehmlichkeiten ebenfalls möglich sein sollte."

„Und was war, als er am Kreuz ausrief: 'Oh, Gott, mein Vater, warum hast du mich verlassen?'"

„Für einen Moment war da Leid. Für einen Moment gab er seine Aufmerksamkeit dem Verstand und war in irgendeiner Geschichte gefangen. Aber das Schöne daran ist, dass er dies nicht für sich behielt. Er nutzte sogar noch diese Gelegenheit, um – selbst am Kreuz hängend, den Tod vor Augen – uns zu zeigen, dass er wie wir war; dass er genauso vom Verstand 'geschnappt' werden konnte wie wir alle. Solch ein Geschenk. Wie wunderschön. Diese Bescheidenheit. Und so können wir ihn in all seiner Göttlichkeit und in all seiner Menschlichkeit sehen. Die Brücke zwischen den Menschen und Gott. Er stand mit einem Fuß auf der Erde und mit dem anderen im Himmel. Von sich selbst sagte er: 'Ich bin der Weg.' Das ist die Wahrheit. Jesus war solch ein wunderbarer Lehrer."

München, 24. September 98
„Jeder andere würde euch sagen: 'Vermeidet die Hölle.' Ich aber sage: Gerade dieses Vermeiden ist die Hölle! – Wenn es irgend etwas gibt, das wir vermeiden, mit dem wir nicht einverstanden sind, etwas, mit dem wir nicht in Frieden sind, sind wir in der Hölle; in der Hölle des Verstandes. – Sind wir hingegen in Frieden mit dem, was gerade ist, und sei es, dass wir uns gerade in der Hölle, in irgendeiner Verstandeshölle befinden, dann ist da Frieden, dann sind wir im Paradies. Der Weg ins Paradies führt durch die Hölle hindurch."

An dieser Stelle muss Abhijat ein Lachen unterdrücken und 'zittert' sekundenlang vor sich hin. Ich weiß dies nicht anders zu interpretieren, als dass er zeigen will, dass ihm diese Weisheit zutiefst klar ist. Und dieser Gedanke drückt mir voll die Knöpfe. Da er direkt neben Samarpan sitzt, wenden ihm viele ihre Aufmerksamkeit zu, was mich noch mehr aufregt. Abhijat ist ein wahrer Meister darin, mir die Knöpfe zu drücken, und ich fühle die Wut, so gut es geht... gehe aber – ehrlich gesagt – immer wieder in die Story... und leide. Scheiße.

München, 26. September 98
„Samarpan? Ich fühle mich häufig so einsam, so allein", shart jemand im Satsang.

„Das ist okay. Tatsächlich ist das die Wahrheit: Du bist allein. Und das Leid rührt nur von der Vorstellung, dass das nicht in Ordnung ist. Dass da noch jemand sein sollte. Doch ist dies nur ein Programm des Verstandes. Und solange du vor diesem Gefühl der Einsamkeit davon läufst, gibst du dem Programm, das dieses Gefühl ausgelöst hat, Kraft. Und so lange hat dieses Programm Macht über dich. – Fühle die Einsamkeit! Heiße die Einsamkeit willkommen! Seit Monaten möchte sie dich schon besuchen kommen, aber du hast sie immer wieder weggeschoben. Sie ist nicht deine Feindin. Unsere ganzen Gefühle sind nicht unsere Feinde. – Lade die Einsamkeit zu einer Tasse Tee ein. Dann ist die Einsamkeit nicht mehr einsam. Lasse sie sich bei dir wie zu Hause fühlen. Schliesse Freundschaft mit Einsamkeit. Sei in Frieden mit Einsamkeit. Das ist der Punkt. Wenn wir in Frieden mit all unseren Gefühlen sind, sei es Einsamkeit, Hoffnungslosigkeit, Trauer, Schuld usw., wenn wir unsere Urteile bezüglich dieser Gefühle fallen lassen, sind es einfach Gefühle. Interessante Erfahrungen. Nichts Verkehrtes. Sie kommen und sie gehen. Leiste keinen Widerstand. Gegen gar nichts. Gib dich deinen Gefühlen hin. Gib dich dem Leben hin. Der Frieden liegt im Sich-Hingeben. Sei einfach in Frieden. Egal, was gerade Hier ist."

München, 27. September 98

Schleppe mich gegen Abend bei Hitze zum Satsang-Raum, bin seit Tagen körperlich fix und fertig und wünschte mir nichts sehnlicher als ein paar Tage absolute Ruhe und absolutes Nichtstun. Dummerweise ist das nicht drin, weil in den nächsten Tagen Teelichter, Kassetten und andere Sachen gekauft und tausend weitere Dinge getan werden müssen. Und ich als Transporteur, der die ganzen Materialien bei sich hat, bin dafür natürlich prädestiniert. Wie beneide ich die anderen im Staff, die in der satsangfreien Zeit nichts zu tun haben.

„Wenn du im Moment irgend etwas nicht hast“, sagt Samarpan im Satsang, „sei es einen Partner oder einen Arbeitsplatz, bedeutet dies lediglich, dass du es im Moment nicht brauchst, dass es deinem Erwachen im Moment nicht förderlich wäre. Erfreue dich an allem, was du hast und wünsche dir nicht irgend etwas Anderes. Die meisten Menschen, die einen Arbeitsplatz haben, jammern, wie schlimm es doch ist. Und diejenigen, die keine Arbeit haben, jammern auch. Der Verstand jammert die ganze Zeit. Und so verpasst jeder das, was er gerade hat, was das Göttliche ihm gerade gibt, und was eigentlich wertgeschätzt werden sollte. Sind die Arbeitenden dann plötzlich arbeitslos, ist es auch nicht recht. Stehen die Arbeitslosen nach langer Pause wieder in Lohn und Brot, können sie die Arbeit nicht genießen, weil sie die Arbeitslosigkeit nicht genossen haben.“

Stille. Und ich denke: wie schön. Immer wieder geschieht es, dass Samarpan, auch ohne dass ich ihn frage, im Satsang genau die richtigen Worte sagt, damit ich wieder in Frieden mit mir und meiner Umwelt komme. Solch ein Geschenk.

„Lerne zu genießen, lerne wertzuschätzen, was du gerade hast“, fährt Samarpan fort. „Wende dem Verstand den Rücken zu und komme einfach nach Hier. Hier kannst du ausruhen. Immer.“

21:30 Uhr: Satsang-Ende und Musik-Beginn. – 21:35 Uhr: Samarpan geht. – 21:45 Uhr: Musik-Ende. Und während die breite Masse nun geht, fangen wir mit dem Einpacken an, wobei einzelne Staff-Mitglieder noch ausgiebig ‘huggen’ (umarmen) oder quatschen, was mich gewaltig nervt. Aber etwas zu sagen, traue ich mich auch nicht. Scheiß-Situation. Scheiß-Story.

Stuttgart/Bern, 1. Oktober 98

Und schon wieder geht es weiter, kaum dass man gerade wieder irgendwo einigermaßen heimisch geworden ist. Grace hängt das zur Zeit ziemlich zum Hals raus, und mir geht es etwas ähnlich, schließlich machen wir beide aber auch die ganze Arbeit, während die anderen die satsangfreien letzten Tage vermutlich genossen und es sich haben gut gehen lassen... Mir ist zwar klar:

Das ist schon wieder diese Story, aber ist es nicht auch die Wahrheit? Mir kommt es schon so vor. – Am frühen Nachmittag kommen wir in Bern an. Als wir den Satsang-Raum herrichten, vermisse ich den 'Regenmacher', das mit Reiskörnern gefüllte Bambusrohr, und Abhijat sagt mir, dass sein Vater beim Ansehen eines unserer Satsang-Videos fast durchgedreht ist, weil ich dieses Instrument offenbar 'ständig' benutzt habe. Kann sein. Ich liebe dieses prasselnde Geräusch, mir hat es immer große Freude bereitet, und ich habe es als schöne Ergänzung zu unserer Musik empfunden. Aber da es auch Abhijat gestört zu haben scheint, wird er es fortan nicht mehr mitbringen. Schade. Echt schade! Und traurig. Fühle mich ausgeliefert und machtlos. Story: 'Der böse Mann hat mir mein Spielzeug weggenommen.' – Doch schon ist wieder Satsang.

„Ein verliebter Schüler von Sokrates fragte ihn einmal, ob er heiraten solle. Und Sokrates antwortete: 'Ja! Auf alle Fälle!' - 'Ja, aber... Wie kann ich das verstehen?', sagte der Schüler verdutzt, denn es war allgemein bekannt, dass Xanthippe, die Frau von Sokrates, der reinste Drachen war. Und Sokrates fuhr fort: 'Entweder es ist eine wunderbare, liebe Frau, und ihr beide werdet sehr glücklich... Oder es ist eine Furie, was dich zwingen wird zu erwachen.' Und das ist die Wahrheit. Beziehungen sind solch ein gutes Lernfeld. Unsere Partner sind so gut darin, uns die Knöpfe zu drücken, dass wir gar keine andere Wahl haben, als zu erwachen und die Wahrheit zu realisieren. – Wisst ihr: Wenn man für sich alleine in Frieden sein kann, ist das schon einmal gut. Aber wenn man in einer Beziehung in Frieden sein kann... dann ist das wahrer Frieden. Aber Achtung! Das heißt nicht, dass man einen Partner braucht, um zu erwachen. Ihr, die ihr gerade keinen Partner habt, braucht offensichtlich keinen Partner. Ihr könnt euch einfach erholen. Da ist nichts verkehrt. Solltet ihr einen Partner brauchen, ist es für das Leben ein Leichtes, euch einen Partner über den Weg zu schicken. Kein Problem. – Wie immer dein Leben gerade aussieht, es ist perfekt. Partner ja oder nein; Job ja oder nein; das alles spielt keine Rolle. Sei einfach in Frieden mit dem, was im Moment gerade Hier ist.“

Stille. Sollte ich Abhijat am Ende sogar noch dankbar sein? Schaue zu ihm rüber. Gleichzeitig schaut er zu mir her. Und wir müssen beide grinsen. Dabei denke ich: 'Ja, lieber Abhijat, ich weiß: Auch ich drücke dir regelmäßig die Knöpfe. Wie schön, dass wir trotzdem immer wieder mit unseren jeweiligen Storys entspannen (können), denn im Grunde haben wir uns doch sehr gern, gell?'

Bern, 2. Oktober 98

„Samarpan, manche dieser frisch Erwachten, die am liebsten gleich anfangen würden, selbst Satsang zu geben, geben gegenüber uns Nichterwachten zum Teil recht unerwachte Dinge von sich“, shart jemand.

„Wisst ihr", sagt Samarpan sanft: „Es gibt keine Schule für Meister, in der man lernt, wie man Satsang macht, wie man das Leben 'macht'. Genaugenommen kann man Satsang, kann man das Leben nicht 'machen'. Man kann es nur leben. Und lernen geschieht, indem man das Leben lebt. Von Moment zu Moment. Das ist das Lernen. Habt Geduld mit dem Erwachen der anderen und mit eurem eigenen Erwachen. Besonders mit eurem eigenen Erwachen. Es ist alles vollkommen. – Schaut: Wenn wir den Trips – bei anderen oder bei uns selbst – Aufmerksamkeit geben, werden die Trips stärker. Wenn wir der Erleuchtung unsere Aufmerksamkeit geben, wird die Erleuchtung stärker bzw. tritt das, was erleuchtet ist, mehr in den Vordergrund. Worauf immer wir unsere Aufmerksamkeit richten, das wird stärker. Du bist die Quelle. Du bist der Ursprung der Kraft. Und wenn wir dem Verstand keine Aufmerksamkeit mehr geben, geht ihm über kurz oder lang der Saft aus."

Bern, 3. Oktober 98

Aufgrund einer innigen Umarmung mit einer früheren Bekannten gestern Abend habe ich mit Grace Zoff wie noch nie. Die ganze Nacht ist eine einzige schweigende Hölle! Ihre letzten Worte waren, soweit ich mich daran erinnere, dass wir nicht mehr zusammen sind...

Noch vor dem Frühstück verlässt Grace ohne ein Wort unsere Wohnung und geht zu Samarpan. Vermutlich wird er ihr den Kopf schon wieder zurechtrücken. Ich bin so etwas von genervt!!

Zum Morgen-Satsang kommt sie erst in letzter Minute und setzt sich weinend in ein Eck. Wahrscheinlich hat Samarpan ihr gründlich den Kopf gewaschen und sie auf ihre Trips hingewiesen, was nun einmal mit Schmerzen verbunden ist. Am besten ich lasse sie alleine und in Ruhe (den Schmerz fühlen).

Nach dem Satsang gehe ich in die City – wenn Grace wieder 'normal' ist, wird sie schon von selbst auf mich zukommen – und auf dem Rückweg läuft sie mir in der Fußgängerzone zusammen mit Kira über den Weg.

„Hey Rama, hast du schon gehört?", fragt mich Kira, denn Grace selbst ist noch immer in Tränen aufgelöst. „Grace wird nicht mehr mitreisen!"

Wie? Was? Wo? Ich schaue Grace an. Wir hatten gestern zwar totalen Stress, aber das geht jetzt doch etwas zu weit.

„Doch, es stimmt", sagt nun auch Grace.

„Aber wieso denn?" Ich fasse es nicht.

„Samarpan meinte, es sei einfach vorbei."

Und das nur, weil sie gerade im Schmerz war und ihr Programm am Laufen hatte: 'Ihr könnt mich alle mal!'? Ich habe den Eindruck, dass, wenn man Samarpan mit dieser Energie kommt, bei ihm dann ein Programm ausgelöst wird, das da heißt: 'Okay, good-bye und hau ab.' Und das kann's ja wohl nicht sein.

Umgehend eile ich zu Samarpan, und wenig später sitzen wir beide auf seinem Balkon. Puuuh. Ihn auf seine Programme anzusprechen, ist verständlicherweise der heikelste Punkt überhaupt und löst bei mir mehr als nur Herzklopfen aus. Angst, dass er ausrastet. Panik, dass er mir das gleiche wie Grace sagt... Au, au, au.

„Puuuuh... Samarpan... puuuuh... ich habe den Eindruck, äh... dass du manchmal, wenn das rote Lämpchen... schluck... im Auto blinkt, du dazu... hust... tendierst, das ganze Auto... wegzuschmeiß..." Ängstlich schaue ich zu Samarpan hinüber... bibber.

„Verstehe ich nicht", sagt dieser.

„Na ja, Grace war halt in ihrem Hassprogramm... aber deshalb muss sie doch nicht gleich... schluck... aus der Crew entfernt werden."

'Denn im Grunde beinhaltet das doch auch den Wunsch nach einer Veränderung der Ist-Situation, die allem Anschein nach, und wie du immer wieder betonst, doch stets perfekt ist, oder?', füge ich in Gedanken hinzu.

„Für sie ist es einfach Zeit", antwortet Samarpan. Stille. Mmh. Vielleicht sieht Samarpan ja doch etwas, das ich nicht sehe, wer weiß? Okay, also lassen wir das mal beiseite. Aber der andere Punkt ist mir doch wichtig und insbesondere, ihn auch einmal anzusprechen. Allerdings traue ich mich dies kaum, weil ich so saumäßig Schiss habe, Samarpan die Knöpfe zu drücken. Aber es kommt einfach immer wieder hoch. Huuuaaaa.

„Samarpan..." Puuuuuh. „Ich glaube, manchmal sehe ich,... schluck... wenn du in einer Story bist."

Huuuuaaa... Was wird Samarpan wohl sagen? Ich hoffe, er reißt mir nicht den Kopf ab oder noch schlimmer: Er sagt, dass für mich die Zeit des Mitreisens auch vorbei ist... Oh, mein Gott! Das wäre mein absoluter Alptraum. Ich stände vor dem totalen Nichts. Oh, Gott. Oh, Gott. Oh, Gott!!! Doch Samarpan sagt ganz bescheiden:

„Gut. Dann lade ich dich ein, es mir zu sagen."

Oh, mein Gott! Welch ein Segen! Welch ein Geschenk! Welch ein Meister! Und im Abend-Satsang äussert sich Samarpan ähnlich:

„Wer immer mir die Knöpfe drücken will, bitte: Versucht es. Es zeigt mir, wo noch Identifikationen sind. Schaut: All unsere Knöpfe müssen gedrückt werden. Denn das ist der Weg zur Freiheit."

Hut ab! Und irgend etwas in mir, vermutlich mein Meister-Kritisier-Programm, entspannt. Aber ob ich es echt wagen werde, es darauf anzulegen, ihm, dem Meister, die Knöpfe zu drücken, ist noch dahingestellt. Ich glaube, ich drücke sie ihm ungewollt ohnehin oft genug. Brrrrr.

Bern, 4. Oktober 98

Der heutige Satsang ist horrormäßig. Es kommen zwei Typen, bei denen ich von Anfang an spüre, dass sie auf Krawall aus sind. Die ersten Minuten halten sie sich zurück, aber jetzt geht das Bombardement los:

„Hey, warum sitzt du eigentlich auf einem Stuhl und wir auf dem Boden?“

Samarpan bleibt ganz gelassen, aber ihre verbalen Angriffe werden immer schärfer. Und das Dumme ist, dass sie Deutsch reden. Das bedeutet: Alle wissen schon, was die Stunde geschlagen hat, alle sehen bereits den Hieb, nur Samarpan noch nicht. Und ich bin in der unglücklichen Lage, derjenige zu sein, der die Attacke dolmetschen muss und den Hieb quasi an Samarpan weitergibt. Es kommt mir vor, als wäre ich derjenige, der ständig versucht, Samarpan ein Messer zwischen die Rippen rammen. Extrem schmerzhaft. Außerdem lösen diese Typen bei mir eine unglaublich starke Angst aus, die mir den Hals zuschnürt. Genau solche Typen stelle ich mir in einem Folterkeller vor. Ohne jegliches Mitgefühl und mit Freude am Quälen eines anderen. Ich habe die Vorstellung, dass es gleich zum totalen Crash kommt, die zwei dann abziehen und mit irgendwelchen anderen Schlägertypen wiederaufkreuzen. Vielleicht sollte ich als Dolmetscher dem ganzen Einhalt gebieten und einfach nicht mehr übersetzen. Dann ist es still, und der Krieg ist zu Ende. Gerade hat der eine wieder einen fiesen Angriff gestartet, und ich bleibe einfach still. Samarpan schaut mich an... jetzt schauen mich alle an... Scheiße, und irgend jemand aus der Menge raunt mir zu:

„Du musst schon dolmetschen! Wie soll Samarpan sonst antworten?“

Puuuh... jetzt warten alle auf meinen Übersetzung... warten darauf, dass ich Samarpan etwas ganz Übles sage... jetzt schnürt es mir den Hals endgültig total zu... oh, Gott... ich zucke mit den Schultern...

„... geht... nicht“, würge ich hervor, und Abhijat nimmt dankenswerterweise sein Gesangsmikrofon zur Hand und dolmetscht an meiner statt, denn ich stehe nun vollkommen neben mir. Unbeteiligt schaue ich nur noch zu, sehe Samarpan ganz in seiner Mitte, ruhig und klar. Und da er nicht auf ihre Angriffslust anspringt, erkennen die beiden endlich, dass sie hier am falschen Ort sind und verlassen den Raum. Ufff! Ich kann jetzt zwar wieder dolmetschen, aber mir schlottern immer noch die Knie. Jungejunge, was für eine Erfahrung!

„Was für ein interessantes Erlebnis“, shart jemand scheinbar belustigt, und in mir macht sich Bewunderung breit.

„Ja. Eine interessante Erfahrung“, erwidert Samarpan lässig. „All unsere Erfahrungen und Erlebnisse sind interessant. Wenn wir unser Urteil über sie fallen lassen, sind sie einfach nur interessant. Nichts ist Hier verkehrt. War es nie und wird es nie sein.“

Puh! Ich sehe schon: Von Samarpans Gelassenheit kann ich mir echt noch eine ganze Scheibe abschneiden.

Bern, 5. Oktober 98

„Samarpan", fragt jemand, „wenn mich Freunde nach der Wahrheit fragen, weiß ich nicht, was ich sagen soll."

„Ja, so ist es. Als Jesus vor Gericht befragt wurde, sagte er nichts. Da kamen keine Worte, weil diese Leute die Wahrheit nicht wirklich hören wollten, weil sie die Wahrheit nicht hätten hören können. Weißt du: Ich kann euch nur sagen, was ihr hören könnt. Könntet ihr die Wahrheit nicht hören, könnte ich nichts sagen."

„Aber irgend etwas muss man doch sagen, oder?"

„Du brauchst überhaupt nichts zu sagen. Sei einfach still. Der andere wird die Stille auch so von dir 'aufschnappen'. Die eigentliche Übertragung geschieht ohnehin in der Stille. Die Worte sind nur die Trägerfrequenz. Sei einfach still. Es besteht keinerlei Bedarf, irgend etwas zu sagen oder zu tun."

Bern, 6. Oktober 98

Sitze mit Samarpan am Nachmittag auf seinem Balkon. Das Thema 'die Wahrheit zu leben' macht mir irgendwie Angst, denn der Vorfall vor zwei Tagen hat mich gelehrt, dass es ganz schön gefährlich sein kann. Gerade sage ich zu Samarpan:

„Da ist diese Vorstellung: Wenn ich die Wahrheit lebe, werden sie mich umbringen."

„Wer sind 'sie'?", fragt Samarpan seelenruhig, und ich muss erst einmal überlegen. Mmh?

„Na ja, diejenigen, die Sokrates vergiftet und Jesus gekreuzigt haben..."

„Schau: Wenn man an den Käfigen derer rüttelt, die im Gefängnis sitzen..."

'... und ihnen dadurch ihr Gefängnisdasein bewusst macht...', ergänze ich gedanklich.

„Du brauchst keine Angst zu haben."

„Ich habe gerade aber eine Scheißangst!" Und denken tue ich: 'Mist! Wenn ich Angst habe, ziehe ich so etwas an, kreiere ich mir genau so etwas. Also keine Angst haben.' Aber verdammt: Ich kriege sie nicht weg.

„Wunderschön. Dann fühle einfach die Angst."

Ich habe im Moment die Hosen gestrichen voll: ich Kleiner gegen die große, böse Welt... Heul, und ich 'klettere' hoch zu Samarpan auf den Schoß – der einzige Ort, an dem ich mich sicher fühle – und weine, weine, weine. Ich bin so klitzeklein und wehrlos und hilflos und schutzlos. Liebevoll hält Samarpan mich. Minutenlang.

Als ich mich schließlich etwas beruhigt habe, sagt er sanft:

„Es ist wunderbar, was geschieht. Denn in deiner Schwäche, verborgen in der Mitte dieses Gefühls von Schwäche, liegt deine Stärke. – Fühle einfach diese Schwäche."

„Ich bin so schwach..." Heul.

„Wunderbar. Fühle dich einfach schwach."

Ich schlinge meine Arme noch fester um seinen Hals... Heuuuuuuuul...

„Aber die anderen sind so stark." Heul, wimmer...

„Halte einfach inne."

„Ja, aber ich muss doch..." Heul, wimmer...

„Stopp, Rama. Stopp!"

„Ja, aber falls..." Heul, wimmer...

„STOPP!!!", ruft Samarpan laut.

Huch? Puuuh. Ich halte inne, und Samarpan fährt sanft fort:

„Schau, das ist der Verstand... dieses Vergleichen."

„Das ist richtig", kommt es von mir.

„Und so ist es. Manche von uns sind schwach, sanft, weich... und finden ausgehend von ihrer Schwäche mehr und mehr hin zur ihrer Stärke."

„Ja." Heul.

„Und andere sind sehr stark, sehr hart... und lernen erst dann – nach und nach – auch ihre Schwäche, ihre sanfte, ihre weiche, ihre weibliche Seite kennen. Und enden tun wir alle Hier. In der Mitte."

Langsam kehrt die Stille zurück. Puuh! Wenn ich Samarpan nicht hätte...

Bern, 7. Oktober 98

Eigentlich wollten wir heute nach Stuttgart fahren, aber Grace hat so unglaublich starke Bauchschmerzen, dass ich sie sofort ins nächste Krankenhaus fahre. Zunächst sind alle ratlos. Grace liegt mit schmerzverzerrtem Gesicht gekrümmt auf dem Bett in der Notaufnahme, und mein Verstand fragt, was wohl wäre, wenn sie jetzt sterben würde. Und da sind Momente der Stille, in denen Grace und ich uns einfach ansehen, und da ist nichts. Nur dieser Moment. Das. Das, was nicht stirbt. Egal, ob der Körper stirbt oder nicht. Tiefer Frieden.

Schließlich stellt sich heraus, dass sie eine Blasenentzündung hat. Also werden wir zwangsläufig noch ein paar Tage in Bern bleiben. Auch gut. Fühle mich Grace jetzt wieder sehr nah und verbunden. Aber was wird wohl sein, wenn ich wieder alleine unterwegs bin? Bevor sie dabei war, ging es ja ziemlich rund...

Stuttgart, 12. Oktober 98

Grace und ich wohnen bei einer guten Freundin von ihr, bei der Grace die nächste Zeit auch erst einmal bleiben kann, während ich in ein paar Tagen ja schon wieder auf Tour muss. Doch was heißt eigentlich ‘ich muss'? Mein Platz ist einfach an Samarpans Seite, Samarpan ist mein Leben, Satsang mit Samarpan ist mein Leben. Und was dann in Kiel und Hamburg, dies sind unsere nächsten Stationen, sein wird, weiß ich auch nicht, aber wieso soll ich so weit in die Zukunft denken?

Stuttgart, 14. Oktober 98

Ein schöner Tag mit Grace. Mittlerweile fühlt es sich für sie total stimmig an, wieder in den eigenen vier Wänden zu wohnen, und sie erzählt mir, was Samarpan beim Abschied zu ihr gesagt hat:

„Du hast gefunden, wonach du gesucht hast."

Wow! Wie schön! Andererseits wirft das in mir die Frage auf, ob er dies auch zu mir sagen würde. Und ob das Das, das Das ist, was es angeblich zu finden gilt. Denn ich könnte schwerlich behaupten, dass mir das so ganz klar ist. Deshalb bin ich ja auch noch um ihn herum. Weil ich aus Sicht des Lebens, aus Sicht des Göttlichen die Nähe eines Meisters offensichtlich noch brauche. Also muss es ja noch etwas geben, also muss es ja noch etwas Anderes geben, als das, was mir bislang klar ist. Gott, ist das alles kompliziert.

Stuttgart, 17. Oktober 98

So. Jetzt ist der letzte Tag unseres Zusammenseins doch gekommen, und die Frage ist nach wie vor: Wie geht es mit uns weiter? Grace hat ziemliche Angst, dass ich ihr untreu sein könnte, und wenn ich an meine zahlreichen Begegnungen während der Monate denke, bevor sie mitgereist ist... Andererseits ist seitdem viel passiert, und ich genieße durchaus die Tiefe und die Intimität einer festen Beziehung. Aber genaugenommen weiß ich nicht, wie es sein wird, wenn ich jetzt wieder alleine 'on the road' bin. Insofern kann ich ihr auch das Treueversprechen, das sie gerne hätte, nicht geben. Das wäre für mich einfach nicht die Wahrheit, und so trennen wir uns am Abend nicht gerade harmonisch.

3.

Jesus sprach: Wenn die, die euch verführen, sagen: Seht, das Reich ist oben im Himmel! Und hätten sie Recht, dann kämen euch die Vögel am Himmel zuvor. Und wenn sie sagen: Seht, das Reich ist unten im Meer! Und hätten sie recht, dann kämen euch die Fische im Meer zuvor. Denn das Reich ist in eurem Innern, und es ist auch außerhalb von euch.
(Thomas-Evangelium 3)

Stuttgart/Kiel, 18. Oktober 98

Als ich auf der Höhe von Kassel bin, ruft mich Grace auf dem Handy an und sagt, dass es ihr leid tut, wie der gestrige Abend verlaufen ist, und wir reden wieder ganz nett miteinander. Schön. Außerdem beschließen wir, nicht länger mindzufucken, sondern die nächsten zwei Satsang-Wochen einfach abzuwarten, denn danach ist ja ohnehin schon wieder eine Woche frei, bevor es mit dem Satsang in Stuttgart weitergeht.

Kiel, 19. Oktober 98

Der erste Abend ohne Grace. Ich begrüße bekannte Gesichter, Männer und Frauen. Solange Grace da war, hatte ich immer Angst, bei einer 'zu langen', innigen Umarmung mit einer anderen Frau im Nachhinein die Hölle heiß gemacht zu kriegen. Diese Angst ist jetzt nicht da, und so kann ich entspannt in den Armen schöner Frauen dahinschmelzen. Ohne dass da ein bewusstes Wollen nach mehr ist. Einfach nur der jetzige Moment. – Dann der erste Satsang ohne Grace. Was sie jetzt wohl gerade macht? Und als was wird sie arbeiten? Und wo wird sie wohnen? Schließlich hat sie nicht viel Geld. – Fragen über Fragen, vielleicht sollte ich einfach mehr im Hier und Jetzt sein und Samarpans Worten lauschen...

„Da ist nichts falsch dran, arm zu sein. Man braucht so wenig, um überleben zu können. Eine Zeitlang wohnte ich in einem alten Auto, aß morgens im Park und je nachdem, wenn ich etwas mehr Geld hatte, gab es auch schon einmal ein auf einem kleinen Campingkocher gekochtes Ei. Oder eben nicht. Wenn man wenig Geld hat, ist es ein sehr einfaches Leben, sehr direkt. Aber da ist nichts verkehrt. Wenn es im Verstand kein Urteil gibt, dass es anders sein sollte, ist man einfach in Frieden. – Wisst ihr: In meinem ganzen Leben hatte ich nie viel Geld. Aber es war in Ordnung. Denn ihr müsst wissen: Das Göttliche liebt uns Taugenichtse. Es gibt uns genau so viel, wie wir brauchen. Einmal besaß ich ein Stück Land und wollte darauf ein Haus bauen, so richtig groß mit allem Drum und Dran. Doch das Leben beschenkte mich in diesem Moment mit nur wenig Geld und sagte: 'Nein, Samarpan. Baue lieber ein kleines Haus.' Und so geschah es. Es war perfekt. Als dann die Zeit kam, das alles wieder zu verkaufen, war es sehr einfach. Mit einem großen Haus wäre es weitaus schwieriger gewesen. – Es war perfekt. Im Moment mögen wir es vielleicht nicht sehen, aber im Nachhinein betrachtet können wir erkennen: Alles in unserem Leben war und ist perfekt. Auch der Umfang unserer finanziellen Mittel... ist immer perfekt, genau so wie wir es jetzt gerade brauchen."

Kiel, 20. Oktober 98

Habe auch heute wieder schöne Umarmungen. Allerdings kann ich sie doch nicht so recht genießen, denn bin ich da nicht auch schon untreu? Schließlich bin ich mit Grace fest zusammen, oder nicht?

Nach dem Satsang treffe ich Samarpan vor dem Gebäude und schildere ihm meine Situation: dass ich mich einerseits offen für Begegnungen fühle, andererseits jedoch mit Grace zusammen bin...

„Sei einfach im Moment."

„Aber wenn sich aus dem Moment heraus etwas ergeben sollte, dann ist das Grace gegenüber doch beschissen! Sagst du nicht immer: ‘Sei ganz mit deinem Partner.’? Und du schläfst doch auch nicht mit anderen Frauen, obwohl Marga nicht ständig um dich herum ist!"

„Schau: Wenn bei dir noch etwas ist, was erlebt, was gelebt werden will, dann lebe es."

„Mmh. Ich glaube, ich wäre gerne da, wo du offensichtlich schon stehst."

„Ja, aber das ist nur der Verstand. Sei dort, wo du jetzt gerade bist. Lasse keine Stufe aus. Genieße es. Wir kommen nicht nach dort, indem wir dort sein wollen. Wir kommen nach dort, indem wir ganz Hier sind, mit allem was Hier ist. Du bist offen? Wunderbar, dann sei offen. – Schau: Dort ist auch Hier. Alles ist Hier." Und nach einigen Momenten der Stille fügt Samarpan hinzu:

„Denke einfach nicht darüber nach und sei einfach Hier."

Diese Vier-Augen-Gespräche mit Samarpan sind mir sehr wertvoll, denn sie geben mir so unheimlich viel. Auch jetzt ist da wieder mehr Klarheit über das, was gerade ist: nämlich Offenheit. Ich kann nichts dagegen tun. Mein Verstand kann mir tausendmal sagen, ich sollte nicht offen sein... Fakt ist: Ich bin offen. Was mir aber auch vollkommen klar ist, ist, dass ich nichts forcieren werde. Wenn es von alleine dazu kommen sollte, in Ordnung, dann hat es eben so sein sollen. Aber aktiv etwas in dieser Richtung unternehmen, werde ich nicht. Das würde sich Grace gegenüber auch gar nicht gut anfühlen. Also abwarten, was die nächsten Tage bringen.

Hamburg, 21. Oktober 98

„Ohne einen Partner ist es so einfach, in Frieden zu sein; das Einzige ist dieses Einsamkeitsgefühl. Aber wenn man mit dem einmal Frieden geschlossen hat, dann ist es einfach. – Wenn man hingegen einen Partner hat, drückt man sich ständig gegenseitig die Knöpfe. Und es ist erstaunlich: Man verliebt sich neu und denkt: Das ist jetzt die Frau, mit der alles anders sein wird. Mit dieser Frau werden alle meine Träume wahr. Aber schon nach kurzer Zeit muss man feststellen: Es ist genau dasselbe. – Wir ziehen so lange immer wieder dieselbe Art von Gegenüber, dieselbe Art von Spiegel an, was uns immer wieder die gleichen Knöpfe drückt, bis wir wirklich gelernt haben, mit all unseren Programmen in Frieden zu sein."

Wie üblich fragt Samarpan am Ende des Satsangs nach einer Übernachtungsmöglichkeit für mich und daraufhin kommen drei Leute auf mich zu: zwei Männer und eine Frau, die im Frühjahr schon bei dem Sylt-Retreat dabei war. Ich entscheide mich für die Letztgenannte. Wie sich wenig später herausstellt, hat sie eine große Wohnung, und ich bekomme ein eigenes Zimmer mit großem Bett. Super.

Hamburg, 22. Oktober 98

„Samarpan? Was kannst du uns zu gechannelten Botschaften sagen?", fragt jemand im Satsang.

„Es ist interessant. Wir neigen dazu, etwas Gechanneltes automatisch als etwas irgendwie Heiliges zu betrachten, obwohl wir keine Ahnung haben, woher es kommt. Vielleicht kommt es von irgendeinem hässlichen Typen, der früher einmal Philosoph war und jetzt immer noch in seinem Astralkörper als Philosoph identifiziert ist und glaubt, seine Weisheit zum Besten geben zu müssen. Würden wir ihn vor uns sehen, verwahrlost und heruntergekommen, würden wir uns möglicherweise nicht ein Wort von ihm anhören. – Schau: Wir wissen es nicht. Die Wahrheit ist die Wahrheit. Es gibt nichts anderes. Und wenn da jemand ist, der die Wahrheit spricht und den du vor dir siehst, kannst du dir ein besseres Bild machen. Du kannst die Personen in seinem Umfeld befragen, inwieweit derjenige selbst die Wahrheit lebt..."

Während Samarpan noch weiterredet, denke ich: Ja, das stimmt. Würde man mich fragen... Ich kenne niemand, der die Wahrheit so ausgeprägt lebt wie Samarpan. Deshalb empfinde ich es ja auch als solches Glück, bei ihm zu sein.

Hamburg, 23. Oktober 98

„Dies ist der Ort, an dem wir einfach die Wahrheit und nichts als die Wahrheit sagen. Überall auf der Welt wird gelogen, lügen sich die Menschen gegenseitig ständig an. Hier sprechen wir die Wahrheit. Über alles."

„Und wie steht es mit Kritik am Meister?", fragt jemand.

„Auch darüber. Schaut: Es gibt Hier keine Tabus. Hier sprechen wir die Wahrheit über alles und insbesondere über das, was wir in Wahrheit sind."

Stille. Und mir geht eine Situation aus der Vergangenheit im Kopf umher, in der ich bzw. mein Verstand ein Urteil über Samarpans Verhalten hatte, da es nicht zu meinem Bild eines erleuchteten Meisters passte.

„Wer immer mir einen Knopf drücken will, bitte. Nur zu", sagt Samarpan in diesem Moment. „Denn einzig und allein dadurch, dass wir unsere Knöpfe gedrückt bekommen, werden wir mehr und mehr frei."

Aaaaaaaah! Das tut gut zu hören. Dass Samarpan auch noch Knöpfe hat. Und dies auch zugibt. Und mein Wunsch bzw. der Wunsch meines Verstandes, an Samarpan herumzukritisieren, schrumpft schlagartig und geht gen Null.

„Wisst ihr, wir müssen uns bewusst sein, dass es einfach ist, die blinden Flecken bei anderen zu sehen. Aber es hilft nichts, seine gesamte Umgebung verändern zu wollen. Du wirst nicht die ganze Welt nach deinen Vorstellungen verändern können. – Sei in Frieden mit der Welt, so wie sie jetzt ist. Genaugenommen ist das auch die einzige Möglichkeit. Jesus sagte: 'Bevor du versuchst, den Dorn aus dem Auge deines Bruders zu ziehen, ziehe zuerst den Balken aus deinem eigenen.' Solch ein schönes Bild."

Samarpan sieht mich an... schluck, und ich schaue zu Boden. Puuuuuuuh.

Hamburg, 24. Oktober 98

Tagsüber zieht es mich irgendwie auf die Reeperbahn, und im Gegensatz zum letzten Mal laufe ich nun ganz in Ruhe da durch – soweit es mir möglich ist – und gehe auch in einzelne Geschäfte rein. Sehr interessante Energie. Ich treibe mich jetzt ziemlich lange hier herum. Denn ich glaube, erst wenn ich ganz hier, im Hier, ankomme, ohne wie beim letzten Mal den Wunsch zu haben: 'Schnell wieder weg.', kann ich die Anziehung, die dieser 'Verbotene Bereich' auf mich ausübt, loslassen. – Und tatsächlich: An irgendeinem Punkt wird es mir langweilig, all die vielen bunten Bilder anzusehen, und ich gehe gemächlich in Richtung Satsang.

„Schaue Dir die Dinge genau an, von denen Du Dich angezogen fühlst. Ansonsten wird es immer wieder hinter Dir herlaufen. – Finde heraus, was es damit auf sich hat."

In diesem Moment fällt mir ein, dass es auf der Reeperbahn ja auch noch irgendwo die Herbertstraße mit den ganzen Prostituierten geben soll... Hei: Ich glaube, da werde ich auch noch einmal vorbeischauen müssen...

Hamburg/Sylt, 25. Oktober 98 (Retreat)

Habe die vergangene Nacht noch lange mit meiner Gastgeberin in der Küche gequatscht, dann saß sie plötzlich auf meinem Schoß und schließlich sind wir bei ihr im Bett gelandet, wobei ich aus Rücksicht auf Grace darauf bedacht war, nicht bis zum Letzten zu gehen. – Jetzt beim Frühstück äussert Sabine, so heisst sie, dass sie Mitte nächster Woche ebenfalls gerne zum heute Abend beginnenden Retreat auf Sylt (nach-)kommen würde, aber nur wenig Geld hat. Daher biete ich ihr an, dort in meinem Wohnmobil zu übernachten, wo sie auf den zwei Herdplatten sogar für sich selbst kochen könnte. Eigentlich war ja geplant gewesen, dass ich mit Grace im Bus schlafe, aber nachdem auch Radhika nicht mehr dabei ist, kann ich mir nun mit Abhijat das für die beiden gebuchte Zimmer teilen. Bliebe also nur die Satsang-Spende an Samarpan, wobei er in diesen Dingen ja sehr entspannt ist. Nach dem Frühstück ruft sie wegen der Spende bei Samarpan an, und der sagt einfach nur: 'Kein Problem, komm einfach.' – Also wird sie übermorgen ebenfalls nach Sylt kommen. Wie schön.

Am frühen Nachmittag treffe ich im Satsang-Haus auf Sylt ein. Außer Samarpan ist noch keiner da. Er sitzt am Esstisch und lacht mich an. Es gibt wirklich niemanden, der mich besser kennt als er. Offensichtlich hat er schon bei dem Anruf heute Morgen geahnt, was 'Sache' ist.

„Na?", fragt er schmunzelnd.

„Ja", sage ich ebenfalls schmunzelnd, „Ich habe eine sehr schöne Nacht verbracht." - „Und Grace?"

„Na ja, ich dachte mir, dass ich es ihr persönlich sage, wenn ich nächste Woche wieder in Stuttgart bin."

„Warum willst du sie so lange im Unklaren lassen und rufst sie nicht an?"

Mmmh, vermutlich, weil ich eine Scheißangst davor habe. Aber ehrlicher wäre es natürlich schon. Puuuh. – Wenig später rufe ich Grace also an und sage es ihr. Sie sagt gar nicht viel, sondern weint nur leise vor sich hin, dass es mir selbst fast das Herz zerreisst.

Zwei Minuten vergehen, ohne dass einer von uns beiden etwas sagt.

„Leb wohl", kommt es schließlich von ihr, und sie legt auf. – Au! Das tut weh. Da ist so viel Liebe für sie! Aber was soll ich machen? Allerdings ruft sie mich nach dem Abend-Satsang noch einmal an, und dieses Mal macht sie mich voll zur Schnecke. Aber voll! Mannomann. Ich merke, wie die ganze Liebe augenblicklich schwindet. Und der Schmerz ebenso. Irgend etwas macht dicht.

Sylt, 26. Oktober 98 (Retreat)

Noch während des Frühstücks ruft Grace an, und jetzt ist sie wieder ganz weich und sagt, dass es ihr total leid tut. Und augenblicklich geht mein Herz wieder auf. Doch gegen Abend ruft Grace erneut an und dieses Mal ist sie wieder total wütend und schnauzt mich an, dass ich das größte Schwein bin usw. Während ich ihren Vorwürfen lausche, bin ich hin und her gerissen, zwischen Verständnis und Dichtmachen, wobei ich doch das Gefühl habe, mich mehr und mehr von ihr zu entfernen. Im Moment, merke ich, habe ich einfach absolut keinen Bock darauf, mir von ihr oder sonst wem sagen zu lassen, dass ich es falsch gemacht habe, was bekanntermaßen nicht die Wahrheit ist.

Sylt, 27. Oktober 98 (Retreat)

Im Morgen-Satsang shart eine Frau, dass sie seit langem mit ihren Chakren Probleme hat. Entweder sie sind zu weit offen oder zu sehr geschlossen. Entweder sie drehen rechts herum, obwohl sie links herum drehen sollten; oder umgekehrt. Alles in allem eine recht komplizierte Angelegenheit.

„Vergiss die Chakren", sagt Samarpan kurz und knapp.

„Wie bitte?", entgegnet sie entrüstet.

„Ja, vergiss sie. Schau, das ist alles die Illusion. Sei einfach in Frieden. Ich habe keine Ahnung, was mit meinen Chakren ist. Und es spielt auch keine Rolle. Alles, was mit dem Körper zu tun hat, spielt nicht wirklich eine Rolle, denn es ist nicht real, es ist nicht wirklich. Sei einfach Hier und Jetzt. Nimm einfach alles so an, wie es jetzt ist. Das ist der Frieden. Ganz einfach."

Nachmittags kommt – wie vorgestern verabredet – Sabine an, und jetzt, da Grace mich mittlerweile mehrfach quasi 'zum Teufel gejagt' hat, steht einer schönen Begegnung aus meiner Sicht nichts mehr im Weg.

Sylt, 29. Oktober 98 (Retreat)

Nach einem 'Wut-Anruf' gestern Abend ruft Grace heute Morgen wieder an, ist total lieb und sagt, dass ihr alles so sehr leid tut; auch dass sie mich so anmacht, aber im Moment gehe sie einfach gerade durch die Hölle. Ich merke, dass ich sie nach wie vor total lieb habe, aber auf dieses ständige Hin und Her, dieses ständige Wechselbad der Gefühle habe ich im Moment gerade keinen Bock. Und das mag durchaus auch damit zusammen hängen, dass jetzt und hier Sabine an meiner Seite ist und sich unser Zusammensein recht unkompliziert gestaltet.

Sylt, 30. Oktober 98 (Retreat)

„Wolle nicht wie jemand anderes sein. Gott hat viel Mühe auf sich genommen, um uns alle so unterschiedlich zu machen. Und wir sind alle anders, jeder ist verschieden. Wertschätze dein Sein, deine Schönheit, den Ausdruck des Göttlichen bei dir."

„Aber der andere...", will jemand sagen, doch Samarpan unterbricht ihn:

„Stopp. Halte einfach inne. Es gibt keinen anderen. Die Wahrheit ist: Du bist der andere. Du bist nicht getrennt von ihm. Sei du. Spiele du die Rolle, die das Göttliche dir zugedacht hat. Die Rolle des anderen ist schon vergeben. Und schau: Du bist einzigartig. In der ganzen Geschichte des Universums gab es noch nie so jemanden wie dich. Und es wird auch in der Zukunft nie wieder so jemanden wie dich geben. Genieße dein Sein. Genieße dein So-Sein. Es ist perfekt."

Sylt, 31. Oktober 98 (Retreat)

Immer wieder kommt es vor, dass irgendwelche Satsang-Teilnehmer so berührt von Samarpans Antwort für sie sind, dass sie nach vorne gehen und ihn umarmen oder sich sogar auf seinen Schoß setzen; meistens sind es Frauen. Heute im Satsang geht nun ein Mann nach vorne, der mit seiner etwas eigenen Art regelmäßig die Knöpfe anderer drückt, und kniet sich mit leidendem Blick vor Samarpan hin. Schon öfters hat er geshart, dass er so gerne erleuchtet wäre.

„Wenn du wirklich frei sei willst", sagt Samarpan liebevoll, „musst du total zielgerichtet sein. Meine Lehrerin Gangaji sagte mir: 'Gib 100 Prozent! 99 Prozent ist schwierig; 100 Prozent ist leicht.' Ich hörte sie und dachte: 'Das muss ich nachprüfen.' Es war mein erstes Retreat, mein erstes Stille-Retreat. Und ich wollte es herausfinden. So sprach ich die ganze Zeit über kein Wort mit meiner Partnerin. Sie hätte mich fast umgebracht, aber ich blieb still. – Sei Hier. Sei ganz Hier. Halte nichts zurück. Gib alles. Dann ist da niemand, der dir die Freiheit vorenthalten könnte." Lange Stille.

„Genaugenommen", schmunzelt Samarpan, „habe ich meine Erleuchtung meiner Ex-Frau zu verdanken... she really drove me to enlightenment (sie hat mich in die Erleuchtung geradewegs hinein getrieben)."

Alle lachen, so dass meine Übersetzung – wie so oft – in tosendem Gelächter untergeht. Ich weiß, ich weiß: Eigentlich sollte ich warten, bis das Lachen abgeebbt ist...

„Was hat sie gemacht?", fragt der Kniende zu mir gewandt, und ich sage – Samarpan außen vor lassend – kurz und knapp:

„Das hat er doch gerade gesagt..."

„Ja, Moment. Samarpan sagte nur, dass sie ihn dorthin 'gefahren' habe..."

Abermals tosendes Gelächter. Diesmal warte ich, bis ich den ganzen Witz an der Sache Samarpan ins Englische dolmetsche. Köstlich. – Lange Stille. Noch immer kniet der Mann zu Samarpans Füßen, und ich habe den Eindruck, er würde sich am liebsten auf Samarpans Schoß setzen. Dieses Gefühl scheint auch Samarpan zu haben, und so wie ich seinen Gesichtsausdruck interpretiere, wäre ihm das im Moment eher ungenehm. – Stille. Spannend! Was wird wohl passieren? Wird er gleich aufstehen und sich tatsächlich auf Samarpans Schoß setzen? Und wie wird Samarpan reagieren? Wird er ihn in irgendeiner Art und Weise 'abwehren', daran hindern? Boooooaaaaa. Die Atmosphäre ist total geladen. Endlich sagt der Kniende:

„Ich sehe so häufig Frauen auf deinem Schoß und würde selbst auch gerne einmal. Aber ich habe den Eindruck, du bevorzugst Frauen."

Einen Augenblick herrscht Stille. Dann gibt Samarpan zur Antwort:

„Es stimmt! Ich bevorzuge in der Tat Frauen!"

Tosendes Lachen! Haaaaaa, tut das gut. Die ganze Spannung ist gewichen, die ganze Luft ist raus. Puuuuh. Es war echt kaum auszuhalten.

Stille. Der Kniende ist immer noch da. Und wie er da sitzt, jetzt vermutlich traurig, geht mein Herz total für ihn auf. Und ich glaube, uns allen geht es so. Puh! Nach einer Weile steht er niedergeschlagen auf und geht wieder an seinen Platz. Schmerzhaft. Ich glaube, wenn er Samarpan jetzt noch einmal gefragt hätte, wäre er nie und nimmer abgewiesen worden. Wie schnell sich alles ändern kann.

Sylt/Hamburg, 1. November 98 (Retreat)

Nach dem Satsang fahren Sabine und ich mit meinem Bus nach Westerland, wo wir noch etwas Zeit haben, bevor unser Auto-Zug ans Festland fährt. Das Leben ist so schön! Singend laufen wir durch die Fußgängerzone, ohne uns darum zu kümmern, was die anderen Passanten wohl von uns denken.

Mitten in der Nacht kommen wir in ihrer Wohnung an, und so wie es sich im Moment anfühlt, werde ich die nächste freie Woche nicht wie ursprünglich geplant nach Stuttgart zu Grace fahren, sondern stattdessen lieber hier bleiben. Scheint mir irgendwie unkomplizierter.

Hamburg, 4. November 98

Gehe alleine in der Nähe des alten Elbtunnel spazieren, als mein Handy klingelt.

„Ja, hallo, hier Rama.“ - „Hi! Ich bin’s.“

Es ist Grace. Sie denkt natürlich, dass ich mittlerweile wieder in Stuttgart bin.

„Ich würde dich gerne zu mir zum Essen einladen.“

„Mmh. Du, ich bin jetzt doch noch in Hamburg geblieben.“ - „Ach so.“

Stille.

„Hast du mal mit Samarpan gesprochen?“

„Ja, und es ist okay. Mehr oder weniger. Mal so mal so. Je nachdem.“

„Mmh. Verstehe.“

Stille.

„Okay... dann mach’s mal gut.“ - „Jaha. Du auch.“ - „Okay.“

„Tschau.“ - „Tschau.“ Huuaa.

Hamburg, 6. November 98

Stehe vor der Herbertstraße und der sie begrenzenden Mauer mit der Aufschrift: ‘Zutritt für Jugendliche unter 18 und Frauen verboten.’ Huuuah, jetzt wird es gefährlich! Ich gehe um die Mauer herum und sehe viele, viele Fenster, hinter denen sich viele, viele nackte Frauen räkeln und mich zu sich ans Fenster locken wollen. Auweia! Aber da muss ich jetzt durch. Also laufe ich schnellen Schrittes die hundert Meter bis ans andere Ende der Straße, schaue nur wenig nach rechts und links, drehe wieder um und bin froh, als ich wieder 'draußen' bin. Puuuh, das wäre geschafft! Ich hoffe, damit ist dieses Thema erledigt.

Hamburg/Stuttgart, 7. November 98

Fahre nach Stuttgart und bin gespannt, ob Grace morgen zum Satsang kommen und falls ja, wie unser Wiedersehen verlaufen wird.

Stuttgart, 8. November 98

Hole Samarpan am Bahnhof ab, und wenig später essen wir zu zweit in Bayaris Wohnung zu Abend. Währenddessen frage ich ihn, ob er eigentlich all die Erfahrungen kennt, die die Leute im Satsang so sharen.

„Nein, ich höre da manchmal selbst ganz erstaunt zu."

„Ach! Und ich dachte, der Meister kennt jede Erfahrung."

Samarpan lächelt und schüttelt den Kopf:

„Das ist nur eine Vorstellung. Weißt du: Ich hatte viele Vorstellungen über Osho. Dass er alles wüsste. Aber als man ihn fragte, ob er von den ganzen Vorgängen, die sich auf der Ranch und dort vor allem am Ende abgespielt hatten, gewusst hätte, antwortete er: 'Erwacht zu sein, heißt nicht, alles zu wissen, sondern nur zu wissen, wer man ist.'"

Wenig später im Satsang schwebt eine ganz in Weiß gekleidete Frau engelsgleich nach vorne und erzählt lang und breit tolle Geschichten von ihren Gesprächen mit Engeln, Begegnungen mit Lichtwesen usw., und ich denke an meine Unterhaltung mit Samarpan vorhin. Dabei kann ich beobachten, wie mein Verstand zu rattern anfängt, und während sie immer noch erzählt und erzählt, steigt in mir mehr und mehr Neid auf. Endlich kommt sie am Ende an, und ich bin gespannt, was Samarpan dazu sagen wird. Der schaut und schaute schon die ganze Zeit völlig unbeeindruckt in die Gegend und sagt jetzt gleichgültig, fast ein wenig gelangweilt:

„Das ist alles sehr interessantes Zeugs", puuuh! Alle lachen befreit auf; ich glaube, den meisten ging es wie mir. „Aber es hat nichts mit der Wahrheit zu tun."

Puuuh, alles in Ordnung. Ich hatte schon gedacht, ich bräuchte auch solche Begegnungen.

„Das ist alles nicht real. Halte deine Aufmerksamkeit einfach nur auf diesen Moment gerichtet. Dieser Moment ist alles, was real ist."

Etwas beleidigt zieht der 'Engel' wieder ab. – Nach dem Satsang: erste Begegnung mit Grace. Als wären wir zwei Fremde. Ganz schön frostig.

Stuttgart, 9. November 98

Zum Kaffeetrinken bin ich bei meinen Eltern, und während die ganze Familie mehr oder weniger glücklich zusammensitzt, hält mir mein Vater mal wieder eine Moralpredigt und erklärt mich vor versammelter Mannschaft zum schwarzen Schaf der Familie. Traurig, traurig. Was soll ich da sagen? Da fällt mir echt nichts mehr ein. Und es fehlt nicht viel, dass ich aufstehe, meine Sachen packe und mich auf Nimmerwiedersehen verabschiede. Aber ich weiß: Das würde meiner Mutter das Herz brechen, wobei auch das natürlich nur eine Vorstellung ist. Keine Ahnung, wie es wirklich wäre.

Mmh, ich bin einfach nur unsagbar traurig. Und wenn ich in diese Traurigkeit hineingehe, ist da so unendlich viel Liebe. Unglaublich! Aber was soll ich sagen? Was hilft es, jemanden zu sagen, dass man ihn liebt, wenn der andere in einem den Teufel sieht? Und genau so scheinen meine Eltern mich zu sehen. Mein Bruder sitzt einfach nur still da und befürchtet wahrscheinlich, dass ich wirklich aufstehe und gehe, was dann für ihn bedeuten würde, dass er wieder einmal – wie schon so oft in den vergangenen Monaten – vermitteln und meine Eltern beruhigen müsste. Meine elf Jahre jüngere Schwester hingegen, die noch bei meinen Eltern wohnt, scheint überhaupt nicht zu wissen, was sie von all dem halten soll. – Mein Vater wartet immer noch meine Reaktion auf seinen Angriff ab, während meine Mutter nun zögernd das Wort ergreift:

„Wir machen uns halt einfach große Sorgen."

Als ob mir das nicht klar wäre... Wenn sie nur nicht immer wieder auf ihren Verstand hören würden, aber kann ich ihnen das übel nehmen? Mit einem Sohn wie mir konfrontiert zu sein, der ein Leben führt, das so gegen alle Konventionen ist – nachdem so viele Jahre alles ganz normal und 'nach Plan' lief – ist zugegebenermaßen eine Wahnsinns-Herausforderung, und eigentlich ist es bewundernswert, wie gut meine Eltern mit dieser Situation umgehen, die ihnen sicher alle Knöpfe drückt. Wenn ich ihnen nur etwas sagen könnte... Aber ganz egal was ich sage, es wird falsch aufgefasst. Sogar, dass ich alle Attacken wortlos hinnehme, wird mir von meinem Vater noch zum Vorwurf gemacht:

„Du bist so hart geworden. Dir scheint das alles gar nichts auszumachen."

Als ich erwidere, dass das genaue Gegenteil der Fall ist und ich mich selbst mittlerweile als viel weicher empfinde und alles einfach durch mich hindurch lasse, flippt mein Vater eher noch mehr aus:

„Wunderbar! Man kann sagen, was man will, gegen dich kommt man nicht an. Mit dir kann man nicht mehr vernünftig reden!"

Und nachdem er einmal kurz Luft geholt hat, fügt er hinzu:

„Die Leute, die dich rhetorisch ausgebildet haben, können stolz auf dich sein! Und wir wissen genau, was als nächstes kommt. Das ist uns schon gesagt worden", stichelt er mit herausforderndem, wissenden Blick.

Vermutlich spielt er darauf an, dass ‘Sektenmitglieder’ sich von ihren Eltern abwenden... Dabei muss ihm doch klar sein, dass das einzige, was mich dazu bewegen würde, sein eigenes Verhalten ist. Mit anderen Worten: Aufgrund seiner Angst davor, seinen Sohn zu verlieren, legt er dieses Mich-in-die-Flucht-Schlagen-Verhalten an den Tag und ist gerade deshalb drauf und dran, sich exakt diese Situation zu kreieren. – Ich merke, wie ich innerlich ganz schön wütend werde... sage aber nichts. Wie es scheint, ist da wirklich ‘Hopfen und Malz’ verloren. Und er denkt wahrscheinlich das Gleiche von mir; verrückt. Aber das Verrückteste ist, dass mein Vater, nachdem ich immer noch nicht auf seine Speerstöße reagiere, sein ganzes Pulver verschossen zu haben scheint und auf einmal wieder vollkommen entspannt ist. Kommt hier derselbe Mechanismus zum Tragen, den Jesus meinte, als er sagte: ‘Wenn dich jemand auf die rechte Wange schlägt, dann halte ihm auch die linke hin.’? Es ist unglaublich. Plötzlich ist die ganze Situation wieder gelöst.

„Wir haben halt einfach Angst“, sagt mein Vater geknickt.

„Ja. Das kann ich durchaus verstehen.“

Stille. Und da ist einfach nur Liebe. Im Grunde sind meine Eltern schon wunderbar; nur hören sie eben auf ihren Verstand. Und aus dieser Perspektive ist das, was ich mache, in der Tat nun mal nicht zu verstehen. What to do?

Abends wieder Satsang. Wohltuend. Wie Balsam.

„Es gab einmal ein Königreich und eines Tages wurde der Brunnen dieses Königreiches vergiftet, so dass jeder, der von diesem Wasser trank, verrückt wurde. Als der König davon erfuhr, wurde ihm geraten, nur noch das Wasser aus dem Palastbrunnen zu trinken, da dieses nicht vergiftet war. So geschah es. Im Dorf allerdings wurden nach und nach alle verrückt, doch die Dorfbewohner waren sich dessen nicht bewusst, da sie sich alle in der gleichen Verrücktheit befanden. Für sie sah es so aus, als sei der König plötzlich verrückt geworden. Und so rotteten sie sich zusammen und wollten den König umbringen. Dieser bekam jedoch Wind davon und seine Berater sagten ihm, dass die einzige Überlebensmöglichkeit darin bestände, nun ebenfalls vom vergifteten Wasser zu trinken.“ Kurze Stille.

„Das ist deine Geschichte“, fährt Samarpan sanft fort. „Es ist unser aller Geschichte. Als kleine Kinder mussten wir von diesem Wasser trinken, mussten wir uns auf diese Verrücktheit, auf die Identifikation mit dem Verstand einlassen, ansonsten hätten wir nicht überlebt.“

Puuuh, da kommt ein tiefer Schmerz hoch.

„Und jetzt fängt diese Identifikation an, weniger zu werden; die Wirkung des Giftes lässt nach. Und für das Dorf, deine Eltern und deine Freunde, sieht es so aus, als würdest du verrückt werden. Dabei bist du dabei, langsam wieder zu gesunden, während der Rest der Welt noch immer das vergiftete Wasser trinkt und auf den Verstand hört. Schaut euch die Welt an: Das ist der Verstand. Das ist das Ergebnis, wenn der Verstand das Sagen hat. Wir haben aus diesem wunderschönen Planeten, aus diesem Garten Eden, ein einziges Durcheinander geschaffen. So viel Leid. Und wir können nichts tun. Wir können nur in Stille sein. Wir können nur in Frieden sein. – Die ganze Welt befindet sich in einer Trance. Erwache einfach. Erwache aus deinem Schlaf, und du erkennst: Es ist nicht wirklich. Es ist nur ein Traum. Es ist nur ein Spiel. Und da ist nichts verkehrt. Da ist nicht wirklich etwas falsch. Es ist alles vollkommen. So wie es ist. Liebe deine Eltern und deine Freunde einfach, genau so wie sie sind. Sie sind genauso göttlich wie jeder andere auch."

Wie schön! – Nach dem Satsang rede ich kurz mit Grace. Immer noch recht frostig, aber es wird wärmer.

Stuttgart, 10. November 98

Abends im Satsang spricht Samarpan über Mitgefühl, und im Gedenken an meine Eltern laufen mir ununterbrochen die Tränen runter.

„Es ist wunderbar, wenn man mit-fühlt. Das ist Jesus, der auf den Hügeln über Jerusalem steht, auf die Stadt und deren Einwohner hinunterblickt und weint, aus Mitgefühl und aus dem Wissen heraus, dass er ihnen nicht helfen kann. – Schaut: Wir halten an unserem Leid, an unseren Storys fest, denn es gibt uns die Illusion, jemand zu sein. Lassen wir alles los, erkennen wir: Wir sind gar niemand. Niemand Gutes, niemand Schlechtes."

Stille. Und ich denke an das Gleichnis vom Sämann, das Jesus erzählte. Manche der ausgestreuten Samen fielen auf fruchtbaren Boden, andere auf weniger fruchtbaren Boden, wiederum andere auf steinigen Boden usw. Ich weiß nicht, ob das wenige, das ich meinen Eltern erzähle, auf fruchtbaren Boden fällt, aber ich hoffe es. Und insgeheim trage ich ganz tief in mir den Wunsch, dass wir uns eines Tages in Wahrheit begegnen werden; selbst wenn es der letzte Moment in ihrem oder meinem Leben sein sollte... puuuh, bei dieser Vorstellung kommen mir regelmäßig die Tränen. Ich weiß auch, dass ich diesen Wunsch loslassen und sie einfach jetzt lieben sollte, so wie sie sind. Und in der Tat liebe ich sie, so wie sie sind. Und doch ist da der sehnliche Wunsch, ihnen die Hand reichen zu dürfen, wenn sie denn irgendwann für die Wahrheit offen sein sollten.

Stuttgart, 11. November 98

Samarpan hat mir gestern 50 DM für Arzneimittel gegeben, die ich ihm heute umgehend besorgt habe. Das Ganze hat knapp 70 DM gekostet, was bedeutet: Ich kann ihm nichts zurückgeben. Ihn um die 20 DM zu bitten, würde sich im Hinblick auf all das, was ich schon von ihm bekommen habe, komisch anfühlen, aber was ist, wenn Samarpan jetzt denkt: 'Es war billiger, und Rama behält den Rest einfach für sich, ohne etwas zu sagen...'

Ein schönes Dilemma, für das ich keine Lösung habe. Also stelle ich alles auf den Küchentisch bei Bayari und sage gar nichts, was allerdings ein etwas ungutes Gefühl mit mir hinterlässt.

Später beim Satsang ist auch mein Bruder anwesend. Spannend! Er weiß ja durch meine Erzählungen schon einiges und kennt insofern vom Hörensagen auch den Rest des Staffs sowie unsere CD, die ihm ganz gut gefällt. Außerdem hat er sich einige Satsang-Kassetten angehört. Aber dass er es sich heute einmal persönlich ansehen möchte, ist schon noch einmal etwas ganz Anderes.

Stuttgart, 12. November 98

Zum Mittagessen bin ich bei meinem Bruder eingeladen. Ihm hat es im Satsang nicht schlecht gefallen, und er kann gut verstehen, dass ich mit Samarpan umherziehe. Wie schön. Wundern tut es mich dann allerdings auch nicht wirklich, denn genaugenommen ist mein Bruder selbst sehr in Stille. Er studiert 'zwar' ganz normal, aber er lebt Satsang ganz einfach und braucht das ganze Umher-Gereise offenbar nicht.

Stuttgart, 13. November 98

Gestern war die Frau beim Satsang, bei der ich vor ziemlich genau drei Jahren hier in Stuttgart an einem Massagekurs teilgenommen habe und dort nach Jahren der 'Abstinenz' erste unverfängliche Berührungen mit Frauen austauschen durfte. Und heute bin ich zum Frühstück mit ihr verabredet. Sah ich in ihr damals eine unkonventionelle, von allem losgelöste Frau mit seltsamen (Osho-)Namen, so begegnen wir uns jetzt auf einer Ebene. Viel Stille. Aber ich erzähle ihr auch ein bisschen, wie es mit mir nach dem Kurs bei ihr weiterging. Denn nachdem ich zu meiner Bundeswehrzeit einen kurzen und schönen Kontakt mit einer Meditationsgruppe gehabt hatte, wurde mir doch sehr schnell klar, dass, wenn ich diesen inneren Weg weitergehen würde, ich es mit dem ungeliebten Studium auf Dauer nicht würde vereinbaren können. Also hatte ich allem Spirituellen quasi gezwungenermaßen jahrelang den Rücken zugewandt und mich erst nach erfolgreicher Beendigung meines Studiums, als ich merkte: 'Jetzt muss irgend etwas passieren', wieder dafür geöffnet. Und angefangen mit dem Massagekurs ging es dann auch Schlag auf Schlag. Schön, dass sich auch dieser 'Kreis' mit ihr jetzt schließt.

Abends vor dem Satsang-Raum. Grace hatte noch ein paar Sachen im Bus und räumt diese heute endgültig aus. Uns beiden wird es dabei ziemlich wehmütig um's Herz, und wir umarmen uns lang und innig.

„Bei mir ist da total viel Liebe für dich “, sagt Grace. Ich erwidere: „Bei mir für dich auch. Aber irgendwie scheint es so zu sein, dass uns das Leben gerade auseinander tanzt.“

Stuttgart/Stiersbach, 14. November 98 (Retreat)
Wie auch bisher fährt Samarpan bei mir mit. Viel Stille. Was gäbe es auch zu sagen? Das Leben ist so schön. Wir fahren durch herbstliche Wälder... einfach nur Stille. – Als ‘alter’ Schwabe spare ich natürlich, wo es nur geht, und deshalb nehme ich, sobald es bergab geht, sei es auf der Landstraße oder auf der Autobahn, den Gang heraus und lasse das Auto einfach im Leerlauf rollen. Dies scheint Samarpan jedoch ziemlich nervös zu machen, denn gerade bittet er mich, es zu unterlassen.

„Ich kann es versuchen, Samarpan. Allerdings habe ich mich im Lauf der Jahre so daran gewöhnt, dass es durchaus automatisch gesche...“

Ich verstumme und denke: ‘Ich rede schon wieder viel zu viel.’

Samarpan sagt nichts. Schweigen, huuaa, ungut.

In Stiersbach angekommen steigert sich mein Unwohlsein noch dadurch, dass das Herrichten des Raumes und der ganze Aufbau mit zunehmender Anzahl an Geräten und allem möglichen Schnickschnack immer umfangreicher, komplizierter und stressiger wird. Spaßbremsend. Gut, dass wir gleich Satsang haben... Endlich: Stille. Aah! Wie schön. Wie schön, wieder zu Hause zu sein. Wie schön, wieder Hier zu sein.

Stiersbach, 15. November 98 (Retreat)
Bislang standen bei Samarpan vorne auf dem Blumentisch vier Bilder: jeweils eines von Ramana, von Papaji, von Gangaji und von Osho. Jetzt im Morgen-Satsang stellt Samarpan ein weiteres von Jesus hinzu und liefert uns auch dessen Entstehungsgeschichte. So wie ich es verstehe, hat die NASA ein Verfahren zur Darstellung der Oberflächenstruktur ferner Planeten entwickelt, das nun auch bei dem Turiner Grabtuch angewandt worden sein soll. Daraus ergab sich dieses Bild, natürlich in schwarz-weiß. Dieses Bild wiederum bekam nun eine Sai Baba[14]-Anhängerin in die Hände, trug es zu ihrem Meister nach Indien, welcher es kurz in die Hand nahm, einmal darüber wischte und es dabei kurzerhand kolorierte. Nicht schlecht. Und jetzt steht es, steht Jesus also hier vorne bei Samarpan in guter Gesellschaft. Farbig und fast lebensecht, so als wäre es erst gestern entstanden. Dabei ist es zweitausend Jahre her...

14 Indischer Heiliger.

„Samarpan, wie soll man beten?“, fragt jemand im Satsang am Nachmittag.

„Wisst ihr, wie mein Gebet lautet?“, sagt Samarpan mit einem Lächeln. Gespannte Stille. „Hey Gott! Ich weiß überhaupt nichts. Also musst du es mir sagen. Aber bitte nichts Subtiles. Denn ich bin ziemlich dumm. Schön klar, bitte. Danke! Amen.“

Hohoho! Unglücklicherweise habe ich das englische ‘Amen’ (Äimän) als ‘Hey man’ interpretiert und mit ‘Höre gut zu!’ übersetzt. Und nun weiß ich nicht, ob die Leute mehr wegen des Gebets oder wegen meiner Übersetzung lachen... Oh, du lieber Gott: Zeig mir das nächste Mausloch!

Im Abend-Satsang fragt ein junger Mann, der mit seinem Wohnmobil von Berlin angereist ist:

„Wenn alles vollkommen egal ist, wie du sagst, Samarpan, dann ist es ja auch vollkommen egal, ob ich jetzt hier im Satsang bin oder hinaus ins Wohnmobil gehe und mich hinlege. Oder?“

„Schau, das ist der Verstand. Du hast die lange Reise hierher gemacht, hast viel Geld ausgegeben, um jetzt hier sein zu können, also sei einfach Hier. Und es ist wahr: Es spielt keine Rolle, wo man ist. Ob hier im Raum oder draußen auf dem Feld oder daheim in deiner Wohnung oder sonst irgendwo. Der Frieden ist Hier. Aber versuche nicht, es mit dem Verstand verstehen zu wollen. Sei einfach Hier und entspanne. Ganz einfach.“

Stiersbach, 16. November 98 (Retreat)

Im Lauf des Tages begegnen Grace, die gestern angereist ist, und ich uns hin und wieder hier und da, und es ist irgendwie... ‘spezial’. Wenn sie ganz im Frieden mit sich ist, fühle es sich ganz leicht an. Und wenn sie gerade im Schmerz ist – weil es eben doch irgendwie vorbei ist – und ich ein ‘Wollen’ von ihrer Seite spüre bzw. zu spüren glaube, ist all die Leichtigkeit in Nullkommanichts weg... Im Satsang sagt Samarpan:

„Viele Menschen haben die Vorstellung, dass sie erst mit einem Partner vollständig sind. Dass sie, so lange sie als Single durch das Leben gehen, nur ein halber Mensch sind und ihnen die andere Hälfte fehlt, die es tunlichst zu suchen und zu finden gilt. Aber das ist kein Frieden. – All diese Lieder über die Liebe, ihr kennt sie. Meistens dreht es sich immer um das gleiche.“ Samarpan holt Luft und singt mit schmachtender Stimme:

„I loooooove you. And I neeeeeeeeeed you... – Das ist alles nicht die Wahrheit. Du brauchst überhaupt niemand. Du bist vollständig. Du hast es alles.“

Stiersbach, 17. November 98 (Retreat)

Beim Frühstück sehe ich Marga, die gerade angekommen ist und die neuen Satsang-Terminpläne für das nächste Jahr mitgebracht hat: volles Programm – perfekt. Je voller, desto besser. Denn in den Pausen hängt man halt doch eher nur irgendwie herum und ist froh, wenn es mit dem Satsang wieder weitergeht. Und auch Korfu ist wieder dabei. Super!

Im Abend-Satsang share ich eine vor kurzem von mir entwickelte Theorie, was die Beziehungs-Problematik 'Der-eine-will-mehr-bzw.-öfter-Sex-als-der-andere' anbelangt und bin gespannt, was Samarpan dazu sagen wird:

„Also: Anfangs wollen beide ständig. Irgendwann will dann mal einer und der andere nicht. Und wenn diese Situation ein paar Mal auftritt, beginnt das 'Spiel'. Der eine ist dann derjenige, der 'immer' will, und der andere ist derjenige, der 'nie' will. Im weiteren Spielverlauf hat nun derjenige, der immer will, immer mehr das Gefühl, nicht genug zu kriegen, während der andere sich mehr und mehr in die Enge getrieben fühlt und immer weiter dicht macht. Die einzige Möglichkeit, die ich im Augenblick sehe, um diesem Teufelskreis auszuweichen, ist die, dass, wenn der Partner 'Nein' sagt, man dies einfach hinnimmt – was ja eigentlich sowieso selbstverständlich sein sollte –, und falls es Schmerz auslöst, man diesen Schmerz dann einfach fühlt."

„Ja, das ist meine Theorie", erwidert Samarpan.

„Ach, das ist deine Theorie?", sage ich vollkommen verblüfft. „Ich dachte, das wäre meine Theorie..."

Lange komische Stille. Scheiße, habe ich etwas Falsches gesagt? Könnte es vielleicht etwas lächerlich sein, bzw. könnte es Samarpan etwas peinlich sein, einen 'Streit' über 'mein' und 'dein' angezettelt zu haben? Insbesondere hier im Satsang?

Stiersbach, 18. November 98 (Retreat)

„Ich komme gerade aus der Dusche", beginnt Samarpan den Satsang mit noch feuchten Haaren, und alle lachen. „Und wisst ihr was: Es ist toll!" Erneutes Lachen. Samarpan ist ganz enthusiastisch. „All diese kleinen Dinge sind so wunderbar. Man dreht den Hahn auf... und hervor kommt... fließendes Wasser. Warmes Wasser! Es ist fantastisch! – Einst besaß ich ein Grundstück in der Mitte vom Nirgendwo. Kein Strom. Kein fließendes Wasser. Nur eine Quelle. Sonst nichts. Geduscht habe ich unter einer Campingdusche in Form einer über mir aufgehängten Plastiktüte." Samarpan lacht: „Ganz schön frisch, kann ich euch sagen; besonders an kalten Tagen. Einmal, es war ein extrem kalter Tag, schüttete ich eine ganze Wanne voll Wasser und machte darunter ein Feuer." Samarpan verzieht schmerzhaft das Gesicht.

„Dummerweise wurde dadurch nicht nur das Wasser sondern auch die Wanne selbst glühend heiß, was ich allerdings erst merkte, als ich mich hineinsetzte.“ Oooooohhh.

„Seitdem weiß ich es so sehr zu schätzen, fließendes Wasser zu haben. Und mit Strom ist es genauso. Man legt den Schalter um, und das Licht brennt. Es ist ein Wunder. Und solch ein Geschenk. Wir leben so im Reichtum. Und selbst diejenigen, die wenig haben, sind verglichen mit dem Großteil der Menschen immer noch sehr gut dran. Wir haben wirklich keinen Grund, uns zu beklagen.“

Wie wahr. Ich sollte öfter daran denken. – In der Mittagspause überlege ich, wohin ich in der freien Zeit zwischen Stiersbach und Köln gehe; für mich als Wohnungslosen immer wieder DIE Frage. Am leichtesten fühlt sich im Moment Hamburg an. Also telefoniere ich mit Sabine, und die heißt mich willkommen. Perfekt.

Stiersbach, 19. November 98 (Retreat)

„Samarpan! Mich nervt dieser ganze Erleuchtungsstress total an!“, shart im Abend-Satsang jemand wutentbrannt.

Während sich einzelne im Raum ein Lachen verbeißen müssen, dolmetsche ich und denke an die Zeit zurück, als auch ich derartige Aussagen machte. Puuuh!

„Ja, Erleuchtung ist solch ein schmutziges Wort“, lacht Samarpan und nimmt der Furie allen Wind aus den Segeln, die sich jetzt vor Lachen schüttelt. Und nicht nur sie. Der ganze Raum ist erfüllt von tosendem Gelächter. Ich hingegen lache nicht. Zu sehr steckt mir noch die Erinnerung an meinen eigenen Schmerz in den Knochen. Mannomann.

Nach dem Satsang sitze ich mit Grace im Hof, und sie lädt mich für die nächste Woche zum Abendessen ein. Dabei schaut sie mich ganz liebevoll an. Puuuh.

„Äh, also, so wie es momentan aussieht, werde ich nächste Woche nach Hamburg fahren.“ - „Ach so... okay.“

Stiersbach, 20. November 98 (Retreat)

Im Nachmittag-Satsang wird Samarpan gefragt, wie es denn um seine Deutsch-Kenntnisse bestellt ist.

„Ich habe zwar ein Lernprogramm auf meinem Computer, aber sobald ich mich da dran setze, geht die Energie ab nach unten.“

Ja!?! Mann! Genauso geht es mir, wenn ich versuche, Englisch-Vokabeln zu lernen. Aber kann ich das als Entschuldigung heranziehen? Ich habe es nämlich bislang noch kein einziges Mal geschafft, mich wirklich hinzusetzen und zu lernen...

Stiersbach, 21. November 98 (Retreat)

Als Samarpan heute von Nicht-Tun spricht, share ich, dass ich am Sonntagabend gleich nach dem letzten Satsang nach Hamburg fahren werde.

„Aber da es mich einfach dorthin zieht und ich diesem Sog folge, kann ja eigentlich nicht von 'Tun' die Rede sein. Also..."

„Sieh' einer an", unterbricht mich Samarpan grinsend. „Du fährst am Sonntagabend nach Hamburg?"

„Ja." Ist da etwas falsch dran?

„Du bist also schon wieder in einer Story?"

„Wie? Wieso Story? Welche Story? Ich bin in keiner Story!"

Samarpan lacht, was mich ziemlich aufregt und ich daher hinzufüge:

„Ich folge einfach nur meinem Impuls. Wo, bitte, soll da eine Story sein?"

„Rama, du bist wunderbar!"

„Nein! Ich will jetzt wissen, wo da die Story ist!" Verdammt noch mal!

Doch Samarpan sagt nichts mehr, sondern lächelt nur wissend vor sich hin. Scheiße, ich könnte nur noch abkotzen!

Nach dem Satsang sagt mir jemand, dass es wunderbar gewesen sei mit anzusehen, wie schnell der Verstand in eine Verteidigungshaltung gegangen sei.

„Aber wenn es doch die Wahrheit ist!", entgegne ich genervt.

„Ja, siehst du? Genau das meine ich."

„Aber verstehst du denn nicht? Mir ging es doch nur um die Wahrheit! Und die Wahrheit ist, dass da keine Story ist! Und wenn Samarpan sagt, dass da eine Story ist, dann muss ich ihn doch darauf hinweisen, dass das nicht stimmt!"

„Jaja." - Kotz.

Stiersbach, 22. November 98 (Retreat)

„Vielen Dank, Samarpan, dass du uns immer wieder auf die Wahrheit hinweist", sagt jemand im nunmehr letzten Retreat-Satsang.

„Mache ich sehr gerne. Wisst ihr, ich werde nie müde, die Wahrheit zu sagen. Für mich gibt es nichts Aufregenderes."

Wie schön. Und auch ich werde nach nunmehr bereits über einem Jahr (Wahnsinn, wie die Zeit vergeht) nie müde, Samarpan bei seiner wunderbaren Arbeit zuzusehen und ihn dolmetschend zu unterstützen. Solch eine Freude! Solch ein Segen! Ich kann mir nichts Schöneres vorstellen.

Nach dem Satsang beginnt das übliche Ritual: Einpacken und Verstauen des ganzen Krams in meinen Bus. Uhrzeit für den Aufbau am nächsten Satsang-Ort ausmachen; in diesem Fall: Köln, 5.12., 16 Uhr. Und schon verstreuen wir uns in alle Winde. Welch ein Leben!

Hamburg, 23. November 98

Bin in Hamburg, und Sabine äussert den Verdacht, dass sie schwanger sein könnte: SCHLUCK!! Ich sage erstmal gar nichts und denke zurück an eine unserer ersten Begegnungen auf Sylt, als das Kondom kaputt gegangen war. Dadurch waren wir auf das Thema 'Kind' zu sprechen gekommen, und Sabine meinte, dass es im Moment nahezu auszuschließen sei, dass sie schwanger werden könne. Abgesehen davon stimmten wir beide darin überein, dass dies weder für sie noch für mich die Zeit für ein Kind wäre. So hatte ich angenommen, dass – im unwahrscheinlichen Falle einer Schwangerschaft – dieses Kind dann auch nicht zur Welt kommen würde. Und nur deshalb hatte ich mich bei unseren weiteren Begegnungen auf ihren Vorschlag eingelassen, auf ein Kondom gänzlich zu verzichten. Ach, du liebe Güte! Eigentlich sollte ja klar sein, wie es jetzt weitergeht, und trotzdem dreht mein Verstand erst einmal voll auf. Ein Kind, Verantwortung... oh, Gott; und dabei hat mein Leben doch gerade erst begonnen!

Hamburg, 24. November 98

'Wir' machen einen Schwangerschaftstest. Bange Minuten verstreichen, während mein Verstand bei getretener Kupplung Vollgas gibt. Und... der Test ist... positiv! Puuuuuuuh!! Mein Verstand lässt die Kupplung schlagartig kommen, und ab geht die Post. Meine Freiheit! Mein Leben! Dahin! Oh, Gott!!! Sofort sind sämtliche Programme aktiviert, was jetzt sein 'muss', was sich gehört... Oh, Gott, oh, Gott, oh, Gott!!!

„Entspanne, Rama. Dieses Kind wird nicht zur Welt kommen", holt mich Sabine nach drei ewigen Sekunden in die Realität zurück, und der ganze Schwung meines Verstandes geht ins Leere. Doch nach nur einem Moment der Stille hat er sich besonnen, eine neue Strategie zurecht gelegt und sagt nun: 'Wie traurig für das Kind.' Allerdings ist mir die Wahrheit in diesem Moment vollkommen klar, möglicherweise klarer als je zuvor: Dieses Kind ist nicht getrennt von mir. Das, was dieses Kind in Wirklichkeit ist, ist diese Präsenz, dieses gleiche 'Ich bin', was auch 'Ich' bin. Das, was schon immer da war und immer da sein wird. Der Körper wird sterben, aber für das Kind, für das, was dieses Kind in Wahrheit ist, mein eigenes Selbst, gibt es keinen Tod. Und das, was dieses Kind glaubt zu sein, diese Vorstellung eines Ichs, wusste, auf was es sich bei Sabine und mir einlässt. Und wenn dieses Kind sich unter diesen Gegebenheiten und trotz dieser Widrigkeiten gerade diese Situation und ausgerechnet uns als Eltern ausgesucht hat, dann wusste es, welche Erfahrung ihm mit hoher Wahrscheinlichkeit bevorstehen würde. Nämlich unter Umständen gar nicht erst auf die Welt zu kommen und sich gleich wieder einen neuen Körper und andere Eltern suchen zu müssen.

Und noch etwas wird mir gerade klar: Selbst das, was dieses Kind möglicherweise glaubt zu sein, ist letzten Endes auch nur eine Vorstellung. In meinem eigenen Verstand – nicht real. Dort ist nicht wirklich jemand. Genauso wenig wie Hier jemand ist. Dort ist der gleiche Niemand, der auch Hier ist. Auch 'dort' ist Hier: Nichts.

Hamburg, 25. November 98

Gehe mit Sabine auf einem Wochenmarkt im Hamburger Norden spazieren, schaue hierhin, schaue dahin und sehe plötzlich in ein Paar Augen: Nichts. Leere. Absolute Stille. Huch! Was ist das? Wir schauen uns an, und die ganze Welt um uns herum steht still. Nur dieser Blick, diese Zeitlosigkeit.

Nach ein paar Sekunden schaue ich wieder weg und gehe verwundert ein paar Schritte weiter. Ein Buddha, der hier auf dem Wochenmarkt Gemüse verkauft. Ich drehe mich noch einmal zu ihm um... und wieder sind da diese stillen Augen. Wieder sehen wir uns an, und augenblicklich wird es a-b-s-o-l-u-t still. Vollkommener Still-Stand.

Schließlich wende ich mich ab und gehe weiter. Mein Verstand regt an, zu ihm hinüber zu gehen, aber was sollten wir uns sagen? Ich wüsste nicht was.

Hamburg, 28. November 98

Sabine sprach gestern mit einer guten Bekannten von ihr, die ihr geraten hat, sich gedanklich ganz frei von allen Vorstellungen und äußeren Zwängen zu machen und einfach nur hinzuspüren, wie es sich für sie selbst anfühle. Schluck! Natürlich halte ich mich mit jedweden Kommentaren zurück, weil es sich für mich wiederum überhaupt nicht gut anfühlen würde, Sabine in irgendeiner Art und Weise zu bedrängen. Und doch läuten in mir bei solchen Aussagen sämtliche Alarmglocken. Heute Morgen erneut durch die Aussage ihrer Eltern, sie im Falle des Austragens der Schwangerschaft finanziell zu unterstützen... Umso erleichterter bin ich, als Sabine am Nachmittag von einem langen Spaziergang zurückkommt und mir sagt, dass sie mit dem Kind Zwiesprache gehalten habe und dieses mit dem Abbruch einverstanden sei.

Hamburg, 30. November 98

Heute hat Sabine ihren Termin bei pro familia. Ich bin währenddessen zu Hause und schiebe Panik, was wohl ist, wenn sie die für einen Eingriff erforderliche Unterschrift nicht bekommen sollte. Mein Verstand dreht TOTAL durch! Ich versuche zwar, ihn still zu kriegen, aber vergeblich. Wo bleibt sie bloß? Sie müsste doch schon längst da sein! Doch je mehr ich versuche, meine Gedankenflut zu bändigen, desto wilder gebärdet sie sich. Verdammt noch mal, Rama! Hörst du eigentlich im Satsang überhaupt nicht zu? Mühsam zwinge ich mich, mir Samarpans Worte wieder ins Gedächtnis zu rufen:

„Kämpfe nicht mit dem Verstand, denn damit gibst du ihm Energie. Dann ist da ein Verstandesprogramm, das mit einem anderen kämpft. Fühle einfach, was auch immer im Moment gerade da ist. Der Verstand hat nur dann Macht über uns, wenn wir mit dem Gefühl, das ein bestimmtes Programm oder ein bestimmter Gedanke bei uns auslöst, nicht in Frieden sind. Dann hören wir auf den Verstand, tun, was er von uns will, nur damit wir das entsprechende, zu diesem Programm gehörende Gefühl nicht fühlen müssen. – Sei bereit, dieses Gefühl einfach zu fühlen. Das Programm mag dann zwar immer noch da sein, aber es verliert seine Macht über dich. Auf diese Weise ziehst du diesem ‘Tiger’, diesem Programm, die Zähne.“

‘In Ordnung. Jetzt ganz ruhig. Das werde ich gleich ausprobieren.’ Also lege mich auf das Bett und fühle die Angst, die Panik... alles.

Plötzlich, aus heiterem Himmel, nach nur wenigen Sekunden ist da vollkommener Frieden und die Erkenntnis: Ich habe nicht wirklich irgendeine Ahnung, wohin mein Leben gehen wird und was noch alles passieren soll. Im Verstand gibt es zwar die Vorstellung, dass ein Kind in meiner persönlichen Zukunft nicht vorgesehen ist, aber wenn Gott es so will, wenn das Göttliche der Meinung ist, das Beste für mich sei, Vater zu werden, wer bin ich denn dann zu sagen, dass daran etwas verkehrt wäre? – Nein! Stattdessen will ich mich Dem hingeben, will ich auf das Leben vertrauen und mit den Worten Samarpans, mit den Worten Jesu, so gut es eben geht, sagen: ‘Nicht mein Wille, DEIN Wille geschehe.’ – In diesem Augenblick kommt Sabine zur Türe herein; MIT Unterschrift. Bin jetzt doch erleichtert.

Hamburg, 3. Dezember 98

Am Abend möchte Sabine zum Satsang einer Frau gehen, die seit kurzem Satsang hier in Hamburg gibt, und ich begleite sie. Außer uns kommen noch acht andere Personen. – Schöne Stille-Phase am Anfang, dann erzählt die Satsang-Geberin ein bisschen. Plötzlich sieht sie mich an und fragt:

„Wer bist du?“

Huch!! Schluck, mein Verstand rast los. Alarm! Angriff!... Huuuaaaa... Also jetzt aber mal gaaanz langsam... So wie ich es im Moment sehe, habe ich zwei Möglichkeiten. Entweder antworte ich ihr ‘Niemand’, oder ich sage gar nichts. In ‘Stille’ sehen wir uns an. Wenn sie die Wahrheit kennt, wovon man bei jemanden, der Satsang gibt, ja eigentlich ausgehen sollte, dann müsste ihr doch im Grunde klar sein, dass ich nur ihr eigenes Selbst bin; und was bzw. wieso soll ich ihr dann antworten? Und wenn sie Hier, bei mir, jemanden sieht, dann müsste ihr doch eigentlich ebenso klar sein, dass das eine Projektion ihrerseits ist? Mmh... Das Beste wird wohl sein, ich sage gar nichts. Denn auch ich bin, wenn ich es mir recht betrachte, nicht frei davon, im Moment auf sie zu projizieren, dass da bei ihr jemand ist, der mich und uns alle gerne aufwecken würde... Kompliziert, kompliziert. Das Beste ist wirklich, ich halte einfach meinen Mund.

Nach einer halben Minute wendet sie sich wieder den anderen zu und erklärt ihnen, wie es ist, wenn man die Wahrheit kennt. Aufmerksam hören alle zu, während ich erst einmal wieder bedient bin, was andere 'Meister' anbelangt.

Hamburg/Köln, 5. Dezember 98

Ich verabschiede mich von Sabine und fahre nach Köln. Einmal mehr ist absolut klar: Mein Platz ist an Samarpans Seite: ganz eindeutig. – Pünktlich um 16 Uhr treffen wir 'Staffis' uns alle wieder, und ich denke: irgendwie schon witzig, unsere Truppe. Was uns verbindet ist Satsang, aber ansonsten lebt jeder sein eigenes Leben und weiß recht wenig von den anderen. Vielleicht, weil wir satsangbedingt kein großes Interesse an irgendwelchen Storys haben?

Köln, 6. Dezember 98

„Versuche nicht, irgend jemand zum Satsang zu bringen, der noch nicht dafür bereit ist. Die Menschen halten an ihren Illusionen fest, halten an ihrem Leid fest und wollen nicht wahrhaben, dass sie nur einem Hirngespinst nachjagen. Wenn sie noch ein bisschen leiden wollen: gut. Früher oder später ist der Schmerz groß genug, dass auch sie es entdecken. Und dann kommen sie zum Satsang. – Schaut: Alles ist perfekt. Nichts braucht getan zu werden. Gott hat seinen eigenen Plan; mit jedem einzelnen. Und wir wissen nicht, wer was zu erleben hat. Das ist nur die Arroganz des Verstandes. Akzeptiere einfach jeden, wie er ist. Deine Eltern, deine Freunde. Es ist alles vollkommen. Niemand braucht 'gerettet' zu werden. Denn da ist niemand, der verloren ist. Wir sind alle in den Armen es Göttlichen. Es ist wunderschön."

Köln, 7. Dezember 98

„Jesus sagte: 'Ich gebe euch meinen Frieden.' – Das ist es, was auch ich zu geben habe. Das ist es, was wir Hier miteinander teilen. Diesen Frieden, diese Stille, die wir alle sind."

Köln, 8. Dezember 98

Abhijat scheint tagsüber immer im Studio zu sein und eine eigene CD aufzunehmen. Letzten Endes könnte mir dies eigentlich egal sein, aber etwas komisch finde ich es schon. Denn dadurch kommt für mich irgendwie auch zum Ausdruck, dass es nicht mehr solch ein Miteinander ist wie noch vor einem Jahr. Doch beim Abend-Satsang vergeht der Schmerz wieder, und ich darf zum wiederholten Male erkennen: Es ist einfach, wie es ist.

Köln, 9. Dezember 98

Zu Beginn des heutigen Satsangs liest Samarpan aus einem Buch vor, das in einem recht anspruchsvollen Englisch geschrieben ist, was mir beim Dolmetschen einige Schwierigkeiten bereitet. Insofern kann ich es kaum erwarten, bis die übliche Frage-Antwort-Situation beginnt, und als Samarpan das Buch endlich weglegt, grinst er kurz zu mir herüber, worauf ich erleichtert durchatme und mich auf das Innigste mit ihm verbunden fühle. SCHMELZ.

Köln, 10. Dezember 98

Fahre nachmittags zu der Firma, bei der Abhijat vor einigen Monaten unsere Schnellkopier-Maschine hat überprüfen lassen und von der wir regelmäßig unsere Kassetten beziehen. Normalerweise kriegen wir sie immer an unseren jeweiligen Aufenthaltsort geliefert, aber diese Transportkosten können wir uns heute sparen. Nach einer halben Stunde bin ich da. Großes Gebäude, Treppen hoch, eine Empfangsdame.

„Guten Tag. Ich möchte Kassetten abholen."

„Einen Moment, der Geschäftsführer kommt gleich."

Der Geschäftsführer selbst, hui. Ich nehme Platz und sehe mich um. Alles ganz modern, ungewöhnlich nur ein relativ großes Kreuz an der Wand. Stille. Schritte.

„Guten Tag", werde ich freundlich begrüßt. - „Guten Tag."

Wir gehen in den Verkaufsraum, und der Geschäftsführer meint:

„Von Ihnen war ja schon einmal jemand hier und hat uns eine Kassette dagelassen. Wir haben dann intern hin und her überlegt, ob wir Ihnen überhaupt noch weiterhin etwas verkaufen. Wir sind nämlich ein CHRISTLICHES Unternehmen!"

Huch! Zum ersten Mal wird mir bewusst, dass ich mich im Moment möglicherweise tatsächlich innerhalb einer Randgruppe der Gesellschaft bewege.

„Also, ich für meinen Teil kann nur sagen, dass ich Jesus durch diesen Samarpan erst wirklich kennen gelernt habe. Sollten auf Ihrer Seite Irritationen entstanden sein, tut es mir leid; und wenn ich zur deren Aufklärung etwas beitragen könnte – gerne."

Er fragt nicht weiter nach, und ich überlege, ob ich noch mehr sagen, noch mehr erklären soll, aber nachdem er nicht wirklich offen zu sein scheint, würde das die Sache eher noch verkomplizieren. Wahrscheinlich ist es das Beste und für ihn Entspannendste, wenn ich einfach nett bin, ihn akzeptiere, so wie er ist, und kein Wort mehr darüber verliere.

Und tatsächlich – beim Abschied wenige Minuten später meint er ganz freundlich:

„Also dann, auf weiterhin gute Zusammenarbeit."
„Ja, auf weiterhin gute Zusammenarbeit."

Stuttgart/München, 14. Dezember 98

Auf dem Weg nach München denke ich an den Satsang heute Abend: Während es für uns, Samarpan und den Staff, nach drei Tagen Pause mit Satsang einfach weitergeht, werden wir von dem einen oder anderen in München seit Wochen schon sehnsüchtig erwartet; ein schönes Gefühl. Da wir dieses Mal in einem neuen Raum sind, treffen wir uns heute schon etwas früher. Aber auch hier klappt alles bestens. Wir sind schon ein super Team!

„Über was wollt ihr heute Abend sprechen?", beginnt Samarpan den Satsang.

„Über Leben und Tod", sagt jemand.

„Wunderbar. Schau: Du bist nie geboren worden. Und du wirst nie sterben. Das ist die Wahrheit. Niemand ist je geboren worden. Und niemand wird je sterben. All diese Körper... Das bist alles du selbst. All die Milliarden Menschen auf diesem Planeten sind nicht getrennt voneinander. Es ist alles ein und dasselbe Sein, dein Selbst. Es ist alles in dir. Alles Wirkliche ist in dir. Alles im Außen ist nicht wirklich. Dies ist alles nur ein Traum. Nichts, weswegen man sich wirklich irgendwelche Sorgen zu machen bräuchte."

Stille. Und ich denke: Welch ein Geschenk, jeden Abend Satsang zu haben. – Als ich später meine Mailbox abhöre, findet sich dort ein Anruf von Sabine mit der Bitte um Rückruf. Schluck! Also rufe ich sie umgehend an, und sie teilt mir mit, dass der Eingriff morgen erfolgen soll, dieser sich für sie allerdings nicht mehr ganz so stimmig anfühlt. SCHLUCK! Das Kind wird also unter Umständen zur Welt kommen!

Absolutes Ohnmachtsgefühl! Und während ich dies fühle, wird mir klar, dass ich im Grunde gar nichts gegen das Kind selbst habe. Im Gegenteil. Dieses Kind ist untrennbar von mir! Es ist ganz in meinem Herzen und wird es immer sein! Wovor ich jedoch Angst habe, ist:

„... monatlich irgendwelche finanziellen Zahlungen tätigen zu müssen..."

„Die brauchst du nicht zu haben. Sollte ich das Kind tatsächlich bekommen, hätte ich keinerlei Forderungen an dich." Puuh!! „Was meine größte Angst hingegen ist, dass du dich von mir abwenden könntest..."

„Also, da brauchst du keine Angst zu haben. Wenn das so klar für Dich ist, wird das ganz bestimmt nicht geschehen."

„Schön." - „Ja, schön.

Total viel Liebe. Für Sabine. Für das Kind. Für das Leben. Einfach Liebe.

München, 15. Dezember 98

„Die Wahrheit ist: Du bist nicht vom Göttlichen getrennt. Du bist Das“, sagt Samarpan am Abend, und ich erinnere mich, was über dem Tempel des Orakel von Delphi stand: ‘Erkenne dich selbst, und du erkennst Gott.’ Wie schön, dieselbe Wahrheit.

München, 16. Dezember 98

Ganz lange Stille-Phase im heutigen Satsang. Niemand fragt etwas, Samarpan sagt auch nichts von sich aus; da ist einfach nur Frieden. – Als die zwei Stunden vorbei sind, wählt Abhijat ein wunderschönes, altbekanntes Lied aus, bei dem die meisten von uns, inklusive Samarpan (!), hingebungsvoll mitsingen:

‘Looking inside, I wake up to your love. Disappearing into you.’ – Manche stehen auf, wiegen ihren Körper langsam im Takt, und ich erlebe solch eine Intimität; unbeschreiblich. Dieses Gefühl, ganz zu Hause zu sein. Was kann das Leben schön sein.

München, 17. Dezember 98

„Samarpan, könntest du heute noch einmal etwas zum Thema Nicht-Wissen sagen, bitte?“, fragt jemand im Satsang.

„Ja, gerne. Schau: Wir wissen nicht, was für uns selbst oder irgend jemand anderen das Richtige ist. Lasse all deine Vorstellungen los. Lasse all deine Urteile los. Und verweile einfach im Nicht-Wissen.“

Tut gut zu hören. Denn mein Verstand kommt schon hin und wieder an und fragt bzw. sagt mir, was ich in Bezug auf meine bevorstehende Vaterschaft unternehmen sollte. Aber letzten Endes habe ich echt nicht die geringste Ahnung, was dieses Kind für ein Leben haben soll; was es sich für sein Leben ausgesucht hat, was Gott für dieses Kind im Sinn hat. Das Einzige, was ich ‘machen’ kann, ist hinzuspüren, was sich für mich im Moment stimmig anfühlt und was nicht – eine Onkelrolle könnte ich mir schon vorstellen – und darauf vertrauen, dass es das ist, was das Göttliche für das Kind, für Sabine und für mich vorgesehen hat.

München, 18. Dezember 98

Im Satsang schaut Samarpan ganz fasziniert auf seine sich sanft bewegende Hand und sagt:

„Diese Hand bewegt sich, und es scheint, als sei ich derjenige, der sie bewegt. Aber in Wirklichkeit ist da niemand, der sie bewegt. Da findet einfach ‘Bewegen der Hand’ statt.“ Samarpan spreizt die Finger. „Ich mache überhaupt nichts. Ich schaue nur zu. Ich habe noch nie etwas getan. Du hast noch nie etwas getan. Alles Tun ist nur eine Illusion. – Papaji sagte: ‘Nichts ist je geschehen.’ Das ist die Wahrheit. Nichts ist je geschehen. Dies ist alles nur ein Traum. Nicht wirklich. Wir träumen das nur. Es ist das, was die Inder 'Leela' nennen: ein Spiel."

Gmund, 19. Dezember 98 (Retreat)

„Heute habe ich nicht die geringste Ahnung, was ich sagen sollte oder sagen könnte", beginnt Samarpan den Satsang. „Alles leergefegt. Da ist einfach nur Glückseligkeit. Und wisst ihr was: Das ist unser natürlicher Zustand. Wenn wir einfach in Dem sind, in dieser gedankenfreien Weite, sind wir einfach glücklich; ganz natürlich."

Gmund, 21. Dezember 98 (Retreat)

Am Mittag gehen Sabine, die gestern Abend angereist ist und sich ein Pensionszimmer genommen hat, und ich in Stille spazieren. Am See angekommen setzen wir uns auf eine Bank am Ufer, schauen auf die ruhig daliegende Wasseroberfläche, und Sabine sagt mir, dass sie das Kind jetzt also bekommen wird.

Zunächst sage ich gar nichts, denn ich weiß beim besten Willen nicht, was ich sagen sollte. Ich weiß nur, dass mein Verstand angriffslustig auf der Lauer liegt und nur darauf wartet, über mich herzufallen.

Relativ lange Stille.

„Gut", sage ich schließlich. Ich glaube, Sabine würde sich wünschen, dass ich noch mehr sage, aber ich weiß im Moment einfach echt nichts, was ich darüber hinaus noch sagen könnte.

Gmund, 22. Dezember 98 (Retreat)

Im Morgen-Satsang shart ein Satsang-Gänger, der bei fast jedem vergangenen Retreat dabei war und die Nase für gewöhnlich recht hoch trägt:

„Mir ist gerade etwas klar geworden. Bislang hielt ich deinen Staff immer für total arrogant. Aber jetzt sehe ich, dass das alles meine eigene Arroganz war..." Dabei schaut er ganz bescheiden drein.

„Wie wunderschön", spricht Samarpan aus, was auch gerade durch meinen Kopf geht. – Nachts liege ich wach und habe das Bild: Jeden Abend bin ich Hier, treffen wir alle uns Hier. Am Tag erlebt dann jeder alle möglichen unterschiedlichen Abenteuer und abends kommen wir Hier wieder zusammen. Wobei natürlich klar ist, dass wir eigentlich immer alle Hier sind und es genaugenommen auch gar kein 'wir' sondern nur 'mich' – und meinen laufend aktiven Verstand (hahahahaha) – gibt.

Gmund, 23. Dezember 98 (Retreat)

„Samarpan, was ist eigentlich, nachdem man die Wahrheit erkannt hat? Gibt es da überhaupt noch eine andere Möglichkeit, als selbst Satsang zu geben?“, fragt jemand.

„Osho sagte: ‘Wenn man die Wahrheit sprechen kann, muss man sie sprechen.’ Aber schaut: Es gibt auch Menschen, die erwachen und kein Wort darüber verlieren. Sie führen ein bescheidenes Leben als Busfahrer oder ähnliches und werden nie von irgend jemand verehrt. – Genaugenommen spielt es keine Rolle. Nichts spielt wirklich eine Rolle. Es ist alles perfekt.“

Gmund, 24. Dezember 98 (Retreat)

Heiliger Abend. Und Kira hat für jeden im Staff einen kleinen Christbaumschmuck-Anhänger gekauft, passend zum jeweiligen Empfänger. Ich kriege eine kleine Trommel. Total süß! Total lieb! – Im Satsang singen wir die altbekannten Weihnachtslieder, was gleichzeitig irgendwie komisch und heilig und lustig und unwirklich ist. Samarpan macht ein Gesicht, als fühle er sich unwohl. Und – man sollte es kaum glauben – nach einer halben Stunde steht er tatsächlich mitten im Satsang auf, geht raus, ward nicht mehr gesehen, und ich bzw. genauer gesagt mein kritischer, ewig be- und verurteilender Verstand denkt sofort: Wieso fühlt Samarpan nicht einfach das Unwohlsein?

Gmund, 25. Dezember 98 (Retreat)

„Ja“, gibt Samarpan im Morgen-Satsang zu. „Irgendwie fand ich es gestern im Satsang sehr komisch; wahrscheinlich alte Erinnerungen an früher.“

„Samarpan“, sagt daraufhin jemand. „Ich finde es toll und schätze es sehr wert, dass du so ehrlich bist. Aber manchmal glaube ich, dich nicht zu verstehen.“

„Schau“, wendet sich Samarpan der Fragestellerin zu: „Einen Meister kann man nicht verstehen. Weil er vollkommen unlogisch ist. Der Verstand hingegen ist logisch. – Das Verhalten eines Meisters kann man nie vorhersagen. Er ist vollkommen unvorhersagbar. Versuche nicht, ihn zu verstehen.“ Kurze Stille.

„Als Gangaji bei Papaji war, erhielt dieser eines Tages einen Brief. Der Verfasser war Inder und wohnte direkt über einer Karosseriewerkstatt. Und in Indien heißt das: Höllenlärm rund um die Uhr. Von Papaji erhoffte er sich ein paar Tagen später, wenn er persönlich zu ihm in den Satsang kommen würde, eine Antwort auf die Frage, was er in dieser Situation tun solle. – Beim Abendessen las Papaji dieses Schreiben Gangaji und einigen anderen engen Vertrauten vor und fragte sie jeweils, was sie als Antwort geben würden. Gangaji sagte etwas in der Richtung, dass derjenige in den Lärm hineingehen solle, sich ihm ganz hingeben, um dann in der Mitte des Lärmes die Stille zu finden. Jeder hatte eine andere ernsthafte Antwort parat, und alle warteten nun gespannt auf den Tag, da Papaji selbst dem Mann Antwort geben würde. – Schließlich kam dieser Tag, im Satsang trat der Briefschreiber vor Papaji und fragte ihn: 'Was soll ich nur tun?' Und Papaji sagte lässig: 'Ziehe einfach um.'"

Brüllendes Lachen!

Gmund, 26. Dezember 98 (Retreat)

Da es Sabine schon seit Tagen körperlich nicht so gut geht, sie nur selten beim Satsang und die meiste Zeit in ihrer Pension war, möchte sie wieder zurück nach Hamburg; am liebsten noch heute Nacht. Und so bringe ich sie nach dem Satsang zum Bahnhof.

Als ich gegen 23 Uhr wieder zum Satsang-Haus zurückkehre, sind alle schon im Bett bis auf zwei Leute: ein Mann und eine Frau, die im Essraum an verschiedenen Tischen sitzen. Natürlich in Stille. Aber irgend etwas liegt in der Luft. Ich setze mich erst einmal in ein Eck und spüre in den Moment hinein. So wie ich es wahrnehme, sind die beiden ziemlich offen; nicht ausschließlich füreinander, sondern generell. Und würde der eine auf den anderen zugehen... aber so eine aktive Energie haben beide offensichtlich nicht.

Stille Minuten vergehen. Spannend! Wir drei warten. Warten darauf, dass irgend etwas passiert. Sehr spannend! Und ich merke: Die Vorstellung, zu dieser Frau hinüber zu gehen, mit der ich in den vergangenen Monaten schon ein oder zwei lang anhaltende Umarmungen hatte, übt einen gewissen Reiz auf mich aus. Aber mein Verstand sagt: 'Gehe ins Bett und schlafe. Es ist mitten in der Nacht. Außerdem ist Sabine eben erst abgereist, insofern kannst du doch nicht allen Ernstes wollen, dass...'

Mmh. Höre ich jetzt auf meinen Verstand, oder mache ich das, wonach mir ist? Ich stelle mir vor, wie es wäre, wenn ich jetzt ins Bett ginge. Garantiert läge ich wach, und mein Verstand käme hundertprozentig mit allen möglichen Vorstellungen daher: Wie die beiden jetzt noch oben sitzen... oder doch noch zueinander gefunden haben. Oder dass ich hier jetzt nicht alleine liegen würde, wenn ich nur vorhin...

Mmh. Samarpan sagte neulich: 'Das ist das Verrückte. Zuerst sagt uns der Verstand, was wir tun sollen, und wenn wir es dann getan haben, sagt er uns, dass wir es falsch gemacht haben! Wenn man diesen Mechanismus einmal durchschaut hat, wendet man ihm einfach den Rücken zu.'

Okay! Noch einmal ganz in Ruhe! Von der Stille aus! Da ist der Reiz, zu ihr zu gehen; das ist deutlich. Ist ja eigentlich auch kein Wunder: Da ist eine wunderbare Frau, die mit ihrem ganzen Wesen ausstrahlt, dass sie bereit ist, sich zu verschenken, sich hinzugeben... was kann es für einen Mann Schöneres geben?!! Und solch ein Geschenk nicht anzunehmen, an solch einer Blume vorüberzugehen und sie einfach unbeachtet links liegen zu lassen... grenzt das nicht schon fast an ein Verbrechen?! Dabei kommt mir Alexis Zorbas in den Sinn, der sagt, dass Gott ein wirklich großes Herz hat, es jedoch eine Sünde gibt, die er nicht verzeiht: 'Wenn eine Frau einen Mann zu sich ins Bett ruft – und er nicht geht!'

Mmh, irgendwie sehe ich es auch so, und genaugenommen liebe ich es ja ebenfalls, mich einer Frau hinzugeben. Andererseits wiederum...

Puuuh! Ich kann es drehen und wenden wie ich will: Offensichtlich ist da immer noch etwas, was gelebt werden will, und wenn ich es mir nicht ganz bewusst ansehe, sondern so tue, als sei es nicht da, dann wird es in meinem Leben immer wieder kommen. Und dann vielleicht nicht in einem so schönen Umfeld wie jetzt und hier.

Mann! Was soll ich nur machen? Wenn ich den Glauben bzw. die Illusion loslassen will, dass mir die Begegnung mit einer Frau irgend etwas gibt, dann muss ich mir aus der Nähe ansehen, was mich daran reizt...

Puh! Also gut. Ich nehme Blickkontakt mit der Frau auf und minutenlang sehen wir uns einfach nur still an. Mein Verstand versucht zwar, mit Zwischenrufen auf den 'armen', zuerst da gewesenen Dritten hinzuweisen, aber ich beachte ihn nicht.

Schließlich gehe ich zu ihr hinüber und bleibe vor ihr stehen.

Liebevoll sehen wir uns an.

Zärtlich fassen wir uns an den Händen.

Langsam setze ich mich auf ihren Schoß.

Behutsam umarmen wir uns.

Wiederum ein paar Minuten später sind wir bei mir im Zimmer, und für mich ist klar, dass diese Begegnung sich nur dann stimmig anfühlt, wenn sie in Wahrheit stattfindet. Also erzähle ich alles: angefangen von Grace bis zur Abreise von Sabine vor zwei Stunden. Außerdem sage ich ihr das Gleiche, was auch Sabine die Tage zu mir sagte: dass da kein Verliebtsein ist. Dem füge ich hinzu, dass ich nicht mit ihr zusammen sein oder in irgendeine Story hineingehen will, sondern dass hier im Moment einfach diese Anziehung ist und ich mir dies gerne näher ansehen würde.

Als ich geendet habe, erzählt sie, was bei ihr gerade los ist, und schließlich ist alles gesagt.

Stille.

Wir sehen uns an.

Es gibt keine Story.

Nur noch diesen Moment.

Diesen wunderbaren, einzigartigen Moment, der für uns beide eine zärtliche Begegnung bereithält, die sich im Lauf der Nacht von Moment zu Moment auf wundersame Art und Weise entfaltet...

Gmund, 28. Dezember 98 (Retreat)

„Samarpan! Am liebsten wäre ich nur noch bei dir im Satsang“, shart jemand etwas, was ich sehr gut verstehen kann.

„Okay. Da ist diese Vorstellung, dass hier etwas ist, was bei dir zu Hause nicht ist. – Die Wahrheit ist: Die Stille hier, die Stille, die Hier ist, ist immer Hier. Egal, was im Außen gerade vor sich geht; egal, was im Außen gerade für ein Film läuft. Einmal nahm Papaji Gangaji mit auf den Markt, wo tosender Lärm herrschte. Und Gangaji jammerte: ‘Was soll ich hier? Ich würde viel lieber die Stille am Ganges genießen.’ Papaji meinte daraufhin: ‘Das glaube ich gerne. Aber siehe nach, ob die Stille nicht auch hier ist. Schaue Hier. Inmitten von all dem Lärm.’ – Die Stille IST überall. Siehe einfach Hier nach. Die Stille ist Hier. Immer.“

Stille. Wie schön. Und damit ist der letzte Satsang des Retreats zu Ende. Für manche ist es damit bis zum nächsten Retreat im Frühjahr erst einmal vorbei, für andere geht es heute Abend in Stiersbach erst los. Denn nur die wenigsten leisten sich beide aufeinanderfolgenden Wochen an beiden Orten. Und wir sind immer und überall dabei; welch ein Segen!

Unterhalte mich vor der Abfahrt nach Stiersbach noch kurz mit Grace, die mir sagt, dass sie sich wünscht, jetzt ganz fest mit jemanden zusammen sein und denjenigen am besten auch gleich heiraten will. Wie schön für sie. Und wenn es das ist, was sie will und das Leben für sie im Sinn hat, dann bin ich für sie wirklich der ‘Falsche’. Es fühlt sich jetzt so schön und rund mit Grace an, und wir verabschieden uns mit einer innigen Umarmung.

Sieben Stunden später, gegen 20 Uhr beginnt in Stiersbach der Abend-Satsang. Viele altbekannte Gesichter, einige neue. Und wie üblich geht es recht schnell ‘in medias res’.

„Wisst ihr: Ich habe nichts für euch. Und das kann ich gar nicht oft genug sagen. Ich kann gar nicht oft genug betonen, dass ich nichts habe, was ihr nicht schon selbst habt. Es ist alles Hier. Und um Das zu entdecken, einzig und allein darum geht es hier.“

Stiersbach, 29. Dezember 98 (Retreat)

„Samarpan! Mir ist total langweilig. Immer wieder dasselbe...“, stöhnt jemand im Satsang.

„Das ist nicht die Wahrheit. Wenn dir wirklich total langweilig wäre, wenn du total ‘in Langweile’ wärst, dann wäre da niemand, dem langweilig ist.“ Die Sharende schweigt, und Samarpan fährt fort. „Offenbar gibt es da irgendein Urteil, dass es anders sein sollte. Oder?“

„Ja, vielleicht hast du Recht.“

„Wie fühlt es sich denn an, gelangweilt zu sein?“ - „Es ist einfach blöd.“

„Ich verstehe. Aber schau: Das ist ein Urteil deines Verstandes. Was mich interessiert: Wie fühlt es sich an? Was ist Hier?“ - „Genervtsein.“

„Gut. Dann sei total genervt. Wie ist es, total genervt zu sein?“ - „Heiß.“

„Schön. Und was ist im Zentrum dieser Hitze?“ - „Kann ich nicht sagen.“

„Schaue einfach hin. Du kannst es nicht falsch machen. Was ist Hier?“

„Trauer...“ Die Sharende fängt an zu weinen.

„Ja“, sagt Samarpan liebevoll. „Lasse die Tränen einfach fließen. Tränen sind immer ein wunderbares Zeichen; ein Zeichen dafür, dass gerade irgend etwas schmilzt.“

Schluchzen... gefolgt von schöner Stille.

„Was ist jetzt Hier?“, fragt Samarpan nach einer ‘Ewigkeit’. - „Nichts.“

„Perfekt. Und jetzt sag mir: Fehlt es Hier an irgend etwas?“ - „Nein.“

„Ist es Hier langweilig?“ - „Nein.“

Die Sharende lacht. Samarpan lacht. Alle lachen, und ich denke: wie schön. Für mich gibt es noch soviel zu lernen, und ich kann mir kein besseres Klassenzimmer vorstellen als den Satsang mit Samarpan.

Stiersbach, 30. Dezember 98 (Retreat)

„Das Leben ist so einfach“, shart eine Frau. „In meinem Leben hat sich zwar – seit ich dich kenne – nicht wirklich irgend etwas geändert, und doch...“

„Ja! Das ist die Wahrheit. Das Leben ist einfach. Ein Meister sagte einmal: ‘Wenn du Hunger hast: Iss. Wenn du durstig bist: Trinke. Und wenn du müde bist: Schlafe.’ – Erleuchtung heißt nicht, dass sich alles verändert. Es muss sich überhaupt nichts verändern. Man schließt einfach mehr und mehr Frieden damit, wie es ist. Man geht seinen täglichen ‘Pflichten’ nach, tut dies und das... und tut doch nichts. Das bedeutet es, ein erleuchtetes Leben zu führen. – Ein Meister wurde einmal gefragt, wie die Erleuchtung sein Leben verändert habe. Und er sprach: ‘Vorher habe ich Holz gehackt und Wasser geholt für meinen Meister. Jetzt hacke ich Holz und hole Wasser für meine Sannyasins. Nichts hat sich verändert. Da ist nur ein Unterschied: Jetzt habe ich die Wahl.’ – Schaut: Die Wahl, die wir jeden Moment haben, ist, unsere Aufmerksamkeit auf den Verstand oder auf die Stille zu richten.“ Und wieder zu ihr gewandt: „Wunderschön.“

Stiersbach, 31. Dezember 98 (Retreat)

„Dies ist solch eine gute Illusion. Sie sieht so real aus. Und wenn man nicht genau hinsieht, meint man: Sie ist real. Es ist wie bei einem Zauberer, der ein Kaninchen aus dem Zylinder zaubert. Auch das ist eine Illusion, bei genauem Hinsehen erkennt man es. Aber man muss genau hinsehen. Und wenn es irgend etwas in dieser Illusion gibt, das dich anzieht, sei es Geld oder Macht oder Sex oder Ruhm oder etwas Anderes, dann schaue genau hin. Schaue es dir aus der Nähe an... und sage die Wahrheit: Würde mich das glücklich machen? – Vorübergehend ja. Aber dauerhaft? Das ist die Frage!“

4.

Euer Herz wird voll Freude sein,
und diese Freude kann euch niemand nehmen.
(Johannes-Evangelium 16.22)

Stiersbach, 1. Januar 99 (Retreat)

„Samarpan", fragt jemand, „warum hat Jesus die Wahrheit eigentlich nicht so schlicht gesprochen, wie du hier und heute?"

„Die Zeit war damals einfach noch nicht reif dafür. WIR waren noch nicht reif dafür. Jesus sprach zu Fischern und Bauern und musste sich deshalb mit Geschichten, mit Gleichnissen behelfen. Er hatte nicht das Glück, wie ich es habe, vor derart intelligenten Leuten zu sprechen. Ich weiß: Für gewöhnlich versteht man unter Intelligenz etwas Anderes. Aber zu erkennen, was wirklich ist, das ist wahre Intelligenz. Je weniger man weiß, desto besser, desto näher sind wir dem Göttlichen. Deshalb können die einfachen Menschen von der Straße die Wahrheit auch eher hören, als irgendwelche Religionsgelehrten. Weil sie nicht soviel erlerntes Wissen im Verstand angehäuft haben. Denn all dieses Wissen steht zwischen uns und der Wahrheit. Dieser Glaube: ‘Wenn ich nur genug weiß, dann werde ich verstehen.’ ist ein Irrtum. Denn ganz egal, wie viel man weiß, man kann das Göttliche nicht verstehen. Das Göttliche ist nicht zu verstehen und wird es auch nie sein. Deshalb sagte Jesus auch: ‘Selig sind die geistig Armen, denn ihnen offenbart sich das Himmelreich.’ Das ist die Wahrheit. Das Göttliche offenbart sich nur in der Stille. – Heutzutage sind wir so gesegnet, dass wir die Wahrheit hören können. Dies ist wirklich die Zeit, die Zeit von der Jesus sprach. Das Königreich Gottes ist Hier. Nicht irgendwo im Außen, es ist IN dir. Jesus sagte: ‘Das Königreich Gottes ist inwendig in euch.’ Das ist die Wahrheit. Dieser Frieden ist in uns selbst. Wir sind dieser Frieden."

Stiersbach, 2. Januar 99 (Retreat)

„Samarpan? Was bei mir dieser Tage häufig abläuft, ist, dass ich bemerke, wenn ich im Verstand bin und dann versuche, in die Stille zu kommen. Aber irgendwie klappt das nicht."

„Wer ist im Verstand? Bist DU im Verstand? Oder beobachtest du einfach Verstandesaktivität?"

„Tja, äh, ich dachte bislang, es gehe darum, seine Aufmerksamkeit vom Verstand wegzunehmen und auf die Stille zu richten."

Die Frage, ob da wirklich jemand ist, der die Aufmerksamkeit hierhin oder dorthin richten kann, ist echt ein Ding, das mich immer wieder erneut ins Grübeln bringt. Wenn Samarpan vom freien Willen redet, muss er ja davon ausgehen, dass es da irgend jemand gibt, der diese Entscheidung treffen kann, oder? Nur: Wenn da jemand bei mir ist, dann gibt es ja auch andere ‚Jemands' in anderen ‚body-mind'-Systemen. Und wie passt dass dann wiederum damit zusammen, dass es nur Das gibt, das unteilbare Nichts? Fragend sehe ich Samarpan an, und der sagt:

„Es ist nicht falsch, seine Aufmerksamkeit auf den Verstand zu richten. Und es ist nicht richtig, seine Aufmerksamkeit auf die Stille zu richten. Auch das ist nur der Verstand, der ein Konzept aus meinen Worten macht. Es gibt nichts, das vermieden werden muss. Wenn ich glaube: Ich muss vermeiden, dass 'ich' im Verstand bin, gebe ich dem Verstand Energie. – Schau: Es macht einfach mehr Spaß, seine Aufmerksamkeit auf die Stille, auf den Frieden zu richten. Das ist alles. Und wenn wir unsere Aufmerksamkeit auf den Verstand richten, ist da dieser automatische Mechanismus, dieser Schmerz, der uns daran erinnert innezuhalten und wieder nach Hier zurückzukehren. Da ist nichts verkehrt. Genaugenommen empfehle ich sogar, so oft wie es nur geht, im Verstand 'verloren zu gehen'. Denn jedes Mal findet man einen neuen Weg heraus, einen neuen Weg nach Hause."

„Aber was mache ich jetzt konkret, wenn im Verstand gerade die Post abgeht?"

„Wenn im Verstand gerade die Post abgeht, dann sei einfach in Frieden damit, dass im Verstand gerade die Post abgeht. Ganz einfach. Schaue diesem Treiben einfach zu, aber identifiziere dich nicht damit. Springe nicht auf einen dieser vorbeikommenden Gedanken auf. Steige in keinen der vorbei rauschenden Gedankenzüge ein. Sei du einfach still. Sei du einfach unbewegt. Dann bist du nicht im Zug, dann bist du Hier. Dann bist du eins mit dem, was sich nicht bewegt. Dann bist du eins mit dem, was sich noch nie bewegt hat. Dann bist du eins mit deinem Selbst."

Stille. So etwas! Jetzt ist mir wieder alles klar. Und dabei habe ich es doch schon tausend Mal gehört!

„Danke, dass du so eine Geduld hast, Samarpan! Ich muss es offensichtlich einfach immer wieder hören."

„Kein Problem, Rama. Ich bin bereit, es dir so oft zu sagen, wie du nur willst. Dies ist mein Job, musst du wissen. Es ist perfekt." Und an alle gewandt fährt Samarpan fort:

„Schaut: Bei den meisten Menschen hat der Verstand das Sagen, sitzt am Kopfende des Tisches, wohnt im Königshaus, und wir sind sein Diener, weil wir auf ihn hören. Dabei ist der Verstand ein furchtbarer Meister. Er bereitet uns nur Leid. Er kennt keinen Frieden. Um in Frieden sein zu können, müssen wir unseren angestammten Platz am Kopfende des Tisches wieder einnehmen und den Verstand wieder in das Dienerquartier schicken. Der Verstand muss diszipliniert werden, und das machen wir, indem wir ihn ignorieren. Wenn der Verstand mit irgendwelchen Storys kommt, dann diskutiere nicht mit ihm, sondern ignoriere ihn. Total! Das ist wichtig. Denn wenn du ihm manchmal deine

Aufmerksamkeit gibst und dann wieder nicht und immer hin und her, wird er sehr stark. In der Psychologie nennt man das intermittierende Konditionierung. Es ist wie bei Spielautomaten. Sie geben einem gerade hier und da einmal etwas. Und das macht die Attraktion sehr stark. Gib dem Verstand am Besten überhaupt keine Energie."

Stiersbach, 3. Januar 99 (Retreat)

Ein wunderbarer Tag. Und wunderschöne Stille zu Beginn des letzten Retreat-Satsang.

„It's so sweet", sagt Samarpan und schaut liebevoll von einem zum anderen. „Wisst ihr, wir können einfach nur in Stille sitzen, da sind keine Worte vonnöten."

Stuttgart, 5. Januar 99

Sehe vormittags bei meinen Eltern vorbei. Mein Vater ist gerade nicht da, und als ich mit meiner Mutter ganz friedlich am Wohnzimmertisch sitze, fühlt es sich total stimmig an, ihr die ganze Geschichte von Sabine und dem Kind zu erzählen. Natürlich hatte sie eine andere Vorstellung von der Art und Weise, wie sie einmal Großmutter werden würde, aber sie ist doch relativ entspannt. Wie schön.

Mittags, ich bin wieder im Haus meines Bruders, klingelt das Telefon:

„Hallo! Ich habe Papi gerade davon erzählt und... blablablablabla."

„Okay; ich komme vorbei", stöhne ich.

Wenig später wieder bei meinen Eltern:

„Blablablablblabla, blablablalablabla, blablablablabblabla!", sagt mein Vater.

„Ja, aber die Wahrheit ist... blablabla!"

„Blablablablablablabla, blablablablablablabla", erwidert mein Vater.

„Blablablabla!"

„Blablablablablablabla, blablablablablablabla!"

„Blabla!"

Ruhe.

„Und was habt Ihr finanziell vereinbart?"

„Sie hat mir gesagt, dass sie diesbezüglich keinerlei Forderungen an mich haben wird."

„Hast Du das schwarz auf weiß?"

„Nein. Ich fände es komisch, das von ihr zu verlangen. Wisst ihr, in unseren Kreisen geht es nur um die Wahrheit. Und um Vertrauen. Und wenn sie sagt, dass sie keinerlei Forderungen an mich haben wird, geht es für mich einfach darum, dem total zu vertrauen."

„In Euren Kreisen??? Jetzt will ich Dir einmal etwas sagen: Blablablablabla blablabla, blablablablablablablabla, blablablablablablablabla, blablablablablablabl abla, blablablablablablablabla, blablablablablablablabla, blablablablablablablabla, blablablablablablablabla, blablablablablablablabla!“

„Das verstehe ich. Aber schau: Das ist alles nur Dein Verstand.“

„Blablabla!“

Mannomann!

Stuttgart, 10. Januar 99

Ich denke an Abhijat. Manchmal, wenn Samarpan im Satsang etwas wie ‘Vertraue auf das Leben’ sagt, bin ich einfach total ehrfürchtig, weil ich weiß: Letztendlich habe ich ‘keine Ahnung von gar nichts’ und kann noch so viel lernen. Abhijat hingegen lacht an solchen Stellen manchmal wissend in sich hinein und lenkt dadurch einige Aufmerksamkeit auf sich. Irgendwie drückt mir das ziemlich die Knöpfe. Und ich würde gerne wissen, warum. Weil ich die Vorstellung habe, dass er dann von vielen als weise angesehen wird? Und ich auf ihn eifersüchtig bin? Jedenfalls löst das in mir regelrechte Aggressionen aus, die ich von mir so gar nicht kenne.

Es ist schon interessant, wie wir alle, insbesondere innerhalb des Staffs, uns immer wieder genau die gleichen Knöpfe drücken. Aber ist ja auch kein Wunder, dieses ständige Umherreisen lässt die Nerven manchmal ganz schön blank liegen. Nicht nur bei mir, auch bei den anderen. Die nämlich drehen regelmäßig durch, wenn sie mitkriegen, wie pingelig ich mit dem Bus bin, vor allem was den Innenraum anbelangt. Wenn dort auch nur ein Staubkörnchen reinkommt, kriege ich fast einen Herzinfarkt. Für mich ist der Bus einfach ein Heiligtum; mein Tempel. Und den hüte ich wie meinen Augapfel. Leider sehen die anderen ihn lediglich als reines Transportmittel, was zwangsläufig zu Konflikten führen muss. Na ja, so gleicht sich alles aus. Und was ich auch nicht vergessen sollte, ist natürlich, dass der ganze Zoff mich geradezu zwingt, die Stille wieder und wieder in mir selbst zu finden.

Stuttgart/Kiel, 16. Januar 99

Idealerweise habe ich wieder einmal zahlende Mitfahrer vermittelt bekommen, zwei junge Schülerinnen, die hinten auf der Rückbank Platz nehmen und sofort ihre Walkmans aufsetzen.

„Wenn Ihr wollt, könnt Ihr mir Eure Kassette geben, und ich lege sie hier vorne ein.“

„Ja, wir wissen allerdings nicht, ob Ihnen unsere Musik gefällt.“

Oh, Gott: Sie siezen mich. Sehe ich so alt aus?

„Is’ schon okay. Übrigens, Ihr könnt ruhig ‘Du’ sagen.“

Damit lege ich die Kassette ein: schlack.

UMSDA, UMSDA...

„WIE HEISST DIESE... ÄH, MUSIK EIGENTLICH?“, schreie ich nach hinten.

„DAS ISSO’N MIX AUS HOUSE UND TECHNO, GRUNCH, R’N’B UND SKA...“ Den Rest verstehe ich nicht.

... UMSDA, UMSDA, UMSDA, UMSDA, UMSDA, UMSDA, UMSDA…

„SIE KENNEN SICH NICH’ SO AUS, ODER?“, gellt es von hinten.

„NICH’ SO RICHTIG“, brülle ich zurück.

... UMSDA, UMSDA, UMSDA... Und ich denke zurück an eine der endlosen Diskussionen mit meinen Eltern, die mit meiner Musik nicht viel anfangen konnten, mir jedoch prophezeiten, dass ich eine ähnliche Erfahrung mit der Musik der nächsten Generation machen würde...

„Nein!“, hatte ich ihnen entschieden geantwortet. „Da seid Ihr auf dem Holzweg. Garantiert nicht!“

Tja, und jetzt... scheint es so, als werde ich alt.

Kiel, 18. Januar 99

„Hört das denn nie auf mit den Programmen, Samarpan?“, fragt jemand im Satsang.

„Nein“, lacht Samarpan. „Aber das ist okay. Papaji sagte: ‘Solange wir im Körper sind, wird da immer eine gewisse Identifikation sein.’ Kein Problem. – Weißt du, es ist gar nicht unbedingt gut, überhaupt nicht mehr mit einem Körper identifiziert zu sein. Ich habe von einem Mann gelesen, der gar nicht merkte, dass er sich mit dem Messer versehentlich geschnitten hatte. Da war zwar eine Wunde, aus der Blut lief, aber er hatte keinerlei Angst, da war kein Gedanke, dass das gefährlich sein könnte, dass dieser Körper sterben könnte, da er so klar sah, dass er nicht dieser Körper war. – Entspanne einfach. All diese Identifizierungen erledigen sich von ganz allein. Kümmere dich nicht groß darum. Es ist alles bestens.“

Kiel, 20. Januar 99

Kira kann manchmal ganz schön zickig sein. Und heute spricht sie dies im Satsang an; insbesondere, dass sie ein Urteil darüber hat, dass sie eigentlich gar nicht so sein will.

„Wenn Du zickig bist, ist das kein Problem“, meint Samarpan daraufhin. „Sei einfach die Zicke.“

Auweia. Das kann ja noch etwas geben, denke ich mit böser Vorahnung.

Kiel, 21. Januar 99

Ein älterer Herr, der in meinen Augen die Wahrheit klar sieht, stellt im Satsang eine Frage bezüglich Erleuchtung, was mich nicht wenig wundert. Häää? Ich dachte, derjenige sieht die Wahrheit, die gleiche Wahrheit, die auch ich sehe. Aber diese Frage jetzt... das verstehe ich nicht. Entweder er hält nach Erleuchtung noch im Außen Ausschau, oder die Wahrheit, die ich zu kennen glaube und von der ich annehme, dass auch er sie kennt, ist nicht die ganze Wahrheit. Was bedeuteten würde: Auch mir fehlt noch etwas. Und so share ich:

„Samarpan, immer wieder habe ich das Gefühl, dass es bei mir an etwas fehlt.“

„Das ist kein Gefühl, das ist ein Gedanke. Das ist nur der Verstand.“

Stille. Wir sehen uns an. Und mir steht wohl ein großes Fragezeichen ins Gesicht geschrieben.

„Was ist denn gerade Hier?“, fragt Samarpan einladend.

„Schlappheit.“ - „Und im Zentrum der Schlappheit?“

So: Diesmal will ich es jetzt aber hundertzehnprozentig machen...

Huch, was ist das? Ich sitze mit geschlossenen Augen da und fühle mich plötzlich flach wie ein Blatt Papier.

„Es ist seltsam, Samarpan. Ich fühle mich flach, als wäre ich ein Blatt Papier.“

„Interessant, oder?“ - „Ja, doch.“

„Und? Ist Hier Frieden?“ - „Ja, schon.“

„Das ist die Wahrheit.“ - „Haaa, das fühlt sich so gut, so geborgen an.“

„Ja! Und das kanntest du schon, als du noch ein Kind warst. ‘Das’ war schon immer Hier.“

„Ja. Das stimmt. Aber dann... meine Eltern... meine Umwelt...“

„Stopp! Das ist der Verstand. Bleibe Hier. Bleibe bei diesem Frieden.“

„Verdammt! Ich gerate immer wieder in den Verstand...“

„Das ist in Ordnung. Kein Problem, weißt du? Wir müssen aus nichts ein Problem machen. In dem Moment, da du dir dessen bewusst wirst, ‘Hups, ich bin im Verstand’, komme einfach zurück nach Hier. Verurteile dich nicht, denn das ist nur ein weiteres Verstandesprogramm. Komme einfach zurück nach Hier, zu diesem Frieden.“

Stille. Ich öffne meine Augen. Einerseits ist alles klar, andererseits aber auch immer wieder einmal vorübergehend nicht.

„Und jetzt?“, frage ich.

„Sei einfach Hier“, erwidert Samarpan.

„So ganz bin ich noch nicht Hier.“ Ich schaue Samarpan nach wie vor an und warte darauf, dass er noch etwas dazu sagt. Eigentlich ist es immer so, wenn ich mit einem Anliegen zu Samarpan gehe. Er redet und redet, und plötzlich sagt er irgend etwas, in mir macht es klick, und das ganze Problem löst sich in Luft auf. Im Moment hat es allerdings noch nicht geklickt, und so warte ich weiter, während Samarpan mich liebevoll ansieht und nach richtigen Worten sucht. Oder, was wahrscheinlich zutreffender ist, selbst wartet, dass ihm von alleine die ‘richtigen’ Worte einfallen, bzw. dass die Stille zu ihm und durch ihn spricht.

Irgendwie hat diese Situation auch etwas Komisches. Wir sehen uns beide in die Augen und warten. Ich warte darauf, dass Samarpan etwas zu mir sagt, und er wartet darauf, dass die Stille etwas zu ihm sagt. Da kommt mir die Frage in den Sinn, warum ich eigentlich nicht selbst auf die Stille in mir höre. Schließlich ist es ja die gleiche Stille. Oder bin ich noch nicht soweit? Wäre ich schon soweit, wäre ich ja nicht gerade hier mit Samarpan, oder? Da ich also gerade bei einem Meister bin, das Leben mir sozusagen gerade einen Meister beschert...

„Du kennst die Wahrheit“, unterbricht Samarpan in diesem Moment meine Gedankengänge. „Und jetzt geht es einfach darum, mehr und mehr in dieser Wahrheit gefestigt zu werden. Das ist alles.“

Stille. Und ich strahle Samarpan an. Ja, das waren wieder DIE Worte. Genau die Worte, die ich hören musste! Alles in mir ist wieder ganz entspannt. Es ist so erstaunlich. Samarpan findet immer wieder auf’s Neue genau die richtigen Worte, um meinen Verstand zu beruhigen. Immer wieder findet er den Schlüssel zu meinem Herzen. Wie schön.

Kiel, 23. Januar 99

„Samarpan! Dieser vermaledeite Verstand...“, klagt jemand im Satsang.

„Diskutiere nicht mit dem Verstand. Kämpfe nicht mit dem Verstand. Es sind ohnehin nur unterschiedliche Programme des Verstandes, die sich gegenseitig bekämpfen. Und der Verstand liebt es zu kämpfen. Aber mische du dich nicht ein. – Wenn du zwei Betrunkene auf der Straße miteinander streiten siehst, greifst du ein? Nein, du ignorierst sie. Lasse den Verstand machen, was er will. Wenn du mit dem Verstand kämpfst, gibst du diesen Programmen Energie. – Ignoriere den Verstand. Und schon sehr bald wird er von ganz alleine aufhören zu kämpfen.“

Kiel, 24. Januar 99

„Was ist es, das sieht? Wer bist du? Diese Frage stellte sich Ramana, als er im Alter von siebzehn Jahren urplötzlich von einer ungeheuren Todesangst überwältigt wurde. Doch anstatt zu seinen Lehrern oder Eltern zu rennen, legte er sich einfach auf den Boden, um herauszufinden, wer stirbt; herauszufinden, was stirbt; und dadurch das zu entdecken, was nicht stirbt. Und das kannst auch du machen. Du kannst all das aussortieren, was du nicht bist. Offensichtlich bist du nicht das Kind deiner Eltern, bist du nicht Vater bzw. Mutter deiner Kinder, nicht Geschäftskollege, nicht Bruder usw. Das sind alles nur Rollen, die wir eine Zeitlang spielen, aber irgendwann sind diese Rollen vorbei. – Du bist das, was nicht irgendwann vorbei ist, du bist das, was während des Kommens und Gehens all dieser Rollen beständig vorhanden ist. Das, was nie gekommen ist und das, was nie gehen wird. Das, was immer da ist. Das, was immer Hier ist. Das, was sich nie ändert. Das, was wir alle sind. Das, was direkt hinter deinen Augen sitzt. – Alan Watts[15] sagt: *'We are the I of god.'*[16] Das ist die Wahrheit. Du bist das, was man Gott nennt. Da ist keine Trennung. Du bist das Göttliche."

Hamburg, 25. Januar 99

Was beim Satsang heute neu ist, ist, dass diejenige, die den Satsang für Samarpan hier in Hamburg organisiert, eine Couch besorgt hat, die für zwei Personen Platz bietet. Zum einen natürlich für Samarpan und zum anderen kann jetzt immer ein Gast nach vorne kommen und direkt aus der Nähe mit Samarpan reden. Ich sitze als Dritter am Rande auf meinem Dolmetscherstuhl. – Anfangs traut sich keiner vor, doch nach und nach kommen doch welche und genießen die Nähe zu und die Gemütlichkeit mit Samarpan. Jetzt gerade ist einer vorne bei ihm und sagt, dass da soviel Schönheit sei. Und so wie er Samarpan ansieht und an dessen Lippen hängt, meint er damit vermutlich Samarpan. Dieser antwortet:

„Wenn du hier Schönheit siehst, dann ist das deine eigene Schönheit. Ich bin nur ein Spiegel." Der andere beginnt zu strahlen.

„Schaue dich hier um." Samarpan deutet in den Raum auf uns, und der andere schaut uns alle an. „Das ist alles deine eigene Schönheit."

Jetzt beginnt er noch mehr zu strahlen und schaut uns alle an, ganz in Ruhe, einen nach dem anderen. Und vermutlich strahlen ihn alle zurück an, denn er strahlt immer mehr und noch mehr. Schließlich wendet er sich Samarpan zu, und die beiden strahlen sich eine Weile wortlos an. Dann führt er die Hände zum Namasté zusammen, Samarpan tut es ihm nach, und er geht wieder an seinen Platz. – Absolute Stille.

---

15 Amerikanischer Mystiker (1915-1974).

16 Englisches Wortspiel, da ‚I' (ich) und ‚eye' (Auge) gleich ausgesprochen werden; also frei übersetzt: Wir sind die Augen bzw. das Ich Gottes.

Hamburg, 26. Januar 99

Es ist schon spannend. Wir sind dieses Mal in der Christuskirche untergebracht, genauer gesagt: in einem Saal im Nebengebäude der Kirche. Und heute Abend ist parallel zum Satsang Gottesdienst in der Kirche.

Vor dem Satsang stehe ich draußen und als ich sehe, wie sich der Großteil der Ankommenden zum Satsang bewegt und nur einzelne Leute in die Kirche gehen, löst das in mir einiges an Trauer aus.

Als wenig später zwei Leute im Satsang die Wahrheit realisieren, denke ich an die Worte Jesu: 'An ihren Früchten werdet ihr sie erkennen.' Und wenn ich mir ansehe, wie viele Menschen im kirchlichen Gottesdienst erwacht sind und Gott gefunden haben (gibt es da überhaupt irgend jemand?) und wie viele tagtäglich im Satsang den Frieden finden, wundert es mich nicht, dass Satsang so regen Zulauf hat.

In einer Stille-Phase im Satsang denke ich an die Antwort Jesu auf die Frage, ob man sein göttliches Wirken nicht mit den Satzungen der Schriftgelehrten in Einklang bringen könnte, woraufhin er entgegnete, dass man neuen Wein nicht in alte Schläuche füllen solle. Und ich frage mich, wie es wohl heute wäre, wenn man versuchen würde, Satsang mit den etablierten Kirchen zu vereinen. Hin und wieder – habe ich zumindest den Eindruck – tauchen Pfarrer bei uns auf, die jedoch traurigerweise stets versuchen, mit dem Verstand zu verstehen, um was es bei Satsang geht. Und das ist natürlich ein aussichtsloses Unterfangen.

Hamburg, 27. Januar 99

Im heutigen Satsang geht jemand nach vorne und weiß alles besser. Samarpan sagt nicht viel. Schließlich steht der 'Gelehrte' auf und verlässt unverzüglich den Raum. Dann fragt jemand:

„Ist es nicht komisch, Samarpan?"

„Ja! Es ist in der Tat komisch, hierher zu kommen und bereits alles zu wissen. Aber so ist es. Der Verstand meint, er weiß alles. Und wenn wir uns mit dem Verstand identifizieren, denken wir, wir wüssten alles. Aber wir wissen nichts. Der Verstand weiß nichts. – Ich weiß überhaupt nichts. Das ist die Wahrheit. Wir wissen alle nichts. Nur glauben manche, sie wüssten etwas. Aber der Frieden liegt im Nichtwissen. Um in Frieden zu sein, müssen wir bereit sein, all unser Wissen hinter uns zu lassen. Halten wir an unserem Wissen fest, finden wir keinen Frieden, können wir die Wahrheit nicht sehen, sind wir nicht offen für die Wahrheit. – Einmal kam ein sehr beredter Mann zu Ramana. Er redete und redete, während Ramana nur zuhörte und immer freundlich nickte. Als der Mann wieder gegangen war, fragten Ramanas Schüler ihren Meister: 'Wieso hast du nichts gesagt? Es war doch alles die Unwahrheit, was dieser Mann sagte!' 'Das mag wohl sein', antwortete Ramana, 'Aber wenn jemand nicht offen für die Wahrheit ist, macht es keinen Sinn, sie ihm zu sagen.'" Stille.

„Schaut: Wenn jemand denkt, er weiß Bescheid, wenn jemand glaubt, diese Illusion ist real, dann lasse ihm diesen Glauben. Es geht nicht darum zu missionieren. Lasse jeden in seinem Glauben. Wie viele Leben waren wir selbst fest davon überzeugt, dass diese Illusion real ist. Wir haben keinen Grund zu irgendeiner Form von Arroganz. – Wisst ihr: Ich sage die Wahrheit niemanden, der sie nicht hören will. Hier im Satsang, da wir zusammenkommen, um gemeinsam nach der Wahrheit Ausschau zu halten – das ist die Bedeutung von Sat-sang –, sind wir alle offen für die Wahrheit. Und wenn sich jemand aus welchen Gründen auch immer hierher verirrt und feststellt, dass er die Wahrheit gar nicht hören will und dann gleich wieder geht, ist es in Ordnung. Es muss so sein. Jeder geht seinen eigenen, ganz individuellen Weg. Und kein anderer weiß, wie dieser Weg auszusehen hat. Wir wissen nichts über das Leben und den Lebensweg eines anderen. Wir wissen nicht einmal etwas über unser eigenes Leben und unseren eigenen Lebensweg." Kurze Stille.

„Niemand weiß etwas über dein Leben oder deinen Lebensweg. Nicht einmal du selbst. – Rede keinem anderen in dessen Leben hinein und lasse dir nicht von einem anderen in dein Leben hineinreden. Auch nicht von mir. Die Wahrheit ist: Nur du selbst weißt, wohin dein Herz, wohin das Göttliche dich zieht; nicht der Verstand, sondern dein wahres Selbst. Gib dem deine Aufmerksamkeit. Folge dem. Sei mit dem in Einklang, und du bist in Frieden. Ganz einfach."

Hamburg, 28. Januar 99

„Samarpan, im Vergleich zum letzten Mal siehst du so schlank aus. Wie kommt das?", fragt ein gut gebauter Typ.

„Ja!", lacht Samarpan. „Marga hat mir eine Ahornsirup-Diät verordnet. Es ist gut! Doch letztendlich spielt es überhaupt keine Rolle, was mit dem Körper ist. All diese Körper werden ohnehin sterben, sie sind so zerbrechlich, so einfach zu zerstören. Und tatsächlich sind dies alles nur Traum-Körper, niemand stirbt wirklich. Das, was wir in Wahrheit sind, kann nicht sterben. Nur der Traum endet. Das ist alles. Und wann er endet und wie er endet, entzieht sich unserer Kontrolle. Es liegt einzig und allein in den Händen des Göttlichen."

Stille. Und ich denke: Wie schön, dass Samarpan immer wieder 'ruckzuck' bei der Wahrheit ankommt, egal wie banal die gestellte Frage ist.

Hamburg, 30. Januar 99

Wieder kommt einer dieser frisch Erwachten recht schnell mit der Idee daher, jetzt auch Satsang geben zu wollen, was bei mir unter anderem einen gewissen Neid auslöst, weil ich den Mut dazu, glaube ich, nicht hätte. Allerdings fokussiere ich mich weniger darauf, den Neid einfach zu fühlen, als vielmehr auf die Überheblichkeit, die meines Erachtens bei demjenigen, der gerade vorne bei Samarpan sitzt, mitschwingt.

„Wer ist da?“, fragt Samarpan ihn. „Wer ist das, der Satsang geben will? Ist da jemand, der erwacht ist? Sind da Leute, die nicht erwacht sind?“

Keine Antwort, und Samarpan fährt fort:

„Entspanne einfach. Wenn das Göttliche will, dass es dich in dieser Art und Weise nutzt, wird es zu gegebener Zeit von alleine ohne dein Zutun so geschehen. Sei einfach in Frieden. Freue dich einfach. Genieße das Leben. Du kannst tun und lassen, was dir gefällt. Du bist frei. – Wisst ihr, als ich bei dem Retreat mit Gangaji die Wahrheit erkannte, war ich so überwältigt davon, wie einfach es ist, dass ich am nächsten Morgen am liebsten jeden anderen Teilnehmer gepackt, durchgeschüttelt und gefragt hätte: ‘Hast du Gangaji gestern nicht gehört? Lasse einfach alle Vorstellungen los! Es ist so einfach!’ Zum Glück hat Gangaji mich davon abgehalten.“ Stille.

„Versuche nicht, irgend jemand aufzuwecken. Dann reagiert der Verstand nur mit Widerstand. Die Wahrheit ist: Es gibt nicht wirklich jemanden, der aufgeweckt werden müsste. Wir sind alle erwacht. Es gibt nichts zu tun. Sei einfach in Frieden und fühle diese Glückseligkeit. Im Zentrum der Glückseligkeit ist es still. Da ist Frieden. Sei einfach in Frieden.“ Stille.

„Schau: Es geht darum, die Wahrheit zu leben, wo du gerade bist, wo dich das Leben gerade hingestellt hat. Lebe die Wahrheit an deinem Arbeitsplatz, im Büro, beim Einkaufen... Lasse dein ganzes Leben Satsang sein. Auf diese Weise erreicht Satsang jeden. Nicht jeder kann zum Satsang kommen. – Und du brauchst nichts zu sagen. Sei einfach still und teile deinen Frieden. Teile ihn, wo immer du bist. Teile ihn, indem du einfach in diesem Frieden bist.“

„Kannst du mir bitte noch einen letzten Tipp geben?“, kommt es von dem anderen jetzt ganz bescheiden.

„Entspanne einfach und überlasse alles dem Göttlichen“, sagt Samarpan liebevoll.

Hamburg, 31. Januar 99

Abend-Satsang. Ich bin gerade mal wieder voll am Mindfucken, es hilft alles nichts. Und ich habe nicht den Eindruck, dass ich irgend etwas dagegen unternehmen kann, so von wegen Aufmerksamkeit auf die Stille richten usw.: fuck! Ich habe das Gefühl, der Verstand dreht mich voll durch den Fleischwolf. So eine verfluchte Scheiße aber auch! Doch wie so oft im Satsang, ich weiß nicht wie, ich weiß nicht was oder wo oder warum oder sonst irgend etwas... ich dolmetsche einfach so vor mich hin, und plötzlich ist da wieder die Stille. Und es ist mir ein Rätsel, wie ich abermals dermaßen in die Story geraten konnte.

„Diese Möglichkeit ist immer gegeben“, höre ich Samarpan sagen. „Das ist es, wo Bescheidenheit und Demut ins Spiel kommt.“

Stuttgart, 3. Februar 99

Bin heute bei meinen Eltern. Meine Schwester verhält sich mir gegenüber immer komischer. Bestimmt haben meine Eltern ihr gesagt, dass sie sich vor mir in Acht nehmen soll; traurig, aber nicht zu ändern. – Habe die übliche Diskussion mit meinem Vater, der meint, ich solle doch endlich wieder einmal etwas Gescheites, Produktives arbeiten. Ich versuche es mal wieder und sage:

„Für mich geht es nicht darum, etwas Produktives zu arbeiten, sondern einfach jeden Tag zu genießen. Schau mal: Sogar unser eigener Religionsgründer, Martin Luther, sagte: 'Und wenn ich wüsste, dass die Welt am nächsten Tag untergehen würde, würde ich heute noch ein Bäumchen pflanzen.' Vom Verstand her betrachtet, macht es überhaupt keinen Sinn, aber wenn das etwas ist, was einem Freude bereitet: schön."

„Nein. Das verstehst Du falsch", entgegnet mein Vater. „Damit ist gemeint, dass man bis zum letzten Tag kreativ sein soll."

Ich darf immer wieder erkennen und lernen: Wenn jemand an seinem Leid festhält, ist da nichts, aber absolut gar nichts zu machen. Ich schüttele traurig leicht mit dem Kopf, was mein Vater folgendermaßen kommentiert:

„Mit Dir kann man einfach nicht mehr normal reden."

Mir geht ähnliches durch den Kopf, doch ich sage nichts. Was sollte ich dazu auch noch sagen?

Stuttgart, 5. Februar 99

Samarpan fand es in Hamburg toll, wenn die Fragenden zu ihm nach vorne kamen und so wünscht er sich fortan stets einen zweiten Stuhl neben sich für den Gast. Also richten wir nun alles entsprechend her, und ich frage mich, warum ich eigentlich noch vorne sitzen muss? Zu der Zeit, als wir noch keine Mikrofone und auch keine Lautsprecher hatten, machte es Sinn, dass ich neben Samarpan mit dem Gesicht zu den Leuten saß, damit mich alle hören konnten, aber jetzt würde ich viel lieber 'unten' inmitten der Gäste sitzen. Daher frage ich Samarpan, als er kommt, ob dies für ihn Ordnung wäre. Er sagt ja, und so sitze ich nun im Satsang direkt vor ihm zu seinen Füßen; fühlt sich gut an.

Lange Stille zu Beginn. Gedanken kommen, Gedanken gehen. Seit nunmehr bald drei Jahren höre ich Samarpan im Grunde genommen immer wieder dasselbe sagen. Und habe doch das Gefühl, immer klarer zu sehen, was er meint, wenn er jetzt gerade sagt:

„Das, was ihr seid, das, was ich bin, das, was Jesus ist, ist dasselbe."

Vor drei Jahren habe ich diese Worte zwar auch gehört, aber jetzt höre ich sie irgendwie klarer. Ich sehe mich unter den anderen Satsang-Teilnehmern um und frage mich: Wer hört wohl was und wer hört wie viel? Wer hört noch nicht, was ich höre und insbesondere: Was höre ich nicht, was andere hören?

Ich glaube zwar, dass ich Samarpan vollkommen verstehe, aber das dachte ich vor zwei Jahren vermutlich auch. Und jeder hier im Raum ist wahrscheinlich der Überzeugung, dass er versteht, was Samarpan meint. Zumindest glaube ich zu verstehen, was er meint; glaube, jetzt mehr zu verstehen als früher. Also werde ich in weiteren zwei Jahren wiederum mehr verstehen. Etwas, das ich jetzt noch nicht höre, obwohl es doch eigentlich im Moment für mich nicht mehr zu verstehen gibt. Trotzdem ist vermutlich etwas hier, das ich nur nicht sehe. Schon verrückt.

Stuttgart, 7. Februar 99

„Samarpan! Hier ist es so einfach, in Stille und in Frieden zu sein, aber im Büro...", äussert eine Frau.

„Ja! Hier ist es einfach, Hier zu sein, im Moment zu sein, in Stille zu sein, weil hier lauter ruhige Verstände sind. Und genauso, wie die Stille ansteckend ist, ist auch die Geschwätzigkeit des Verstandes ansteckend. Es hängt von dir ab, mit wem du dich umgibst, mit wem du deine Mittagspause verbringst. Nutzt du diese Zeit, um mit deinen Kolleginnen den neusten Tratsch auszutauschen, oder nutzt du sie, um in Stille zu sein? Jeden Moment haben wir diese Wahl. Hören wir dem Geschwätz des Verstandes zu, oder lauschen wir auf die Stille?"

Stille.

„Es gibt die Geschichte eines erwachten Mannes, der in Amerika im Gefängnis war und zusammen mit anderen an Weihnachten entlassen werden sollte. Aber kurz zuvor wurde anders entschieden, und sie alle wurden auf einen Lkw aufgeladen und in ein anders Gefängnis verlegt. Und wie sie da hinten auf der Pritsche hockten, lamentierten die anderen lauthals über so viel Ungerechtigkeit. Nur er und noch ein anderer schwiegen. Er war vollkommen still, vollkommen in Frieden. Seine Stille war so stark, dass dieser andere ebenfalls erwachte und die Wahrheit erkannte. – Die Stille ist ansteckend. Nicht, dass ich sie hätte und ihr nicht. Wir alle tragen die Stille in uns. Und hier im Satsang fangen wir sie gegenseitig voneinander auf. Das ist die Schönheit von Satsang. Der Verstand wird einfach ruhig. Das ist der Frieden."

Stuttgart, 8. Februar 99

„Wisst ihr: Es ist schon verwunderlich. Wenn wir in der Stille sind, sehen wir so klar, ist es so offensichtlich, dass da nichts verkehrt ist, und wir können uns unmöglich vorstellen, je wieder im Verstand gefangen zu sein. Und wenn wir im Verstand sind, fragen wir uns: 'Wo um alles in der Welt ist die Stille jetzt hin?' – So ist es nun einmal. Wenn du wahrnimmst, dass du gerade im Verstand bist: Halte einfach inne; komme Hier her, in diesen Moment; fühle, was Hier ist; und da ist die Stille. Hier ist der Frieden."

Stuttgart, 9. Februar 99

Abends shart ein weißhaariger Mann im Satsang:

„Samarpan? Ich sehne mich so sehr danach, dass es bei mir auch endlich ‘klack’ macht!“

Kurze Stille. Und ich denke, dass Samarpan etwas sagen wird wie: ‘Entspanne einfach! Irgendwann, eines Tages... von ganz alleine...’ Doch stattdessen sagt er:

„Bei dir hat es schon vor langer Zeit ‘klack’ gemacht.“

Die Gesichtszüge des Mannes entspannen sich. – Sehr lange Stille. Beide schauen sich unentwegt an, sehr schön. Die Luft ist erfüllt von Liebe.

„I love you“, sagt der Mann.

„I love you, too“, sagt Samarpan. Stille. Und so wie der Liebende gerade strahlt, liegt für einen Moment der Impuls bzw. die totale Energie in der Luft, dass er aufsteht, zu Samarpan geht und diesen umarmt. Doch dieser Moment geht vorüber und während ich es sonst oft so erlebt habe, dass in solch einer Situation die Liebe eines Sharenden in einer Umarmung mit Samarpan ihren Ausdruck findet und dadurch wieder abklingt, so bleibt diese liebevolle Atmosphäre jetzt durch die Nicht-Umarmung, durch den Nicht-Ausdruck erhalten und nicht nur das, sie intensiviert sich in geradezu unglaublichem Maß: Liebe durchflutet mich in höchster Intensität. Wahnsinn!

Stuttgart, 10. Februar 99

„Wisst ihr, der Verstand erzählt uns nur Lügen. Nicht umsonst nannte Jesus den Verstand auch den ‘König der Lügen’. Und das ist die Wahrheit. Solange wir auf den Verstand hören, können wir die Wahrheit nicht hören. Wende deinem Verstand einfach den Rücken zu. Es ist so einfach. Es ist so einfach, in Frieden zu sein. Sei einfach in Frieden.“

Stuttgart, 11. Februar 99

Aller Voraussicht nach wird meine Mutter heute zum Satsang kommen, allerdings vermutlich nicht aus der Motivation heraus, die Wahrheit zu finden, sondern um die ‘Sekte’, in der sie mich zu sehen glaubt, einmal selbst in Augenschein zu nehmen; schon aufregend. – Gehe wie üblich gegen 18 Uhr zu Bayari, esse mit Samarpan zu Abend und erzähle ihm vom für heute geplanten Satsang-Besuch meiner Mutter.

„Ah!“, lacht er mich an. „Und du hättest gerne, dass ich heute Abend etwas zum Thema Eltern-Kinder sage?“

„Nein!“ Oh, Gott, oh, Gott. Alles bloß das nicht! „Eigentlich wollte ich fragen, ob du dich heute Abend in der Richtung etwas zurückhalten könntest, wenn es geht.“

Samarpan sagt nichts und schmunzelt nur. Auweia. – Zwei Stunden später: Satsang. Und meine Mutter ist hier. Puuuh, bin ziemlich nervös, doch der Satsang an sich ist ganz schön. Allerdings merke ich, wie in meinem Kopf sämtliche Alarmglocken läuten, als Samarpan (ausgerechnet heute: aauuuuu!!!) das Wort 'Guru' in den Mund nimmt. Das ist natürlich genau eines der Worte, auf das meine Mutter bzw. ihr Verstand 'wartet', um in ihrer (Sekten-)Projektion bestätigt zu werden. Ich kann dann auch nicht zu ihr hinsehen, als ich dieses Wort ausspreche. Ich schaue ohnehin kaum zu ihr hinüber und wenn ich es einmal doch tue, dann ist sie abwechselnd ganz in Stille und in Frieden, oder es laufen ihr die Tränen runter, weil sie wahrscheinlich in irgendeiner Story ist: 'Mein Sohn ist in einer Sekte.' Oder: 'Ich habe meinen Sohn verloren.'

Ich empfinde soviel Liebe für sie, weil ich eben so viel Liebe bei ihr sehe. Sie hat so ein großes Herz. Sie ist solch eine wunderbare, liebenswerte und liebende Mutter und Ehefrau; mein Vater kann sich wirklich glücklich schätzen. Und sie ist im Grunde total offen für die Liebe, für die Wahrheit, für Gott. Wenn da nur nicht ihr Verstand wäre, auf den sie mehr hört, als auf ihr Herz. Im Moment strahlt sie so viel Liebe aus, dass ich vermute: Mit dem Herzen ist sie ganz im Satsang und ganz Hier, während ihr Verstand durch die Namasté-Geste am Anfang, diverse unbekannte (verdächtig klingende) Worte (Erleuchtung usw.) und die Bilder von den Heiligen auf Samarpans Tisch der ganzen Sache hier vermutlich sehr kritisch gegenübersteht. Dementsprechend fällt auch ihr Feedback an mich später aus:

„Es hat mich ja ein wenig an eine sehr schöne Jugendfreizeit mit meinem damaligen Pfarrer erinnert. Aber meinst du nicht, dass du dafür schon etwas zu alt bist?“

Was soll ich meiner Mutter anderes sagen als:

„Weißt du was: Ich habe dich echt total lieb.“

Und das ist die Wahrheit. Ich liebe meine Mutter total. Auch wenn sie mich nicht versteht, bzw. auch wenn ihr Verstand mich nicht versteht (das tut mein eigener Verstand ja auch nicht), so spielt das keine Rolle, denn ich weiß: Im Herzen bin ich eins mit ihr.

Stuttgart, 12. Februar 99

Da der halbe Staff heute krank im Bett liegt, nehme ich mir Abhijats Gitarre zur Hand und sorge für ein bisschen Musik, obwohl ich ja überhaupt nicht gerne derart im Zentrum von jedermanns Aufmerksamkeit stehe. Dann endlich geht der Satsang los.

„Schaut: Viele kommen zum Satsang und wollen Erleuchtung und einen Partner und einen tollen Job und und und. Aber so funktioniert das nicht. Jesus sagte: 'Ein Haus, das in sich geteilt ist, kann nicht bestehen.'“

Stille. Und wieder einmal staune ich, welch unglaubliche Weisheit in diesen Worten steckt, denselben Worten, die ich schon im Religionsunterricht in der Schule gehört, aber nicht wirklich verstanden habe.

„Das ist die Wahrheit. Wenn man viele Dinge gleichzeitig will, dann geht die Energie in verschiedene Richtungen, und man erreicht überhaupt nichts. Das ist ein vergeudetes Leben. – Finde heraus, was du in diesem Leben wirklich willst! Ist es Geld? Gut, dann gehe dafür. Ist es Sex? Gut, dann gehe dafür. Und wenn es die Wahrheit ist, die du mehr als alles andere willst, dann gib alles dafür. – Osho sagte: 'Sei total.' Das ist die Wahrheit. Du musst bereit sein, alles für die Wahrheit zu geben. Du musst bereit sein, für die Wahrheit zu sterben. Genaugenommen muss diese Vorstellung von dir sterben, denn sie ist nicht die Wahrheit."

Stuttgart, 13. Februar 99

Als ich Samarpan zum Satsang abholen will, finde ich ihn im Bett vor. Ihm geht es so schlecht, dass er nicht zum Satsang kommen kann. Und mir geht der Gedanke durch den Kopf, Samarpan anzubieten, dass ich an seiner Stelle Satsang geben könnte. Doch bei dieser Vorstellung überkommt mich die totale Panik. Wurks! Stattdessen biete ich an, einen Musik-Satsang abzuhalten; notfalls auch alleine, denn die anderen Musiker sind noch immer bettlägerig. Und Samarpan ist einverstanden.

Wenig später bin ich im Satsang-Raum, und nachdem ich zwei Lieder gespielt habe, mache ich eine kurze Ansage:

„Guten Abend zusammen! Samarpan wird heute Abend nicht kommen können, da er krank ist. Wir können jetzt in die Story hinein gehen, wie schlimm das alles ist und so weiter und so fort, aber ich denke, da wo wir stehen (fast alle hier sind langmonatige Satsang-Gänger), können wir einfach fühlen, was dies bei uns auslöst. – Was ich darüber hinaus anbieten würde, wäre, dass wir stattdessen heute Abend einen Musik-Satsang haben können, was ja auch eine gute Übung für uns alle sein könnte, nach dem wirklichen Samarpan in uns selbst Ausschau zu halten."

Zustimmendes Gemurmel. Alle scheinen einverstanden. Doch da kommt von irgendwoher der Vorschlag, dass die ebenfalls anwesende Seminarhausleiterin aus Stiersbach ja Satsang geben könnte.

„... Die ist doch schließlich auch seit kurzem erwacht!"

Ich weiß nicht, ob das im Sinne Samarpans ist, aber wer bin ich, das zu beurteilen? Außerdem sind einige ganz begeistert, jetzt doch noch jemand vorne zu sehen. Also nimmt sie im Meisterstuhl Platz und beginnt den Satsang mit indianischen Gesängen, was für mich etwas befremdlich ist. Auch der Satsang selbst ist energetisch ungewohnt, aber was soll's: Es ist halt, wie es ist.

Stuttgart, 14. Februar 99

Samarpan ist immer noch krank, kommt aber trotzdem zum Satsang, und ich erinnere mich an eine Geschichte, die Samarpan vor einiger Zeit erzählte: Als Buddha im Sterben lag und sich all seine engsten Schüler in Stille um ihn versammelt hatten, stürmte plötzlich einer heran, der Buddha unbedingt noch sprechen wollte. Doch niemand wollte ihn mit all seiner Unruhe in Buddhas Nähe lassen. Da sagte Buddha mit letzter Kraft, man möge ihn zu ihm lassen. – 'Das ist das Mitgefühl eines Buddha.', hatte Samarpan gesagt. 'Er war bereit, in seinen Körper zurückzukommen und eine weitere Frage zu beantworten, um einer weiteren Person zu helfen, näher an das Entdecken der Wahrheit zu kommen. So ist es einfach.'

Lange Stille. Hin und wieder atmet Samarpan ein paar Mal tief ein und aus, und jeder einzelne seiner Atemzüge geht mir durch und durch; schmerzt enorm an meinem eigenen Leib. Puuuh!

Unmittelbar nach dem Satsang fahre ich Samarpan zum Bahnhof, wo er den Zug nach Frankfurt besteigt. Die ganze Zeit über haben wir kein Wort geredet. Samarpan sieht wirklich hundsmiserabel aus. Heieiei.

Stiersbach, 15. Februar 99 (Retreat)

Das Retreat beginnt, und der Meister ist nicht da. Aber wir haben ja die Stille, und es ist abermals interessant, aus was der Verstand alles eine Story macht bzw. eine Story zu machen in der Lage ist. Nachmittags ruft Samarpan an und sagt, dass er erst übermorgen kommen wird. Bis dahin soll ihn die hiesige Seminarhausleiterin vertreten und an seiner Stelle Satsang geben. Okay.

Stiersbach, 17. Februar 99 (Retreat)

Nach dem Mittagessen kommt Samarpan, und so beginnt das Retreat mit ihm nun heute mit zweitägiger Verspätung.

„Samarpan, ich bin froh, dass du wieder hier bist", shart jemand. „Und dass DU jetzt wieder Satsang gibst. Die Satsangs der Seminarhausleiterin in den letzten Tagen waren für mich irgendwie ungewohnt."

„Ja, ich freue mich auch, wieder hier zu sein. Und schaut: Die Erleuchtung ändert nicht die Persönlichkeit. Ich, zum Beispiel, bin noch genauso dumm, wie ich schon immer war. – Weißt du, solange du die Erleuchtung des anderen verleugnest, verleugnest du auch deine eigene. Solange du deinen Focus auf den Trips des anderen hast, gibst du auch deinen eigenen Trips Energie, gibst du deinem eigenen Verstand Energie. – Schaue auf das Göttliche! Bei anderen und bei dir. Schaue auf den Buddha! Begegne anderen von Buddha zu Buddha: das ist Satsang. Triff jeden von Herz zu Herz! Das ist es, was wir hier machen. Wir treffen uns Hier, von Herz zu Herz. Und der Verstand wird ruhig. Dann ist da nur noch ein Herz. Kein Herz. Nichts. – Die äussere Form mag bei jedem Satsang-Lehrer zwar anders sein, aber der Geschmack der Stille ist überall gleich. Die Wahrheit ist immer dieselbe."

Stiersbach, 18. Februar 99 (Retreat)

Mittags liege ich im Satsang-Raum Arm im Arm mit einer jungen Frau namens Rajma, die Samarpan, seit sie ihn vor ein paar Monaten kennen gelernt hat, geradezu anbetet. Sehr schön. Da außer uns niemand da ist, unterhalten wir uns ein bisschen. Auch sehr schön. Solch eine Liebe. Sie scheint wirklich total hingebungsvoll zu sein. Mannomann.

„Ich finde es toll, wie offen du bist", sage ich zu ihr. „Und nächste Woche, wenn Samarpan zurück nach Frankfurt fährt..."

Ich kann nicht weiterreden, da sie von einem absolut hysterischen Weinkrampf geschüttelt wird. Du meine Güte: Habe ich etwas Falsches gesagt? Auweia!

Wenig später, im Nachmittag-Satsang, shart sie schluchzend und zu Samarpans Füßen kniend, mit ihren Händen in seinen Händen, ihm vollkommen ergeben:

„Oh, Samarpan! Before I was in peace and then Rama said, that next week you'll be in Frankfurt..."

Oh, nein! Scheiße! Musste sie meinen Namen erwähnen? Und das darf ich jetzt auch noch dolmetschen! Schluck! Nun denn:

„Oh, Samarpan! Vorhin war ich total in Frieden, und dann sagte Rama, dass du nächste Woche in Frankfurt sein wirst..."

Erneut wird sie von offenbar unsäglichen Schmerzen gebeutelt. Scheiße! Scheiße! Scheiße!

„Yes, that's the way it is", sagt Samarpan. - „Ja, so ist es", sage ich.

„This is why we're having a silent retreat here."

„Deshalb haben wir hier auch ein Stille-Retreat."

„Even when some guys don't act appropriately."

Samarpan schaut zu mir. Schluck, Scheiße!

„Auch wenn sich einige Typen nicht dementsprechend verhalten."

Scheiße, Scheiße, Scheiße.

„It's okay, just be Here." - „Es ist in Ordnung, sei einfach Hier."

„There is no later." - „Es gibt kein Später."

„There is only Now." - „Es gibt nur Jetzt."

„Just be Now." - „Sei einfach Jetzt."

„Now I am Here." - „Jetzt bin ich Hier."

„I am always Here." - „Ich bin immer Hier."

Mit einem Satz ist sie auf Samarpans Schoß.

Lange Stille. Puh! Nicht zum ersten Mal habe ich das ungute Gefühl, dass Samarpan einen von mir verursachten Schlamassel wieder gerade gebogen hat. Ei, ei, ei.

Stiersbach, 20. Februar 99 (Retreat)

Nachmittag-Satsang. Wie so oft wird immer wieder über meinen Übersetzungsstil gelacht. Meistens ist es ein bestimmtes Wort, was die allgemeine Heiterkeit auslöst; eine Über- oder Untertreibung. – Während Samarpan noch spricht und ich auf 'Aufnahme' gepolt bin, läuft manchmal parallel der Gedanke ab: 'Oh, oh; dieses oder jenes Wort könnte kritisch werden.'

Kaum hat Samarpan geendet, schalte ich meinen inneren Projektor auf Wiedergabe, lasse ihn laufen und beobachte. Ich schaue einfach nur zu, höre mir selbst zu, was so alles aus meinem Mund kommt. Dabei bin ich selbst total gespannt, wie ich das betreffende Wort wohl übersetzen werde bzw. wie es letztendlich von alleine ohne mein (Zu)Tun herauskommen wird...

Der Film läuft und läuft... die 'Szene' mit dem kritischen Wort kommt immer näher... meine innere Spannung steigt... und: 'Nein, nein, bitte nicht!'... da ist die Szene... jetzt... gleich... nein, doch, nein, doch... 'plopp'... scheiße, da ist es doch passiert; ich konnte es nicht verhindern. Und während Samarpan auf mich wartet, und ich darauf warte, dass das Gelächter endet, bevor ich weiter dolmetsche, sieht er mich an... mal amüsiert, mal grimmig. Gerade sagt er – zum Glück mit einem Schmunzeln:

„Wisst ihr, es kotzt mich an, dass Rama immer die besten Lacher abkriegt!"

Brüllendes Gelächter! Tja, irgendwie schaffe ich es immer, auf seine Witze noch eins draufzusetzen. Samarpan baut eine Art gedanklicher Schanze und bereitet die Pointe vor; schließlich kommt er mit der Pointe daher geflogen, und alle lachen. Und dann komme ich mit der deutschen Pointe, wobei meine Flugbahn oft um einiges höher ist als seine. Ich muss dann selbst immer darüber lachen, weil ich ja genauso überrascht bin wie alle anderen, und wenn Samarpan mich genervt ansieht, denke ich: Hey, siehst Du nicht, dass ich das nicht 'tue'?

Abends ein echter Horror-Satsang. Das ist natürlich ein Urteil, aber derjenige, der gerade und schon seit Minuten – also ewig lange – shart, gibt totalen Schwachsinn, totalen Mindfuck von sich. Das Dolmetschen ist brutal anstrengend und Kopfweh bereitend, und ich glaube, auch Samarpan hat so seine Schwierigkeiten, diesen umständlichen Ausführungen zu folgen. Einige stöhnen hier und da auf, aber keiner sagt etwas. Es ist halt, wie es ist... jaul.

Stiersbach, 21. Februar 99 (Retreat)

Hoffentlich geht es heute Morgen nicht so weiter, wie es gestern Abend aufgehört hat. Die Chancen stehen gut, denn der 'Mindfucker' ist nicht mehr da. – Gleich zu Beginn des Satsangs geht jemand nach vorne und shart, wie schmerzhaft er den letzten Satsang erlebt hat.

„Ja", sagt auch Samarpan bestätigend. „Wir haben alle den Schmerz gefühlt. Aber jetzt im Nachhinein etwas zu sagen, hilft nichts. Es muss im Moment geschehen."

Während der Mittagspause kommt der Seminarhausleiter zu mir und bittet

mich, doch noch schnell den Flyer für das Sommer-Retreat in Stiersbach am Computer zu gestalten, so dass alle Teilnehmer ihn heute Abend gleich mitnehmen können. In aller Eile mache ich mich also in der Mittags-Pause an die Arbeit und siehe da: Es macht total Spaß.

Als ich fertig bin, zeige ich ihn Samarpan und lese ihm auch den von mir formulierten Text vor, der erklärt, worum es bei Satsang eigentlich geht. Samarpan findet ihn okay, sagt mir aber, dass ich ihn noch mit Marga gegenchecken soll. Gesagt, getan. Marga findet ihn auch ganz nett, nur was den Text anbelangt, da ist sie anderer Meinung: Erleuchtung sei dies und nicht das, Erwachen sei dieses und nicht jenes.

Ich bin verunsichert und etwas genervt. Es ist nicht das erste Mal, dass ich mich von ihr kritisiert fühle. Sie – so mein Verstand – als Frau des Meisters, sollte doch wahrlich wissen, dass es einfach nur darum geht, alles so zu akzeptieren, wie es ist. Und jeden, so wie er ist. Immer wieder gerate ich in diesen inneren Konflikt, wenn Marga mir oder einem anderen Staff-Mitglied gegenüber ein in meinen Augen falschmachendes Verhalten an den Tag legt. Natürlich bin ich dann auch nicht besser, denn ich akzeptiere sie in diesen Momenten ja ebenfalls nicht so, wie sie ist.

Allerdings ist da doch der Glaube, das muss ich leider zugeben, auch hier der Wahrheit etwas näher zu sein. Denn sie verurteilt ja etwas, was ich mache, und ich verurteile „nur" ihr Mich-falsch-Machen, was ja eigentlich nicht die Wahrheit ist, oder? Aber verflucht: Macht sie mich mit ihrer Aussage überhaupt falsch, bzw. macht sie überhaupt irgend etwas? Eigentlich ist doch die Wahrheit, dass niemand etwas macht. Oder?

Scheiße! Wenn ich derart im Verstand gefangen bin, wie jetzt gerade, sehe ich diese Wahrheit nur dummerweise nicht. Da ist dann einfach nur Mindfuck im Gange, und das bedeutet: Es ist wieder einmal dringend an der Zeit, mit Samarpan darüber zu reden, auch wenn ich dieses heikle Thema gerne umgehen würde. Aber vielleicht kann er mir aus dieser für mich immer wieder verzwickten Lage heraushelfen bzw. das Licht der Wahrheit auf meinen inneren Konflikt scheinen lassen. – Kurz darauf bin ich bei ihm.

„Weißt du, Samarpan, irgendwie nervt es mich. Ich habe das Gefühl, meine Formulierung ist die Wahrheit, und irgendwie passt es mir gar nicht, die von Marga vorgeschlagene Formulierung zu nehmen, die nicht so ganz die Wahrheit ist.“

Samarpan schaut mich – ein bisschen gequält? – an und fragt:

„Lässt sich die Wahrheit überhaupt auf ein Blatt Papier bringen?“

„Ja, gut. Mmh... Nein... stimmt.“

Samarpan hat recht: Ich habe letzten Endes keine Ahnung, wie der Flyer aussehen soll, welche Formulierung welche Menschen ansprechen wird. Wer überhaupt zum Satsang kommen soll. Und so weiter. Die Wahrheit ist, ich weiß (wieder einmal) gar nichts. Trotzdem, so ganz entspannen kann ich noch nicht. Das scheint auch Samarpan zu merken, und er sagt:

„Mache es einfach so, wie Marga es will. Das ist der einfache Weg.“

Stille. Ich schaue Samarpan etwas misstrauisch an. So ganz passt mir das nämlich nicht, auch wenn es natürlich das Einfachste ist. Ich merke, wie mein Ego kommt und sagen will: ‘Ich will es aber so, wie ich es will. Marga ist diejenige, die sich meiner zuerst da gewesenen Formulierung hingeben sollte.’

Als ich beleidigt meinen Kopf schüttele, sagt Samarpan:

„Weißt du, sei froh, dass du es dir nur einmal anhören musst. Ich muss mir diese Dinge zehn Mal anhören.“

Huch! Urplötzlich wird es in mir v-o-l-l-k-o-m-m-e-n still. Mein ganzer Kampf erlahmt. Absolute Stille.

Da ist nur noch dieser Augenblick. So schön. So still. So tief.

Nicht eine Welle. Der Ozean liegt spiegelglatt da. Wie wunderbar.

Samarpan schaut mich an. Und ich schaue Samarpan an.

Welch ein schöner Moment. Ich fühle mich mit ihm verbunden wie seit Monaten nicht mehr.

„Oh, Samarpan, auf diesen Moment, auf diese Wahrheit, auf diese Klarheit – gerade in diesem Punkt – habe ich so lange gewartet.“ Wie sehr liebe ich ihn.

„I totally love you.“

„I love you, too“, lächelt Samarpan.

Innige Stille. Was habe ich für ein Glück, dass mir Samarpan über den Weg gelaufen ist. Ich sehe ihn an. Mein Gott, da ist so viel Dankbarkeit, aber keinerlei Impuls zu ihm zu gehen und ihm wie in früheren Zeiten um den Hals zu fallen. Wir sehen uns einfach nur an. Und da ist einfach diese Dankbarkeit, diese Liebe. Es gibt nichts zu sagen. Es gibt nichts zu tun.

Rothenburg, 23. Februar 99

Bin wie auch in den vergangenen Monaten mal wieder auf Kurzbesuch bei meiner Oma, wo ich jederzeit willkommen bin, was schon ihre Begrüßung zum Ausdruck bringt, die jeder Besucher zu hören kriegt, wenn sie einem die Wohnungstür öffnet:

„Herzlich willkommen!“

Und das kommt wirklich von Herzen. Da sind keine Urteile über mein derzeitiges unkonventionelles Leben; sie nimmt mich einfach, wie ich bin und freut sich, wann immer ich bei ihr vorbeischaue. Wie schön. Und welch ein Geschenk, eine Adresse zu haben, wo man jederzeit auftauchen kann und stets von Herzen willkommen geheißen wird.

Stuttgart, 28. Februar 99

Bin wieder bei meinen Eltern. Wie so häufig sind die ersten Tage mit ihnen relativ ‘easy’, dann wird deren Verstand zunehmend aktiv, und es fühlt sich immer schwerer an. Ein klares Zeichen, dass es für mich Zeit wird, wieder auf Tour zu gehen.

Stuttgart/Bern, 1. März 99

Punkt vier Uhr treffen wir uns zum Aufbau im Zentrum, wo am schwarzen Brett ein kleines Plakat hängt, das mir einen regelrechten Stich versetzt: ‘Endlich: Die neue Solo-CD von Abhijat ist da.’ Die Vorstellung, dass wir alle gemeinsame Sache machen, kann ich wohl endgültig begraben.

Vier Stunden später ist Satsang, und zunächst herrscht einige Minuten Stille im Raum, als mir eine Frage kommt:

„Samarpan? Also, dass ich meine Aufmerksamkeit nur auf die Stille, auf dieses ‘Nichts geschieht’ richten muss, was immer Hier ist, das ist mir klar. Aber was ist, wenn ich sterbe?“

„Sage mir, Rama: Ist denn da jemand, in diesem ‘Nichts geschieht?“

„In diesem ‘Nichts geschieht’ ist gar nichts, kann ja gar nicht. Also auch kein Jemand.“

„Siehst du?“

„Ja, schon...“, kommt es von mir nachdenklich.

„Schau: Der Tod geschieht nicht irgendwann in der Zukunft. Das ist nur der Verstand. Der Tod geschieht Jetzt. Wenn du Jetzt hinsiehst, erkennst du, dass da niemand stirbt. Stimmt’s?“

„Mmh... So gesehen... stimmt es.“

Kurze Stille.

„Ich glaube nicht, dass da wirklich ein Problem ist, Rama. Oder?“, lächelt Samarpan. Und auch ich muss lächeln:

„Vielleicht wollte ich einfach nur wieder einmal hier zu dir nach vorne kommen... und dachte, ich bräuchte irgendeine Frage... Die Aussicht ist hier vorne so schön.“

„Ja, in all diese wunderschönen Gesichter zu sehen... ist das Beste.“

Stille. Wir schauen uns immer noch an. Da ist soviel Liebe. Und Samarpan sagt:

„Du bist jederzeit willkommen, mich hier vorne zu besuchen, auch wenn da keine Frage ist.“

Ich gehe wieder an meinen Platz und habe ein bisschen das Gefühl: ‘Mist! Wieso stelle ich solch eine blöde Frage und präsentiere mich dadurch als Unwissender? Eigentlich wollte ich doch gar keine Fragen mehr stellen, sondern nur noch in der Stille nach Antworten Ausschau halten... na ja, dann eben ab jetzt.’ – Lange Stille. Und mein Verstand sucht nach weiteren Entschuldigungen und einer Rechtfertigung dafür, dass ich nach vorne gegangen bin. Eine davon lautet: ‘Vielleicht wollte ich Samarpan und dem Leben gegenüber nur kurz demonstrieren, dass die Anwesenheit eines Meisters für diesen Körperverstand noch gebraucht wird. So dass ich die Berechtigung habe, noch eine Weile hier bei ihm zu sein.’ Na ja, wer weiß?

Bern, 3. März 99

„Samarpan“, fragt jemand im Satsang, „andere Satsang-Lehrer sollen mitunter ja angeblich recht rabiat mit ihren Schülern umgehen...“

„Das mag so sein. Aber für so etwas bin ich viel zu faul. So wie ich es sehe, ist das Leben schon rau genug. – Hier könnt ihr einfach entspannen. Ich will nichts von euch. Ich will niemanden aufwecken. Hier ist niemand aufzuwecken. Ich sehe Erleuchtung überall. Ich gebe einfach meine Energie auf die Erleuchtung, die Hier ist. Da fehlt es an nichts.“

Stille. Es fühlt sich so wohltuend an, wie Balsam, wenn ich höre, dass Samarpan den Buddha in uns allen sieht. Wie schön. Dazu passt auch das Bild, was mir jemand beim Abendessen beschrieb:

„Da sind die ‘Schüler-Selbste’ mit ihrem Ego aus Eis um sie herum. Und während andere Lehrer mit dem Pickel versuchen, das Selbst in jedem mehr oder weniger gewaltsam frei zu hauen, sitzt Samarpan einfach nur da und schaut zu, wie die Sonne das Eis von ganz alleine schmilzt.“

„Wie schön!“, hatte ich erwidert. Und genau so empfinde ich es auch. Samarpan ist einfach da, tut nichts, ist einfach Hier. Voller Akzeptanz und bedingungsloser Liebe. Ich könnte mir wahrlich keinen besseren Lehrer als ihn wünschen, denn es ist so wunderbar mit anzusehen, dass Samarpan niemanden irgendwo hinein ‘pushed’ (schiebt), sondern einfach offen für den anderen ist; bereit, ihn zu akzeptieren und gegebenenfalls dort abzuholen, wo dieser sich gerade befindet.

Selbst wenn jemand eine Show abzieht wie ‘Ach, Samarpan: Mir geht es gerade sooo gut.’ und es für alle offensichtlich ist, dass dies nicht die Wahrheit ist, sagt Samarpan nur ‘Wie schön’. Vermutlich, weil er weiß, dass der Schmerz über diese Lüge denjenigen früher oder später von alleine darauf stoßen wird.

Und tatsächlich geschieht es von Zeit zu Zeit, dass der- oder diejenige oft ein paar Tage später wieder zum Satsang kommt und sagt, dass er gemerkt hat, dass beim letzten Sharing irgend etwas nicht ganz stimmte.

Oder, was ebenfalls oft passiert, derjenige bricht bereits gleich beim ersten Mal urplötzlich in Tränen aus, wenn er erkennt, dass er nicht wie sonst üblich beweisen muss, was für ein toller Hecht er ist, sondern bei Samarpan auch ohne Show die totale Liebe und Akzeptanz entgegen gebracht bekommt. Nicht selten brechen ganze Dämme und jahrelang unterdrückte Schmerzen kommen hoch – können dank Samarpans Akzeptanz hochkommen. Und dann wird auch dieser Schmerz willkommen geheißen, darf da sein, und nach ein paar Minuten, in denen der Schmerz einfach nur gefühlt wird, geht er weg und übrig bleibt: Frieden.

„Das ist ein Geheimnis“, sagt Samarpan gegen Ende des Satsangs, „Ein großes spirituelles Geheimnis. Solange wir vor Schmerz davonlaufen, solange jagt uns dieser Schmerz hinterher. Aber sobald wir anhalten und ja zu ihm sagen, löst er sich in Luft auf.“

Stille. Und ich denke: Oh, Samarpan, ich kann das gar nicht oft genug aus deinem Munde hören. Und ich darf jetzt schon seit über vierundzwanzig Monaten miterleben, wie du Hunderte zum Frieden geführt hast. Welch eine Gnade.

Bern, 4. März 99

Samarpan war gestern nach dem Satsang noch im englischen Kino und ist von dem Film ‚Titanic’ ganz begeistert.

„Ein echter Satsang-Film. Man ist förmlich auf dem Schiff und fühlt die Angst. Schaut: Wir sind auf diesem sinkenden Schiff. Der Tod unseres Körpers ist unvermeidlich. Und wenn wir glauben, dass wir dieser Körper sind, werden wir untergehen. – Fühle einfach diese Angst. Die Rettung liegt inmitten der Angst. Fühle einfach, was auch immer im Moment gerade da ist und renne nicht vor dem davon. Renne nicht hinein in den Verstand und denke über die Vergangenheit oder die Zukunft nach. Lebe im Moment. Bis zum letzten Atemzug. – So wie diese Musiker. Als sie auf dem Deck standen und erkannten, dass es kein Entkommen gibt, blieben sie inmitten all der Hektik, inmitten dieses ganzen ‘Gerennes’ stehen, hielten inne und taten im Moment das, was ihnen am meisten Freue bereitete: Sie musizierten. Und Überlebende berichteten, dass diese Musiker tatsächlich bis zuletzt gespielt hätten. Welche Weisheit! Und so ist es auch mit uns. Wir können bis zum Schluss gegen den Tod, gegen das Unvermeidliche ankämpfen... und leiden. Oder wir können uns dem Tod und dem Leben hingeben, können uns dem jetzigen Augenblick hingeben und dem, was dieser Augenblick für uns bereithält. Das ist die Kunst.“

„Man soll also immer im Moment sein, egal, was um einen herum gerade geschieht?“, fragt jemand.

„Ja! Nichts anderes zählt. Es gibt nichts anderes. Dieser Moment ist alles, was es gibt. Sei einfach im Moment. – Das erinnert mich an die Geschichte eines Mannes, der im Morgengrauen von einem Tiger gejagt wurde. Plötzlich kam er an den Rand eines Abgrunds und konnte nicht mehr weiter. Der Tiger kam näher und hatte ihn fast erreicht, als der Mann ausrutschte und über die Kante stürzte. In letzter Sekunde konnte er sich jedoch noch an einer aus dem Fels herausragenden Wurzel festhalten. So hing er da. Über ihm der Tiger. Unter ihm mehrere hundert Meter Tiefe. Vor ihm der glatte Fels. Und dann fing die Wurzel unter seinem Gewicht an, sich zu lockern. In diesem Augenblick ging die Sonne auf, und der erste Lichtstrahl des Tages fiel auf eine kleine Blume, die unmittelbar auf seiner Augenhöhe neben der Wurzel aus dem Fels wuchs. Er betrachtete diese Blume mit all ihren kleinen bunten Blütenblättern und dachte bei sich: ‘Wie wunderschön.’“ Samarpan hält kurz inne. „In etwa so.“

Bern, 5. März 99

„Samarpan? Ich habe Angst, dass ich es bald nicht mehr schaffe, meinen Lebensunterhalt zu verdienen...“, shart jemand im Morgen-Satsang.

„Bist du im Moment in der Lage, deinen Lebensunterhalt zu verdienen?“

„Im Moment schon. Aber...“

„Schau, das ist alles der Verstand: nie zufrieden. Es ist so einfach, sich das wenige, das man wirklich zum Überleben braucht, zu verdienen. Als ich als Handwerker arbeitete, schaltete ich regelmäßig eine ganz schlichte Anzeige in der Zeitung: ‘Handyman Sam’ plus meine Telefonnummer. Und es funktionierte. Ich hatte immer genug zum Leben. – Sei einfach im Moment. Im Moment hast du alles, was du brauchst. Im Moment haben wir immer alles, was wir brauchen. Es mag vielleicht nicht das sein, was unser Verstand uns sagt, das wir brauchen... genaugenommen ist es das nie, aber der Frieden ist Hier. Im Moment. Gott versorgt uns jeden Moment mit genau dem, was wir wirklich im Moment gerade benötigen. Kein Problem.“

Bern, 6. März 99

Ich dolmetsche so gemütlich vor mich hin, und eigentlich geht es ja immer wieder um das Gleiche. Ich frage mich deshalb zuerst leise und in einer längeren Stille-Phase auch öffentlich im Satsang:

„Samarpan, wenn das alles so einfach ist und wir nur dem Verstand den Rücken zu wenden müssen, was machen wir dann eigentlich hier? Und was wollen all die Leute? Das ist ja dann nun wirklich nur ein Kindergarten!“

Samarpan antwortet nicht und schaut scheinbar unbeeindruckt geradeaus.

Komische Stille.

„Wie ist das denn zu verstehen, Samarpan?“, meldet sich jemand aus dem Publikum zu Wort.

„Das ist bloß Ramas Arroganz“, meint Samarpan vollkommen gelassen. „Beachte es überhaupt nicht.“

Uuups. Schluck. Würg.

Bern, 7. März 99

Im Satsang shart einer der vielen anwesenden Sannyasins, dass für ihn – damals mit Osho – die Erleuchtung stets etwas ganz Besonderes zu sein schien. Und Samarpan antwortet:

„Ja, Osho war so unerreichbar. Wir alle wollten sein wie er. Doch Osho versuchte nicht, wie jemand anderes zu sein, Osho war ganz er selbst. Jesus hat nicht versucht, wie jemand anderes zu sein, Ramana, Buddha... Sie waren alle ganz sie selbst. Sei du ganz DU selbst.“

Bern/Interlaken, 12. März 99 (Retreat)

Fahre nach dem Abschiedsfrühstück zum ’15-Uhr-Aufbau-Treff’ in Interlaken, zu dem auch ein professioneller Videofilmer auftaucht, der in den kommenden Tagen Aufnahmen von unseren Satsangs machen wird.[17] Darauf bezugnehmend kommt Abhijat vor dem Satsang zu mir und bittet mich, während der bevorstehenden Satsangs möglichst korrekt zu übersetzen. Als ob ich mit Absicht so ‘frei’ übersetzen würde!

„Schau Abhijat, wenn Dir jemand sagt, Du sollst anders musizieren, als Du es ‘tust’, geht es Dir doch auch so, dass Du denkst: ‘In Wahrheit ‘mache’ ich doch gar nichts. Also kann ich es auch nicht anders ‘machen’. Das muss oder sollte dem Bittenden doch auch klar sein.’“

„Ja, ich weiß, was Du meinst...“, lacht Abhijat.

„Insofern... Aber wenn es Dich beruhigt: Ich werde mein Möglichstes ‘tun’.“

Wir lachen uns an, wissend, dass dies ein Spiel voller Paradoxien ist.

Interlaken, 13. März 99 (Retreat)

Im Morgen-Satsang erzählt eine Frau von einer tollen Erleuchtungs-Erfahrung.

„Ich war eins mit allem. Da war nur Glückseligkeit.“

„Wunderschön. Eine solche Erfahrung weist auf die Wahrheit hin, aber sie ist nicht die Wahrheit. Wir tendieren dazu, diesen Fehler zu machen und

---

17 Ausschnitte von den bei diesem Retreat aufgenommenen Videos gibt es unter: http://www.blissvideo.com/interlaken-satsang.wmv

denken, es sei diese Erfahrung. Aber jede Erfahrung kommt und geht und ist deshalb wie alles andere, was kommt und geht, nicht wirklich. – Bei Papaji im Satsang sharte einmal jemand, dass er eine kleine blaue Flamme gesehen habe, die sich schließlich aufgelöst und nichts mehr übrig gelassen hätte. Papaji sagt daraufhin: 'Das ist die Wahrheit.' Am nächsten Tag gab es dann einige, die stolz im Satsang sharten: 'Ich habe auch das kleine blaue Flämmchen gesehen!' Und Papaji erwiderte lachend: 'Vergesst es.' – Ich selbst hatte vor Jahren einmal eine ähnliche Erfahrung. Und zwar konnte ich bei Nacht alles taghell sehen und dachte: 'Das ist jetzt die Erleuchtung.' Aber es war nur eine Erfahrung, nicht real; genaugenommen nichts. Das Beste ist, solche Erfahrungen gleich wieder zu vergessen. Sonst will der Verstand diese Erfahrung erneut haben und vergleicht ständig diesen Moment mit jenem anderen Moment; vergleicht das augenblickliche Erleben, das gegenwärtige Erfahren mit dieser vergangenen Erfahrung. Und so ist man nicht Hier."

Stille. Und ich denke: Das mag wohl so sein, aber trotz allem hätte ich doch auch gerne mal solch eine Erfahrung und sei es auch nur ein einziges Mal. In diesem Moment sagt Samarpan in die Runde:

„Macht euch keine Gedanken, wenn ihr noch nie solch eine Erfahrung hattet. Vielleicht werdet ihr nie solch eine Erfahrung haben. Aber das heißt nichts. Es bedeutet nur, dass ihr eine solche Erfahrung nicht braucht. Die Existenz verschwendet nichts. Entspanne einfach. Sei einfach Hier; mit dem Erleben, was jetzt gerade Hier ist."

Interlaken, 14. März 99 (Retreat)

„Samarpan, ich raste manchmal einfach aus. Und später mache ich mir dann Vorwürfe", shart jemand bedrückt im Abend-Satsang.

„Das ist okay, so sind wir nun mal, weißt du. Neulich fand ich in unserem Briefkasten in Frankfurt einen Benachrichtigungszettel, dass der Postbote bei uns niemanden angetroffen und das auszuliefernde Pakct daher wieder mitgenommen habe. Dies könne man nun bei der Hauptpost abholen. Jetzt war es aber so, dass ich immer zu Hause gewesen war... das heißt: Der Postbote war nur zu faul gewesen, zu uns in den vierten Stock hoch zu kommen. Also ging ich zur Post und machte den Schalterbeamten richtig zur Sau. Dieser war zwar wirklich gänzlich unschuldig und trotzdem, das war mir in dem Moment egal. Ja, es fühlte sich gut an", grinst Samarpan und fast alle lachen. Nur ich nicht. An meiner Vorstellung vom stets liebe- und verständnisvollen Meister festhaltend denke ich innerlich kopfschüttelnd: ts, ts, ts.

Interlaken, 15. März 99 (Retreat)

Das Retreat ist vorbei, und eigentlich hatte ich geplant, nach dem Frühstück gen Stuttgart zu fahren. Andererseits ist es total genial hier: Der Schnee, die

Berge und strahlend blauer Himmel. Viele Leute nehmen extra Urlaub, um hierher zu kommen, und ich will sofort wieder weg? Angenommen, ich fahre jetzt nach Stuttgart, dann sitze ich in fünf Stunden bei regnerischem Wetter dort herum und trauere dem Hier nach. Verrückt! Also frage ich die Seminarhaus-Leiterin, ob ich noch ein paar Tage hier bleiben könnte, und sie sagt ja! Super!!! Kurzerhand fahre ich mit dem Auto auf eine Alm oberhalb von Interlaken, von wo aus es mit einem kleinen Gondel-Lift noch weiter nach oben geht: Schnee so weit das Auge reicht. Wie schön. Das Leben ist solch ein unbeschreibliches Geschenk!

Stuttgart, 18. März 99

Ein alter Bekannter jammert mir seine 'Story' vor. Schlau, wie ich bin, sage ich:

„Weißt Du, wenn Du einfach im Frieden mit der Situation wärst, dann wäre es kein Problem."

„Ja, aber ich kann doch nicht..."

„Doch, es ist ganz einfach. Fühle einfach, was gerade da ist. Sei einfach im Moment..."

„Sooo einfach ist das nicht!"

„Doch: Es ist ganz einfach", lache ich ihn aufmunternd an.

„Hee, willst DU mir sagen, was ich zu tun und zu lassen habe?", braust er auf.

„Nein", sage ich und denke: 'Samarpan hat wirklich recht. Jeder hält an seinem Leid fest. Man kann es niemand wegnehmen. Und wenn man es doch einmal versucht, wird man sogar noch angemacht.' Mannomann. Außerdem wird mir noch etwas klar. Solange mir die Leute nur ihre Story erzählen und keine Frage bezüglich des Friedens stellen, sind sie ja im Grunde überhaupt nicht offen. Ja, genau. Das ist es. Und darauf weist wohl auch die Geschichte mit der vollen Tee-Tasse hin: der Schüler, der erst einmal leer werden muss, damit die Wahrheit 'Platz' hat.

'Wo Du keine Frage gestellt kriegst, da gib auch keine Antwort, Rama. Schreibe Dir das einmal hinter die Ohren', sagt mein Verstand. Er muss wirklich immer das letzte Wort haben.

Köln, 22. März 99

Erster Abend. Ich frage nach einem Schlafplatz, aber so wie es aussieht, werde ich im Bus schlafen müssen. Köln war diesbezüglich schon immer ein schwieriges Pflaster. Fahre einige Zeit umher, bis ich kurz vor Mitternacht eine vollkommen verlassene Straße finde (Hurra! Endlich!), wo ich parke und mir dann mein Bett richte.

Köln, 23. März 99

Werde geweckt von lautem Motorengeräusch, schäle mich aus meinem Bett, ziehe die Vorhänge zur Seite und was sehe ich: Autos, so weit das Auge blickt. Und ein Lastwagen, der nicht durchkommt, weil ich nicht ganz am Randstein stehe, was ich letzte Nacht aufgrund der ausgestorbenen Straße für nicht notwendig befunden hatte. Also klettere ich – noch im Schlafanzug – nach vorne hinter das Lenkrad und fahre ein paar Zentimeter nach rechts. Der Lastwagen fährt vorüber, ich klettere wieder nach hinten und haue mich noch einmal aufs Ohr. Gäääähn! Welch ein Leben!

Köln, 24. März 99

Nach der kalten Nacht im Bus habe ich jetzt einen Schlafplatz bei einer Frau vom Satsang, den ich allerdings frühmorgens verlassen muss, da sie Besuch bekommt. Treibe mich den ganzen Tag auf der Straße herum, obwohl es bitter kalt ist. Übel, übel. Und ich erlebe die Welt vollkommen anders, bin quasi in einer anderen Realität. Da es wirklich schweinekalt ist, hänge ich die meiste Zeit in Kaufhäusern oder bei McDonalds herum. Fühle mich als Obdachloser und habe Angst, dass mich einer der Bediensteten anmacht und eventuell sogar hinaus in die klirrende Kälte wirft, weil ich seit nunmehr bereits zwei Stunden an einem längst kalt gewordenen Cheeseburger herumnage. Wie ein Bettler, der auf die Gnade des Besitzstandes angewiesen ist. Au, au! Ein übler Trip, der immer übler wird. Dazu liegt mir ständig mein Verstand im Ohr: ‘Was führe ich eigentlich für ein verrücktes Leben? Schließlich habe ich ja tatsächlich kein Zuhause mehr! Wo soll das alles nur noch hinführen?’ – Auweia! Mir ist klar, dass das ‘nur’ der Verstand ist, aber verdammt noch mal: Hat er nicht Recht? Das ist hier die Frage. Verflucht noch eins, geht es mir beschissen; und zwar total! – Auch abends im Satsang bin ich noch ziemlich schlecht drauf und kann denjenigen, der gerade shart, daher sehr gut verstehen:

„Samarpan! Ich hasse diese Illusion. Vor allem hasse ich diese derart schmerzhaften Erfahrungen.“

„Da ist nichts falsch an dieser Illusion. Es ist solch eine wunderschöne Illusion. Nimm sie nur nichts ernst. Nimm überhaupt nichts ernst. Es gibt nichts Ernstes. Osho sagte: ‘Ernsthaftigkeit ist die einzige Krankheit.’ Das ist die Wahrheit. Es gibt nichts Ernstes. Das Leben ist nicht ernst. Der Tod ist nicht ernst.“

„Aber ich wäre doch noch vor meinem Tod so gerne erleuchtet, Samarpan!“

„Also Erleuchtung ist ganz gewiss nicht ernst. Erleuchtung ist wirklich der größte Witz. Es ist einfach das, was du bist.“

Köln, 27. März 99

„Oh, Samarpan! In meinem Leben bricht gerade alles zusammen“, shart jemand mit Tränen in den Augen.

„Wie schön! Und so ist es: Wenn man nach der Wahrheit fragt, arrangiert das Leben alles von ganz alleine. Und du darfst einfach zusehen.“

„Ich will aber nicht einfach nur zusehen. Ich will...“ Sie verstummt.

„Entspanne einfach. Weißt du: Es ist wunderbar, wenn in deinem Leben gerade alles auseinander bricht, denn es zeigt, dass du bereit dafür bist, dass du reif dafür bist. Das ist wunderschön. Da ist nichts verkehrt.“

Stille. Und die Fragende entspannt mehr und mehr. Schließlich lächelt sie Samarpan an:

„Du bist wirklich genau im richtigen Moment in mein Leben getreten, Samarpan!“

„Yes!“, lächelt Samarpan zurück. „It’s always like this.“

Köln, 28. März 99

Viele derer, die bei Samarpan die Wahrheit erkannt haben, kommen entweder gar nicht mehr zum Satsang oder nur noch selten. Heute kommt solch ein ‘Seltener’ und shart, dass er ein klein wenig schlechtes Gewissen hat, dass er so lange nicht mehr da war.

„Das ist okay. Du weißt, dass Satsang überall ist. Unabhängig vom formellen Satsang. Du brauchst mich nicht, ich brauche dich nicht... Da ist nichts verkehrt.“

Stille. Der Sharende sieht Samarpan an und scheint selbst noch nicht so recht seiner Unabhängigkeit und Freiheit zu trauen. Da fährt Samarpan fort:

„Als Gangaji einige Zeit nach ihrem ersten Besuch bei Papaji wieder nach Indien zu ihm reiste, fragte dieser bei ihrem Anblick: ‘Was willst du denn schon wieder hier?’ – Schau: Du hast den wahren Guru in dir gefunden. Es gibt nichts anderes zu suchen. Höre einfach auf. Halte einfach an. Und wenn du Lust hast, zum Satsang zu kommen: schön; und wenn nicht, ist das auch in Ordnung. Lebe einfach ein Leben in Wahrheit und Frieden. Lebe ein Satsang-Leben. Verbringe dein ganzes Leben in Satsang. Und ich sehe, dass du das genaugenommen tust. – Wunderschön“, fügt Samarpan mit einem Augenzwinkern hinzu.

Lange schöne Stille.

Köln, 31. März 99

Gerade ist jemand vorne, der sich für den Allerbescheidensten hält. Trotzdem glaube ich, auch eine gewisse Arroganz zu spüren und frage deshalb Samarpan diesbezüglich nach dem Satsang.

„Genaugenommen ist das alles das Ego“, antwortet er mir. „Nur dass es dort auf dem Kopf steht. Es ist alles der Verstand. Ob wir uns für den Allergrößten oder den Allerkleinsten halten... es sind nur die zwei Seiten ein und derselben Münze. Beides ist nicht die Wahrheit. Du bist nicht der Größte. Und du bist nicht der Kleinste. Du bist überhaupt niemand. Du *bist* einfach. – *Sei* einfach."

„Aber der andere ist doch nur mein Spiegel. Ist das dann meine Arroganz? Ich verstehe einfach nicht, wieso..."

„Stop!", bremst Samarpan mich, ich halte inne, und er sagt. „Schau: Das ist einfach klares Sehen."

Absolute Stille. Dann sage ich:

„Okay."

„Great", lächelt Samarpan. Welch ein Meister. Welch eine Liebe.

Köln, 3. April 99

Ein Typ mit Anzug und Krawatte shart, dass er viel zu viel arbeitet, sich eine Pause jedoch nicht leisten kann, was Samarpan einen Lacher entlockt.

„Ja. Eine Bekannte von mir jammerte auch ständig über viel zu viel Arbeit. Und es war offensichtlich, dass sie viel zu viel arbeitete. Ich und alle anderen konnten es sehen, und wir rieten ihr, doch endlich einmal ein paar Tage Urlaub zu machen. Aber nein, das könne sie der Firma nicht zumuten... usw. Am darauf folgenden Wochenende ging sie Skifahren..."

Samarpan hält kurz inne, und ich ahne, was jetzt kommt:

„Sie brach sich beide Beine und zwar so kompliziert, dass sie für Monate außer Gefecht gesetzt war. – Weißt du: Das Leben ist sehr potent, sehr 'fähig'. Es zeigt uns beständig den Weg und weist uns die Richtung. Wenn wir darauf hören, ist das Leben ganz leicht. Alles ergibt sich von selbst. Alles läuft wie geschmiert. Aber wenn wir die Signale immer wieder ignorieren, dann zeigt uns das Leben zunehmend deutlicher, wo es langgehen soll. – Höre einfach auf das Leben. Höre einfach auf die Stille."

Köln, 5. April 99

Nach dem heutigen Satsang zeigt Abhijat mir eine neue, von ihm zusammengeschnittene Satsang-CD mit verschiedenen Sharings von Samarpan, die wir ab sofort auch auf unserem Verkaufstisch liegen haben werden. Es ist schon bewundernswert, mit wie viel Energie Abhijat Samarpan unterstützt. – 'Im Gegensatz zu dir', sagt mein Verstand, mich verurteilend, 'der du mehr und mehr nur noch deine Ruhe haben willst. Schäme dich!'

Kiel, 9. April 99

Eine Frau, die schon seit langem zum Satsang kommt, shart, dass sie sich heute Mittag gefragt habe, warum sie überhaupt zum Satsang gehen solle. Schließlich habe sie ja alles. Aber dann sei ihr klar geworden, dass sie einfach zu nichts anderem Lust hat, als ihre Abende hier im Satsang zu verbringen.

„Perfekt. Das ist die Wahrheit. Du brauchst nichts, ihr braucht nichts. Denn ihr habt 'es' bereits. – Der einzige Grund dafür, jetzt hier zu sein, sollte für alle darin bestehen, dass es in der ganzen Stadt keinen Ort gibt, an dem er oder sie jetzt lieber wäre, weil es Hier einfach am meisten Spaß macht. Und Hier IST in der Tat der meiste Spaß, nicht unbedingt hier in diesem Raum, sondern Hier. Hier ist die Freude. Hier ist der Frieden. Immer. Sei einfach Hier. Wo immer du dich im Moment auch gerade befindest."

Kiel, 10. April 99

Im Nachmittag-Satsang shart eine Frau aus Hamburg, die vor zwei Jahren auf Sizilien das erste Mal beim Satsang mit Samarpan war und seitdem immer wieder einmal sporadisch auftauchte, dass ihre beiden Töchter nun aus dem Haus sind, und sie auch sehr gerne immer um Samarpan herum wäre:

„Wenn Abhijat Deine rechte Hand ist, dann könnte ich doch vielleicht Dein linker Fuß sein?"

Allgemeines Lachen.

„... Allerdings ist da auch der Traum, nach Amerika zu gehen, wo ich einmal ein paar tolle Wochen verbracht habe."

„Schau, das ist der Verstand. In der Vergangenheit hattest Du dort einmal ein paar schöne Wochen, und der Verstand sagt: 'Lass uns wieder dorthin gehen! Es wird wieder ganz toll sein!' Aber das wissen wir nicht. Vielleicht wird es toll sein, vielleicht wird es furchtbar sein. Jetzt bist Du hier. Sei Hier. Sei ganz Hier. Hier ist alles Tolle der Welt. – Du kannst natürlich auch nach Amerika gehen, um das herauszufinden, aber notwendig ist es nicht."

Kiel, 11. April 99

Sehr wenige Leute im Morgen-Satsang. Und Samarpan meint:

„Es ist schon komisch. Würde ich einen Workshop anbieten mit dem Thema: 'Dies und das ist bei dir falsch. Kommt alle zu mir, ich habe die Lösung, und ich zeige euch den Weg, wie ihr es in Ordnung bringen könnt.' und viel Geld dafür verlangen, stünden die Leute Schlange. Aber so... – Unsere Konditionierung, dieser Glaube: 'Mit mir stimmt etwas nicht.' sitzt so tief, dass viele Menschen die Wahrheit nicht hören können. Stattdessen rennen sie zu irgendwelchen Therapien oder Workshops, wo sie an sich arbeiten können, um dann irgendwann vielleicht einmal okay zu sein. – Schaut, die Wahrheit ist: Da ist überhaupt nichts falsch bei dir. Alles ist wunderbar. Du brauchst nicht an dir zu arbeiten. Entspanne einfach. Es gibt nichts zu tun. Es ist alles Hier. Glücklichsein ist Hier. Du musst es dir nicht erst verdienen. Du kannst glücklich sein; genau jetzt. Richte deine Aufmerksamkeit einfach auf die Stille."

Hamburg, 14. April 99

Einmal mehr ist es so berührend, mit anzusehen, wie jemand die Wahrheit realisiert. Er sitzt nicht einmal vorne bei Samarpan, sondern rechts an der Wand, ist ganz still und dann laufen ihm die Tränen runter.

„Es ist normal, dass da Tränen sind, wenn man nach Hause kommt", sagt Samarpan voller Mitgefühl mit unendlich sanfter Stimme. „Du warst so lange weg... so viele Leben... Millionen von Leben." – Heul.

Hamburg, 16. April 99

Nachdem Samarpan im Satsang gerade über die Unersättlichkeit des Verstandes gesprochen hat, behauptet ein Mann:

„Samarpan: Wenn ich nur genug Geld hätte, wäre ich glücklich."

„Wie hoch ist denn der Betrag, von dem du glaubst, dass er dich glücklich machen würde?" Kurze Stille. Damit hat der Frager wohl nicht gerechnet.

„Nur keine falsche Bescheidenheit", ermuntert ihn Samarpan. „Angenommen ich hätte eine unbegrenzte Menge an Geld, die ich dir hier und jetzt aushändigen könnte... Wie viel wäre es, damit du dauerhaft glücklich und in Frieden wärst? Eine Million? Zwei Millionen?"

Stille. Offenbar hat es dem Fragesteller die Sprache verschlagen.

„Wir reden Hier von dauerhaftem Frieden. – Schau, angenommen du hättest eine Million... und eine Million ist nichts, die ist sehr schnell weg... Also lasse uns einmal annehmen, du hättest 100 Millionen. Das sieht auf den ersten Blick nach sehr viel Geld und Sicherheit aus. Aber hättest du wirklich so viel Geld, würdest du die Erfahrung machen, dass es dich nicht glücklich machen würde. Und auch nicht zufrieden. Denn schon bald käme der Verstand... mit Vorstellungen von Inflation, von Diebstahl, von diesem und von jenem... Du wärst nicht in Frieden. Du wärst nicht glücklich. Man kann dem Verstand jeden Wunsch erfüllen und doch gibt er sich nie zufrieden. Das ist dieser weitverbreitete Glauben, diese Überzeugung: 'Wenn ich nur genug Geld hätte, dann...' Es ist nicht die Wahrheit. Es ist eine Lüge. Und deshalb ist es wichtig, all diese Glaubensätze in Frage zustellen. So findest du die Wahrheit. Die Wahrheit, dass Glücklichsein nicht von irgendwelchen äusseren Umständen abhängig ist. – Glücklichsein ist Hier. Schaue einfach Hier nach, und du siehst."

Hamburg, 17. April 99

Bin tagsüber mal wieder auf der Reeperbahn und gehe in eine Peepshow. – Gähn; ich glaube, die Tänzerin ist ziemlich angenervt, dass ich nicht – wie die anderen Männer neben mir – auf ihre Anmache einsteige, sondern eher gelangweilt ihrer Darbietung zuschaue und fast froh bin, als die fünf Minuten endlich um sind... Diese Illusion hätte sich damit also auch erledigt, wie schön.

Hamburg, 19. April 99

Im Satsang shart jemand, dass er noch nie irgendwelche tollen spirituellen Erfahrungen gemacht hat.

„Schau“, sagt Samarpan, „das ist alles sooo unwichtig. – Einmal nahm ich an einem schamanischen Ritual teil, und während die anderen angeblich zu irgendwelchen astralen Schamanen-Treffen flogen, saß ich einfach nur da und dachte: ‘Mist, bei mir stimmt etwas nicht. Ich verpasse hier etwas.’“ Samarpan lächelt. „Es gibt nichts zu verpassen. Das Einzige, das es zu verpassen gibt, ist Hier. – Sei einfach Hier. Alles andere ist vollkommen irrelevant.“

Hamburg, 20. April 99

„Samarpan, kann eigentlich jemand, der erwacht ist, auch wieder einschlafen?“, fragt jemand im Satsang.

Wie ist das denn gemeint? Vielleicht als Kritik an einer derjenigen ‘Personen’, die bei Samarpan erwacht sind und jetzt selbst Satsang geben? Mir gehen diese frisch Erleuchteten, die dann gleich anfangen, Satsang zu geben mit der Motivation: ‘Ich weiß jetzt Bescheid und zeige euch den Weg.’ ja nach wie vor gewaltig auf den Keks. Das hat vermutlich damit zu tun, dass in dieser Hinsicht bei mir sowohl Eifersucht als auch Angst ist, was ich mir allerdings nur ungern eingestehe und viel lieber in die Story gehe: ‘Wenn sie wirklich erleuchtet wären – so wie ich (Zwischenbemerkung meines Verstandes, hahaha) –, dann würden sie erkennen und wissen, dass da in Wahrheit niemand ist, den sie erleuchten müssen.’ Irgendwie scheint die Realisation, dass auch diese Satsang-Geber zum einen nichts ‘tun’ und zum anderen nicht von mir getrennt sind, in meinem System noch nicht ganz durchgesickert zu sein. – Wenn ich genauer hinsehe, merke ich, dass das möglicherweise damit zu tun hat, dass ich die Eifersucht nicht fühlen will... oder doch noch irgendwie als Nichterleuchteter identifiziert bin? Oder gerne als Erleuchteter gelten würde?

„Alles ist möglich“, sagt Samarpan vieldeutig. „Wisst ihr: Ich habe die Wahrheit so vielen Menschen aufgezeigt. Und sie haben gesagt: ‘Toll.’ Und sind dann wieder zu irgendeiner Art von ‘Blödsinn’ zurückgekehrt. Aber so ist das nun einmal. Halte einfach immer wieder an und fühle, was gerade da ist; akzeptiere, was gerade da ist. So findest du Frieden. Wieder und wieder. – Sei einfach Hier. Hier findet die wirkliche Begegnung statt. Wir begegnen uns nicht im Verstand, wir begegnen uns immer Hier. Von Herz zu Herz. Von Buddha zu Buddha. – Es gibt nichts anderes, als das, was du bist. Dieses Gewahrsein. Das, was sich all dessen – sich seiner selbst – gewahr ist. – Das.“

5.

Jesus sprach: Wer sucht, soll nicht aufhören zu suchen, bis er findet.
Und wenn er findet, wird er bestürzt sein.
Und wenn er bestürzt ist, wird er erstaunt sein.
(Thomas-Evangelium 2)

Hamburg, 22. April 99

„Es gibt nichts zu tun."

„Das verstehe ich nicht, Samarpan", sagt jemand.

„Der Verstand versteht es nicht. Natürlich."

„Aber Samarpan, kann es denn nicht sein, dass man manchmal etwas tun bzw. etwas unternehmen muss? Zum Beispiel, wenn man krank ist?"

„Ich sage nicht, dass man nicht zu Ärzten gehen soll. Das ist so ein New-Age-Irrglaube. Und es ist Quatsch. – Ramana, zum Beispiel, hatte Krebs. Und er war in Frieden damit. Aber seine Schüler waren nicht in Frieden damit. Sie dachten, da sei etwas verkehrt und wollten unbedingt, dass er sich operieren ließe. Schließlich willigte Ramana ein. Der Krebs wurde entfernt, kam aber nach kurzer Zeit wieder. Weitere Operationen lehnte Ramana ab. Er war in Frieden mit Krebs. – Tue, was du tun kannst. Wenn es hilft: gut. Wenn nicht, dann sei in Frieden mit dem. Es spielt keine Rolle. Es ist nur der Körper. Du bist nicht der Körper. Du bist von all dem, was im Körper und mit dem Körper geschieht, unberührt. Richte deine Aufmerksamkeit einfach immer wieder auf die Stille. Sie ist deine wahre Natur."

Hamburg, 24. April 99

Vor dem Satsang sehe ich die Frau wieder, die im vergangenen Sommer von Samarpan in Gmund aus dem Satsang 'geschmissen' wurde und frage sie danach, wie sie es denn erlebt hat. Leider kann sie sich jedoch an nichts mehr erinnern – muss wohl einen totalen Blackout gehabt haben –, aber da sie offensichtlich in Frieden mit sich und mit Samarpan zu sein scheint, denke ich: 'Also war es doch genau das, was sie in dieser Situation, in diesem Moment offenbar hören und erleben musste, und nur mein Verstand war anderer Meinung und kritisierte Samarpans Verhalten. Ach herrje, wie oft tue ich ihm vermutlich Unrecht, obwohl ich doch im Grunde keine Ahnung habe, was hinter den Kulissen noch so alles abläuft?' – Ja, ja: Und der Satguru zieht die Fäden...

Hamburg, 25. April 99

„Samarpan", shart ein älterer Mann bescheiden, „Zum ersten Mal in meinem Leben habe ich das Gefühl zu wissen, was Liebe wirklich ist..."

Puuuh... heul.

Stuttgart, 27. April 99

Mein Bruder ist so weise. Als ich ihm sage, dass ich mich hin und wieder schon frage, warum ich eigentlich sieben Jahre lang ausgerechnet Maschinenbau studiert habe, sagt er:

„Hättest Du etwas gemacht, das Dir vielleicht mehr gelegen hätte, wärst Du möglicherweise dort hängen geblieben."

Und da ist etwas Wahres dran. Hätte ich Architektur oder Psychologie studiert, wäre ich Fotograf geworden oder hätte sonst etwas gemacht, was wenigstens so halbwegs auf meiner Linie gewesen wäre... wer weiß, ob ich mich auch dann so intensiv um die Wahrheit bemüht hätte. Wie schön. Dank meinem Bruder bin ich jetzt auch was diesen Aspekt anbelangt im Frieden.

Stuttgart/Zürich, 30. April 99

Auf der Autobahn überhole ich eine Zirkuskarawane und denke: 'Die führen ein ganz ähnliches 'Reise'-Leben wie ich und der gesamte Samarpan-Tross. Nur gibt es bei uns einen Meister, der die Leute von ihren Ego-Trips immer wieder herunterholt.' Gott sei Dank!

Am Nachmittag bin ich bereits in der Schweiz. Ein Glück, dass ich immer viel Zeit einplane, denn den Satsang-Ort finde ich erst nach langer Suche. Trotzdem bin ich der Erste und erkunde schon einmal die Örtlichkeiten. Immer spannend, wenn wir das erste Mal irgendwo sind. Die Überraschung des heutigen Tages lautet: Der Satsang-Raum befindet sich im fünften Stockwerk und: Es gibt keinen Aufzug. Da kommt Freude auf... Was mich aber wirklich freut, ist, dass auch Viramo, die Frau aus Hamburg auftaucht. So wie es momentan aussieht, wird sie jetzt also mitreisen, auch ohne dass sie einen festen Job im Staff hat. Wie schön.

Zu Beginn des Satsangs habe ich völlig vergessen, dass ich ja heute Geburtstag habe, doch Abhijat denkt daran und stimmt jetzt ein 'Sweet Rama, I love your love, I love you so. Happy birthday to you.' an. Und während mir Tränen in die Augen steigen, sehe ich in vierzig singende, strahlende Gesichter. Welch ein Moment! Welch ein Geschenk!

Zürich, 1. Mai 99

„Samarpan", shart eine Frau, „in meinem Kopf dreht sich seit einiger Zeit alles nur noch um ein Thema... ich habe es dir ja auch schon mal in einem Brief geschrieben..."

„Ja. Aber vielleicht ist es gut, wenn du es jetzt noch einmal hier im Satsang ansprichst. Dann können wir es uns im Licht der Wahrheit betrachten. Alles ist willkommen Hier. Hier gibt es keine Tabus."

„Ja, schon. Aber all die anderen Leute..."
„Es gibt keine anderen Leute. Es gibt nur dich."
„Ja... ehm... Ich würde gerne einmal eine Nacht mit dir verbringen..."
„Schau", sagt Samarpan liebevoll, „Das ist der Verstand, er kommt mit irgendeiner Idee daher. Dann ist da ein anderes Programm, was sagt: 'Das ist verboten, dieser Gedanke darf nicht sein, diese Vorstellung ist hier nicht willkommen!' und schon befinden wir uns mitten im Krieg. – Wisst ihr: Das ist das Schöne an meiner Ehe mit Marga. So ist für alle klar: Sie ist die einzige Person, mit der ich meine Nächte verbringe. Das beendet alle Phantasien. Unmittelbar. Wende dem Verstand einfach den Rücken zu und sei Hier. Ist Frustration Hier? Gut, dann fühle die Frustration. Ist Trauer Hier? Gut, dann fühle die Trauer. Ist Schmerz Hier? Gut, dann fühle den Schmerz. Fühle einfach, was auch immer im Moment gerade Hier ist. Das ist der Frieden."

Lange Stille, während beide sich unverwandt ansehen und auf dem Gesicht der Frau mehr und mehr Frieden einkehrt. Wie schön.
„Vielen, vielen Dank, Samarpan!", sagt sie schließlich. „Es ist so wunderbar, dass wir bei dir alles sharen können. Danke! Danke! Danke!"
Auch Samarpan strahlt und erwidert ihr Namasté:
„Sehr, sehr, sehr gerne geschehen. Das Göttliche heißt alles willkommen. Alles ist willkommen; Hier. – Osho sagte: 'Bedankt euch nicht bei mir. Dankt den Bäumen, der Sonne...' – Bedanke dich nicht bei mir. Deine Freude ist mir Dank genug."

Zürich, 3. Mai 99
„Bringt mir all euer Leid, ich werde mich darum kümmern", sagte Samarpan im heutigen Satsang. – Und jetzt, kaum wieder 'daheim' angekommen, heult mir meine Gastgeberin die Ohren voll, und ich frage mich, warum sie das alles nicht im Satsang geshart hat? Mmh, offensichtlich will sie nicht von ihren Storys lassen, und Samarpan hätte ihr wahrscheinlich alle weggenommen, dieser Halunke, hahaha. Mein Lachen verwandelt sich in verwundertes Staunen, wenn ich sie sagen höre:
„Weißt du, im Grunde macht Samarpan eine ganz ähnliche Arbeit wie ich. In meinen Workshops geht es auch darum..."
Ich höre nur halb hin und denke: Manche Leute scheinen in der Tat keine Ahnung davon zu haben, worum es bei Satsang wirklich geht, dass Satsang jenseits aller Workshops ist, dass Satsang das Ende aller Workshops ist. Schon irgendwie interessant.

Zürich/Bern, 4. Mai 99
Gleich nach dem Satsang fahren Samarpan und ich nach Bern, wo wir gegen Mitternacht in der Sangha, dem ehemaligen Osho-Zentrum, ankommen und

uns noch ein wenig in den Garten vor dem Haus setzen; wie schön. Es ist eine laue Sommernacht. Stille. Nur Samarpan und ich. Tiefster Frieden. Wunderbar. Allerdings ist da dann doch eine Sache, die mich nicht in Ruhe lässt. Und zwar geht es um Geld, was ich zu meiner Zeit als Ingenieur angespart habe. Zwar war ich Sabine gegenüber immer klar, dass ich keinerlei Verantwortung übernehmen will, und im Grunde hat sie auch nicht wirklich irgendwelche Erwartungen geäussert. Und trotzdem habe ich – ausgelöst durch eine Bemerkung von ihr vor ein paar Tagen am Telefon, dass es bei ihr gerade recht knapp zugeht – ein schlechtes Gewissen. Aber wie viel soll ich ihr geben? Und in welchen Raten? Und wann? – Ich schildere Samarpan die ganze, für mich so vertrackte Situation, und der fragt lediglich ganz entspannt:

„Warum gibst du ihr nicht das ganze Geld, alles auf einmal?“

Puuuuuuh!!! Das ist mal wieder eine von diesen Situationen, in denen die Wahrheit mich ziemlich schmerzt; genauer gesagt die Konfrontation mit ihr... au, au, au! – Ich schließe meine Augen... puuuuuuuuh... das ist eines von meinen allerschlimmsten Monstern... au, au, au, au, au! – Mein Verstand sträubt sich, gebärdet sich wie wild, eilt ‘mir’ mit tausend Argumenten ‘zu Hilfe’, um das Geld doch noch zu behalten... aber diese Vorstellung tut einfach so scheiß weh!!!

Minuten des inneren Kampfes, der inneren Zerrissenheit vergehen, doch nach und nach beruhige ich mich ganz allmählich wieder. Schließlich öffne ich meine Augen und sehe Samarpans Blick still und klar auf mir ruhen.

„Du hast Recht“, sage ich leise. Und Samarpans meint liebevoll:

„Ja. Das ist das Einfachste.“ Dabei beginnt sein Gesicht in solch einem unendlichem Verständnis und Mitgefühl zu erstrahlen, dass mir die Tränen kommen: Mein Gott, was ist das nur für ein Mensch! Und ich jetzt hier mit ihm! Solch eine Gnade! Solch ein Segen! – Ich fühle ein ungeahntes Glücks- und Freiheitsgefühl in mir aufsteigen. Das muss Jesus gemeint haben, als er sagte: ‘Geben ist seliger als Nehmen.’ Und gerade jetzt sitze ich hier mit einem Buddha, der mich an der Hand hält und mehr und mehr zur Freiheit führt... kann es etwas Wertvolleres geben? Ist das mit Geld zu bezahlen? Mein Gott, und dass ich in der Lage bin, Samarpan zu sehen und die Wahrheit zu hören, ist dies nicht solch eine Gnade? – Eine ganze Weile sitzen Samarpan und ich einfach nur da und sehen uns in die Augen. Es ist unbeschreiblich. Absolute Glückseligkeit.

Bern, 5. Mai 99

9 Uhr: gemütliches Frühstück bei Sonnenschein im Garten. Alles easy-going. Doch dann sagt Samarpan völlig überraschend zu mir, dass ich von jetzt an nicht mehr trommeln soll.

„Wieso das denn???“

„Unsere Musiker werden einfach immer feiner mit der Musik.“
„Und warum sagen die es mir nicht? Wieso sagst du mir es?“
Samarpan sieht mich an und sagt weich:
„Weil du weißt, dass ich dich liebe!“
Oh, Gott! Ich sehe Samarpan an und in mir steigt ein riesengroßer Schmerz auf. Mit dem Trommeln fing meine Samarpan-Mitreisezeit an, dann kam der Regenmacher und diverse kleine Rasselteile hinzu, von denen mir unsere Musiker im Lauf der Monate jedoch eines nach dem anderen wieder entzogen bzw. verboten haben. Und jetzt auch noch die Trommel. Fühle mich ausgeschlossen, im Fluss gebremst. Für vieles, für das ich Energie haben sollte (wie den Satsang-Raum herrichten etc.), habe ich keine Energie, und das, wofür ich Energie habe, soll ich nicht machen. Ich merke, wie ich auf einen leichten Trip komme, aber vor allem ist da Schmerz. Mit Tränen in den Augen sehe ich Samarpan an und höre ihn sagen:

„Du bist solch ein verdammt guter Dolmetscher, aber du bist kein Musiker. Lasse die anderen davon schweben. Wenn sie musizieren, kannst du dich zurücklehnen. Genieße es einfach.“
Ich fühle den Schmerz, und wenn ich nicht im Verstand bin, ist es solch ein köstliches Gefühl! Da ist soviel Liebe! Ich empfinde solch ein unglaublich starkes Liebesgefühl! Und wenn ich dann auch noch Samarpan anschaue, der mich total lieb ansieht... puuh! – Obwohl ich kaum sprechen kann, so sehr tut mir meine Brust weh, flüstere ich aus tiefstem Herzen zu Samarpan:
„I totally love you, Samarpan.“ - „I love you, too.“
Heul... Ein paar Minuten sitzen wir beide mit geschlossenen Augen da. Ich weine und weine und fühle den Schmerz, während Samarpan ganz bei mir ist. W-u-n-d-e-r-s-c-h-ö-n.

Genf, 6. Mai 99
Bin zusammen mit dem restlichen Staff im Paradies gelandet. Bei einem Schweizer Architekten-Ehepaar, das sich ein großes, fantastisches Traumhaus direkt am Genfer See gebaut hat: Riesige Zimmer mit Fensterfronten, exklusive Möbel, gemütlicher Wintergarten, beheizter Marmorfußboden, großer Garten... und alles durchdrungen vom liebevollen Wesen unserer Gastgeber. Wahnsinn! Würde ich nicht mit Samarpan umherreisen, hätte ich solch ein Haus in meinem ganzen Leben wahrscheinlich nie betreten. Und jetzt darf ich mich hier sogar wie zu Hause fühlen. Welch ein Geschenk, die Erfahrung machen zu dürfen, mir vorzustellen, dass dieses Haus mein Haus ist. Wenn ich dies tue, wird mir klar: So toll es auch ist, in einem solchen Traumhaus zu wohnen, es macht einen nicht glücklich. Wenn ich mit mir selbst nicht in Frieden bin, kann dies der noch so tollste Palast auch nicht bewirken. Und ich denke: Selbst wenn diese Erkenntnis das Einzige sein sollte, was ich während meines Mitreisens gelernt

habe, dann war es alleine das schon wert. – Tagsüber liegen wir am Strand und lauschen dem Plätschern des Baches, der durch ihr Grundstück führt, abends geht es zum Satsang... ein Traum von einem Leben.

„Das Leben ist ein Traum. Ein wunderbarer Traum. Und wenn man weiß, dass es nur ein Traum ist, dann kann man es wirklich so richtig genießen."

Genf, 8. Mai 99

Jetzt am Wochenende findet der Satsang hier im Haus statt. Welch ein Geschenk, dass unsere Gastgeber dies ermöglichen. Im Vorfeld gibt es viel zu tun, und mein Verstand verurteilt wieder einmal meine Energielosigkeit. Es ist zwar die ewig gleiche Story, aber leider kann ich darüber noch immer nicht gähnen, im Gegenteil: diese inneren 'fights' halten mich nach wie vor auf Trab, und ich bin alles andere als in Frieden mit mir selbst, was ich im Außen von Seiten des Staffs 'wunderschön' gespiegelt kriege. Doch auch mein eigener Verstand lässt sich nicht lumpen und schimpft: 'Wenn jeder um den Meister herum so träge wäre wie du, Rama, dann ginge es überhaupt nicht vorwärts!' - 'Was heißt denn hier 'vorwärts'?', dreht sofort ein anderes Verstandes-Programm den Spieß herum. 'Muss hier, muss Hier, HIER wohlgemerkt, überhaupt irgend etwas vorwärts gehen?'

Im Satsang höre ich Samarpan zum einmillionsten Mal sagen:

„Ignoriere deinen Verstand einfach. Das ist alles, was es zu lernen gilt."

Genf, 9. Mai 99

„Samarpan", fragt jemand im Satsang, „wie soll ich mein Leben leben? Was soll ich tun?"

„Ich habe keine Ahnung. Das ist die Wahrheit. Ich habe keine Ahnung, wie irgend jemand sein Leben leben soll. Oder was er tun soll. Ich weiß noch nicht einmal, wie ich mein eigenes Leben leben soll. Das Leben ist ein Mysterium. Wir können es nicht im Vorhinein 'herausfinden'. Das Einzige, was wir tun können, ist: das Leben zu leben. Von Moment zu Moment."

Stuttgart, 11. Mai 99

Wieder in Stuttgart, überweise ich Sabine das Geld und schreibe ihr gleichzeitig einen Brief, wobei mein Verstand unerwarteterweise doch noch einmal ganz schön auf Trab kommt. Puuuuuh! Mein Herz klopft wie wild, aber sei's drum. Ich brauche das Geld gerade nicht – Sabine kann es gerade gebrauchen; Ende der Diskussion.

Stuttgart/Stiersbach, 12. Mai 99 (Retreat)

Aufbau, Abbau, Aufbau, Abbau, Aufbau, Abbau, Aufbau, Abbau... was für ein Leben, dieses ständige Umherziehen; was für ein tolles Leben! Denn selbst wenn ich hier und da die Knöpfe gedrückt kriege, ist da immer wieder das Zusammensein mit Samarpan, und alles löst sich in Luft auf. Wobei der erste Aufbau-Abend wieder ziemlich stressig ist. Es gibt derart viel zu tun, dass man gar nicht richtig mitbekommt, wer so alles ankommt und an einem vorbeiläuft. Erst beim Satsang kehrt allmählich Ruhe ein, und man sieht all die vielen schönen bekannten Gesichter aus ganz Deutschland, der Schweiz und sonst wo her. Langsam komme ich zur Ruhe, langsam komme ich hier an. Die Musik beginnt, Samarpan kommt... es ist perfekt; alle freuen sich, hier zu sein. Jetzt geht das Retreat richtig los: eine Woche Stille, wie schön.

„Es ist schön, hier zu sein", beginnt Samarpan den ersten Satsang.

Ja, das stimmt. Es ist wirklich immer wieder schön, in Stiersbach zu sein; zusammen mit all den Lieben...

„Es ist immer schön, hier zu sein", fährt Samarpan fort, kaum dass ich zu Ende gedolmetscht habe, und ich glaube zu merken, worauf Samarpan hinaus will. Offensichtlich spürt er, dass hier einige im Raum sind (oder bin vielleicht sogar ich der Einzige?), die im Moment gerade dem Glauben verfallen sind, die Schönheit und die Liebe, die hier jetzt gerade so greifbar ist, habe mit Stiersbach und Samarpan zu tun.

„Sei einfach immer Hier."

Ja, jetzt ist es (mir) klar. Er meint nicht hier, sondern Hier. Wie üblich nimmt er uns gleich zu Beginn alle Illusionen weg, dass das Glücklichsein mit ihm oder dem Retreat zu tun hat. Diese Illusion, in die man (ich) immer wieder so gern hineingehe. Es ist aber auch so verführerisch, denn mit Samarpan ist es so einfach, Hier zu sein, auch wenn man natürlich auch alleine jederzeit Hier sein kann... na ja, zumindest mehr und mehr. Welch ein Geschenk, dass Samarpan uns immer wieder aus dieser 'Erleuchtungsfalle' herausholt. Er ist halt ein echter Meister.

Stiersbach, 13. Mai 99 (Retreat)

Während des Abendessens ruft Sabine an und bedankt sich total lieb für den Brief:

„Ich hoffe, dass ich Dir das in irgendeiner Form irgendwann einmal zurückgeben kann", sagt sie, doch ich merke: Ich habe wirklich keinerlei Erwartungen, was irgend etwas anbelangt. Da ich keinerlei Verantwortung übernehmen möchte, ist nur die logische Konsequenz, dass ich auch keinerlei Rechte habe. Jedes Wollen, sei es auch nur der Wunsch nach einem Mitspracherecht bezüglich irgendeiner noch so kleinen Kleinigkeit, was das Kind anbelangt, fühlt sich einfach nicht stimmig an. Und sollte Sabine mir irgendwann – und sei es noch vor der Geburt – sagen, dass ich 'meinen Sohn' bzw. 'meine Tochter' nie zu Gesicht bekommen darf, dann wäre ich auch damit im Frieden.

Stiersbach, 15. Mai 99 (Retreat)

In der Mittag-Pause macht Samarpan mich zur Schnecke, weil ich in der Raucherecke rede. Ich habe zwar nur geflüstert, aber egal: ich fühle mich voll angemacht. Er als Meister stellt mein Verhalten als falsch dar, obwohl er selbst immer wieder sagt, dass das nicht die Wahrheit ist und tatsächlich niemand etwas 'tut'. Zum Kotzen! Allerdings dämmert mir auch ein ganz klein wenig, dass er vielleicht ja irgendwo doch recht haben könnte. Schließlich ist das ein Stille-Retreat. Trotzdem: 'Samarpan macht mich damit falsch, und das darf er nicht', sagt mein Verstand. Ganz im Hintergrund ist zwar auch die Idee, dieses Falsch-gemacht-worden-Sein einfach zu fühlen, aber das fühlt sich so unangenehm an, dass ich viel lieber in dieser Story schwelge... nicht sehr erleuchtet, kein lobenswertes Verhalten und auch kein erstrebenswertes Muster; im Gegenteil, aber: what to do?

Stiersbach/München, 17. Mai 99

Und weiter geht es in München, mittlerweile meine zweite Heimat. Genauso wie Hamburg und die anderen Städte... irgendwie fühle ich mich überall, wo wir gerade sind, zu Hause. Schön. Und wenn ich dann auch noch eine ruhige Unterkunft habe so wie hier, ist mein Glück vollkommen. – Im Satsang am Abend lamentiert jemand:

„Samarpan! Die armen hungernden Kinder in Afrika..."

„Stop! Das ist nicht die Wahrheit. Das ist nur ein Urteil in deinem Verstand. Und mit jedem unserer Urteile machen wir Gott falsch. Die Wahrheit ist: Gott möchte ALL diese Erfahrungen machen. Als Prostituierte in China, als Schaffner in Indien... und auch als hungerndes Kind in Afrika. Es ist alles perfekt. – Schau: Ich möchte dich selbstverständlich nicht davon abhalten, nach Afrika zu gehen und zu helfen. Aber verbringe keine Zeit im Verstand und leide aufgrund dieser Vorstellung, dass dort etwas verkehrt ist. Leide nicht wegen dieses Urteils, das nur in deinem Verstand existiert. Es ist nicht wirklich real. – Leide nicht wegen Dingen, die du nicht ändern kannst. Gott ist bei und mit allen Menschen. Gott liebt alle Menschen. Und Gott liebt dich. Genau so wie du bist. – Blicke einmal zurück auf dein Leben. Und sage die Wahrheit: Gab es je eine Zeit, in der Gott sich nicht um dich gekümmert hat, nicht bei dir war?"

„Manchmal kam es mir zumindest schon so vor..." Die Fragende wiegt unschlüssig ihren Kopf.

„Ja, manchmal kommt es uns so vor. Es gibt da eine Geschichte, in der ein Mann nach seinem Tod zu Gott kommt und sich lauthals beklagt. Mit den Worten 'Schau, ich war immer bei dir', zeigt Gott hinunter auf die Erde, auf den Sand, in dem sich zwei Fußspuren nahe beieinander abzeichnen. 'Und was war dort?', ruft der Mann vorwurfsvoll und zeigt auf eine Stelle, an der nur ein Paar Fußspuren zu sehen ist. 'Ausgerechnet in meiner schwersten Zeit warst du nicht da!' Doch Gott antwortet: 'Dort, dort habe ich dich getragen.' – Das ist die Wahrheit! Wir sind alle in Gottes Hand... – Auch die hungernden Kinder in Afrika", fügt Samarpan schmunzelnd hinzu. Jetzt schmunzelt auch die Frau, jede Sorge ist aus ihrem Gesicht gewichen, sie nickt und grüßt mit Namasté.

„Vielen Dank, Samarpan!" - „Gern geschehen!"

München, 18. Mai 99

Ich sitze den ganzen Tag vor dem Fernseher. Hatte ich zu Anfang meiner Mitreisezeit die Vorstellung: tagsüber Sightseeing und abends Satsang, so hat sich diese Vorstellung mittlerweile gründlich in Luft aufgelöst. Egal wo ich bin, in welcher schönen Stadt auch immer... die ganzen Sehenswürdigkeiten, sind mir ziemlich gleichgültig. Diese ständige Herumreisen, immer nur aus dem Koffer zu leben, seit zwei Jahren keine einzige Nacht mehr in den eigenen vier Wänden verbracht zu haben (da es keine mehr gibt)... da genieße ich es total, in einer schönen Wohnung für mich allein sein zu können, wo ich willkommen bin, wo ich mich wohl fühle, wo ich die Beine hochlegen und einfach nur abhängen, einfach nur 'sein' kann. Ich habe zwar hier und da selbst ein Urteil darüber, aber alles andere ist mir momentan einfach zu anstrengend, selbst der Weg bis hinunter zum Briefkasten. 'Ganz schön extrem', sagt mein Verstand, doch ich verfolge seine Frage, wo das noch alles hinführen soll, besser nicht weiter.

München, 19. Mai 99

„Schaut: Da ist niemand, der erleuchtet ist. Da ist niemand, der nicht erleuchtet ist. Da ist überhaupt niemand. Erleuchtung ist einfach. Ohne, dass Hier irgend jemand ist."

Stille. Kann es etwas Schöneres geben, als jemanden die Wahrheit so klar wie Samarpan sprechen zu hören?

München/Gmund, 21. Mai 99 (Retreat)

Gleich zu Beginn des Retreats taucht ein Typ auf, der sich offenbar für den Allergrößten hält... Spannend, wie der sich mit seiner Überheblichkeit in unserer 'family' machen wird. Ob man ihn links liegenlassen wird, oder ob manche auf seine 'Show' hereinfallen werden. – Im Satsang shart eine Frau, dass sie immer wieder an die falschen Männer gerät, und Samarpan antwortet ihr:

„Schau: Als Kind war es lebensnotwendig, dass wir Liebe und Aufmerksamkeit von unseren Eltern bekamen. Und weil wir alle zu wenig bekamen, suchen wir immer noch im Außen danach."

Die Frau weint. Samarpan lässt sie und fährt erst fort, als sie sich wieder beruhigt hat.

„Und so suchen und suchen wir, und weil wir sie (dort) nicht finden, suchen wir stärker und verzweifelter..., anstatt einfach einmal damit aufzuhören, anzuhalten, innezuhalten und hin zu schauen, wo die Liebe WIRKLICH ist. – Halte einfach inne. Jetzt! Die Liebe, nach der du suchst, ist Hier. Du hast diese Liebe. Du bist nicht getrennt von dieser Liebe. Du bist diese Liebe, bist es immer gewesen und wirst es immer sein."

Der Tag ist vorbei, und der 'Überhebliche' wird insgesamt relativ wenig beachtet, was meines Erachtens ein absolut gutes Zeichen für die Klarsichtigkeit sämtlicher hier anwesenden Samarpan-'disciples' ist. – Nach dem Abend-Satsang sehe ich, wie er seine Koffer packt und denke: Vermutlich wird er sich jetzt andere suchen, von denen er sich bewundern lassen kann... Tja, that's life.

Gmund, 22. Mai 99 (Retreat)
„Dieser Moment. DIESER Moment... ist etwas ganz Besonderes. Er ist e-i-n-z-i-g-a-r-t-i-g. Er war noch nie zuvor da! Und es wird ihn nie wieder geben! – Genieße ihn! Mit allem, was er beinhaltet!"

Abends gehe ich am See entlang spazieren und höre mehr oder weniger freiwillig, wohl eher unfreiwillig, meinem Verstand zu, der mir sagt, ich solle gleich nach dem Gmund-Retreat, wenn über zwei Monate hinweg kein Satsang stattfinden wird, zu Sabine nach Hamburg fahren, um ihr beizustehen.

„Hallo Sabine!", rufe ich sie telefonisch an. „Nach Gmund ist ja bis über den Geburtstermin Ende Juli hinaus kein Satsang mehr, und da wollte ich Dich fragen, ob ich zu Dir nach Hamburg kommen soll."

„Weißt Du, Rama", sagt Sabine nach einigem Zögern, „Wenn Du sagen würdest, Du würdest gerne kommen, würde ich mich sicher darüber freuen. Aber ob Du nach Hamburg kommen *sollst*?"

„Mmh. Ja, äh... blablabla... Du schwanger... meine Vorstellung... hilfsbedürftig... blablabla... mein Verstand... schlechtes Gewissen... blablabla..."

Sabine sagt mir noch, dass für sie die Wahrheit immer an erster Stelle steht, und wenig später verlasse ich die Telefonzelle mit einem äußerst unguten Gefühl und dem Plan, wohl erst kurz vor dem eigentlichen Termin nach Hamburg zu fahren.

Gmund, 23. Mai 99 (Retreat)
„Genaugenommen ist 'Innezuhalten' das Einzige, was man lernen muss. Wenn du das gelernt hast, hast du quasi 'im Lotto gewonnen'. Im Grunde ist es wie im Kino: Halte inne, 'erinnere' dich, wer du bist. Erinnere dich, wer du wirklich bist. Du bist nicht die Rolle des Helden oder des Bösen auf der Leinwand. Du bist der Beobachter, sitzt schon die ganze Zeit über von Anfang an in deinem Sessel und hast mit dem, was auf der Leinwand gezeigt wird,

überhaupt nichts zu tun. Das ist die Wahrheit. Du bist nicht irgend jemand Bestimmtes. Du bist nicht dieser Körper, der diesen Namen trägt, dort und dort wohnt usw. Du bist nur der Zuschauer von diesem Film, von diesem ganzen Schauspiel. Es ist nur ein Spiel... all die Millionen von Filmen... Halte inne, komme nach Hier, und du erkennst die Wahrheit deines Seins. Einfach nur SEIN. Es ist so einfach. Die Wahrheit ist direkt vor unseren Augen. Und wir haben sie nur deshalb so lange nicht gesehen, weil sie so leicht zu übersehen ist. Die Wahrheit ist so offensichtlich, dass der Verstand denkt: Es kann doch nicht SO einfach sein. – Es IST so einfach! Es ist wirklich SO einfach!“

Gmund, 24. Mai 99 (Retreat)

Navab ist auch wieder einmal und schon das ganze Retreat über mit von der Partie und liefert sich nahezu Tag für Tag heiße Rededuelle mit Samarpan. So auch heute morgen. Nach Minuten des Hin und Her zieht Samarpan ein Resümme der Situation:

„Weißt du, Navab: Du kannst auch jetzt wieder weglaufen, wie du es schon bei anderen Meistern gemacht hast, oder du stellst dich endlich Dem. Für die Wahrheit muss man bereit sein, ALLES zu geben, JEDE Vorstellung. – Mir ist es egal. Die Entscheidung liegt bei dir.“

Navab schweigt. – Ein paar Stunden später jedoch, zu Beginn des Abend-Satsang, fällt mir auf, dass aus Navabs Gesicht sämtliche Anspannung der letzten Tage verschwunden ist. Samarpans erste Worte bringen Aufklärung. Mit breitem Grinsen sagt dieser:

„Ja, in der Mittagspause war Navab bei mir, und der Löwe Samarpan hat ihn gefressen.“

„Ja. Kein Navab mehr“, lacht... derjenige, der einmal Navab war.

„Navab ist gestorben und übrig geblieben ist Atman“, fährt Samarpan fort. „Als Ramana einmal gefragt wurde, was ‘Atman’ sei, antwortete dieser: ‘Atman ist das, was im Herzen jedes Wesens innewohnt.’ – Dein eignes Selbst.“

Wow! Also heißt Navab bzw. das, was von ihm noch übrig geblieben ist (hahaha), jetzt Atman. Cool.

„Samarpan!“, sagt Atman. „Was mir jetzt gerade klar wird: So lange ich noch den Kassetten-Job hatte, überlegte ich ständig, wie ich mein Business verbessern könnte... schnellere Kopiermaschine usw. Mein ganzes Denken kreiste ausschließlich um das Business. Und erst jetzt war ich offen für die Wahrheit.“

„Ja“, bestätigt Samarpan. „Ich sah dies. – Wisst ihr: Gott arbeitet alles bis ins letzte Detail aus... unser ganzes Leben. Und wir verstehen es nicht. Der Verstand versteht es nicht. Insofern können wir einfach nur vertrauen.“

Atman strahlt Samarpan an. Und Samarpan strahlt Atman an.

Absolut ehrfürchtige Stille.

Gmund, 25. Mai 99 (Retreat)

Im Abend-Satsang erkennt jemand die Wahrheit, lacht und sagt:

„Das ist komisch. Ich habe im Moment das Gefühl, als sei ich der Letzte hier im Raum, der es jetzt endlich auch kapiert hat, so als ob alle anderen die Wahrheit bereits kannten.“

Brüllendes Gelächter!

„Ja“, sagt Samarpan. „Wenn man die Wahrheit sieht, sieht man sie überall.“

Wunderschöne Einheits-Stille.

Gmund, 26. Mai 99 (Retreat)

Am Rande des Satsangs weist Samarpan heute wieder einmal auf die Wichtigkeit der Stille bei einem Retreat hin, und eine ‘Erwachte’ bzw. eine Frau, die als erwacht gilt und die ich mit ein paar anderen vorhin in der Raucherecke habe quatschen sehen, entschuldigt sich für ihr Verhalten öffentlich im Satsang. Dies löst in mir die Frage aus: ‘Wenn jemand erwacht ist, dann weiß er doch, dachte ich zumindest bislang, dass da kein Tuer ist und dass er in Wahrheit gar nichts gemacht hat. Oder? Warum also entschuldigt sie sich? Ist sie gar nicht erwacht?’ Ich werde es wohl nie begreifen... allerdings dämmert mir so ganz leicht, dass auch hier wieder einmal meine eigene Arroganz im Spiel sein könnte: dass ich mich noch erhabener fühle(n möchte) als jemand, der von so vielen als erwacht angesehen wird... hust, hust.

Abends kreuzt der ‘Überhebliche’ wieder auf. Interessant.

Gmund, 27. Mai 99 (Retreat)

Es ist bereits viertel nach, obwohl der Satsang zur vollen Stunde hätte beginnen sollen, und Samarpan für gewöhnlich immer pünktlich ist. Was da wohl los ist? Wie üblich machen wir Musik, tauschen aber doch untereinander einige fragende Blicke aus.

Endlich: Um halb betritt Samarpan etwas außer Puste den Satsang-Raum. Jetzt bin ich aber gespannt, was er gleich sagen wird. Vielleicht war er ja so in Stille und Frieden, dass er einfach die Zeit vergessen hat?

„Mir ist etwas passiert...“

Doch hoffentlich nichts Schlimmes... Alles hält die Luft an.

„Ich wollte im Supermarkt noch schnell etwas Einkaufen, packte alles in meine Jackentasche und wollte dann den Laden verlassen, als ich am Ausgang von einem netten Herrn angesprochen und gefragt wurde, was ich denn in meiner Tasche hätte... Tja, ich hatte glatt vergessen zu bezahlen.“

Lachen. Samarpan auf Diebestour... zu komisch.

„Ja, aber so ist es einfach. Von einem Meister wird berichtet, der war so in Liebe mit der Wahrheit, er verweilte so in der Gedankenlosigkeit, dass er des Öfteren völlig nackt aus dem Haus lief.“

Bei der Vorstellung, dass es mit Samarpan auch eines Tages so weit kommen und er nackt durch das anständige Gmund laufen könnte, müssen sich einige das Lachen verbeißen. Auch Samarpan schmunzelt:

„Wer weiß, wie weit es mit diesem Verstandeskörper noch geht. Aber je tiefer man in die Wahrheit eintaucht, desto weniger ernst nimmt man die Illusion. So ist es einfach. Dies ist normal. Je länger ich aus dem Traum heraus bin, desto schwerer ist es, dieses ganze Leben, diesen ganzen Traum ernst zu nehmen.“

Gmund, 28. Mai 99 (Retreat)

Morgens im Satsang share ich einen Traum von letzter Nacht:

„Ich lebte ein ganz normales Leben... mit all den Sorgen und Problemen, als mir plötzlich schlagartig klar wurde – im Traum war ich gerade in einem Bus unterwegs –, dass ich nur träume. Dass das nur ein Traum ist. Dass die ganzen Sorgen überhaupt nicht nötig sind, da ich morgen früh sowieso wieder aufwachen werde. Es spielt also überhaupt keine Rolle, was noch in diesem Traum passiert. Das war solch eine unglaubliche Erleichterung.“

„Das ist die Wahrheit“, sagt Samarpan. „Dein ganzes Leben ist ein Traum. Und du bist der Träumer. Und es spielt in der Tat überhaupt keine Rolle, was noch alles in unserem Leben passieren wird. Denn es ist nicht real, es ist nicht wirklich. Du bist nicht wirklich geboren worden, und du wirst nicht wirklich sterben. Das ist alles die Illusion. Du bist. Und du bist schon immer gewesen. Und du wirst immer sein. HIER! Das ist alles, was es gibt. Halte deine Aufmerksamkeit auf diesen Moment gerichtet, und du erkennst: Nichts passiert wirklich. Es ist nie etwas passiert, und es wird nie etwas passieren. Dieses ganze Leben, das ganze Universum, ein einziger langer Traum. Nicht lang, nicht kurz, nur Jetzt. Alles geschieht Jetzt. Und jetzt geschieht nichts. Solch ein schönes Paradoxon.“

Gmund, 29. Mai 99 (Retreat)

Der ‘Überhebliche’ ist immer noch da, und es scheint, als käme er durch die konsequente Nichtbeachtung aller allmählich von seinem hohen Ross herunter; spannend. – Im Satsang versucht Samarpan minutenlang eine in die Jahre gekommene Osho-Sannyasin-Frau anzuregen, die Vorstellung, dass in ihrem Leben etwas falsch ist, und damit all ihr Leid loszulassen. Doch vergebens, wie es scheint. Sie sitzt recht bockig da und jedes Mal, wann immer Samarpan sie zur Stille geführt hat, kommt sie mit einem anderen ‘aber’ daher.

„Aber Samarpan...“, beginnt sie gerade erneut mit beleidigtem Tonfall.

„Stop! Keine ‘abers’ mehr. Das ist alles nur dein Verstand. Sei einfach Hier.“

Puuuh. Wenn jemand derart im Widerstand ist, tut das richtiggehend weh, manche der Anwesenden wirken mittlerweile ganz angespannt, und ich habe den Eindruck, auch Samarpan wird es so langsam zuviel.

„Es ist nur ein Spiel!“, sagt er jetzt mit einem Hauch Ungeduld. Doch sie lässt noch immer nicht locker und fragt beleidigt:

„Aber gibt es in diesem Spiel denn keinen Joker?“

Für einen Moment ist es totenstill, dann sagt Samarpan geradeheraus:

„DU bist der Joker!“

Als hätte dieser Satz ein Ventil geöffnet, brechen wir alle in tosendes, minutenlanges Gelächter aus. Und der Frau fällt auch nichts mehr ein. – Schließlich beruhigen wir uns wieder und wischen uns unsere Lachtränen aus den Augen. Aaaaaaaah, das tut gut.

Gmund, 30. Mai 99 (Retreat)

Die Tage hier waren und sind noch immer so wunderschön. Hier ist solch eine schöne Stimmung, so viele realisieren die Wahrheit. Doch Samarpan meint ganz bescheiden:

„Wisst ihr, ich bin einfach nur der Gärtner, der Oshos Job fortführt. Osho hat die harte Arbeit gemacht, und ich komme in den Genuss zu ernten. Ich gieße hier ein bisschen, schneide da ein klein wenig weg, aber im Grund mache ich überhaupt nichts. Ich schaue einfach dem Aufblühen von euch allen zu.“

Lange Stille.

„Kann ich etwas fragen?“, meldet sich da plötzlich der ‘Überhebliche’ zu Wort:

„Natürlich.“

Absolute Totenstille. Es ist nicht zu übersehen, dass er jetzt sehr unsicher ist.

„Puuuh.“ - „Ja... entspanne einfach...“

„Puuuuuh.“ - „Ja... das ist wunderschön...“

„Puuuuuuuh.“ - „Ja... solch eine Gnade...“

Mannomann. Es ist nicht zu übersehen, dass er mit den Tränen kämpft...

„Ich habe solche Angst...“ - „Wovor hast du Angst?“

„Nicht gut genug zu sein.“ - „Nun: Du bist nicht gut genug.“

Huiuiui... seine Augen werden glasig, und mein Herz geht mehr und mehr für ihn auf.

„Wir alle sind nicht gut genug“, fährt Samarpan fort und fragt in den Raum: „Ist hier irgend jemand gut genug?“ Keiner meldet sich.

„Du bist hier in guter Gesellschaft, wie Du siehst. Wir sind alle Versager.“

Tränen laufen ihm, mir und auch einigen anderen über die Wangen.

Absolute Stille.

„Fühle einfach, was jetzt gerade Hier ist.“

Absolute Stille.

„Entspanne einfach.“

Absolute Stille. Ohne Unterlass laufen ihm nun die Tränen herunter. Jede Arroganz ist aus seinem Gesicht gewichen. Totale Liebe. Mit anzusehen, wie jemand derart schmilzt... puuuuh. Heul.

„It's so beautiful, what's happening", sagt Samarpan

„Es ist so wunderschön, was gerade geschieht", dolmetsche ich mit belegter Stimme. – Stille. Oh, Gott, welch ein Segen... in diesen Momenten Samarpans Worte, die Worte der Wahrheit sprechen zu dürfen... Liebe, Liebe, Liebe.

„You are home." - „Du bist zu Hause."

„There's nothing wrong." - „Da ist nichts verkehrt."

„There's nothing missing." - „Da fehlt es an nichts." Stille. Du meine Güte! Es sind nur Worte... und gleichzeitig... Oh, Gott!!! Mitzuerleben, wie dieser überhebliche und unnahbar wirkende Typ innerhalb weniger Tage vollkommen aufgeweicht ist, sich vollkommen aufgelöst hat... welch ein Segen... und Samarpan: welch ein Meister!

Der anfangs noch so Überhebliche legt sich jetzt die Hände auf sein Herz und sagt... Ich ahne schon, was kommt... oh, Gott:

„I love you."

Boooaaa... mein Hals schnürt sich unmittelbar zu, ein stechender Schmerz fährt in mein Herz, Tränen schießen mir in die Augen... als ich dolmetsche:

„Ich liebe dich." Heul...

„Ich liebe dich auch", sagt Samarpan.

Heul... Alle heulen. Namasté. Stille. Puuuuh! Was für ein Satsang! Was für ein Retreat! Wahnsinn! – Und Abhijat hat natürlich wieder ein passendes, der sanften, liebevollen Stimmung entsprechendes Lied parat: 'Being a flower in your garden, keep unfolding... blossoming.' Wie schön.

Stuttgart, 2. Juni 99

Bei meinem Bruder angekommen, finde ich einen Brief von Sabine vor: Sie hat sich verliebt, schon vor Wochen, und fragt, ob ich denn trotzdem bei der Geburt dabei sein will? – Klar, gerne! Rufe sie gleich freudig erregt zurück, und sie freut sich ebenfalls. Freut sich, dass ich mich freue. Wie schön.

Stuttgart, 13. Juni 99

Mein Bruder hat kürzlich sein Studium beendet und sieht sich nun zwei Möglichkeiten gegenüber: sich anstellen zu lassen oder etwas Eigenes aufziehen. – Da ich mich mit ihm blendend verstehe und wir zwei voll auf einer Wellenlänge sind, hatten wir schon vor Jahren spaßeshalber herumgesponnen, eines Tages gemeinsame Sache zu machen. Während wir nun erneut über diese theoretisch vorhandene Möglichkeit sprechen, sage ich zu ihm:

„Also, falls du eine tolle Idee hast: Ich könnte mir vorstellen, dass wir etwas Gemeinsames machen. Und was Samarpan anbelangt..."

Ich mache eine kurze Pause, denn gerade, als ich sagen will, dass ich bei Samarpan gefunden wonach ich gesucht habe, wird mir bewusst, dass dies unter Umständen auch ziemlich arrogant rüber kommen kann... nicht nur meinem Bruder gegenüber, sondern auch was mich selbst anbelangt. Vor allem, wenn ich daran denke, wie die Vorstellung 'erleuchtet zu sein' bzw. 'es' gefunden zu haben, mich schon ein paar Mal in tiefste Krisen gestürzt hat... – Im Moment ist mir absolut klar, dass ich nirgendwo angelangt bin oder gar ausgelernt habe. Aber das Grundprinzip von wegen 'Aufmerksamkeit-auf-den-Verstand-oder-auf-die-Stille-richten' gleichbedeutend mit 'Krieg und Frieden' habe ich, glaube ich, schon kapiert. Und dass es – soweit ich das im Moment sehe – abgesehen davon nichts zu wissen oder verstehen gibt...

„... also da", fahre ich fort, „habe ich im Grunde gefunden, wonach ich gesucht habe. Insofern ist es mir gleichbedeutend, ob und wie lange es da noch weitergeht."

Stille. Ja, so fühlt sich richtig an... puuuuh.

Stuttgart, 21. Juni 99

Eigentlich wollte ich heute wieder einmal einen Versuch starten, Vokabeln zu lernen, aber sobald ich mein Vokabelheft in die Hand nehme, fühle ich mich mehr als schlecht. Und erneut frage ich mich, warum ich keine Energie für das Vokabellernen habe, bzw. warum das Leben mir dafür keine Energie gibt. Und die einzige Antwort, die mir kommt und mit der ich leben kann, ist: 'Dadurch, dass ich hier und da ein Wort nicht weiß und mich dann regelmäßig selbst dafür verurteile (mein Verstand: 'Hättest du mal mehr gelernt!'), ist die Gefahr relativ gering, dass ich auf den Trip komme, mich für den super Dolmetscher zu halten.' Oder ist das nur eine Ausrede, dass ich auch weiterhin faul sein kann? Vielleicht wartet ja auch noch eine ganz andere Aufgabe auf mich, und um für diese offen zu sein, soll ich mein Dolmetschen gar nicht unbedingt perfektionieren?

Na ja: Letzten Endes ist das natürlich alles mein Verstand... mit dem es mir wohl nicht so schnell langweilig werden wird; ach ja.

Stuttgart, 28. Juni 99

Bin in einer Buchhandlung, und 'zufällig' fällt mir ein Buch in die Hand. Es geht um Sekten. Ich lese ein paar Zeilen und kann die Ängste meiner und aller Eltern sehr gut verstehen, wenn sie den Eindruck haben, dass ihr Kind in einer Sekte gefangen ist. Furchterregend, diese Storys. Lege das Buch wieder weg und sehe es abermals als solches Geschenk, an Samarpan 'geraten' zu sein.

Hamburg, 8. Juli 99

Bin jetzt in Hamburg, um auf alle Fälle bei dem errechneten Geburtstermin Ende des Monats präsent zu sein – idealweise geht es mit dem Satsang erst im

August weiter. Eigentlich hatte ich ja gedacht, bei Sabine zu wohnen, aber da diese sich ja vor einigen Wochen anderweitig verliebt hat, fühlt sich das für mich irgendwie nicht stimmig an. Insofern wohne ich jetzt bei einer anderen Satsang-Gängerin und verbringe die meisten Tage mit einem Buch in der Hand an der Elbe.

Hamburg, 14. Juli 99

Von Abhijat heißt es, dass er Satsang in Köln gegeben will... oder sogar schon Satsang gegeben hat – zusammen mit Pyar! Ich merke, wie in mir etwas Eifersucht aufsteigt, dass er hiermit als erster vom Staff 'seine Erleuchtung' nun ja quasi also an die Öffentlichkeit trägt und vermutlich einiges an Bewunderung abkriegen wird. Spannend, ob und was Samarpan dazu sagen wird.

Hamburg, 19. Juli 99

Lerne heute Sabines neuen Freund kennen: ein Netter. Zu dritt gehen wir spazieren, Kaffeetrinken und verstehen uns prima. Wie schön. Insbesondere Sabine ist ganz beglückt.

Hamburg, 22. Juli 99

Gehe im Supermarkt einkaufen und – es ist witzig – ich fühle mich total zu Hause. All die anderen Dinge ändern sich von Stadt zu Stadt, aber hier im Supermarkt ist alles wohlbekannt. Im einen Eck die Tiefkühlpizzas, im anderen die Wursttheke, daneben die Käsetheke, hier die ganzen Toilettensachen, dort die Tütensuppen, am Ausgang die Scanner-Kassen... schön hier... im Heimatland zu sein... (hohoho).

Hamburg, 26. Juli 99

Sitze auf dem Anleger Teufelsbrück, als am Nachmittag mein Handy klingelt. Es ist Sabines neuer Freund:

„Hallo Rama! Es geht los!"

Zwanzig Minuten später erwische ich sie gerade noch, bevor sie ins Krankenhaus fahren, und kurz vor Mitternacht wird das Kind in Anwesenheit von ihrem Freund, einer Freundin und mir geboren. Abgedunkelter Raum. Vollkommene Stille. Kein Schreien, nur leises Glucksen. Unglaublich! Ein neuer Mensch. Eine neue Form. Ein neues Selbst. Mein eigenes Selbst. Und der Verstand versteht es nicht.

Das kleine Wesen wird sofort auf Sabines Bauch gelegt, mit warmen Tüchern zugedeckt, und wenig später verlassen die Hebammen den Raum.

Absolute Stille. Andächtig beobachten wir vier das Ankommen des kleinen Wesens in dieser neuen Umgebung und Welt; die ersten Atemzüge, die noch mit Schleim beschmierten Arme, die kleinen Fingerchen, die wahllos in der

Gegend herum grabschen, das erste reflexartige Saugen an der Brust... – Ein Wunder! Gerade waren wir noch zu viert, jetzt sind wir auf einmal zu fünft... jetzt ist da noch jemand; niemand. – Über zwei Stunden (!!!) lang lassen uns die Hebammen freundlicherweise alleine im Zimmer. Und ich bin mit meiner ganzen Präsens und Liebe hier. – Nur dieser Moment.

Hamburg, 30. Juli 99

Bin täglich drei bis vier Stunden bei Sabine und befinde mich in konstanter Ehrfurcht vor diesem kleinen Buddha mit Namen Amelia. Es ist berührend und nach wie vor un-fass-bar.

Hamburg/Stuttgart, 6. August 99

So schön die letzten Tage bei Sabine und Amelia waren, mein Platz ist an Samarpans Seite. Und ich freue mich auf den ersten Satsang in München in drei Tagen. Außerdem weiß ich die beiden in meinem Herzen.

München, 9. August 99

„Good evening. Welcome to Satsang“, läutet Samarpan den ersten Satsang nach über zwei Monaten Pause ein, und ich denke: wie schön, mit den ganzen Lieben wieder vereint zu sein.

Zunächst geht eine schwangere Frau zu ihm nach vorne, erhält Antwort auf ihre Frage und geht wieder an ihren Platz. Nun wendet sich Samarpan mir zu und fragt, wie ich die Geburt erlebt habe, woraufhin ich es ihm und allen anderen ausführlich erzähle. Solch ein beeindruckendes Erlebnis! Welch ein Geschenk, dass Sabine mit meiner Anwesenheit bei der Geburt einverstanden war. – Wenig später fragt jemand:

„Samarpan, wieso hast du zu Beginn des Satsangs eigentlich nicht wie bislang üblich ‘May there be peace... usw.’ gesagt?“[18]

„Ja“, lacht der. „Ich dachte mir schon, dass das jemand fragen würde. Schau: Alles im Leben verändert sich. Alles im Leben ist irgendwann vorbei. Leben ist Veränderung. Veränderung ist Leben. Tod ist Stillstand. Stillstand ist Tod. Deshalb ist es wichtig, nicht in irgendwelchen Ritualen festzufahren. – Ein Meister hielt Satsang immer in einer Kirche ab, in der auch eine junge Katze ihr Zuhause hatte. Da sich viele von ihr ablenken ließen, bat der Meister eines Tages darum, sie während des Satsangs zukünftig immer anzubinden. So geschah es. Die Jahre gingen ins Land, der Meister starb, doch auch jetzt noch wurde während des Gottesdienstes nach wie vor die mittlerweile ebenfalls

---

18 Bis zu diesem Tag hatte Samarpan jeden Satsang immer mit den Worten begonnen: „May there be peace in the heart of every being in the universe. OM Shanti Shanti Shanti. Namaskar. Welcome to Satsang.“

gealterte Katze angebunden, die nach ihrem Tod durch eine andere ersetzt wurde. – Schaut: Solange der Meister im Körper ist, lebt er die Wahrheit, weil er die lebendige Wahrheit IST. Doch wenn der Meister stirbt, entsteht eine Religion. Und obwohl Osho alles unternahm, um dies zu verhindern, wusste er doch, dass es bei ihm ebenfalls so kommen würde. Aber da ist nichts verkehrt. Es ist ganz einfach so. Und es ist okay."

Nach dem Satsang unterhalte ich mich noch kurz mit Samarpan und teile ihm mit, was mir als Antwort auf die Frage nach meiner Motivationslosigkeit in Bezug auf mein Vokabellernen eingefallen ist:

„... ist die Gefahr relativ gering, dass ich auf den Trip komme, mich für den super Dolmetscher zu halten."

Ich sehe Samarpan fragend an, denn ich bin mir nach wie vor nicht sicher, ob das die Wahrheit oder nur eine faule Ausrede ist.

„Na, da scheint sich dein Verstand ja eine wunderbare Lösung zurechtgelegt zu haben", sagt Samarpan, und ich denke: Mist! Hatte ich gerade noch gehofft, endlich Frieden in dieser Angelegenheit gefunden zu haben, ist es damit jetzt schon wieder vorbei. Shit.

München, 10. August 99

Morgen gegen Mittag soll die Sonnenfinsternis stattfinden, und im heutigen Satsang liest Samarpan den Text eines vor kurzem gestorbenen Meisters vor, in dem dieser sagt, dass man sie sich nicht anschauen soll, weil viele Menschen durchdrehen würden, was mir ziemlich 'mindy' vorkommt, und ich mich frage, wie dieser Meister auf so etwas kommt? Und weshalb soll man das vermeiden? Gibt man dem dadurch nicht erst recht Energie? Doch Samarpan scheint die Meinung dieses Meisters offenbar zu teilen, sonst würde er uns diesen Text ja nicht vorlesen, oder? Glaubt Samarpan hier, dass dieser Meister etwas weiß bzw. mehr weiß als er selbst?' Fragen über Fragen und keine Antworten, da ich die Fragen nicht stelle bzw. mich nicht traue, sie zu stellen. – Jedenfalls wird Samarpan morgen tagsüber einen Satsang anbieten, was bei mir einen gewissen Konflikt auslöst. Man hat schließlich nicht jeden Tag die Gelegenheit, einer Sonnenfinsternis beizuwohnen und wenn ich nicht gerade Samarpans Dolmetscher wäre, würde ich bei diesem Schauspiel wahrscheinlich viel lieber in der Natur sein. Aber so würde mein Fehlen allen auffallen, und Samarpan sagt immer wieder, dass er möchte, dass die Leute, die bei ihm sind, ganz bei ihm sind. Würde er mein Wegbleiben so interpretieren, dass ich nicht ganz mit der Wahrheit, nicht ganz mit ihm bin? Weil er die Wahrheit ist, oder sich selbst als eins mit der Wahrheit sieht? Nur was ist, wenn ich ihn hier nicht in der Wahrheit sehe? Wenn meine Wahrnehmung der Wahrheit eine andere ist als seine? Was ist hier eigentlich die Wahrheit? Mmh. Wenn ich meinen Job nicht verlieren will, ist es wohl ganz gut, beim Satsang zu erscheinen, oder? Ist das der Preis, den ich bezahlen muss, dafür, dass ich an meinem Dolmetscherjob festhalte?

München, 11. August 99

Als folgsamer Schüler erscheine ich um 11 Uhr beim 'Sonnenfinsternis-Satsang'. Es sind ca. 25 Leute da, und wir singen das meines Wissens älteste bekannte Mantra: das Gayatri-Mantra. 'Om Bhur Bhuvah Swah Tat Savitur Varenyam Bhargo Devasya Dhimahi Dhiyo Yo Nah Prachodayat.' Die deutsche Übersetzung lautet: 'Wir meditieren über Gott, der das physische, astrale und kausale Universum erschaffen hat, der das höchste Selbst ist, der verehrungswürdig ist, der das Universum beseitigt und alles mit seinem Licht erfüllt. Möge er unseren Geist erleuchten.' – So hundertprozentig 'satsanglike' ist es zwar nicht, denn wie Samarpan sagen würde: 'Wer ist da, der erleuchtet werden könnte? Der Geist bzw. der Verstand sicher nicht'..., aber gut, was soll's?

Eine halbe Stunde, bevor es draußen dunkel werden wird, gibt Samarpan Anubhavo ein Zeichen. Dieser steht auf, schaltet die Neonbeleuchtung hier im Raum an und klebt, während wir weiter singen, jedes einzelne Fenster mit undurchsichtiger Aluminiumfolie zu. Unheimlich! Und ich frage mich, ob dieses eigentlich ganz normale, natürliche Ereignis dadurch nicht gerade erst recht zu etwas Außergewöhnlichem gemacht wird. Mein Verstand kommt jedenfalls ganz schön auf Trab und flößt mir die Phantasie ein, dass 'da draußen' jetzt etwas Furchtbares passiert, vor dem man die Augen schließen muss... wie bei Sodom und Gomorra; schaurig.

Ein paar Minuten, bevor laut Zeitplan draußen die Sonnenfinsternis eintritt, hört Abhijat und wir alle mit ihm auf ein Zeichen von Samarpan mit dem Singen auf, und es herrscht: Stille. Huuaaa! Ich sehe durch eine kleine Ritze, wo die Alufolie nicht ganz dicht schließt, das Tageslicht schwinden... doch noch ist ein heller Streifen Himmel zu sehen...

Stille. Der Streifen wird dunkler... zunächst kaum merklich... jetzt immer deutlicher... HUUUAAAA! Jetzt ist es eindeutig, dass es dunkler wird, dass da draußen etwas vor sich geht... huuuaaaaa... graus... Mannomann, welch eine Erfahrung... brrrrr... Jetzt ist es ganz schwarz... und man könnte meinen: draußen gehe die Welt unter, nur wir hier werden übrig bleiben... Ich höre, wie hinter mir ein paar Leute aufstehen und hinaus auf die Straße gehen... und denke: 'Sollte ich auch... Aber nein, jetzt fällt es erst recht auf... also besser nicht.'

Stille. 'Gib dich dem Meister hin, Rama!', sage ich zu mir selbst. 'Gib dich dem Meister hin, Rama!'

Stille. Ich schaue auf die Uhr: noch eine Minute bis zur vollständigen Verdunkelung.

Stille. Ich schaue auf die Uhr: oh, Gott... jetzt ist es soweit... die Stunde Null... das Universum endet... fremde Heerscharen bemächtigen sich des Planeten... und metzeln alles nieder...

Stille. Und ich erinnere mich an die Geschichte eines Mönches in Hiroshima, der im Moment des Einschlags der Bombe in Meditation saß und als Einziger in seiner Umgebung angeblich überlebte. Derselbe Mönch, der laut Geschichte auch in Nagasaki war und dort ebenfalls dem Tod entkam, weil er abermals gerade meditierte... Totenstille. Vielleicht ist dies hier ein ähnlich geschützter Raum, und wir werden verschont... während draußen die außerirdischen mordenden Horden... mit riesigen Fahrzeugen in einem Flammenmeer... alles Leben vernichten...

'Achte zur Abwechslung einmal auf deinen Atem, Rama.' erinnere ich mich und schaue gleichzeitig zum Spalt... er wird allmählich wieder heller... puuuh! Die, die hinausgegangen waren, kommen wieder hinein. Es scheint also doch nicht ganz so furchtbar da draußen zugegangen sein... ein Blick zum Spalt: Er ist jetzt ganz hell. Und auf ein Zeichen von Samarpan reißt Anubhavo die Folie wieder von den Fenstern: Helligkeit. Das Nachbargebäude steht noch. Puuh, alles scheint in Ordnung zu sein. Und schon beendet Samarpan den Satsang mit Namasté, und der ganze Spuk ist vorüber. Ich erhebe mich, gehe nach draußen, wo alles seinen gewohnten Gang geht, und ich frage mich, ob ich hier etwas verpasst habe.

Im Abend-Satsang, als andere von ihren tollen Erlebnissen in der Natur berichten, kriegt dieser Gedanke(ngang) weitere Energie... na ja, jetzt ist es eh vorbei... Aber die Frage bleibt: Was ist, wenn die Wahrnehmung des Schülers eine andere ist als die des Meisters? Ich, als der Schüler, kann noch so sehr davon überzeugt sein, dass ich die Wahrheit sehe und der Meister momentan gerade nicht... trotzdem könnte auch dies der Verstand sein. Weiß ich es? Und falls dem so ist, wäre es schön blöd, sich nicht dem Meister hingegeben zu haben... Muss man, solange man mit einem Meister ist, unbedingte Hingabe walten lassen, egal, was die eigene Wahrnehmung der Wahrheit anbelangt? Im Vertrauen darauf, dass der Meister die Wahrheit in allen Punkten klarer sieht?

München, 12. August 99

„Samarpan", fragt jemand zaghaft, „da ist etwas, was ich dich schon immer fragen wollte..."

„Okay. Schau: Alles ist Hier willkommen", lädt Samarpan sie ein.

„Ist es möglich, Samarpan, dass auch dir manchmal eine Unwahrheit... herausrutscht?"

„Alles ist möglich. Aber wenn, dann merkt man es sofort. Und derjenige, der hier vorne sitzt, merkt es als erster."

Stille. Und Abhijat, der vor ein paar Tagen in Köln tatsächlich selbst Satsang gegeben hat und insofern über diesbezügliche Erfahrung verfügt, nickt zustimmend, was vermutlich niemandem verborgen bleibt, da er wieder wie üblich für alle gut sichtbar direkt neben Samarpan auf dem Boden sitzt. 'Satsang-Lehrer Abhijat'... diese Vorstellung löst in mir abermals Neid und Frust aus... Es ist schon ein Kreuz mit diesen Programmen.

München, 13. August 99

„Ich will überhaupt nichts, ich bin ständig 'gestoppt', ich gebe diesen ganzen Programmen überhaupt keine Energie."

Schön zu hören. Auf der anderen Seite sind das genau die Sätze, die in meinem Verstand auf's Neue die Vorstellung auslösen, dass Samarpan nie etwas will, nie in seinem Verstand ist und insofern doch noch erleuchteter, höher stehend, weiter entwickelt, tiefer in Stille usw. als ich. Ungut.

München, 14. August 99

Samarpan und der ganze Staff sind bei Pyar und ihrem Mann eingeladen: Eine wunderschöne Gartenparty. Liebevoll und herzlich alles. Ich sitze mit dem Gastgeber-Paar und Kira auf einer Bank und erzähle von Sabine und der Geburt. Und davon, dass bei mir in den vergangenen Monaten diesbezüglich mehr als nur ein Knopf gedrückt wurde. Sehr zu meiner Überraschung erwidert Kira, dass sie es großartig findet, mit anzusehen, dass es etwas gibt, was mich wirklich 'kriegt', denn manchmal mache ich auf sie den Eindruck eines 'Alien' ohne jeglichen Gefühle.

Schluck! Es tut mir ein bisschen weh, dass sie sich zu freuen scheint, wenn ich im Schmerz bin. Und verwunderlich finde ich auch, dass sie solch ein Bild von mir hat, da bei mir doch regelmäßig einiges los ist.

München, 15. August 99

Im Satsang habe ich mit einer älteren Dame minutenlang Blickkontakt und sehe ganz viel Frieden in ihren Augen. Sehr schön. In der nächsten Stille-Phase ergreift sie das Wort:

„Samarpan, wenn ich Rama ansehe, merke ich, dass da kein Unterschied ist, ob ich jetzt bei dir, Samarpan, oder bei Rama im Satsang bin."

Schluck! Einerseits fühle ich mich natürlich sehr geschmeichelt... andererseits auch vollkommen bloßgestellt.

„Ja", sagt Samarpan dann. „Man kann nicht die Wahrheit dolmetschen, ohne selbst zu erwachen. Genauso war es bei Ramesh und seinem Meister Nisargadatta [19]."

19 Ramesh Balsekar (geb. 1917) und Nisargadatta Maharaj (1897-1981): Indische Advaita-Lehrer.

Upps! Auf einmal werde ich ganz klein, sehe zu Boden und dolmetsche Samarpans Satz stockend zu Ende. Totenstille. Auweia, ich habe das Gefühl, nie wieder irgend jemand in die Augen sehen zu können. Doch als Samarpan weiterredet, gibt sich das Gott sei Dank allmählich und gegen Ende des Satsangs ist alles wieder ganz easy. Puuuh.

München, 16. August 99

„Was ist eigentlich mit den ganzen aufgestiegenen Meistern?", dolmetsche ich die Frage einer Frau im Abend-Satsang und muss innerlich grinsen. Denn diese ganzen Konzepte gehörten von jeher zu Samarpans 'Lieblingsthemen'.

„Was soll denn damit sein?", stellt dieser eine Gegenfrage.

„Na ja, es heißt doch..."

„Und wohin sollen sie überhaupt aufsteigen?" - „Na ja, ich dachte halt..."

„Schaue Hier. Ist Hier irgend jemand, der aufstiegen kann?" - „Nein."

„Gibt es Hier irgendeinen Ort, zu dem 'man' aufsteigen kann? Irgendeinen Ort, der nicht Hier ist?" - „Nein."

„Ist Hier irgend jemand, der getrennt von dir ist?" - „Nein, Hier nicht."

„Wunderbar! Das ist die Wahrheit. Hier nicht." Stille.

„Aaah, Samarpan! Jetzt verstehe ich!"

„Ja!", lächelt Samarpan. „Jetzt verstehst du."

München, 17. August 99

„Samarpan! Manchmal kann ich mich über dich echt aufregen!!", shart jemand beleidigt.

„Das ist wunderbar. Ja! Schau: Das ist die Aufgabe des Meisters. Dir all deine Knöpfe zu drücken, dir alle deine Illusionen zu nehmen. Perfekt."

Der eben noch Wütende grinst, bedankt sich, geht wieder an seinen Platz und nur ich scheine zu denken: na ja...

München, 18. August 99

Abend-Satsang. Gerade ist ein Typ vorne, und Samarpan erklärt ihm mit seiner unendlichen Geduld, wo die Stille, wo die Wahrheit ist: nämlich nicht im Verstand. Als er geendet hat, und man annehmen sollte, dass der Fragende begriffen hat, steht dieser mit den Worten auf:

„Okay. Vielen Dank, Samarpan. Ich werde einmal drüber nachdenken."

Neeeeeiiin!!!!!

München, 19. August 99

Je mehr Samarpan mit meinen übersetzerischen 'Eskapaden' entspannt und mich überhaupt nicht mehr beachtet, wenn 'ich' einen Witz mache, desto mehr kann auch ich entspannen. Weil ich nicht mehr mit aller Gewalt verhindern muss und davor Angst habe, dass es zu diesen Kapriolen kommt. Überhaupt habe ich im Moment den Eindruck, dass wir beide in vielem ein wunderbarer Spiegel füreinander sind und manchen Lernprozess parallel durch machen. Als Samarpan heute Abend sagt, dass die körperliche Nähe zu so vielen Menschen – früher hat er vor und nach dem Satsang fast jeden umarmt – ihm jetzt zuviel ist – mittlerweile kommt er erst kurz vor knapp und verschwindet sofort nach dem Satsang wieder –, spricht er mir aus der Seele. Schon unglaublich, welche Entwicklung ich in dieser Hinsicht in den letzten 24 Monaten durchlaufen habe.

München/Gmund, 20. August 99 (Retreat)

Kurz nach meiner Ankunft stehe ich mit Samarpan und Abhijat vor dem Seminarhaus, als Samarpan mich scherzhaft fragt, wie es mir denn nach meiner offiziellen Erleuchtungsbekanntgabe vor einer Woche im Satsang gehe? – Du liebe Güte, was soll ich da sagen? Zum Glück springt Abhijat ein, sagt, dass er gedacht habe, ich könne den Satsang nicht mehr zu Ende dolmetschen, und jetzt füge ich hinzu, dass auch ich das einige Sekunden gedacht hätte und erst ein paar Mal hätte schlucken müssen, bevor ich Samarpans Satz habe dolmetschen können... Puuuh, ich meine, wer rechnet denn auch mit so etwas?

Gmund, 21. August 99 (Retreat)

Irgend jemand muss beim Ausladen gestern in meinen Bus gestiefelt sein. Obwohl ich es immer wieder betone, dass der hintere Bereich für Schuhe tabu ist! So ein Scheiß! Jetzt ist auf dem hellen Teppich ein schwarzer Fußabdruck. Jungejunge, wie ich das hasse! Der Bus ist nun einmal mein Heiligtum, mein Schlafzimmer, mein Tempel... wieso kapieren die anderen das nicht? Setze ich da nicht deutlich genug Grenzen? Das scheint echt ein Thema von mir zu sein. Aber ich kann doch nicht mehr tun, als es immer wieder zu sagen, oder? Ich fühle mich da voll nicht respektiert. Scheiße! Aber wenn jemand in meinem Bus herumlatscht, kommt es mir einfach so vor, als latsche der- oder diejenige auf MIR herum. Vielleicht sollte ich es einmal im Satsang ansprechen...

„Samarpan? Jesus sagte doch: ‘Was ihr dem Geringsten meiner Brüder antut, das tut ihr mir an.’ Und mir geht es mit dem Bus wie Jesus...“

„Was?“, ereifert sich Samarpan. „Ich glaube kaum, dass Jesus mit seinem Wohnmobil identifiziert war.“

Alles brüllt vor Lachen. Außer mir natürlich. Ich schaue ziemlich dumm aus der Wäsche. Hatte ich doch geglaubt, so etwas Schlaues und Weises zu sagen. Und dieser Haderlump von Samarpan hat mir wieder alles verdorben... grrrr.

„Ja?“, fragt Samarpan, als es wieder still ist, „Was wolltest Du sagen?“

„Äh, eigentlich hatte ich sagen wollen, dass ich mich so sehr eins mit dem Bus fühle...“ – S C H E I S S E.

Gmund, 23. August 99 (Retreat)

Offenbar hatte Samarpan letzte Nacht so starke Atemnot, dass der Notarzt gerufen werden musste. Hoi, hoi! Zum Satsang am Morgen ist Samarpan aber wieder auf den Beinen.

„Ja, ich dachte letzte Nacht: Das war es jetzt. Doch so wie es aussieht, geht es doch noch weiter. Wisst ihr: Ich bin bereit, dass dieser Körperverstand noch weiter besteht, wenn das Göttliche es so will. Aber wir wissen es nicht. Wir wissen nichts über die Zukunft. In der Bereitschaft zu allem liegt der Frieden. Sei bereit dafür, dass alles geschehen kann. – Nutzt mich, so lange ich hier bin. Bringt mir all euer Leid und nehmt alles mit, was ihr Hier mitnehmen könnt. Nehmt mich, nehmt die Wahrheit in euch selbst auf. – Als Jesus seine Jünger um sich versammelt hatte, gab er ihnen Brot und Wein und sprach: ‘Dies ist mein Leib. Dies ist mein Blut. Esst mich. Trinkt mich.’ – Dies ist die richtige Haltung.“

„Samarpan, das verstehe ich nicht“, stöhnt jemand.

„Das ist kein Problem. Im Satsang geht es nicht um Worte. Osho sagte: ‘Hört nicht auf meine Worte. Hört auf den Raum zwischen meinen Worten.’ Und das ist die Wahrheit. Hört auf die Stille. Sie ist die eigentliche, die wahre Lehrerin. – Versucht nicht, mich zu verstehen. Jedes Verstehen ist nur im Verstand. Esst die Stille. Trinkt die Stille. Nehmt die Stille in euch auf. Dann geschieht wahres Verstehen.“

Gmund, 24. August 99 (Retreat)

Heute empfinde ich mal wieder so viel Liebe für Samarpan, bzw. löst Samarpans Sein so viel Liebe in mir aus, dass ich ihm gerne eine Freude machen würde und als ich mittags über die Wiesen laufe, kommt mir eine Idee. Ich pflücke einige Gänseblümchen und klebe sie – unbemerkt und heimlich – mit Tesafilm an seinem Satsang-Trinkglas fest. Und als er sich später im Satsang über diese Liebesbezeugung von ‘unbekannt’ freut, ist das meine Freude.

Gmund, 25. August 99 (Retreat)

Es gibt mal wieder Zoff im Staff, was die Verantwortlichkeiten anbelangt, und Samarpan mag sich fragen, von was für einem Chaotenhaufen er eigentlich umgeben ist. Das waren wir zwar schon immer, aber je mehr sich das Ganze zu einem ‘Business’ entwickelt, desto strukturierter ‘sollten’ wir eigentlich sein. Ob das wohl möglich sein wird? Laufend kommen neue Tätigkeitsfelder hinzu, ohne dass je die Zuständigkeiten geklärt worden wären, und keiner scheint so Recht Lust zu haben, sich darum zu kümmern – in der Hoffnung darauf, dass einer der anderen dies in die Hand nehmen wird. In der Vergangenheit ist es zwar bislang meistens gegangen, aber es treten eben immer wieder Situationen auf, in denen nicht klar ist, wer jetzt eigentlich für was verantwortlich zeichnet. Also beruft Samarpan heute ein kleines Staff-Meeting ein und sorgt diesbezüglich für etwas Klarheit. Als dies geschehen ist und wir jetzt in Stille beisammen sitzen, wendet sich Samarpan plötzlich und völlig unerwartet Abhijat zu und fragt:

„Wie war eigentlich dein Satsang, Abhijat?"

Huiuiui! Wir alle wenden uns dem Angesprochenen zu, und der verkündet stolz:

„Es war toll! Die Leute haben schon gefragt, wann Pyar und ich wiederkommen!"

Pyar, die sich mittlerweile zu unserer Runde gesellt hat, nickt. Es geht ein bisschen zwischen Samarpan und Abhijat hin und her, und im selben Ausmaß wie sich bei mir Eifersucht und Neid einstellt, scheint mir bei Abhijat eine kleines Ego mitzuschwingen. Und je länger das Zwiegespräch zwischen Samarpan und Abhijat andauert, desto mehr habe ich das Gefühl, dass Samarpan Abhijats Idee, Satsang zu geben, nicht so toll findet.

„Wie war es denn für dich, Pyar?", fragt Samarpan nach einer kurzen angespannten Stille-Phase.

„Schön."

„Und mit Abhijat?" Stille. Pyar scheint zu überlegen, was sie sagen soll, und ich habe den Eindruck, dass es da etwas gibt, was kein allzu gutes Licht auf Abhijat wirft, sie ihn jedoch natürlich nur ungern hier vor allen bloßstellen will. Huuaa!

„Na ja", sagt sie schließlich, „Also, was vorkam, war, dass ich eine Frage im Satsang nach meinem Dafürhalten rundum beantwortet hatte, und es war Frieden, Stille. Und manchmal sagte Abhijat dann noch etwas oben drauf, was für mein Gefühl hier und da etwas zuviel war."

Pyar hat sich sehr vorsichtig ausgedrückt, doch die 'Botschaft' scheint klar. Fragend schaut Samarpan nun wieder zu Abhijat, und ich habe das Gefühl, dieser wäre gut beraten, wenn er so langsam einen dezenten Rückzug antreten würde. Doch Abhijat scheint dies entweder nicht zu merken oder nicht merken zu wollen, denn er gerät mehr und mehr in eine Rechtfertigungs- und Verteidigungshaltung seines Satsang-Lehrer-Verhaltens hinein, was im Gegenzug Samarpan wiederum zwingt, immer deutlicher zu werden.

'Abhijat, sei lieber still', denke ich innerlich. Von Sekunde zu Sekunde stärker. Doch der lässt sich nicht beirren und gibt stetig Paroli. Schließlich unterbricht Samarpan ihn mitten im Satz und sagt ungewohnt streng:

„Abhijat", auweia, ich halte die Luft an, „ich möchte, dass du im Moment keinen Satsang gibst."

Buuummmmmmmmmmm.

„Okay", sagt Abhijat... sichtlich bemüht, Haltung zu bewahren. T o t e n s t i l l e . Puuuuuuuuh. Ich weiß nicht, wie es den anderen geht; aber so sehr ich mir gerade noch gewünscht habe, dass Samarpan unseren 'Ausreißer' wieder zurück in den 'Stall' holt, so sehr schmerzt es mich jetzt mit anzusehen, wie Abhijat nun in 'vorbildlicher' Art und Weise still da sitzt, während eine Träne nach der anderen seine Wangen hinunter kullert. 'Au, au, au', denke ich, aber hier hat er sich möglicherweise einfach ein Stückchen zu weit aus dem Fenster gelehnt.

Auf dem Nachhauseweg frage ich mich, ob und falls ja, inwieweit es überhaupt möglich ist, sich eines Tages von (s)einem Meister loszusagen bzw. loszulösen. Schwierig. Denn jedes 'Sich-über-den-Meister-Stellen' sowie jeder Gedanke von 'Jetzt-jenseits-des-Meisters-gegangen-zu-Sein' fühlt sich irgendwie nicht richtig an. Mmh, wahrscheinlich geht es wirklich nur in absoluter Annerkennung von IHM als dem Meister. Oder genauer gesagt, in absoluter Akzeptanz von DEM bzw. desjenigen, den das Leben/Gott einem im Moment als Objekt der Hingabe gerade vor die Nase gesetzt hat.

Gmund, 26. August 99 (Retreat)

„Im Zentrum ist es immer still. Ob da gerade ein Hochgefühl ist oder ein Tief: in der Mitte ist es still. Komme einfach wieder und wieder zur Mitte, komme zum Zentrum des Gefühls. Und vielleicht ist da zunächst ein weiteres Gefühl. Manchmal ist da ein ganzer Stapel von Gefühlen, die alle gefühlt werden wollen. Unser ganzes Leben lang haben wir unsere Gefühle in den Keller gesperrt, und jetzt, da sie spüren, dass ihre Zeit gekommen ist und die Freiheit naht, stehen sie alle Schlange. Ist da also ein weiteres Gefühl, dann gehe ins Zentrum von diesem Gefühl. Möglicherweise ist da wiederum ein anderes Gefühl. Dann gehe ins Zentrum von diesem Gefühl. So lange bis da nichts mehr ist. Nur noch Frieden. – Schaut: Das ist wahres Glücklichsein. Ein Glücklichsein jenseits von allem Glücklichsein. Ein Glücklichsein, das alles umarmt: das Hoch UND das Tief. Einfach in der Mitte. Genau Hier."

Gmund, 27. August 99 (Retreat)

„Die Illusion gibt uns nicht die Zufriedenheit, nach der wir Ausschau halten. Genauso wenig wie es uns satt macht, wenn wir hungrig ins Bett gehen und die ganze Nacht von opulenten Mahlzeiten träumen. Wenn wir am Morgen aufwachen, sind wir immer noch hungrig. Es ist nicht in der Illusion. Bekommen wir diesen oder jenen Wunsch erfüllt, sind wir für kurze Zeit satt, aber schon bald kommt wieder dieser Hunger und dann muss etwas Neues her. Ein neues Auto, ein neuer Partner. Sucht man in der Illusion nach Zufriedenheit, findet man sie nie. Man bleibt immer hungrig. – Hier ist die wirkliche Nahrung: die Wahrheit. Das ist die Nahrung, die für immer satt macht."

Stille. Nach einer Weile nimmt Samarpan ein Buch zur Hand und liest:

„Weil nun Jesus müde war von der Reise, setzte er sich am Brunnen nieder. Da kommt eine Frau aus Samarien, um Wasser zu schöpfen. Jesus spricht zu ihr: Gib mir zu trinken! Denn seine Jünger waren in die Stadt gegangen, um Essen zu kaufen. Da spricht die samaritische Frau zu ihm: Wie, du bittest mich um etwas zu trinken, der du ein Jude bist und ich eine samaritische Frau? Denn die Juden haben keine Gemeinschaft mit den Samaritern. Jesus antwortete und sprach zu ihr: Wenn du erkenntest die Gabe Gottes und wer der ist, der zu dir sagt: Gib mir zu trinken! Du bätest ihn und er gäbe dir lebendiges Wasser. Spricht zu ihm die Frau: Herr, hast du doch nichts, womit du schöpfen könntest, und der Brunnen ist tief; woher hast du dann lebendiges Wasser? Jesus antwortete und sprach zu ihr: Wer von diesem Wasser trinkt, den wird wieder dürsten; wer aber von dem Wasser trinken wird, das ich ihm gebe, den wird in Ewigkeit nicht dürsten, sondern das Wasser, das ich ihm geben werde, das wird in ihm eine Quelle des Wassers werden, das in das ewige Leben quillt. Spricht die Frau zu ihm: Herr, gib mir solches Wasser, damit mich nicht dürstet und ich nicht herkommen muss, um zu schöpfen! Jesus spricht zu ihr: Geh hin, ruf deinen Mann und komm wieder her! Die Frau antwortete und sprach zu ihm: Ich habe keinen Mann. Jesus spricht zu ihr: Du hast recht geantwortet: Ich habe keinen Mann. Fünf Männer hast du gehabt, und der, den du jetzt hast, ist nicht dein Mann; das hast du recht gesagt. Die Frau spricht zu ihm: Herr, ich sehe, dass du ein Prophet bist. Unsere Väter haben auf diesem Berge angebetet, und ihr sagt, in Jerusalem sei die Stätte, wo man anbeten soll. Jesus spricht zu ihr: Glaube mir, Frau, es kommt die Zeit, dass ihr weder auf diesem Berge noch in Jerusalem den Vater anbeten werdet. Es kommt die Zeit und ist schon jetzt, in der die wahren Anbeter den Vater anbeten werden im Geist und in der Wahrheit; denn auch der Vater will solche Anbeter haben. Gott ist Geist, und die ihn anbeten, die müssen ihn im Geist und in der Wahrheit anbeten. Spricht die Frau zu ihm: Ich weiß, dass der Messias kommt, der da Christus heißt. Wenn dieser kommt, wird er uns alles verkündigen. Jesus spricht zu ihr: Ich bin's, der mit dir redet. Unterdessen kamen seine Jünger, und sie wunderten sich, dass er mit einer Frau redete; doch sagte niemand: Was fragst du? oder: Was redest du mit ihr? Da ließ die Frau ihren Krug stehen und ging in die Stadt und spricht zu den Leuten: Kommt, seht einen Menschen, der mir alles gesagt hat, was ich getan habe, ob er nicht der Christus sei! Da gingen sie aus der Stadt heraus und kamen zu ihm. Inzwischen mahnten ihn die Jünger und sprachen: Rabbi, iss! Er aber sprach zu ihnen: Ich habe eine Speise zu essen, von der ihr nicht wisst. Da sprachen die Jünger untereinander: Hat ihm jemand zu essen gebracht? Jesus spricht zu ihnen: Meine Speise ist die, dass ich tue den Willen dessen, der mich gesandt hat, und vollende sein Werk. Sagt ihr nicht selber: Es sind noch vier Monate, dann kommt die Ernte? Siehe, ich sage euch: Hebt eure Augen auf und seht auf die Felder, denn sie sind reif zur Ernte. Wer erntet, empfängt schon

seinen Lohn und sammelt Frucht zum ewigen Leben, damit sich miteinander freuen, der da sät und der da erntet. Denn hier ist der Spruch wahr: Der eine sät, der andere erntet. Ich habe euch gesandt zu ernten, wo ihr nicht gearbeitet habt; andere haben gearbeitet, und euch ist ihre Arbeit zugute gekommen. Es glaubten aber an ihn viele der Samariter aus dieser Stadt um der Rede der Frau willen, die bezeugte: Er hat mir alles gesagt, was ich getan habe. Als nun die Samariter zu ihm kamen, baten sie ihn, bei ihnen zu bleiben; und er blieb zwei Tage da. Und noch viel mehr glaubten um seines Wortes willen und sprachen zu der Frau: Von nun an glauben wir nicht mehr um deiner Rede willen; denn wir haben selber gehört und erkannt: Dieser ist wahrlich der Welt Heiland.“

Puh! Als ich diesen letzten Satz dolmetsche, schnürt es mir den Hals zu, und meine Augen füllen sich mit Tränen im Angesicht der Tatsache – Wahrheit hin, Story her –, dass der Messias JETZT und HIER leibhaftig gerade vor MIR sitzt!!! Solch eine Gnade. Oh, mein Gott, Samarpan, womit habe ich das verdient?!!!

6.

Wer will, empfange umsonst das Wasser des Lebens.
(Offenbarung 22.17)

Korfu, 2. September 99

Während die anderen schon vor zwei, drei Tagen hierher geflogen sind, komme ich erst heute Abend in Griechenland an. Als ich am Flughafen den ersten Einheimischen sehe und ihm in die Augen sehe, geschieht etwas Seltsames, bzw. geschieht das, was sonst immer passiert, nicht. Bei früheren Auslandsreisen habe ich in den Ausländern immer Ausländer gesehen, aber die Augen dieses Zollbeamten, die ersten griechischen Augen, in die ich jetzt gerade sehe, sind nicht die Augen eines Fremden. Ich habe auch gar nicht das Gefühl in der Fremde zu sein, sondern nach wie vor... zu Hause. Wie schön.

Nach einer Stunde Busfahrt komme ich am Seminarzentrum mitten zur Satsang-Zeit an und weil mich in den vergangenen Minuten plötzlich solch eine Sehnsucht und Aufregung überkommen hat, eile ich, kaum dass ich den Bus verlassen habe, sofort zum Satsang-Raum, vor dem ich erst einmal wieder zu Atem kommen muss, bevor ich schließlich leise die Türe öffne und bedächtig eintrete. Und da sind sie alle: Samarpan, die Musiker und all die anderen Lieben... Heimat.

Korfu, 3. September 99

Nach einem erholsamen Strandtag gehe ich am Abend schon eine Stunde vor Satsang-Beginn in den Satsang-Raum, da ich nicht weiß, ob und wie viel noch hergerichtet werden muss. Die anderen vom Staff sind ebenfalls alle da, alles scheint bereits fertig vorbereitet. Perfekt. Und der Satsang ist wie üblich schön.

Kaum dass das letzte Lied nach dem Satsang verklungen ist, gehe ich zu der am Mischpult sitzenden Kira, die total wütend zu sein scheint. Aber warum nur? Während sie vorhin gesungen hat, habe sie mir mit Gesten angedeutet, mein Dolmetscher-Mikrofon haben zu wollen, worauf ich nicht reagiert hätte. Außerdem sei ich zu spät zum Raum-Herrichten gekommen und, und, und; lauter Dinge, die aus meiner Sicht nur Missverständnisse waren. Kein Grund dermaßen auszurasten. Doch gerade als ich ansetzten will, ihr dies Punkt für Punkt zu erklären, schreit sie mich hysterisch an, dass ich mich zum Teufel scheren soll! Dabei schlägt mir solch ein Hass entgegen, dass es mich vollkommen umhaut und ich mich sofort verdrücke.

Später im Bett liege ich noch lange wach und versuche, so wenig wie möglich in die Story hineinzugehen und das Genervtsein einfach nur zu fühlen, was mir allerdings mehr schlecht als recht gelingt.

Korfu, 4. September 99

Beim Frühstück kommt Kira an meinen Tisch, um mir von Samarpan auszurichten, dass ich nicht mehr dolmetschen soll. Mit erhobenem Haupt stolziert sie davon. Na, großartig! Noch vor gar nicht allzu langer Zeit hat sie sich darüber beklagt, dass Abhijat, wenn er Stress mit uns (dem Staff) hatte, zu 'Papa Samarpan' rannte, in der Hoffnung, dass dieser uns daraufhin den Kopf waschen würde, und jetzt scheint sie es ganz genauso zu machen; ätzend! Außerdem fühle ich mich wieder einmal gänzlich unschuldig – unschuldig verurteilt von demjenigen, der immer sagt, dass niemand irgend etwas tut. Was also soll jetzt dieses 'Dolmetsch-Verbot'? Und wieso hört Samarpan sich nicht erst meine Darstellung an, bevor er ein Urteil fällt und mich als 'faul' oder sonst etwas hinstellt? – Was nun? Wenn in der Vergangenheit hier und da mal solche Situationen im Kleinen vereinzelt auftraten, sagte ich bislang nie etwas, weil ich mir dachte, es ginge nicht darum, mich zu erklären oder zu verteidigen. Wenn Samarpan es so und so sieht und mich nicht nach meiner Meinung fragt, bitte. Die Stimmung zwischen uns beiden ist dann einige Tage etwas angespannt, um nicht zu sagen eisig (ich bin in der Story, dass Samarpan mich ungerechtfertigterweise verurteilt hat, und Samarpan ist vermutlich in der Story, dass Rama ein faules Arschloch ist) bis wir uns irgendwann – zumeist im Satsang – wieder einmal in Stille in die Augen sehen, und plötzlich ist da keine Story mehr. Nur noch dieser Moment, und alles ist vergeben und vergessen. Aber dass er mir jetzt das Dolmetschen verbietet, was ja irgendwie einem Rauswurf gleichkommt (huuaa, bei diesem Gedanken wird mir ganz anders), ist doch der Hammer, und in dieser Situation könnte es vielleicht doch ganz gut sein, dass ich versuchen sollte, die Sache sofort gerade zu rücken. Also gehe ich nach dem Frühstück schnurstracks zu seinem Appartement, fühle mich mies und zittrig, und als Marga mir die Tür öffnet, laufen mir sogar die Tränen herunter.

„Es scheint, du hast Kira schon getroffen?", kommentiert Samarpan lächelnd.

„Stimmt!", sage ich und erzähle, was sich gestern Abend zwischen ihr und mir abgespielt hat, dass alles nur Missverständnisse waren, und Samarpan ist total verständnisvoll. Er sagt nicht viel, was auch gar nicht nötig ist. Mir reicht schon, zu wissen, dass er mich nicht verurteilt. Als ich wieder gehe, denke ich: Gut, dass ich es nicht wie sonst auf sich beruhen lassen und tagelang den Schmerz gefühlt, sondern gleich mit ihm geredet habe.

Am Nachmittag läuft mir Kira am Strand über den Weg. Scheinbar hat sie wieder entspannt und sagt in kameradschaftlichem Ton, ich hätte dieses und jenes wahrscheinlich nicht gewusst, bei dieser Sache sei es wohl ein Missverständnis gewesen, bei jener Sache habe sie sich nicht klar ausgedrückt; all die Dinge, die ich ihr gestern hatte sagen wollen! Während ich ihren Ausführungen noch zuhöre, merke ich, dass ich zusätzlich gerne noch eine Entschuldigung für ihr gestriges Verhalten hätte, aber das ist offenbar zu viel verlangt.[20]

Unmittelbar vor dem Abend-Satsang kommt Marga auf mich zu und fragt: „Äh, Rama: Du dolmetschst jetzt aber schon, oder?"
„Wenn es wieder gewünscht wird: natürlich!"

Korfu, 5. September 99
„Es gab einmal einen Mann, der zu einem Meister kam und stolz erzählte, dass er ein spezielles Mantra habe, das er dauernd vor sich hin sänge und indem er dies täte, erlebe er sich ständig als eins mit allem. Daraufhin sagte der Meister zu ihm: 'Höre zwei Tage lang mit diesem Mantra auf.' Nach zwei Tagen kam er wieder und war todunglücklich, weil seine ganze Erleuchtung dahin war. – Schaut: Ein Frieden, der von irgend etwas, von irgendeiner Sache abhängt, ist nichts wert. Denn diese Sache wird vorübergehen. Und dann geht auch der Frieden weg. Halte nach dem Frieden Ausschau, der immer ist. Der schon immer da war und immer da sein wird. Vor und nach dem Universum. – Komme einfach nach Hier, und du siehst."

Korfu, 7. September 99
Jemand shart, dass er so gerne auch schon mit allem durch wäre, sich allem hingegeben hätte...
„... so wie du, Samarpan, es offensichtlich getan hast."

---

20 Anmerkung von Kira: Das war, als Samarpan mir sagte, dass ich Rama hinauswerfen könnte. Ich war wirklich sauer, dass Rama immer irgendeine Entschuldigung dafür hatte, nicht beim Herrichten des Satsang-Raumes zu helfen, und dieses Mal musste er ein Fax schicken. Da auch ich ein Fax verschicken musste, sagte ich zu Rama (kaum in der Lage, meine Wut zurückzuhalten), dass er es doch am nächsten Tag verschicken solle, nicht wenn wir den Raum herrichten müssen! Anstatt zu „Papa Samarpan" zu rennen, wie Rama es hinstellt, erzählte ich Samarpan später, wie schockiert ich über das Ausmaß meiner Wut gewesen war. Er sagte, ich solle dies nicht verurteilen, und dass ich „mit seinen Augen" agierte, da er nicht sehen könne, was Rama beim Aufbau täte. Sehr zu meiner Überraschung sagte er mir dann, dass ich die Macht hätte, Rama hinauszuwerfen! Ich konnte es gar nicht richtig glauben, doch er meinte es ganz genau so. Zuerst beabsichtigte ich, dies Rama gegenüber nicht zu erwähnen, doch dann glaubte ich, dass dies seine Aufmerksamkeit darauf lenken würde, wie ernst Samarpan seine Vermeidungshaltung in Bezug auf das Raum-Herrichten nahm. Trotzdem schien Rama nicht zu kapieren, um was es ging, und es sah sogar so aus, als ob er noch eine Art Entschuldigung erwarten würde, während ich genaugenommen dabei war zu versuchen, ihn zu warnen, dass Samarpan so ärgerlich über seine fehlende Anteilnahme war, dass er mir die Macht gab, ihn hinauszuwerfen. Als ich Rama am Strand traf, empfand ich eine Art Mitleid für ihn, da er kurz davor zu stehen schien, gebeten zu werden, uns zu verlassen, und das war es, was meine Sanftheit in diesem Moment auslöste. Rückblickend sehe ich, dass es Rama schlichtweg dabei half, den Ernst der Situation zu verleugnen.

„Ich verstehe, aber das ist nur ein Missverständnis. Ich bin nicht durch mit allem. Ich habe das Ende des Lernens noch nicht gesehen. Ramana hat nichts von einem Ende berichtet, Papaji nicht... Niemand hat je etwas von einem Ende gesagt. Es wird subtiler und subtiler, aber es gibt immer noch etwas zu lernen; dankenswerterweise. Einmal kam eine Frau zu einem Meister und fragte ihn, ob er ihren Sohn von seinen Gelüsten nach Süßem heilen könne. Und der Meister bat sie, in einer Woche noch einmal wiederzukommen. Also kam sie mit ihrem Sohn eine Woche später wieder, und der Meister nahm sich seiner an. Nach vollbrachter Arbeit bedankte sich die Frau bei ihm und fragte, was es denn mit dieser einen Woche auf sich hatte. Und der Meister sagte: 'Bevor ich deinen Sohn davon kurieren konnte, musste ich mich zunächst mit meinen eigenen Gelüsten, was Süßes anbelangt, befassen.' – Schaut: Wenn wir 'Hingabe' hören, haben wir die Vorstellung, man gibt sich einmal hin, und dann ist es gut. Aber so ist es nicht. Hingabe hört nie auf. Solange wir in diesem Körper sind, ist da immer noch etwas, dem man sich hingeben kann. Das ganze Leben ist ein Sich-ständiges-Hingeben, ein Sich-Hingeben an den Moment. Und es ist einfach. Festzuhalten ist schwierig. Sich hinzugeben und loszulassen ist einfach. Lasse einfach los. Gerade jetzt."

Korfu, 8. September 99

Ich liege am Strand und denke: Das Leben ist solch ein Geschenk. Und dieser Körper ist solch ein Geschenk. All die Erfahrungen, die wir mittels dieses Körpers machen können: Der Wind streicht über meine Arme, ich höre das Rauschen des Meeres, fühle den warmen Sand, auf dem ich sitze. Ich bin absolut in Frieden mit allem, wie es gerade ist. Dieser Moment könnte ewig so bleiben! Abends sagt Samarpan:

„Dieser Moment ist ewig. Sei Hier. Mit dem, was dieser Moment offenbart; egal, was es ist. Sei in Frieden damit. Genieße das."

Korfu, 10. September 99

Habe mit einer wunderbaren Frau aus Deutschland, die hier auf Korfu lebt, eine wunderschöne Nacht verbracht und bin jetzt überglücklich und so gut drauf, dass ich die ganze Welt umarmen könnte. Das Leben ist so schön! Beim Frühstück setze ich mich an den Tisch von Samarpan und Marga und erzähle ihnen von meinem Glück.

„Hallo Ihr zwei Lieben! Mein Herz ist gerade so voller Liebe... das muss ich einfach teilen!"

Samarpan und Marga strahlen mich an. Schöne Stille. Und wie wir da im Garten sitzen, ist mir wieder so klar, wie sehr ich die beiden liebe und wie gerne ich an Samarpans Seite bin. Da ist nur eine Sache, die immer wieder hochkommt. Ich habe mir zwar stets gesagt: 'Wende dieser Story einfach den

Rücken zu.', aber sie kommt einfach immer wieder. Vielleicht sollte ich es jetzt einmal aus- und ansprechen...

„Äh, Samarpan? Da ist eine Sache, die mich immer wieder einmal belastet. Und zwar geht es um die Arzneien, die ich dir vor einem knappen Jahr in Stuttgart besorgt habe. Alles zusammen kostete 70 DM und da du mir nur 50 DM gegeben hattest, konnte ich dir kein Wechselgeld geben. Meine Angst war seitdem, dass du denken könntest, es wäre billiger gewesen und ich hätte das Restgeld einfach einbehalten..."

„Rama!", lacht Samarpan belustigt. „So eine uralte Geschichte. Hättest du doch einfach nach 20 DM gefragt..."

Da sieht man es wieder: Während ich mir noch Jahre später den Kopf darüber zerbreche, was Samarpan wohl gedacht haben könnte, erinnert er sich an das Ganze schon längst nicht mehr. Ach ja, ich kann noch so viel von ihm lernen.

Korfu, 11. September 99

„Samarpan? Wie steht es mit 'Helfen-Wollen' und dem so genannten Helfersyndrom?", fragt jemand.

„Schau: Wenn du gerne hilfst, sollte dir folgendes klar sein: Um jemanden helfen zu können, musst du den anderen zunächst hilflos machen und erst dann kannst du helfen. Doch du tust ihm damit keinen Gefallen, denn du machst ihn damit klein. – Ich versuche nicht, irgend jemand zu helfen, denn Hier ist niemand, der Hilfe bedürfte. Ich spreche zu deiner Stärke. Ich sehe deine Stärke, ich sehe deine Erleuchtung. Ich sehe die Erleuchtung von euch allen. Da fehlt es an nichts."

Korfu, 12. September 99

Heute gibt es zum ersten Mal richtig hohe Wellen, und endlich kommt meine aus Deutschland mitgebrachte Luftmatratze zum Einsatz. Als Samarpan vom Strand aus sieht, wie viel Spaß ich habe, in den sich überschlagenden Wogen herum zu tollen, kommt er zu mir geschwommen und jetzt albern wir gemeinsam auf meiner Luftmatratze herum. – Wieder einmal denke ich: welch ein gewöhnlicher Meister!

Korfu, 13. September 99

Beim Mittagessen befragt mich eine Nicht-Satsang-Gängerin zum Thema 'Satsang' und insbesondere über 'Zeit'. Ich sage ihr, dass 'Zeit' nur eine Vorstellung, nur Illusion ist und es im Grunde nur diesen Moment gibt. Und es ist absolut fantastisch. Jedes meiner Worte geht... ohne jeden Widerstand... durch sie... hindurch, verschwindet im Nichts. Wow! Eine ganz neue Erfahrung für mich. Wundervoll.

Korfu, 14. September 99

Schon wieder ist der letzte Tag da. Unglaublich! Die Zeit ist wieder wie im Flug vergangen. Im Satsang fragt sich ein junger Typ ohne Job und ohne Arbeit, wie es nach dem Urlaub weitergehen wird, und shart:

„Samarpan, ich weiß so oft nicht, was ich eigentlich will."

„Ich verstehe, dass du denkst, daran sei etwas falsch. In unserer Gesellschaft muss man etwas wollen, muss Ziele haben, aber genaugenommen ist das alles der Verstand. Das, was du in Wahrheit bist, will nichts. Gott ist immer zufrieden mit dem, was ist. – Wenn du nichts willst, ist das wunderbar. Wenn man nichts will, hat man alles. Es ist perfekt. Lasse die Vorstellung los zu glauben, dass du dein Leben planen und 'herausfinden' kannst. Das Leben ist kein Marsch, bei dem man den richtigen Schritt lernt und dann kerzengerade auf sein Ziel zu marschiert. Nein, das Leben ist ein Tanz! Und bei einem Tanz geht es nicht darum, von einem Ende des Zimmers – womöglich noch so schnell es geht – an das andere zugelangen, sondern der Sinn des Tanzes ist der Tanz selbst, die Freude am Tanzen. Habe Freude am Leben. Genieße dein Leben. Du weißt nicht, wohin es dich noch führt. – Schau: Frage nicht: 'Wo möchte ich am liebsten sein?', sondern frage vielmehr: 'Wo möchte das Leben mich am liebsten haben? An welchem Platz kann ich dem Leben, kann ich Gott am besten dienen?' DAS ist die Frage!"

Stuttgart, 19. September 99

Zu Besuch bei meinen Eltern.

„Wir fragen uns immer wieder: 'Was haben wir falsch gemacht?'"

„Ihr habt nichts falsch gemacht! Ihr habt alles richtig gemacht! Ihr seid wunderbare Eltern! Ehrlich!"

„Aber bei Deinem Leben... Wie willst Du Dir später einmal etwas leisten können? Um ein Haus kaufen zu können, braucht es einen Grundstock an finanziellen Mitteln!", belehrt mich mein Vater.

„Was weiß ich? Vielleicht schenkt mir mal jemand ein Haus!", entgegne ich verärgert.

„Was???" Mein Vater schnappt nach Luft. „Bist Du jetzt von allen guten Geistern verlassen?"

Schluck. Na ja, da habe ich vielleicht tatsächlich etwas zu dick aufgetragen.

„Wie auch immer", sage ich nun gemäßigter. „Fakt ist: Ich habe keine Ahnung, wie irgend etwas irgendwann einmal sein wird. Ich vertraue einfach auf Gott."

Als ich später mit meiner Mutter alleine bin, sagt sie mir:

„Ich würde es so gerne verstehen, aber ich verstehe es einfach nicht..."

Puuh, was soll ich ihr nur sagen?

„Was verstehst Du denn nicht?"

„Mir fällt einfach sehr schwer nachzuvollziehen, wie Du nur solch ein Leben führen kannst.“

„Weißt Du, im Moment ist es einfach das schönste Leben, das ich mir nur vorstellen kann.“

„Und wie lange willst Du noch so leben?“

„Ich weiß es nicht.“ Und als meine Mutter mich ratlos ansieht, füge ich hinzu: „Schau: Ich weiß ja selbst nicht, was das Leben mit mir noch im Sinn hat. Irgendwann wird es vorbei sein. Und das kann jederzeit geschehen. – Aber angenommen, ich würde jetzt von mir aus aufhören, dann würde es mir später bestimmt leid tun, dass ich diese Zeit nicht voll ausgekostet habe. Insofern kann ich jetzt nichts anderes tun, als ganz mit Dem zu sein.“

Bern, 23. September 99

Im Satsang realisiert jemand die Wahrheit und nach einer Zeitlang Stille fragt er:

„Samarpan? Was gibt es jetzt noch zu tun, außer Satsang zu geben?“

„Es heißt, dies sei die letzte Illusion... und manche kommen nur deshalb noch einmal wieder, inkarnieren nur aus diesem einen Grund: um die Wahrheit zu lehren. – Schau: Es spielt keine Rolle, was du machst. Du kannst alles machen. Und tatsächlich machst du nichts. Weder so noch so.“

Bern, 24. September 99

„Wie kommt es eigentlich, dass in deinen Satsangs so viele erwachen?“, fragt jemand im Abend-Satsang.

„Ich habe keine Ahnung. Ich bin weder besonders gescheit, noch sehe ich gut aus... Es ist eine Gnade. Es ist wirklich solch eine Gnade. – Wisst ihr: Es ist wie mit einem Diamant, der Jahrtausende unter Schlamm verborgen war. Ein bisschen putzen, ein bisschen Staub wegpusten, und der Diamant ist wieder sichtbar. Unverändert. Wie am Anfang. Die gleiche Schönheit. Und das ist alles, was hier im Satsang geschieht. Ich sehe lauter wunderbare, leuchtende Diamanten vor mir, die teils mehr teils weniger vom Staub bedeckt sind und puste einfach den Staub von all den Diamanten. Das ist alles, was ich mache.“

Bern, 25. September 99

Heute ist mal wieder einer vorne und kritisiert Samarpan. Nach einer Aufzählung aller möglichen ‘Unzulänglichkeiten’ Samarpans – aus Sicht des Sprechers – gibt dieser nun zur Antwort:

„Schau: Wir alle sind so trainiert, dass wir im Außen nach ‘DEM’ Ausschau halten, nach der Perfektion, nach der Schönheit. Deshalb sehen wir die eigentliche dauerhafte Schönheit in unserem Innern nicht. Dabei ist dies das Einzige, was unserer Aufmerksamkeit wert ist, da jede Schönheit im Außen vergänglich ist. – Schaue nicht im Außen. Schaue innen. Schaue Hier. Du brauchst nur hinzusehen. Es ist alles Hier.“

„Aber Samarpan, du hast...“

„Halte einfach mal für einen Moment inne. Weißt du: Wenn du bei mir nach Fehlern suchst, verpasst du Hier, verpasst du das, um was es bei all dem hier geht. Es geht nicht um mich. Es geht um die Stille. Es geht um den Meister im Inneren. Es geht um das, auf was ich immer wieder hinweise... Das, dieser Frieden. Und dieser Frieden ist IN DIR. Dieser Frieden ist Hier. Osho sagte: ‘Schaue nicht auf den Finger. Schaue auf das, worauf der Finger zeigt.’ – Ich bin nur der Finger. Und du hast Recht. Ich bin NICHT perfekt! Ich bin vollkommen unvollkommen! Aber Gott nutzt mich trotzdem. Gott liebt mich trotzdem. Und Gott liebt auch dich. Gott liebt uns alle in all unserer Unvollkommenheit. Schaue nicht auf das, was unvollkommen ist. Nicht bei dir und nicht bei anderen. Schaue auf das, was vollkommen ist.“ Kurze Stille.

„Ein ehemaliger Schüler Ramanas schrieb nach seiner Trennung erbost ein Buch über ihn und insbesondere die Dinge, die seiner Meinung nach an Ramana und dessen Ashram nicht in Ordnung waren. Ramana sagte darüber: ‘Er hätte vorher zu mir kommen sollen. Ich hätte ihm noch tausend andere Dinge sagen können, die unvollkommen sind.’ – Es geht nicht um den Meister. Es geht nicht um mich. Ich bin nichts Besonderes. Ich bin nicht einmal besonders schlau. Im Gegenteil: Ich bin sogar ziemlich langsam. Und wenn du nach Fehlern suchst, was diesen Körperverstand anbelangt, so kannst du dies tun, und du wirst viele Fehler finden. Das ist kein Problem. Aber das ist es nicht, um was es geht. Es geht um DICH, es geht um DEINE Freiheit, um DEINEN Frieden. Alles, was ich dir anbiete, ist, dich an der Hand zu nehmen und dich zu deiner eigenen Freiheit zu führen, zu dem Frieden, der in dir ist. Und es steht jedem frei, dieses Angebot anzunehmen oder nicht. Mir ist es egal. Ich bin in Frieden. So oder so.“

Bern, 26. September 99

Immer wieder kommt mein Verstand und sagt: ‘Lerne Vokabeln.’ Aber sobald ich mich mit meinem Vokabelheft hinsetze, wird es mir ganz schlecht, und ich lasse es wieder sein. Hinterher kommt dann allerdings stets erneut mein Verstand und sagt mir, ich würde meinen Job nicht (gut genug) machen... Ich versuche auch hier wieder, diesen Gedanken den Rücken zuzukehren, aber wenn ich Samarpan im Satsang heute sagen höre, als ‘Disciple’ (Schüler) solle man in seinem Job sein Bestes geben, kriege ich natürlich sofort ein schlechtes Gewissen und sage ihm, was diesbezüglich so bei mir abläuft. Latent ist da die Hoffnung, er könnte sagen, ich solle das Lernen einfach sein lassen, doch Samarpan meint lediglich:

„Lasse einfach die Urteile fallen, die hinterher auftreten.“

Also kein Freibrief fürs Nichtlernen; hätte ich mir ja eigentlich denken können. Mist.

Bern/Interlaken, 27. September 99 (Retreat)

Hole Samarpan mittags in der Sangha ab. Und es ist lustig bzw. interessant, wie sich meine Begrüßungsform mit Samarpan immer mehr normalisiert hat. Trat ich ihm anfangs stets mit schlotternden Knien entgegen... Umarmung, Heul, Drama usw., läuft es jetzt völlig unscheinbar ab. Wenn wir uns irgendwo wiedersehen, schauen wir uns kurz in die Augen, erkennen uns, ich schlage meine Augen nieder, nicke ganz leicht bzw. senke kaum wahrnehmbar meinen Kopf (fast eher lege ich ihn ein wenig auf die Seite) und deute damit eine kleine Verbeugung an, und Samarpan macht es genauso. Wie zwei, die sich kennen, es aber nicht groß zur Schau stellen wollen/müssen. Ich liebe dieses kleine Ritual am Rande; so schön.

Kurz darauf sitzen wir im Auto, fahren Richtung Interlaken, und ich erzähle ihm von meinen letzten verliebten Tagen auf Korfu. Dabei bin ich so voller Begeisterung, dass ich meine Hände zur Hilfe nehme. Die Autobahn geht hier ohnehin fast nur geradeaus, also: ‘no problem’.

„Rama. Würdest du bitte deine Hände am Lenkrad lassen?“

Fällt mir nicht leicht, so energiegeladen wie ich im Moment bin. Das Leben ist so schön. – Da ich gerade so total gut drauf bin, wage ich es wenig später, ein für mich nach wie vor heikles Thema anzusprechen. Genaugenommen geht es darum, dass ich immer noch irgendwie und irgendwo die Vorstellung habe: ‘Ein Meister ist nie in einer Story oder sollte zumindest nie in einer sein.’ Und bei einer Situation wie am ersten Tag auf Korfu, in der ich (mein Verstand) aufgrund der Sanktion (nicht mehr zu dolmetschen) die Vorstellung habe (hat), der Meister (Samarpan) ist in einer Story (Rama, der Faule), weiß ich dann nicht (mehr), was die Wahrheit ist. – Äusserst vorsichtig spreche ich das Thema an und share, wie ich in solchen Situationen dann immer die Rolle des Bösen auf ihn projiziere.

Samarpan sieht mich mit großen Augen an und sagt vollkommen liebevoll:

„Rama! Ich bin nicht dein Feind!“

Beschämt sehe ich zu Boden. Puh!! Das geht durch und durch...

„Mmh ja... es tut mir total leid, Samarpan. Ich glaube, manchmal sehe ich dich genau so...“, bekenne ich kleinlaut.

Samarpan lächelt, und ich schmelze dahin. Wunderschöne Stille. Wir sind eine Einheit. Allerdings ist dann da doch eine Sache, die mich nicht in Ruhe lässt:

„Äh, Samarpan? Aber das Dolmetschverbot auf Korfu war doch als eine Art Strafe für mich gedacht, oder?“

„Nein“, sagt Samarpan lässig, diese Unterstellung schnell von sich weisend. „Du hättest einfach entspannen und den Urlaub genießen können.“

Komische Stille. Und ich bin unsicher, ob das jetzt die Wahrheit ist, oder Samarpan es nur nicht zugeben will, denn es hatte sich schon wie eine Strafe angefühlt. Außerdem wurde ich ja – sobald der Auslöser der Strafe sich als Missverständnis herausgestellt hatte – wieder gebeten zu dolmetschen. Kann ich jetzt meiner Wahrnehmung vertrauen oder den Worten des ‘Meisters’?

„Samarpan, mir ist einfach echt wichtig zu wissen, ob ich beim nächsten Mal meiner eigenen Wahrnehmung vertrauen kann, oder ob diese mir in dem Moment nur etwas vorgaukelt.“

Samarpan sagt nichts, sondern schüttelt nur irgendwie abwehrend den Kopf, was ich nicht anders zu interpretieren weiß, als dass meine Vermutung doch nicht so ganz daneben lag und er es jetzt nur nicht zugeben will. Aber letzten Endes weiß ich es nicht. Schweigend setzen wir unsere Reise fort, denn jetzt nochmals nachzuhaken, wäre – gesetzt den Fall, dass ich Recht habe – für Samarpan wohl sehr unangenehm. Und das möchte ich ihm doch gerne ersparen. Und mir vermutlich auch.

Interlaken, 28. September 99 (Retreat)

Im Morgen-Satsang spricht Samarpan über Selbstbefriedigung, nachdem er diesbezüglich gefragt wurde.

„Selbstbefriedigung ist nichts Schlechtes. Als Jugendlicher bekam ich beigebracht, dass dies etwas Schlechtes ist, eine Sünde, die ich regelmäßig am Sonntag beichten musste. Und immer wieder nahm ich mir vor, es nie wieder zu tun.“ Mit einem Schmunzeln fügt Samarpan hinzu:

„Auch wenn ich dieses Unterfangen leider immer nur ein paar Stunden aufrecht halten konnte...“ Hohohohoho. Welche Offenheit!

„Wenn wir unsere Urteile und Vorstellungen darüber fallen lassen, kann es genaugenommen ein sehr schönes Erlebnis sein, das man richtiggehend zelebrieren kann. – Mache eine Verabredung mit dir selbst aus. So als würdest du jemand anderen treffen. Mache dich schön. Mache es dir schön. Mit einem warmen Bad, Kerzen... Da ist nichts verkehrt.“

Stille. Und ich denke: mmh! Eigentlich dachte ich bislang, kein Urteil über Selbstbefriedigung zu haben, aber jetzt muss ich zu meinem Erstaunen doch feststellen, dass dem nicht so ist und ich in der Tat diesbezüglich die Vorstellung und das Urteil habe, Selbstbefriedigung sei nur ein schlechter Ersatz für die Begegnung mit einer Frau... schon interessant.

Im Abend-Satsang erwacht jemand, lacht und wundert sich, wie einfach es ist.

„Ja!“, lacht auch Samarpan. „Das ist die Reaktion von den meisten. Es ist in der Tat lustig. Zuerst verstecken wir uns vor uns selbst und dann machen wir uns auf die Suche nach uns selbst.“

„Und wieso das Ganze?“

„Einfach nur aus Spaß. Schaut: Alle Kinder in allen Kulturen auf der ganzen Welt spielen Verstecken. Es ist solch ein lustiges Spiel.“

Interlaken, 29. September 99 (Retreat)

Ungewöhnliches Bild im Abend-Satsang: Abhijat laufen die Tränen herunter. Puuuuuh. Kurz darauf shart er:

„Es tut mir so leid, mit ansehen zu müssen, dass ich hier und da manchmal kleine Lügen erzähle.“

Wow, welche Offenheit, welcher Mut! Wie ehrlich! – Samarpan nickt liebevoll zu Abhijat; beide sehen sich einen Moment an und schließen dann die Augen. Tief berührt, Abhijat derart demütig zu erleben, tue ich es ihnen nach und empfinde den gleichen Schmerz, den auch Abhijat vermutlich gerade empfindet. Den Schmerz über dieses Dilemma, mit ansehen zu müssen, wie ‘man’ manchmal Dinge ‘tut’, die man eigentlich gar nicht tun will, die die eigene Rolle jedoch scheinbar verlangt.

Interlaken, 30. September 99 (Retreat)

Beim Frühstück geht das Gerücht um, dass Samarpan krank ist, und sofort wird mein Verstand aktiv. Dann der Satsang-Beginn, wobei Samarpan in der Tat einen etwas mitgenommen Eindruck macht.

„Samarpan“, fragt jemand, „Stimmt es, dass Du krank bist?“

„Nein“, sagt Samarpan kurz angebunden.

Lange Stille. Und ich denke zurück an eine ähnliche Situation, als Samarpan jedoch mit ‘Ja’ geantwortet hatte. Den ganzen Satsang ging es dann nur noch um den ‘armen Samarpan’. Und am Ende des Satsangs schien Samarpan kränker als zuvor. Vielleicht will er ‘dem’ jetzt einfach keine Energie geben?

Stille. – Fragen, Antworten, Stille und so weiter und so fort... und am Ende des Satsangs macht Samarpan auf mich wieder einen kerngesunden Eindruck. Wie schön.

Interlaken, 1. Oktober 99 (Retreat)

„Samarpan“, shart eine ältere Dame, „Zu Beginn des Retreats hatte ich so viele Fragen, die ich dir alle stellen wollte, und jetzt ist da keine mehr. Wie kommt das?“

„Erstaunlich, nicht?“, lacht Samarpan. „Aber es ist wahr: Wir kommen zum Satsang, tun nichts, entspannen einfach, und der Verstand wird ruhig. Es ist nicht so, dass alle Fragen beantwortet werden, sondern die Fragen verschwinden einfach.“

Interlaken, 2. Oktober 99 (Retreat)

„Samarpan, ich muss leider abreisen, denn ich habe kein Geld mehr...“, shart jemand im Mittag-Satsang.

„Wisst ihr: Es ist schon komisch mit dem Geld. Manche haben noch dreitausend Mark auf der Bank und sagen, sie hätten kein Geld mehr. Andere werden schon nervös, wenn sie ‘nur’ noch zwanzigtausend DM ‘Sicherheit’ haben... Ich selbst hatte so oft in meinem Leben wirklich überhaupt nichts mehr, und damit meine ich wirklich absolut nichts mehr, null. – Und es spielt keine Rolle. Nicht wirklich. Frieden, der von einem gefüllten Konto abhängt, ist kein wirklicher Frieden. Und doch können gleichzeitig ein paar Dollar solch einen Unterschied ausmachen. Einmal hatten weder meine Freundin noch ich irgendwelches Geld, als wir auf die Möglichkeit aufmerksam gemacht wurden, nur durch die Teilnahme an einem Informationsgespräch – ich glaube, es ging um Immobilien – fünfzig Dollar zu verdienen. Und es war toll. Im Anschluss daran fühlten wir uns beide so unendlich reich.“ Samarpan wendet sich wieder dem Sharenden zu: „Entschuldigung, du wolltest etwas sagen?“

„Äh... jetzt nicht mehr. Du hast meine Frage schon beantwortet.“

Im Abend-Satsang shart Abhijat, dass er mit seiner Freundin und bald zukünftigen Frau telefoniert hat und sie ihm sagte, dass sich bei ihr im Bereich Sexualität etwas geändert habe, dass da nicht mehr so viel Lust ist.

„Ja, so ist es oft“, bestätigt Samarpan. „Ich kenne das aus eigener Erfahrung. Man verliebt sich, da ist viel Lust bei beiden, und der Mann denkt: Das ist einmal eine tolle Frau... The woman of my dreams... Die Frau meiner Träume... always ready... immer bereit... für ein Nümmerchen...“

Lachen. Einerseits muss ich selbst ebenfalls lachen, andererseits verurteile ich mich auch und denke: ‘Oh, Rama, musste das jetzt wieder sein?’... aber ich kann’s nicht ändern.

„... and then we marry... und dann heiratet man... Und schon bald, ihr wisst, wovon ich rede, hat die Frau oft keine Lust, hat Kopfweh...“ Einige Frauen im Satsang-Raum kichern. „Der Mann versteht die Welt nicht mehr und denkt, er wird hier irgendwie ‘verarscht’. Und dann beginnt das übliche Spiel.“

„Ja“, sagt Abhijat. „Ich merke, wie mein Verstand anspringt und in die Story gehen will. Aber wenn ich einfach nur die Trauer fühle, die diese Story auslöst, ist es in Ordnung.“

„Das ist die Wahrheit. Wenn wir dem Verstand einfach den Rücken zuwenden und das Gefühl fühlen, ist es in Ordnung. Und so ist es immer.“

„Ja.“ Mit Tränen in den Augen sieht Abhijat Samarpan an. Und Samarpan nickt ein paar Mal langsam und sagt mit tiefem Mitgefühl:

„Ja.“ Und noch während ich das ‘Ja’ dolmetsche, habe ich das Gefühl, die beiden verschmelzen zu einer vollkommenen Einheit. – Absolute Stille. Tiefer

Frieden. Abhijat und Samarpan sehen sich unentwegt an. Und mein Herz ist voll von Liebe für die beiden. Da ist einfach Liebe. Kein Meister, kein Schüler. Nur noch Das, diese Liebe. Und ich bin froh, dass ich in Erinnerung an ähnlich abgelaufene Situationen 'Abhijats Erleuchtung' dieses Mal wahr- und annehmen kann, ohne auf meinen alten Nichterleuchtungstrip zu geraten. Nur Liebe.

Interlaken, 3. Oktober 99 (Retreat)

Eine langjährige Sannyasin erkennt die Wahrheit bzw. erkennt, dass sie die Wahrheit eigentlich schon seit Jahren lebt:

„Bei dir, Samarpan, scheinen so viele Leute zu erwachen! Und von den Abertausenden bei Osho ist kein einziger erwacht, oder?"

„Unzählige sind erwacht... und haben es nur nicht gemerkt. Wir alle dachten, Erleuchtung sei, wie Osho zu sein. Und Osho war irgendwie jenseits von allem. Seine Füße schienen den Boden überhaupt nicht zu berühren; es war, als schwebe er geradezu dahin. Und so sahen wir in ihm eine Art Supermann. – Ja: Osho hat diese Rolle wunderbar gespielt; er hat perfekte Arbeit geleistet. So schön. Aber im Grunde war er ein ganz gewöhnlicher Mensch, was er selbst auch immer wieder gesagt hat. Nur konnten wir ihn nicht hören. Wir waren noch nicht reif für die Wahrheit." Stille.

„Für alle, die es nicht wissen: Es gab diesbezüglich einmal ein Experiment. Osho erklärte eine Reihe von Leuten für erwacht, und der Name der Frau, mit der ich seinerzeit zusammen war, stand ebenfalls auf dieser am schwarzen Brett ausgehängten Liste. Und das haute mich um! Ich war am Boden! Vollkommen tote Hose! Im wahrsten Sinne des Wortes! Und das war das Ende dieser Beziehung. Doch auch danach ertappte ich mich immer wieder dabei, wie ich vor dieser ausgehängten Liste stand und nachsah, ob mein eigener Name nicht vielleicht inzwischen auch endlich darauf stand. Aber Fehlanzeige!"

Samarpan schüttelt lachend den Kopf, und ich staune einmal mehr, wie offen und ehrlich Samarpan seine eigenen Trips preisgibt und uns alle damit zum Lachen bringt.

„Wir waren einfach noch nicht soweit. Schließlich erklärte Osho das Ganze für einen Witz, die Liste verschwand, und wir alle waren wieder gleich unerleuchtet."

Kurze Stille.

„Ihr seid alle erleuchtet! So wie Ihr Hier Jetzt seid. Das ist die Wahrheit."

Sehr lange und schöne Stille. Was für ein wunderbares Retreat-Ende.

Stuttgart, 5. Oktober 99

Es ist so toll, dass ich bei meinem Bruder wirklich zu jeder Tages- und Nachtzeit aufkreuzen kann und er immer ein Bett für mich bereithält; zumal er mittlerweile einen festen Job hat und früh raus muss. Solch ein Geschenk!

Stuttgart, 6. Oktober 99

Familiensitzung bei meinen Eltern. Thema: Meine Schwester ist mit der Schule fertig und überlegt, welchen Beruf sie ergreifen soll. Offensichtlich ist es nicht klar, aber die gegenwärtige Stimmung scheint trotzdem so zu sein, dass irgend etwas entschieden werden soll, entschieden werden muss. Und insbesondere muss natürlich die Arbeitsmarktsituation berücksichtigt werden! Allerdings höre ich mich gerade sagen:

„Mache doch einfach etwas, das Dir Spaß macht. Oder tue ein Jahr lang gar nichts. Reise um die Welt, und schaue Dich erst einmal in Ruhe um."

Blankes Entsetzen auf allen Gesichtern rundum. Dann:

„Nein!... Wie kannst Du... ? Was fällt Dir ein?... Gerade Du..."

Und ich denke im Stillen: 'Rama, Rama: Wann wirst Du endlich lernen, Deine Klappe zu halten?' – Ich sage nun nichts mehr, sondern höre nur noch zu. Dabei erinnere ich mich an eine immer wiederkehrende Unterhaltung mit meinem Vater während des Studiums, als ich zum wiederholten Male erklärte, dass es mir einfach keinen Spaß macht. Mein Vater hatte daraufhin stets die gleiche Antwort: 'Du brauchst ja nicht Dein Leben lang am Reißbrett zu stehen. Studiere erst einmal zu Ende. Danach kannst Du dann immer noch etwas Anderes machen.' – Wahrscheinlich hatte er allerdings von diesem 'Anderen' eine andere Vorstellung als das, was ich jetzt mache.

Köln, 7. Oktober 99

Im Satsang am Abend erzählt jemand einen Satsang-Witz:

„Der Meister sagt zum Schüler: 'Da ist niemand.' Der Schüler erwidert: 'Wem sagst du das?'"

Hahaha!! Köstlich!

Köln, 8. Oktober 99

Liege bis elf Uhr im Bett. Mein Lebens- bzw. Schlafgewohnheiten haben sich im Lauf der Monate ganz schön verändert... na ja, so ist es halt. – Im Abend-Satsang fragt ein abgedreht aussehender Typ:

„Samarpan? Was hat es eigentlich mit Clearings auf sich?"

„An Personen anhaftende Seelen, die befreit werden müssen und ähnliches... all das sind Konzepte, mit denen versucht wird, gewisse Phänomene zu erklären, Gefühle zu erklären. – Schau: Wir müssen unsere Gefühle nicht verstehen, wir müssen nicht herausfinden, woher sie kommen und warum sie da sind. Das ist nur der Verstand, der all diese Gefühle gerne kontrollieren würde. Der dahinter stehende Glaube besagt, dass, wenn ich nur weiß, warum dieses oder jenes Gefühl da ist, ich dies oder das unternehmen kann, um es wieder los zu werden. Aber wir müssen nichts loswerden. Hier ist alles willkommen. Gott heißt alles willkommen. Auch all unsere Gefühle. Da ist nichts verkehrt an unseren Gefühlen. Wenn wir unsere Gefühle einfach annehmen, wenn wir unsere Gefühle einfach fühlen, sind wir eins mit Gott, sind wir eins mit dem Göttlichen. Es gibt nur das Göttliche. Es gibt keine Seelen, die getrennt von Gott sind, die getrennt von dir sind. Du bist eins mit allem. Du BIST alles."

Köln, 9. Oktober 99
„Wir sind alle so gesegnet. In der heutigen Zeit in einem Körper zu sein, ist solch ein Segen. Und sich darüber hinaus noch im Satsang wieder zu finden, ist Segnung über Segnung. Millionen von Leben haben wir darauf gewartet... und jetzt sind all unsere Gebete erhört worden."

Köln, 10. Oktober 99
Da mir die stetig zunehmende Professionalität des ganzen Satsang-Rahmens und vor allem Samarpans in diese Richtung gehenden Wünsche sowie meine damit verknüpften Vorbehalte ('Alles ist perfekt, ganz genau so wie es jetzt ist; nichts braucht sich zu verändern.') immer wieder im Kopf herum gehen, spreche ich nun endlich einmal mit Samarpan darüber. Der meint:

„Es ist alles nur ein Spiel, soviel steht fest. Die Frage ist jedoch, ob wir es nur halbherzig oder total spielen. Schau: Der Spaß liegt darin, etwas total zu tun. Das ist es, was Freude macht."

Ich verstumme und denke: Na ja, und wenn es mir keinen Spaß macht, was dann?

Köln, 11. Oktober 99
„Oh, Samarpan! Ich verliebe mich ständig...", shart ein Typ schuldbewusst.

„Ja! Ich selbst verliebe mich auch ständig", lacht Samarpan. „Da ist so viel Schönheit! – Schau: Es ist wunderschön, verliebt zu sein. Gehe nur nicht in irgendwelche Storys hinein. Sei einfach in Liebe."

Köln, 12. Oktober 99
„Der Verstand ist so kraft- und machtvoll. Dank seiner Hilfe können wir uns alles vorstellen. Wir können uns sogar vorstellen, dass wir nicht sind, wer wir sind. Es ist ein Witz. Es ist DER Witz; der größte Witz."

Köln, 13. Oktober 99
Das Dolmetschen ist und bleibt spannend. Insbesondere dann, wenn ich manchmal ein englisches Wort nicht kenne. So wie ich es sehe, habe ich in diesem Fall drei Möglichkeiten. Entweder ich frage – während Samarpan noch spricht – mit hochgezogenen Augenbrauen jemanden von denen, die im Publikum neben mir sitzen, oder ich warte, bis Samarpan fertig ist und frage dann ihn oder in die Runde, oder ich tippe auf ein wahrscheinliches Wort und

übersetze auf das Risiko hin, dass ich daneben liege. Bei der letztgenannten Möglichkeit entsteht in mir das folgende Bild: Ich sende dieses Wort 'hinaus' in die Welt und warte dann auf eine Kritik vom hinter mir sitzenden Publikum. Ich erlebe dies jedes Mal wie das Warten auf den Genickschuss, der mal kommt und mal nicht... Mammamia.

Köln, 14. Oktober 99

„Ein Meister sagte: 'Die Erleuchtung hat mein Leben eigentlich kaum verändert. Ich bin noch genauso im Elend wie zuvor. Allerdings: Da gibt es einen Unterschied. Jetzt habe ich die Wahl.' – Schaut: Die Wahl besteht darin, in Frieden damit zu sein. Das ist der einzige Unterschied. Das ist alles. Und es ist so einfach.“

Köln, 15. Oktober 99

Zu ungewohnt früher Stunde treffen wir uns morgens vor dem Kölner Standesamt, denn Abhijat wird heute heiraten. Der Beamte ist total locker, auch als er sich nach Beendigung seiner kleinen Ansprache schmunzelnd an den Trauzeugen Samarpan wendet:

„Soweit ich informiert bin, sprechen Sie kein Deutsch; ist aber auch nicht so wichtig. Sagen sie einfach: 'Ja'.“

Alle wenden sich Samarpan zu, und der tut wie ihm geheißen:

„Ja!“ Hahahahaha.

Köln, 16. Oktober 99

Hochzeits-Satsang von Abhijat und seiner Frau. Und Marga ist die perfekte Organisatorin dafür. Zusammen mit Samarpan hat sie sich einiges überlegt, angefangen mit vielen, vielen roten Luftballons, die wir jetzt – eine Stunde vor Satsang-Beginn – mit Helium füllen und mit unseren Wünschen beschriften: Liebe, Gesundheit usw.

Unterdessen füllt sich auch der Satsang-Raum. Beide Elternpaare sind da, zusammen mit vielen Kölner Musikern, die extra zur Feier des Tages gekommen sind und Wunderbares zu Gehör bringen. Nun kommen die beiden herein und nehmen auf zwei schön hergerichteten Kissen vorne bei Samarpan auf dem Boden Platz: Strahlen. Und da kommt auch Samarpan; in Anzug und Krawatte. Ungewohnt, aber passend zum gegebenen Anlass: wie schön. – Namasté, kurze Stille, und Samarpan beginnt:

„Natürlich habe ich letzte Nacht hin- und her überlegt, was ich wohl sagen sollte... und folgendes kam dabei heraus. Normalerweise verspricht man sich ja Sachen wie Treue, Zusammenbleiben in guten wie in schlechten Zeiten etc., doch darin sind wir nicht besonders gut. Und das sage ich aus eigener Erfahrung. Ich selbst war nicht in der Lage, mein Versprechen einzuhalten, obwohl ich die besten Absichten hatte. Insofern können wir nur darum bitten." Samarpan nimmt ein Blatt Papier zur Hand und liest:

„Geliebte(r): Danke, dass du mein(e) Mann/Frau bist. – Ich bete, dass ich dir immer die Wahrheit sagen werde, ohne etwas zurückzuhalten, selbst wenn mich dies schlecht aussehen lässt. – Ich bete, dass ich dich immer als mein eigenes Selbst erkennen werde; wert des Respekts, der Liebe und der Geduld. – Ich bete, dass ich dich nie als Objekt meiner Wünsche betrachten werde, sondern vielmehr als den Ausdruck des Göttlichen, der du bist. – Möge diese Vereinigung von allen Buddhas gesegnet sein als das perfekte Instrument meines vollkommenen Erwachens."

Nun überreicht Samarpan dieses Papier Abhijat, der es nochmals – seine Frau dabei ansehend – laut vorliest. Danach hängt er ihr einen wunderschönen Kranz aus lauter gelben Blumen um, und jetzt ist die Reihe an Abhijats Frau. Auch sie liest ihm diesen Text vor und behängt anschließend ihn mit einem Blumenkranz.

„Diese Vereinigung IST vom Göttlichen gesegnet", sagt Samarpan. „Dies ist eine Ehe, die im Himmel geschlossen wurde. Es ist ein Geschenk an dich... und an dich... von Gott. – Und jetzt würde ich noch gerne mein Herz sprechen lassen." Damit wendet sich Samarpan Marga zu, die schon die ganze Zeit neben ihm vorne auf dem Gaststuhl sitzt. „Als Gott mir diese wunderschöne Frau gab, hatte ich keine Ahnung, mit wie vielen Geschenken dies verbunden sein würde. Insofern ist es mir eine besondere Ehre, diesen Segen jetzt weiterzugeben."

Stille. Musik. Stille... und etwas später erinnert sich Samarpan, wie es für ihn war, als ein total verliebter Abhijat ihm das erste Mal von 'ihr' erzählte:

„Abhijat schwärmte mir derart vor, dass ich gar nicht anders konnte, als ihm zu sagen, dass er sie heiraten solle. Und Abhijat, als guter Sannyasin, sagte: 'Okay.'"

Abhijat lacht, seine Frau lacht, der ganze Raum lacht, und nur mir scheint die Frage durch den Kopf zu gehen, wie weit der Gehorsam dem Meister gegenüber eigentlich gehen muss bzw. gehen darf.

Nach dem Satsang bekommen alle Anwesenden beim Hinausgehen einen der Ballons in die Hand gedrückt, so dass das Brautpaar den Raum nun durch ein Spalier aus Ballons verlässt. Danach lassen wir sie los und mit den besten Wünschen steigen sie gen Himmel. Wie schön.

Köln, 17. Oktober 99

Da mir die Geschichte von Samarpans Heiratsaufforderung und Abhijats (blindem?) Gehorsam seit gestern nicht mehr aus dem Kopf geht, spreche ich Abhijat diesbezüglich vor dem Satsang an und frage ihn, wie das eigentlich genau gelaufen ist:

„Ich meine, hast du echt nur geheiratet, weil Samarpan es angeordnet hat, oder was?“

„Nein“, erwidert Abhijat lächelnd. „Mit ihr war es wirklich etwas ganz Besonderes. Und Samarpan sprach einfach nur aus, was in diesem Moment energetisch ohnehin gerade präsent war.“

„Ach so“, sage ich und denke: Na, dann bin ich ja beruhigt.

Köln, 18. Oktober 99

Drei freie Tage liegen vor mir; welche Wohltat!

Münster, 21. Oktober 99

Drei Stunden Aufbau, anderthalb Stunden Abbau! Und das alles nur wegen eines einzigen Abends! Schlepp, schwitz. – Ich hasse es und in meinem Verstand wird einiges an Urteilen ausgelöst samt der Frage: Muss der ganze Klimbim denn wirklich sein?

Hengelo, 22. Oktober 99

„Samarpan“, shart jemand, „als ich einer alten Freundin sagte, dass ich den Frieden gefunden habe und jetzt gerne Satsang geben würde, hat sie nur gelacht...“

„Ja“, schmunzelt Samarpan, „ich habe eine ganz ähnliche Erfahrung gemacht. Wisst ihr, eigentlich sollte man ja glauben, dass ein Gefährte, mit dem man eine Zeitlang Seite an Seite unterwegs war, sich freuen würde, jedoch: Als ich am Ende meiner Zeit in den USA eine alte Bekannte traf und sie mich fragte, was ich denn als Nächstes plane, antwortete ich: ‘Ich gehe nach Deutschland zum Satsang.’ ‘Aha, und wer gibt da Satsang?’ ‘Na, ich.’ Ungläubiges Staunen, und ich konnte sehen, wie es in ihrem Hirn los ratterte: ‘Nein, also wirklich! Dieser Samarpan? Der mit seinen ganzen Macken! Das kann nicht sein! Jeder, aber nicht der!’ – Ja, so ist es. Fühle einfach den Schmerz, da ist nichts verkehrt.“

Hengelo, 23. Oktober 99

„Glaubst du an Gott, Samarpan?“, fragt jemand aus der letzten Reihe in ziemlich provozierendem Tonfall, und ich frage mich, was Samarpan darauf wohl sagen wird. ‘Ich bin Gott.’? Das würde den Typ wahrscheinlich noch mehr aufheizen.

Eine Minute vergeht, man hört keinen Mucks. Das gab es noch nie! Samarpan sitzt mit geschlossenen Augen da.

Absolute Stille. Jetzt müssen bestimmt schon zwei Minuten um sein; spannend! Da öffnet Samarpan die Augen und sagt:

„Ich glaube an gar nichts.“

Totenstille. Wie wird der Typ reagieren? So wie es aussieht, überhaupt nicht. Er ist still, scheint zufrieden und schaut zum Fenster hinaus. Mein Blick geht zurück zu Samarpan. Faszinierend, wie er es immer wieder schafft, auf jede Frage die richtige Antwort zu finden, wenn es denn so etwas wie eine richtige Antwort überhaupt gibt. Vielleicht ist es treffender zu sagen: eine Antwort, die den Fragenden – oder noch genauer: dessen Verstand – zufrieden stellt.

Hengelo, 24. Oktober 99

„Samarpan? Heißt Erleuchtung, keine Storys mehr zu haben?“, fragt jemand, und ich denke: Tut gut zu hören, dass ich nicht der Einzige bin, der nach wie vor noch irgendwie diese Vorstellung hat, auch wenn es nicht mehr so präsent ist wie früher.

„Nein, denn dann wäre Jesus auch nicht erleuchtet gewesen. Selbst er geriet bekanntermaßen am Kreuz ja auch noch in den Verstand. – Schau: Du bist erleuchtet, genauso wie du bist. Du bist wunderschön. Ich sehe deine Erleuchtung. Ich sehe das, was erleuchtet ist. Gib deine Aufmerksamkeit einfach auf die Stille. Alles andere erledigt sich von alleine. – Wisst ihr, es ist schon komisch mit der Erleuchtung. Der Verstand hat so viele Vorstellungen darüber, und sie sind alle wertlos. Als ich in Indien bei Papaji war, erzählte ich einmal jemand, dass ich ansonsten bei Gangaji im Satsang bin, worauf dieser sich entrüstete: ‘Was? Die und erleuchtet? Niemals!’ Und ich war sprachlos, ob solcher Arroganz. Ich hätte ihn fragen sollen, ob er sich denn selbst als erleuchtet betrachtet: wenn nein, sollte er besser ganz still sein, denn offensichtlich weiß er nicht. Und wenn ja... – Schaut: Wenn man die Wahrheit sieht, sieht man sie überall; in jedem. Wir sind alle erleuchtet. Das ist die Wahrheit.“

Münster, 25. Oktober 99

Wieder nur ein einzelner Abend in dieser Stadt... na ja. Doch im Satsang kann ich wieder gut relaxen; wie schön.

„Wenn ich darüber nachdenke“, sagt Samarpan, „Wie es wäre, wenn alles so sein würde, wie wir es uns vorstellen, dass es sein sollte, komme ich immer wieder zu dem gleichen Ergebnis: Es wäre schlichtweg langweilig. – Es ist wunderbar, so wie es ist. Mit all den Schmerzen, mit all den Freuden. Es beinhaltet alles; es ist vollkommen.“

Stuttgart, 27. Oktober 99

Der Umgang mit meinen Eltern ist und bleibt schwierig. Sie scheinen sich nach wie vor riesengroße Sorgen zu machen, dabei müssen doch auch sie spüren, dass ich mehr und mehr in Frieden bin. Es schmerzt, sie so im Leid zusehen, aber jeder ‘Erklärungsversuch’ hat in der Vergangenheit nur zusätzliches Öl ins Feuer gegossen. Insofern bleibt mir nichts anderes übrig, als den Schmerz einfach zu fühlen und still zu sein. Andererseits ist da eben auch der Wunsch, ihnen zu helfen. Und auch wenn ich weiß, dass dies Quatsch ist, muss ich doch mit ansehen, wie mein Verstand fieberhaft nach Möglichkeiten sucht, mich meinen Eltern zu erklären. Ein Versuch lautet:

„Schaut: Bei der Mathematik ist es genau wie mit dem Leben. Es fängt ganz einfach mit dem Einmaleins an und geht dann über das Bruchrechnen weiter zu immer höherer Mathematik. Und jeder kann sich jederzeit problemlos auf ein beliebiges Niveau ‘unter’ dem eigenen begeben und alles verstehen, weil man dies schon gelernt bzw. bereits durchschritten hat. Insofern könnt Ihr euch alle Erklärungs- und Überzeugungsversuche ersparen, denn tatsächlich VERSTEHE ich euch und eure Ängste. Das ist ‘Grundschule’. – Wovon ich rede, was ich euch gerne nahe brächte, was ich mit euch liebend gerne teilen würde, ist höhere, ja ‘höchste’ Mathematik. Und für mich ist es einfach witzlos, mit euch darüber zu streiten, ob einmal eins gleich eins ist. Denn darum geht es doch überhaupt gar nicht.“

Mannomann. Das Thema Eltern ist echt ‘spezial’. So ähnlich muss sich der europäische Entdecker des Kilimandscharo gefühlt haben, dem bei seiner Rückkehr keiner der Afrika-’Experten’ glauben wollte, dass es am Äquator tatsächlich Schnee gibt.

„Schaut: Ihr glaubt, Afrika zu kennen“, setzte ich meine virtuelle Unterhaltung fort. „Aber mit all eurem Wissen könnt ihr mir tausend Mal erklären, dass es das nicht geben kann. Ich habe es gesehen!“

Vor meinem geistigen Auge sehe ich meine Eltern ratlos dasitzen. Sie verstehen es einfach nicht. Und es scheint, jedes weitere Wort ist überflüssig. Andererseits: Genaugenommen habe ich ja auch ‘nur’ ‘Nichts’ gesehen. Und das Einzige, was ich wirklich definitiv weiß, ist, dass ich absolut nichts weiß. Nicht gerade ein Grund, hochmütig zu werden...

Freiburg, 29. Oktober 99

Frühstücke recht früh zusammen mit meinem Bruder, denn bevor der zur Arbeit geht, müssen wir den Bus wieder beladen. Auf Wunsch von Samarpan und Marga lade ich nämlich über Nacht sämtliche Wertsachen aus. Und für die schweren Kisten brauche ich immer eine zweite Person. Ganz schönes Geschleppe. Mannomann; ich bin schon verschwitzt, ehe ich überhaupt erst losgefahren bin... nerv.

Abends eröffnet Samarpan gleich nach der Namasté-Begrüßung den Satsang mit den Worten:

„Ich war ja jetzt eine ganze Weile nicht mehr da... Was ist denn seither so alles geschehen? – Das heißt, wenn du Fragen hast oder einen Bericht abgeben möchtest, was in deinem Leben gerade geschieht, dann bist du eingeladen, nach hier vorne zu kommen.“

Ich habe noch nicht zu Ende gedolmetscht, da macht sich auch schon ein Mann auf den Weg.

„Hallo Samarpan! Ich würde dir gerne etwas erzählen. Vor kurzem besaß ich noch ein florierendes Unternehmen, verdiente Millionen und jetzt habe ich nichts mehr. Und weißt du, was das Beste ist? Es ist dasselbe!"

„Wunderschön! Dies ist die Wahrheit", lächelt Samarpan. „Schaut: Millionen von Mark machen einen nicht glücklich. Wunderbar, wenn man das herausfindet." Schöne, lange Stille.

Freiburg, 30. Oktober 99

Habe die letzte Nacht bei einer alten Bekannten verbracht, die von einigen als erleuchtet angesehen wird. Allerdings klingt das, was sie von sich gibt, in meinen Ohren zum Teil überhaupt nicht nach Wahrheit, sondern nach Ego. Als ich diesbezüglich nachfrage, beharrt sie jedoch darauf, dass ihre Worte die Wahrheit sind.

„Samarpan hat gesagt, dass das die Wahrheit ist", fügt sie bekräftigend hinzu.

Ich sage nichts, denn ich weiß nicht, was ich dazu sagen soll, sondern befrage Samarpan später vor dem Satsang. – Als ich mit der Schilderung meiner Konversation mit ihr geendet habe, fragt er nur kurz, und ich glaube auch etwas verärgert, dass eine ehemalige Schülerin von ihm so daherredet:

„Gibt sie Satsang?" - „Soviel ich weiß: Nein."

Daraufhin wirft Samarpan mir einen Blick zu, den ich so interpretiere: 'Vergiss ihr dummes Geschwätz.' – Erleichterung meinerseits, aber auch etwas Genervtsein über mich selbst, wie leicht ich mich von sogenannten Erleuchteten immer noch verunsichern lasse.

Freiburg, 31. Oktober 99

„Ihr seid alle meine Spiegel, Ihr seid alle mein Meister. Und ich bin der Schüler. Der Meister hört nie auf, der Schüler zu sein. Der Meister hört nie auf zu lernen. Das Lernen hört nicht auf. Es hört nie auf. Und es ist perfekt so. Ich würde gar nicht wollen, dass das Lernen einmal aufhört. Es ist wunderschön. Dieser Planet ist solch ein wunderbares Klassenzimmer." Stille. Und ich denke: Oh, Samarpan, wie schön.

Zürich, 1. November 99

„Samarpan, was sagst du eigentlich zum Thema 'Falsche Meister'?"

„Eine interessante Frage. – Es gibt diesbezüglich eine Geschichte. Es ist dies die Geschichte eines Schülers, der so in Liebe, der so hingegeben an seinen Meister war, dass er auf dem Wasser gehen konnte, sobald er den Namen seines Meisters aussprach. So groß war sein Vertrauen in den Meister. Diese Tatsache bekam eines Tages auch sein Meister zu hören, und er dachte bei sich: 'Also wenn mein Schüler auf dem Wasser laufen kann, dann muss ich als dessen Meister das ja erst recht können. Toll! Das werde ich gleich ausprobieren.' Und so ging er ans Wasser, rief seinen eigenen Namen und marschierte los. Leider funktionierte es nicht, und da er vergessen hatte, dass er überhaupt nicht schwimmen konnte, ertrank er. – Schaut: Es geht weniger darum, ob der Meister 'richtig' oder 'falsch' ist, sondern vielmehr um die Aufrichtigkeit des Schülers. Wenn du in Liebe mit dem Meister bist, dann denke nicht darüber nach, ob dieser Meister nun 'richtig' oder 'falsch' ist; das ist nur der Verstand. Der Verstand weiß nichts von Liebe. Der Verstand weiß nichts von Vertrauen. Gib dich einfach dieser Liebe hin, vertraue auf diese Liebe. Um alles weiter kümmert sich der Satguru, der wahre Meister, das Göttliche, dein eigenes Selbst. Kein Problem."

Zürich, 2. November 99

Bin dieses Mal in Winterthur untergebracht. Liege jetzt im Bett und vom Nachttisch her sieht mich Samarpan an. Und so ist es häufig. Viele der Leute, bei denen ich wohne, haben auf ihrem Nachttisch – oder auch sonst in ihrer Wohnung – Fotos von Samarpan stehen, was insbesondere in der Phase, als ich ständig sexuellen Begegnungen hatte, doch mitunter recht irritierend war. Stets beobachtete Samarpan sozusagen aus nächster Nähe das Geschehen auf dem Bett. Bisschen unheimlich. Und vor allem hatte ich immer das Gefühl, Samarpan ist mit dabei. Er kriegt alles mit und denkt sich seinen Teil.

Neben dem Foto von Samarpan stehen noch zwei weitere Bilder auf meinem Nachttisch: eines von Ramana und eines von Artur, der vor einiger Zeit noch neben mir im Satsang saß und mittlerweile selbst als Satsang-Geber durch die Gegend reist. Eben noch einer unter vielen, und jetzt steht sein Bild auf den Nachttischen der Leute; direkt neben Ramana. Schon interessant.

Zürich, 3. November 99

„Wir können Gott nicht betrügen. Gott lässt sich nicht betrügen. Wenn es irgend etwas gibt, was du nicht bereit bist, hinter dir zu lassen, wird es nicht funktionieren. Gott sieht alles. – Einst gelüstete einen Schüler nach einem Huhn und da es eigentlich verboten war, ein Huhn zu töten, sagte der Meister zu ihm: 'Gehe irgendwohin, wo du alleine bist, wo dir niemand zusieht.' Nach ein paar Stunden kehrte der Schüler mit dem noch lebenden Huhn zurück und sagte: 'Es ging nicht.' 'Wieso nicht?', fragte der Meister, und der Schüler antwortete ihm: 'Das Huhn sieht zu.' – Das ist die Wahrheit. Gott sieht alles, was wir in unserem Leben je getan haben. Und solange es noch irgendeine noch so kleine Kleinigkeit in deinem Leben gibt, die du für dich behalten willst, die du Gott nicht zeigen willst, wird dir kein Zutritt zum Paradies gewährt." Kurze Stille.

„Und wisst ihr, es geht nicht um mich! Mich zu betrügen ist einfach. Ich bin nicht besonders schlau. Dieser Samarpan-Verstand ist nicht besonders schnell, er ist sehr einfach auszutricksen. Aber Gott kannst du nicht austricksen. Denn in Wahrheit ist Gott nicht getrennt von dir. Gott etwas vorenthalten zu wollen, hieße, dir selbst etwas vorenthalten zu wollen. Und das ist unmöglich. – Halte nichts zurück. Sei vollkommen nackt. – Schaut: Was immer der Verstand noch zurückhält: solange wir uns damit nicht zeigen wollen, geben wir dem Verstand Macht über uns. Satsang ist dazu da, damit wir uns all die Dinge, die wir bislang verborgen haben, im Licht der Wahrheit anschauen können. Wenn wir sie Hier im Satsang betrachten, sehen wir: Es ist nichts. Da ist nichts Falsches. Du hast nie etwas falsch gemacht. Gott verurteilt dich nicht für irgend etwas, was du getan oder nicht getan hast. Gott liebt dich, so wie du bist. Es sind nur unsere eigenen Urteile, die uns gefangen halten. Es ist nur unser eigener Verstand, der uns gefangen hält. Gib ihm überhaupt keine Aufmerksamkeit. Gib all deine Aufmerksamkeit auf die Wahrheit. Das ist der schnellste Weg zu Gott, der direkteste Weg zu der Erkenntnis, dass du nicht getrennt von Gott bist, dass du genaugenommen das Göttliche selbst bist.“

Zürich, 4. November 99

Zum Abendessen bin ich heute Abend bei dem Paar eingeladen, das Samarpan hier in Zürich beherbergt. Fühle ich mich deshalb schon den ganzen Vormittag über so übel? Wie auch immer: Ich versuche, mich so gut wie möglich einfach übel zu fühlen, ohne allzu viel darüber nachzudenken.

Schließlich parke ich vor ihrem Haus, und wer kommt da gerade von einem Spaziergang zurück? Samarpan! Und im Handumdrehen bin ich wieder bester Laune; verrückt! Und seltsam noch dazu. Mein Wohlbefinden scheint leider doch noch in irgendeiner Art und Weise von Samarpan abzuhängen, auch wenn ich lieber hätte, dem wäre nicht so.

Nach dem Essen sitzen wir beide alleine im Wohnzimmer, und mir brennt eine Sache unter den Nägeln, die mich seit geraumer Zeit immer wieder einmal beschäftigt. Bislang habe ich sie noch nie anzusprechen gewagt, da dies unter Umständen das Ende meiner Zeit als Samarpans Dolmetscher bedeuten könnte. Stille. Ich halte es kaum aus... puuuh...

„Äh, Samarpan... da ist etwas, was ich schon lange einmal fragen wollte... puuuuuh... Wenn man erkannt hat oder erkennt, dass Hier kein Meister ist, ist die Lernzeit ja eigentlich vorbei...“

Au, au! Was wird Samarpan wohl sagen??? Wann immer mein Verstand in den letzten Wochen mit dieser Thematik daher kam, habe ich ihm bzw. mir selbst gesagt: ‘Du bist jetzt und hier bei Samarpan, und das Leben ist diejenige Instanz, die entscheiden wird, ob und wann es vorbei ist. Also entspanne einfach.’ Doch leider hat sich mein Verstand damit nicht zufrieden gegeben und je mehr ich diese ganzen Gedanken von mir zu schieben versuchte, desto überzeugender klang sein Argument: 'Besprich es nur nicht mit Samarpan! Wenn du es ihm gegenüber ansprichst, ist es aus, denn es ist die Wahrheit. Behalte es also lieber für dich und bleib einfach still.' – Puuuh, und jetzt HABE ich es angesprochen... eieieieiei.

„Das Lernen endet nie", höre ich Samarpan in diesem Moment sagen, schließe meine Augen und versuche zu fühlen, was gerade an Gefühlen da ist. Angst! Ich öffne meine Augen und sehe, dass Samarpan seine Augen geschlossen hat. Also schließe auch ich meine wieder. Puuh. Ich fühle mich total zittrig, aber ich nehme auch ganz viel Liebe von Samarpan wahr. Minutenlang sitzen wir einfach nur in Stille da, und ich komme mehr und mehr in Frieden.

Als ich meine Augen schließlich wieder öffne, ruhen Samarpans liebevoll auf meinen. Es scheint alles in Ordnung zu sein. Ich darf noch im 'Nest' bleiben. Puuuuuuuuh!

Zürich, 5. November 99

„Samarpan? Wo doch alles egal ist: Was würdest du machen, wenn neben dir jemand am Ertrinken ist?", fragt jemand im Abend-Satsang.

„Ich habe keine Ahnung, was ich in irgendeiner vorgegebenen Situation machen würde. In meinem Verstand mag es Vorstellungen darüber geben, wie ich glaube, dass ich mich verhalten würde oder sollte usw. Aber wie ich mich dann letztendlich tatsächlich verhielte; keine Ahnung. Jeder, der behauptet, er wüsste, wie er sich verhielte, sagt nicht die Wahrheit. Wir wissen es nicht. Wir wissen nichts über die Zukunft. Das ist die Wahrheit."

Zürich, 6. November 99

Eine Frau beklagt sich, dass ihr Partner nicht offen für wirkliche Nähe ist. Samarpan sagt:

„Die Nähe, die Intimität, nach der du Ausschau hältst, findest du nicht bei deinem Partner. Es ist eine Illusion zu glauben, dass man Intimität, Liebe, Glücklichsein von seinem Partner bekommt. Diese 'Dinge' kommen nicht von außen. Sie kommen von innen. Sei mit dir selbst intim. Gib deine Aufmerksamkeit auf die Stille. Sei Hier. Dann ist da Intimität, die einzige wirkliche Intimität. Und ob gerade ein Partner im Außen da ist oder nicht: Du erlebst Intimität; Hier."

Zürich, 7. November 99

Ein älterer Sannyasin taucht zum ersten Mal bei unserem Satsang auf und ist vollkommen fasziniert von Samarpan. Gerade shart er, erst jetzt vieles von dem zu verstehen, was er zuvor bei Osho und Papaji nicht verstand, und da er offenbar so viel Erfahrung mit allen möglichen anderen Meistern hat, wiegt seine Aussage: 'Du bist wirklich der größte und beste Meister aller Zeiten, Samarpan!' für mich schon schwer. Während ich noch dolmetsche, denke ich: 'Schon genial! Und ich bin ohne lange Umwege direkt bei Samarpan gelandet. Welch ein Segen!' – Samarpan selbst hingegen bleibt ganz gelassen:

„Weißt du, heute bin ich für dich der Größte, und morgen bin ich für dich das Allerletzte. Mir ist das egal. Die Stille ist das Einzige, das unserer Aufmerksamkeit wert ist."

Stille. Und ich denke: Ja, das sollte auch ich mir wieder und wieder zu Herzen nehmen.

Stuttgart, 10. November 99

Bekomme am Telefon von einem anderen regelmäßigen Stuttgarter Satsang-Gänger dermaßen die Ohren vollgejammert, dass ich mich frage: 'Hört der beim Satsang eigentlich überhaupt nicht zu, oder was?' Hier und da flechte ich in unser Gespräch ein, dass der Frieden ja Hier ist usw. Aber egal, was ich sage, mein Gegenüber hört es nicht. Vielleicht erfordert es ja wirklich, dass man die Rolle eines Lehrers spielt, wenn man 'gehört' werden 'will'. Ansonsten sehen die Leute, zumindest die sich im Leid befindlichen, in einem selbst nur einen anderen mehr oder weniger ebenso leidenden armen Tropf und nicht den Frieden, der Hier ist. Das würde bedeuten: Solange man kein Lehrer oder Meister 'ist' und selbst Satsang gibt, bleibt einem nur zu sagen: 'Du, ich habe einfach keinen Bock auf deine Story.' Aber groß helfen kann man dann offenbar nicht.

Kiel, 12. November 99

Beim Aufbau und Herrichten des Satsang-Raumes erzählt mir Kira von einem Buch, in dem Menschen verschiedener Glaubensrichtungen zu Nahtoderlebnissen befragt worden seien. Viele berichteten, sie hätten nichts erlebt, da sei nichts gewesen, und Kira findet es witzig, dass diese Personen das Nichts offenbar zwar erfahren, allerdings nicht als Das erkannt, sondern lediglich als Nichts eingestuft haben.

Ich sage nichts, sondern staune nur, mit welcher Unbefangenheit Kira über Das spricht.

Kiel, 13. November 99

„Akzeptiere einfach, was auch immer das Leben dir gerade auftischt. Wir tendieren dazu, Dinge überspringen zu wollen: 'Okay, Gott, das war ganz gut, aber jetzt bitte schnell den nächsten Gang.' – Nein! Iss, was du jetzt auf dem Teller hast. Wenn du damit fertig bist, kommt das Nächste. Sei immer ganz bei dem, was jetzt gerade da ist. Wünsche dir nicht irgend etwas Anderes als das, was gerade da ist. Das, was jetzt gerade da ist, möchte von dir akzeptiert werden. Es ist perfekt. Immer. Egal, was es ist."

Stille. Und wenn ich vorhin aufgrund von Gedanken an den Abbau und meinen vollen Bus ein weiteres Mal in der Story war, so sehe ich jetzt erneut vollkommen klar, dass es für mich nicht darum gehen kann, irgend etwas verändern zu wollen, sondern stattdessen die Situation so anzunehmen, wie sie nun mal gerade ist, auch wenn es mir immer wieder Schmerzen bereitet.

Kiel, 14. November 99

„Samarpan, ich habe das Gefühl, du hast mich das ganze Wochenende überhaupt nicht beachtet“, klagt jemand im letzten Satsang.

„Ja, das mag durchaus sein. Wisst ihr: Wenn jemand neu zum Satsang kommt, ist da viel Energie. Aber wenn jemand schon lange zum Satsang kommt, beruhigt sich das irgendwie. Fragt nur meine Freunde hier.“ Samarpan deutet auf uns. „Die beachte ich überhaupt nicht mehr.“

Tja, das stimmt in der Tat. Auf der anderen Seite sollte ich seine Nichtbeachtung wahrscheinlich und eigentlich eher als Geschenk annehmen, denn wenn Samarpan mir immer weniger Aufmerksamkeit zukommen lässt, kann ich mich dadurch möglicherweise leichter und mehr und mehr von dem immer noch subtil vorhandenen Glauben lösen, dass er etwas für mich hat.

„So ist es nunmal“, fährt Samarpan fort. „Und das ist nichts, was ich in irgendeiner Art und Weise beeinflussen könnte. – Als ich bei Papaji in Indien war, schickte ich ihm wieder und wieder wunderschöne Briefe, Gedichte..., aber wenn ich gedacht oder gehofft haben sollte, er würde im Satsang darauf reagieren... nichts. Doch irgendwann erkannte ich, dass er mir durchaus antwortete. Jedes Mal, wenn er einfach schwieg und still war, wurde mir klar, was er mir damit sagte: ‘Schaue, wo es ist. Schaue, wo es wirklich ist. Es ist nicht hier vorne bei mir. Es ist IN DIR. Es ist Hier.’ – Das ist die Wahrheit. Du hast es! Es ist in dir. Schaue auf den Buddha in dir selbst. Du bist das Selbst. Du bist Das. – Am Anfang denken wir: ‘Der Meister hat es.’ Und dann, im Lauf der Zeit, löst sich diese Vorstellung mehr und mehr auf. Der Schüler löst sich auf. Der Meister löst sich auf. Und zurück bleibt einfach nur diese Liebe. Dieser Frieden, der du bist. – Einfach nur... Das.“

Stille. Und ich denke: Ach, Samarpan: Du bist so gut.

7.

Jesus sprach: Auch wenn Himmel und Erde untergehen – wer aus dem Lebendigen lebt, der empfindet weder Tod noch Furcht. Denn wer sich selbst findet, der ist über die Welt hinaus.
(Thomas-Evangelium 111)

Kiel/Hamburg, 15. November 99

Hole Samarpan um die Mittagszeit bei seinen Gastgebern ab und begeistert zeigt er mir beim Kofferpacken einige phosphoreszierende Leuchtsterne über seinem Bett. Sofort denke ich: cool, eine super Weihnachtsgeschenk-Idee für ihn!

Dann fahren wir los, und ich erzähle ihm von dem Nahtoderlebnis-Buch und was der Kommentar Kiras bei mir ausgelöst hat. Sie weiß offensichtlich, dass das Nichts Das ist. Sonst würde sie es ja nicht witzig finden, wenn die im Buch interviewten Leute dieses Nichts nicht als Das, sondern bloß als Nichts eingestuft hätten.

„Und jetzt, Samarpan, stellt sich mir die Frage: Kann man das wirklich wissen? Denn das Einzige, was ich weiß, ist, dass ich nichts weiß. Und wenn ich weiß oder glaube zu wissen, dass ich weiß, dass das Nichts nicht nichts sondern Das bzw. alles ist, dann weiß ich ja doch etwas. Oder?“

Samarpan sagt nichts, sondern grinst vom Beifahrersitz aus nur herüber. Offensichtlich weiß er, dass ich nicht wirklich eine Antwort will. Im Grunde weiß ich auch, dass es absoluter Mindfuck ist, aber aussprechen musste ich es einfach. Will ich ihm aufzeigen, dass ich noch ‘unwissender’ und damit noch ‘weiser’ als Kira bin? – In Hamburg setze ich ihn bei seiner hiesigen Gastgeberin ab, und diese lädt mich noch zum Essen ein. Wie schön. Und später, als Samarpan sich vor dem Satsang noch eine Runde schlafen legt, bietet sie mir sogar an, gemeinsam mit Samarpan bei ihr zu wohnen, falls ich dazu Lust hätte.

„Oh! Wow! Eigentlich hatte ich schon eine anderweitige Übernachtungsmöglichkeit anvisiert, aber danke für das Angebot. Und natürlich ginge es für mich nur dann in Ordnung, wenn auch Samarpan damit einverstanden wäre.“

„Ist gut, ich werde ihn fragen.“

Wunderbar. Was hält das Leben doch immer wieder für Geschenke für einen bereit. Damit verabschiede ich mich, denn ich muss los zum ‘Erster-Abend-Aufbau’.

Zum Satsang drei Stunden später tauchen kaum Leute auf, weil in der Ankündigung anscheinend ein falscher Satsang-Ort angegeben ist. Na ja, es ist, wie es ist. Und wiederum zwei Stunden später teilt mir Samarpans Gastgeberin nach dem Satsang mit, dass Samarpan ‘alles recht sei’; wie schön. – Gemeinsam mit den anderen vom Staff räume ich noch den Satsang-Raum auf, fahre dann zu ihr, werde herzlich empfangen, und wir essen zu dritt zu Abend. Stille, Frieden.

Da plötzlich fragt mich Samarpan leicht genervt, wie mir scheint, aus dem Nichts heraus:

„Okay, Rama. Wie lautet der Plan?"

Ich antworte verdutzt und ebenfalls genervt, dass er mich so von der Seite anmacht:

„Ich habe keinen Plan."

„Du bist hier. Also musst du einen Plan haben."

„Na ja, schluck, ich dachte, ich bin heute Nacht hier... ja, und bis Marga nächste Woche kommt auch noch... und dann... 'mal sehen."

„Du hattest mir doch auf unserer Herfahrt gesagt, dass du bei jemand anderen zu wohnen gedachtest."

Samarpan scheint total genervt zu sein. Glaubt er, ich will ihm sein Paradies hier streitig machen?

„Stimmt", sage ich. „Aber dann wurde ich hierher eingeladen und außerdem wurdest du doch gefragt, ob es für dich in Ordnung geht!"

Samarpan sagt nichts. Ich bin jetzt echt sauer und verstehe überhaupt nicht, warum er sich so aufregt. Während ich mich mit unserer gemeinsamen Gastgeberin 'relativ locker' (eigentlich eher um Lockerheit bemüht) weiter unterhalte, hat Samarpan die Augen geschlossen und verliert kein einziges Wort mehr.

Nach ein paar Minuten steht er auf, verschwindet wortlos, und wir zwei Zurückbleibenden schauen uns an.

„Schade", sagt sie. „Aber wir haben es wenigstens versucht."

„Ja, echt schade", entgegne ich und denke: Genaugenommen ist es zum Kotzen!

Etwas später richtet sie mir mein Bett, und wir vereinbaren, dass ich morgen wieder ausziehen werde. Schöner Scheiß.[21]

21 Auf unserer Fahrt von Kiel nach Hamburg hatte ich Samarpan von meiner geplanten Übernachtungsmöglichkeit erzählt, woraufhin er mir sagte, dass er dort auch schon mal gewohnt habe. Und was er erzählte, klang in meinen Ohren nicht wirklich einladend. Insofern mag Samarpan später gedacht haben, dass ich mich aufgrund seiner Schilderung nun nach einem anderen Schlafplatz umgesehen und mit diesem Wunsch an die Dame *seines* Hauses gewandt hatte. Davon abgesehen konnte ich mir durchaus ausmalen, dass mein Einzug ihm die Knöpfe drücken würde, nur dachte ich erhaben: „Tja, wenn er hier noch verhaftet ist, dann muss er eben den Schmerz fühlen." Und Samarpans vage Aussage, (die lediglich aus Höflichkeit seiner Gastgeberin gegenüber zustande gekommen sein mag), dass ihm „alles recht sei", nahm ich als Freifahrkarte, mir das Angebotene nun tatsächlich mehr oder weniger rücksichtslos nehmen zu können.

Hamburg, 16. November 99

Treffe die Dame des Hauses morgens in der Küche, die mir sagt, dass sie mit Samarpan schon gesprochen hat und unsere Unterhaltung bei ihm angeblich einiges ausgelöst hat. Soso. Na, geschieht ihm Recht. Was macht er mich auch so an, ist das SEIN Haus? Gehe hinaus in den Garten, reche Laub zusammen und werde nach ca. einer Stunde zum Frühstück wieder herein gerufen. Ich bin immer noch ziemlich sauer, versuche aber, die Story Story sein zu lassen und im Moment zu sein, und wir drei reden recht fröhlich miteinander, auch wenn mir innerlich zum Heulen zumute ist – eigentlich eher zum Kotzen, denn ich bin stinksauer, dass wir alle so tun, als sei nichts.

Danach packe ich meine Sachen und gehe zum Auto, als Samarpan nachkommt, um mir noch etwas auszurichten. Dabei habe ich den Eindruck, er kommt etwas kleinlaut daher – kein Wunder, wegen ihm darf ich jetzt wieder meine Koffer packen –, und ihm mag eine Entschuldigung auf den Lippen liegen, weil ihm wahrscheinlich mittlerweile klar geworden ist, dass er mich ungerechtfertigterweise angeschnauzt hat. Doch als sich unsere Blicke für einen Moment treffen und ich in Samarpans Augen den Hauch eines schlechten Gewissen zu sehen glaube, steigt in mir urplötzlich solch eine enorme 'Bleib-mir-bloß-vom-Leib, du Arsch!'-Wut-Energie auf, dass er sich schnell wieder trollt. Allerdings bin ich jetzt eher noch mehr angepisst, denn eigentlich hätte ich ja schon gerne ein paar entschuldigende Worte zu hören gekriegt. Verdammt noch mal!

Abends vor dem Satsang rede ich mit Viramo, bei der bereits der ganze restliche Staff untergekommen ist, und sie ist sofort damit einverstanden, dass auch ich bei ihr übernachten kann. Perfekt.

Hamburg, 17. November 99

Treffe mich mit Sabine und Amelia. – Der Verstand kann es nicht fassen. Dieser winzige, süße Engel ist... meine Tochter. Oder genauer gesagt: spielt die Rolle meiner Tochter. Ist das zu fassen? Ich glaube nicht. Ich bin total in Ehrfurcht vor diesem kleinen Wesen. Unwissend und unschuldig. Ein Buddha. Und ich bin eins mit ihm. Das ist definitiv unfassbar. Ich kann nur beständig innerlich den Kopf schütteln über dieses Wunder, über dieses Wunder des Lebens.

Hamburg, 18. November 99

Abend-Satsang. Es ist zum Verzweifeln. Wenn ich Samarpan heute wieder Dinge von sich geben höre wie: 'Ich gebe dem Verstand überhaupt keine Energie' oder 'Da sind keine Geschichten' löst das in mir – insbesondere im Hinblick auf mein letztes Erlebnis mit ihm, was ich ihm immer noch nachtrage – nichts

Gutes aus. Ich empfinde das als so etwas von arrogant! Scheiße aber auch, oder ist das echt die Wahrheit? Fuck!!!!! Was ist hier die Wahrheit??????

Hamburg, 19. November 99

„Samarpan, wie komme ich nach Hier?“, fragt jemand im Satsang.

„Sei einfach Hier. – Schau: Wenn du dort bist, ist es unmöglich nach Hier zu kommen. Dort kann nie Hier sein. Die Wahrheit ist: Du BIST Hier. Du bist immer Hier. Du stellst dir nur vor, dort zu sein. – Im Übrigen: Wer will nach Hier kommen?“

„Der Verstand?“

„Genau. Und der Verstand wird nie Hier sein. Hier gibt es keinen Verstand. Der Verstand ist immer dort.“

Hamburg, 20. November 99

Weil hier morgen der Kirchengemeinderat tagt, müssen wir den Satsang-Raum komplett leer räumen. Beim Wegtragen der Stühle bittet mich Samarpan um eine Kleinigkeit; als sei nichts gewesen! Offensichtlich IST für ihn nichts gewesen oder ist zumindest jetzt nichts mehr, während ich hingegen genauso offensichtlich immer noch an der alten Geschichte hänge. Also doch nichts mit ‘Toller Rama’ und ‘Story-Samarpan’. Fuck! Es scheint, als halte ich in solchen Situationen am Wunsch nach einer Entschuldigung fest. Nur da Samarpan sich bewusst ist, dass da kein ‘Tuer’ ist, kann ich darauf natürlich lange warten...

Hamburg, 21. November 99

Aufgrund der Kirchengemeinderats-Tagung sind wir heute nun also in der Christuskirche selbst untergebracht und singen im Satsang ein absolut wunderschönes Lied, ein immer wiederkehrendes ‘Halleluja’, bei dem mir von jeher regelmäßig die Tränen kommen. Nicht zuletzt wegen der ausgezeichneten Akustik hier in der Kirche, klingt es so himmlisch... solch eine schöne Stimmung, und ich glaube, nicht wenige Augen bleiben trocken... es ist so berührend; heul. Ich liebe diesen Schmerz; das Leben kann so schön sein.

Hamburg, 22. November 99

Tagsüber gehe ich mit Viramo, die für mich so etwas wie eine ältere Schwester ist, spazieren, und sie fragt mich, wie es bei mir denn mit dem Thema ‘Frauen’ derzeit aussehe. Ich sage ihr daraufhin, dieses ‘Heute hier und morgen dort’ wäre irgendwie vorbei, aber etwas Festes könne ich mir im Moment auch nicht vorstellen...

„Spannend“, sagt sie.

„Ja, echt spannend.“ Und mir wird wieder einmal etwas klar: Wenn ich in die Augen einer schönen Frau sehe, sehe ich so viel Schönheit und irgendwie ist es immer 'die gleiche Frau'. Sie sieht zwar anders aus, und auch die Konditionierung mag anders sein, aber hinter all dem steht doch das gleiche Wesen, das gleiche Sein bzw. im Hinblick darauf, dass es nur ein Sein gibt: dasselbe Sein. Im Satsang höre ich Samarpan diesbezüglich sagen:

„Wir haben alle ein unterschiedliches astrologisches Make-up, unsere Körper unterscheiden sich, aber wir sind alle das gleiche Wesen, das gleiche Sein. Wohin auch immer du siehst, was auch immer du siehst: Das bist alles du selbst. Es gibt niemand anderen; im ganzen Universum. Du bist alles, was es gibt. Das ist die Wahrheit."

Hamburg, 25. November 99

Gestern nach dem Satsang hat mich eine Hamburgerin gefragt, ob ich Lust hätte, mich mit ihr zu treffen. So sitzen wir jetzt schweigend in einem ziemlich einfachen Chinalokal; eigentlich mehr ein Imbiss mit Sitzgelegenheit. Wir haben noch kein Wort miteinander gewechselt, obwohl wir jetzt schon über eine Stunde hier sitzen. Wortlos schauen wir uns in die Augen. Eine wunderbare Gelegenheit, meinen Verstand zu beobachten, wenn er mit irgendwelchen Vorstellungen oder Urteilen daher kommt. Die zwei anderen männlichen jungen Gäste am Nachbartisch genießen 'unsere' Stille allerdings offenbar etwas weniger. Waren sie anfangs nur mit sich beschäftigt, wenden sie sich mehr und mehr uns zu.

„He!" - Stille. Weder sie noch ich zucken mit der Wimper.

„He! Ihr!" - Stille. Der eine zu seinem Kumpel:

„Sind die taub, oder was?" - Stille.

„He! Was ist mit Euch los?", sagt der eine.

„Seid ihr eingefroren, oder was?", sagt der andere.

So wie wir beiden seit nunmehr neunzig Minuten dasitzen, könnte man das in der Tat meinen.

Stille.

„He! Ist das ein Spiel?"

Stille. Die Stimmung fängt langsam an, ungemütlich zu werden.

„He! Sag mal was!" - „He! Hörs' Du schlecht!" - Stille.

„He! Du!" - „He! Du..." - Stille.

„Du, ich glaub, das sind zwei Außerirdische!"

„He! Seid ihr zwei Außerirdische?"

Stille. Außer diesem wunderschönen Moment, den ich gerade mit meinem Gegenüber teile, mag zwar alles nicht real sein. Trotzdem überlege ich, ob es so langsam an der Zeit sein könnte, diese Körper in Sicherheit zu bringen...

„Du, ich glaube, wir sollten mal rübergehen und schauen, ob die noch am Leben sind..." - „Genau."

Ich beobachte, wie der Impuls zu gehen bei mir nun recht groß wird, und wir verlassen die Lokalität. Unglaublich, wie sich manche von der Stille bedroht fühlen.

Hamburg, 26. November 99

Im heutigen Abend-Satsang sehe ich wieder einmal glasklar: Solange ich Samarpan als über mir stehend betrachte, stürzt er immer wieder ab. Solange ich die Vorstellung habe, dass Samarpan etwas hat, das ich nicht habe, muss diese Vorstellung immer wieder zerstört werden. Und Situationen wie neulich, da ich glaube, ihn in einer Geschichte zu sehen, darf ich eigentlich als Geschenk des Himmels annehmen und mich dankbar daran erinnern zu lassen, dass Samarpan wirklich genauso ist wie wir alle. Mit einem verrückten Verstand, mit Storys... wenn auch sehr selten.

„Ich bin nichts Besonderes. Ich bin wie Ihr. Ich bin wie du", sagt Samarpan gerade ganz bescheiden und für einen Augenblick streift mich sein Blick. – Haaaaaaaaa!!!!!!! Das geht rein wie Butter. Samarpan hat es ja schon so oft gesagt, aber ich kann es aus seinem Mund einfach gar nicht oft genug hören. Ach ja, ich und meine Meisterprojektionen: ein Kapitel für sich. Doch für den Moment löst sich mein ganzer diesbezüglicher Mindfuck der letzten Tage erst einmal in Wohlgefallen auf... puuuuuh, alles ist wieder gut. Wenn ich mit den anderen vom Staff Stress habe, kann ich damit leben. Doch mit Samarpan bin ich schon gerne im Reinen. Auch wenn dies letztendlich ebenfalls einfach ist, wie es eben ist.

Hamburg, 28. November 99

„Der Verstand wird die Wahrheit nie verstehen. Die Wahrheit ist außerhalb, ist jenseits des Verstandes. Um die Wahrheit zu sehen, müssen wir uns vom Verstand abwenden. – Lasse den Verstand zurück und komme nach Hier. Hier siehst du. Hier erkennst du. Hier weißt du. Doch das ist kein angelerntes Wissen. Es ist einfach dieses... innere Wissen. Man weiß einfach... Bescheid."

Hamburg/Rothenburg, 29. November 99

Hin und wieder nehme ich auf Langstrecken Mitfahrer mit. Früher oder später kommt dann immer die Frage, was ich denn so mache, und dann erzähle ich ganz cool und ausführlich, wie ich alles hinter mir gelassen habe usw. und komme mir dabei immer wie der Größte vor. Doch heute höre ich mir selbst zu und zum ersten Mal langweile ich mich regelrecht ob meiner eigenen Geschichte. Ich komme mir überhaupt nicht toll vor. Und diese Aussteiger-Story finde ich auch nicht mehr toll. Letzten Endes habe ich ja auch gar nichts gemacht, sondern alles hat sich von ganz alleine so ergeben. Mich das alles nun zum x-ten Mal erzählen zu hören, langweilt mich derart, dass ich es kaum schaffe, die Geschichte zu Ende zu erzählen. Jetzt verstehe ich Samarpan, der sagt: 'All diese Geschichten sind langweilig.'

Ja, da hat er recht. Aber dass es so schmerzhaft sein kann, hätte ich nicht gedacht, zumal ich bislang noch wenigstens meine eigenen Geschichten höchst interessant fand.

Stuttgart, 3. Dezember 99

Besuch bei meinen Eltern. Nach dem Mittagessen, als sich alle anderen verzogen haben, drückt mir meine Mutter mit Tränen in den Augen ein aufgeschlagenes Buch[22] in die Hand, und ich beginne zu lesen:

'Die Frau sitzt in der warmen, gemütlich eingerichteten Küche und zieht den noch heißen Kartoffeln mit Hilfe eines Messers und ihren flinken Händen die dünnen Schalen herunter. So füllt sich die große alte Steingutschüssel schnell mit den noch dampfenden Erdäpfeln, aus denen sie einen köstlichen Kartoffelsalat bereiten will. Das Küchenfenster ist absichtlich gardinenlos, damit die Hausfrau bei ihren Arbeiten zwischendurch auch einen Ausblick zum Himmel genießen kann. Diesen Blick braucht die Familienmutter in den vergangenen sieben Monaten besonders. Der älteste erwachsene Sohn hat sich im Sommer, ohne seine Eltern zu informieren, ohne jegliche Vorwarnung, ganz plötzlich abgesetzt. Ohne ein Lebenszeichen von dem Erstgeborenen zu erhalten, leiden die Eltern Seelenqualen, die sich kaum in Worte kleiden lassen. Sie suchen nach Gründen, nach Schuld, nach Versagen. Warum tut uns unser Sohn so etwas an? Warum wirft er seinen akademischen Beruf über Bord, kündigt seine Wohnung, verschenkt seine Habe an seinen jüngeren Bruder, um in einer Sekte zu leben? Solche und viele andere Fragen kreisen im Kopf der Mutter umher. Sie hat ihn vor 30 Jahren geboren, ihn mit Liebe großgezogen, und sie leidet wohl am meisten an dieser außergewöhnlichen und belastenden Situation. Ja, es fällt ihr unglaublich schwer, sich damit abzufinden, dass ihr Sohn nicht mehr ihren Vorstellungen entspricht. – Während die Mutter die abgepellten Kartoffeln in dünne Scheiben schneidet, schickt ihr Herz immer wieder einen Stoßseufzer durch das blanke Fensterglas, das ihr einen Ausblick zum grauen Himmel gewährt. Scharenweise sieht sie schwarze Raben am Himmel kreisen, hört ihren freiheitshungrigen Wintergesang. Dann läuft sie in Gedanken versunken zum rufenden Telefon. Der vermisste Sohn meldet sich mit fröhlicher Stimme und der Frage: „Kann ich in zwei Stunden mit euch Heiligabend feiern?" - „Ja, aber selbstverständlich gerne."

22 Monica Maria Mieck: Die Tür ist offen. Sonderheft der Zeitschrift „Helfende Hände" des diakonischen Werkes der ev. Kirche von Westfalen, 1999, Münster.

Zwei Stunden Zeit haben die Eltern, sich für diesen heiß ersehnten und gleichzeitig doch auch gefürchteten Besuch innerlich zu rüsten. Nein, Vorwürfe für dieses unverständliche Verhalten wollen sie ihrem Sohn nicht machen. Sie wollen versuchen, ihm mit Verständnis zu begegnen, sich in seine neue Welt hineinzufühlen.

Wie zu früheren Zeiten, so ist auch am Heiligabend die nur vom Garten zugängliche Tür tagsüber offen. Der Heimkommende kann so, ohne auf sich aufmerksam zu machen, durch die niedrige Holztür hineinhuschen. Zuerst erblickt er mit freudigen Augen seine hochbetagte Großmutter, die in der Küche in einem Kochtopf eine duftende Suppe rührt. Ein herzliches Begrüßen mit Umarmung und Küsschen auf die Wange genießt so die Familienälteste zuerst, danach Mutter, Vater, Schwester und Bruder. Ganz selbstverständlich und unbefangen erzählt der Esoteriker, versucht die Familie in die Geheimlehren seiner neuen Religion einzuweihen. Den Eltern bleibt nicht verborgen, dass es ihrem Erstgeborenen seelisch und auch körperlich offensichtlich sehr gut geht. Während der ehemalige Maschinenbauingenieur der Großmutter beim Tannenbaumschmücken hilft, muss die Mutter doch eine kleine Wehmutsträne aus ihrem angespannten Gesicht wischen. Später musiziert die ganze Familie auf ihren Flöten, und danach singen sie alle zusammen. Am glücklichsten scheint an diesem Heiligabend der 'verlorene Sohn' zu sein. Ein sanftes Lächeln verzaubert ohne Unterlass sein Gesicht. Diese Zufriedenheit kommt aus seinem Inneren heraus. Bei Kaffee und Kuchen erzählt der Freiheitshungrige, dass er sich ohne jegliche Habe so leicht fühlt, wie nie zuvor in seinem Leben. Das Überwechseln in eine andere Weltanschauung mit so viel Ruhe und Gelassenheit wirkt sich sehr positiv auf sein gesamtes Befinden aus.

Als der genügsame 'Aussteiger' spätnachmittags des zweiten Weihnachtstages seinen Kragen vom Anorak hochklappt, weil der eisige Nordost ihm kräftig ins Gesicht bläst, lassen die Eltern einen glücklichen Menschen wieder seinen eigenen Lebensweg gehen.

In der darauf folgenden Nacht gehen der Mutter Gedanken durch ihren Kopf, die sich mit dem Sohn beschäftigen, der ihren Erwartungen nicht mehr entspricht. Ihr Herz antwortet dem Verstand: „Wenn er dabei aber doch glücklich ist, oder willst du nicht, dass dein Sohn zufrieden und froh ist?" Mit einer stets offenen Haus- und Herzenstür schläft die Mutter dann doch zufrieden ein.'

Mein Gott! Mir kommen die Tränen! Wie viel Liebe steckt da drin! Zumal mir diese Geschichte auch noch irgendwie bekannt vorkommt. Und meine Mutter bestätigt: Es ist tatsächlich meine Geschichte! Offensichtlich hat sie irgend jemandem von unserer Begegnung am vorvergangenen heiligen Abend erzählt, und jetzt ist dies sogar veröffentlicht worden… puuuuuuh!!!!!!! - Beim

Abschied drückt mir meine Mutter noch zwei Päckchen in die Hand:

„Hier: Eins zum Nikolaus und eines für den heiligen Abend. Du sollst doch auch etwas zum Auspacken haben.“

Puh!!! Wie unglaublich lieb!!!!!!

Stuttgart, 5. Dezember 99

Weihnachtsfest bei Bekannten. Zwanzig Leute. Nett. Doch als es reihum geht und jeder über seine Ziele, Pläne und Lernschritte im nächsten Jahr berichten soll, muss ich lange überlegen. Ziele, Pläne... schwierig. Schließlich sage ich:

„Mein einziges Ziel ist es im Moment, mich immer mehr und noch mehr dem Leben hinzugeben.“

Abgesehen von meinen zwei Nebensitzern kann niemand so recht etwas mit dieser Antwort anfangen. Als ich den Zweien auf deren Anfrage allerdings ein bisschen von Samarpan erzähle, sind die sofort Feuer und Flamme und wollen Samarpan unbedingt kennen lernen… Schön!

München, 6. Dezember 99

Im ersten Satsang der kommenden Tage in München sehe ich viele neue und wenig alte bekannte Gesichter. Liegt das daran, dass bei Samarpan so viele erwachen und dann ihren eigenen Weg gehen? Wäre interessant zu erfahren, aber da sie nicht hier sind, kann ich sie schlecht fragen.

München, 8. Dezember 99

„Der Verstand ist immer in Bewegung. Wenn wir mit dem Verstand identifiziert sind, sind wir in Bewegung, haben wir die Illusion, dass wir uns bewegen und sehen nicht das, was stillsteht; das, was wir in Wahrheit sind. – Sei einfach still, und du bist eins mit der Stille, die du bist.“

München, 9. Dezember 99

Ein ganz schöner Satsang. Ich bin ganz in Ehrfurcht vor Samarpan, mit wie viel Liebe und Geduld er uns wieder und wieder zum Frieden führt, dass es mir ganz schön peinlich ist, wie ich mich manchmal gedanklich über ihn stelle.

München, 10. Dezember 99

„Lasse alles los“, dolmetsche ich im Satsang am Abend wieder einmal die zentralen Worte und denke: leicht gesagt. Ich habe ja schon fast alles losgelassen: Job, Wohnung. Das Einzige, an dem ich – soweit ich sehe – immer noch oder immer wieder erneut festhalte, ist diese Meistervorstellung. Aber Samarpan ist nun einmal ein wunderbarer Meister. In seinen Satsangs geschieht so viel Heilung; in meinem eigenen Leben ist – dank ihm – soviel Heilung geschehen... Ist es ein Wunder, dass ich ihn da vergöttere?

München, 12. Dezember 99

Treffe mich nachmittags mit einer Frau aus Hamburg, die von Samarpan so total hin und weg war, dass sie ihn gleich um einen neuen Namen gebeten hat: Nirwana. Und ab jetzt will sie mit uns allen herum reisen. Wow! Ich kann mich sehr gut in sie hineinversetzen und weiß es wieder einmal so richtig zu schätzen, an Samarpans Seite reisen zu dürfen.

München, 14. Dezember 99

Wer kommt heute zum Satsang? Grace und ihr neuer Freund! Beide sind total glücklich miteinander und wohnen in einem großen Haus außerhalb von München. Ich freue mich für beide und nehme Grace jetzt ganz ohne Storys wahr; sehe, wo und warum wir uns damals die Knöpfe gedrückt, sich unsere Programme ineinander verhakt haben... und nichts davon ist mehr übrig. Es gibt im Grunde zwischen uns nichts mehr zu sagen, aber im positiven Sinn. Die Beziehung zu Grace fühlt sich total rund und abgeschlossen an. Da ist nur Freude und Liebe. Wie schön.

München, 15. Dezember 99

Auch wenn der allabendliche Satsang für mich nach nunmehr bald drei Jahren mittlerweile vollkommen normal geworden ist, finde ich die Vorstellung spannend, dass quasi jeder Satsang-Abend für irgendeinen Menschen die erste Begegnung mit der Wahrheit ist und möglicherweise – wie bei mir geschehen – dessen ganzes Leben nachhaltig beeinflussen wird. Faszinierend.

München, 16. Dezember 99

Nach langer Suche finde ich in einem Schreibwarenladen phosphoreszierende Leuchtsterne. Hurra!!! Das wird DAS Weihnachtsgeschenk für Samarpan! – Im Satsang erzählt er:

„Ich habe meinen Kindern heute eine Weihnachtskarte geschickt und mit 'Dad' unterschrieben. Fühlte sich komisch an. Genau genommen ist das auch nicht die Wahrheit. Ich bin nicht deren Vater, und sie sind nicht meine Kinder. Dies sind alles nur Rollen in diesem Spiel des Lebens. Tatsächlich bin ich niemand. Und meine Kinder sind derselbe niemand. Kein Körper. Nur dies. Einfach Das.“

München, 17. Dezember 99

Habe diese Tage öfter Begegnungen auch außerhalb des Satsangs mit ganz normalen Menschen, bei denen ein gewisses Erkennen stattfindet. Wenn ich der Kassenfrau im Kaufhaus in die Augen schaue und sie mir zuzwinkert, ist es schön zu sehen, dass Das überall zu finden ist. In einer ruhigen Minute sage ich abends zu Samarpan:

„Weißt du, ich stelle mir eine Freundin vor, die von Erleuchtung überhaupt nichts wissen will bzw. überhaupt nicht davon spricht. Sondern eine Frau, die die Wahrheit einfach lebt."

Samarpan sagt nichts, sondern lacht nur. Der Liebe.

München, 18. Dezember 99

„Samarpan? Was ist denn mit dieser Aussage, dass das Ego bei der Erleuchtung auf einen Schlag vollkommen ausgelöscht wird?", fragt jemand im Satsang.

„Bei manchen mag es so sein. Suzanne Segal beschreibt in ihrem Buch[23] solch einen Fall. Aber in meinem Fall und bei den Menschen, die ich aus meinem näheren Umfeld kenne, ist es ein kontinuierlicher Prozess. Nicht, dass die Erleuchtung jetzt unvollständig ist. Erleuchtung ist Hier. Jetzt. Es gibt keine Ebenen von Erleuchtung. Die Wahrheit IST. Jetzt ebenso wie vor zwei Jahren. Aber trotzdem: Der Frieden wird immer tiefer. Und in weiteren zwei Jahren wird der Frieden wahrscheinlich noch tiefer sein. Wenn wir uns Osho ansehen: viele Jahre nach seiner Erleuchtung... solch eine Stille! – Schaut: Das Entfalten des Selbst gegenüber sich selbst und hin zu sich selbst geschieht fortlaufend und hat kein Ende. Und das ist wunderbar."

Am Ende des Satsangs erklärt Samarpan Kira zur offiziellen Musik-Chefin. Das wird Abhijat gewiss einige Knöpfe drücken, denke ich. Oder ist das nur eine Projektion? Vielleicht will Samarpan den Musikern, die sich in den letzten Tagen an Showeinlagen regelrecht überboten haben, auch insgesamt wieder einmal die Knöpfe drücken, denn er weist darauf hin:

„So schön es ist, die Musik hier zu haben, Satsang ist nicht von ihr abhängig."

Gmund, 20. Dezember 99 (Retreat)

„Samarpan? Die Wahrheit ist: 'Ich bin', oder?", fragt jemand, den ich zum ersten Mal im Satsang sehe, recht forsch.

„Ist das denn deine Erfahrung?", erwidert Samarpan. Keine Antwort.

„Was ist denn gerade Hier?", fragt Samarpan.

„Frustration", sagt der andere.

„Gut! Dann schließe Freundschaft mit 'Frustration'. Schiebe 'Frustration' nicht von dir weg, lasse 'Frustration' ganz nahe heran kommen."

Der Frager schluckt und ist den Tränen nahe, die er jedoch zurückzuhalten versucht.

---

23 Suzanne Segal: Kollision mit der Unendlichkeit. 1997, Context-Verlag, Bielefeld.

„Sei einfach still. Sei einfach mit dem, was gerade ist.“

Stille. Und als das Gesicht des Fragers wieder völlig entspannt ist, fragt Samarpan:

„Was ist jetzt Hier?“ - „Nichts.“

„Wunderschön. Fehlt es Hier an irgend etwas?“

„Ich glaube, ich gehe jetzt lieber wieder zurück an meinen Platz.“

‘WIE BITTE!’ denke ich. Jetzt war er ja wirklich ‘nah dran’. Doch Samarpan sagt nur:

„Okay.“

Der Mann geht etwas verlegen wieder an seinen Platz zurück.

Lange Stille. Ich scheine nicht der Einzige zu sein, der denkt: ‘Oh, nein’. Diese Stimmung, diese Energie liegt offenbar in der Luft bzw. steht uns allen ins Gesicht geschrieben, denn Samarpan sagt:

„Wisst ihr, hier könnt Ihr so lange Sucher sein und Sucher bleiben, wie Ihr wollt. Ich bin in Frieden. Ich will nichts von euch, nicht einmal euer Erwachen. Ich sehe nur Erwachen. Nichts braucht sich zu verändern. Es ist alles perfekt. Hier, in der Wahrheit, in diesem ‘Ich bin’, gibt es niemand, der erwacht oder nicht erwacht ist.“

Lange Stille. Und ich denke: wie herrlich entspannend, das zu hören.

Gmund, 21. Dezember 99 (Retreat)

„Sag’ einmal, Rama: Bist du jetzt eigentlich auch erleuchtet?“, spricht mich mittags jemand an. HUCH!!! Sofort ist mein Verstand hellwach und flüstert mir ins Ohr: ‘Endlich ist da eine Gelegenheit, auftrumpfen zu können. Nutze sie! Diese Neuigkeit wird sich dann auch unter den anderen herumsprechen (hehehe).’ Und freundlich wie mein Verstand ist, bietet er mir gleich eine kleine Auswahl an Antworten, die alle mehr oder weniger auf eine gewisse Erleuchtung meinerseits hinweisen würden; zumindest aus seiner Sicht. Mal klar und deutlich und recht plump: ‘Na ja (hehehe).’ Mal eher dezent und versteckt: ‘Ach, weißt du, ich sehe Hier niemand, der erleuchtet oder nicht erleuchtet sein könnte (hehehe).’ In jedem Fall könnte der andere dann seine Schlüsse ziehen, und ich stünde da als der erleuchtete King. Allerdings erinnere ich mich auch noch sehr gut daran, wie mir selbst die Angst im Nacken saß, wenn ich vor einiger Zeit einem anderen vermeintlich Erleuchteten diese Frage gestellt habe. Und so sage ich lediglich:

„Du, ich habe einfach aufgehört, über diese ganze Sache nachzudenken.“

„Aha“, kommt es beruhigt. Meine Antwort scheint ihn bzw. seinen Verstand zufrieden zu stellen – dass ich offenbar noch genauso unerleuchtet bin wie er – und die Person zieht von dannen. Mir wird unterdessen klar: Während ich noch vor einigen Monaten mein Leben gegeben hätte, nur um auch endlich erleuchtet zu sein oder – zumindest – von anderen als erleuchtet angesehen zu werden... so kann ich mir jetzt nichts Schlimmeres vorstellen, als von einem anderen als Nicht-erleuchtet-Identifizierten als ein Erleuchteter angesehen zu werden... Horror! Trennung! Schmerz! – Irgendwie verrückt, aber jetzt würde ich alles sagen, nur um nicht als erleuchtet angesehen zu werden. Und im Hinblick auf die Möglichkeit der Übernahme einer Meisterrolle meinerseits irgendwann einmal merke ich: Selbst wenn die Trennung zwischen dem Meister und seinen Schülern nur illusorisch ist, wird man unter Umständen trotz allem in gewisser Weise als 'erleuchteter' oder sonst irgendwie 'höher stehend' gesehen, was einen selbst dann doch irgendwie von allen anderen separiert. Insofern ist es schon irgendwie schön, hier unter all den vielen (als 'nicht erleuchtet', als 'erleuchtet' oder überhaupt nicht mehr Identifizierten; wen interessiert das?) einfach nur ein Niemand zu sein, der sich augenscheinlich auf einer Ebene mit allen anderen 'Schülern' befindet und daher in Ruhe gelassen wird. Gemütlich.

Gmund, 22. Dezember 99 (Retreat)

Im Satsang wird Samarpan auf 'Sucht' angesprochen und sagt:

„Es ist immer das Gleiche. Unterdrücke nichts. Denn wenn man etwas unterdrückt – sei es Rauchen, Sex oder sonst irgend etwas – wird das Verlangen danach nur noch stärker. So funktioniert es nicht. – Beobachte es einfach. Sei so bewusst, wie du nur kannst. Tue alles so achtsam wie nur möglich. Fühle alles. Hier ist alles willkommen, das Göttliche heißt alles willkommen. – Ich selbst, zum Beispiel, habe nicht mit dem Rauchen aufgehört. Das Rauchen hat an irgendeinem Punkt von selbst aufgehört. Und ich weiß nicht wie und warum. Sei einfach in Frieden damit. Da ist nichts verkehrt daran. Sei einfach in Frieden mit der Sucht; kein Problem."

Gmund, 23. Dezember 99 (Retreat)

Kaum, dass Samarpan heute Morgen in seinem Sessel Platz genommen hat, bittet er darum, dass irgend jemand Anubhavo in den Raum holen möge, der seit Tagen krank im Bett liegt. Ich ahne nichts Gutes, als ich das dolmetsche... es fühlt sich ziemlich unangenehm an... na, mal abwarten. Erwartungsvolle Stille.

Nun kommt Anubhavo, und Samarpan sagt ihm ohne Umschweife, er solle sich überlegen, ob er noch weiterhin mit ihm sein will, so erleuchtet, wie er sich gebärden würde. Als er selbst (Samarpan) bei Papaji gewesen sei, wäre er höchst bescheiden und zutiefst demütig gewesen. Dies sei die angemessene Haltung gegenüber dem Meister und nicht dieses: 'ICH bin ja sooo erleuchtet.'

Ich dolmetsche gehorsam und denke: 'Na, gut. Anubhavo mag denken, er sei erleuchtet. Genaugenommen ist es sein Verstand, der denkt, er sei erleuchtet... also: Was soll's? Es ist nicht die Wahrheit, sondern nur ein Gedanke und wenn Anubhavos Verhalten Samarpan die Knöpfe drückt, sollte dieser doch lieber bei sich selbst nachsehen, ob denn da nicht eine ähnliche Überzeugung vorhanden ist, anstatt Anubhavo derart zur Sau zu machen. Mit der stets gerühmten Akzeptanz hat das, was hier gerade abläuft, in meinen Augen jedenfalls wieder einmal nichts zu tun.'

Anubhavo will sich gerade dazu äussern, als Samarpan ihm das Wort abschneidet und sagt, dass er nichts hören will. Anubhavo solle es sich überlegen und ihm dann Bescheid sagen. – Ungute Stille. Die Stimmung im Satsang-Raum ist für meine Begriffe am Boden. Wird man hier nur als Ja-und-Amen-Sager akzeptiert? Soll ich sagen, wie ich es sehe?

Wieder einmal bin ich hin- und hergerissen zwischen meinem Vertrauen in den Guru und meinem Gefühl, meiner Wahrnehmung, 'meiner' Wahrheit. Doch nachdem Samarpan Anubhavo – wie eben gesehen – abgeblockt hat, ist bei ihm momentan wohl keine Offenheit für eine anderslautende Meinung und in Erinnerung an den Rauswurf der Frau im vorletzten Sommer, der sich im Nachhinein dann doch als offenbar 'richtig' und wohl auch 'notwendig' erwiesen hat, sage ich nichts und fühle einfach das beschissene Gefühl, das gerade da ist...

„Du kannst jetzt wieder hinausgehen", sagt Samarpan zu Anubhavo, der aufsteht und den Raum verlässt. Und abermals kommt mein Verstand und sagt: 'Samarpan ist in einer Story und wir (mein Verstand und ich) nicht.' - 'Gut', sage ich zu meinem Verstand. 'Dann lass uns doch einmal theoretisch durchspielen, was du gerne hättest. Also: Ich weise Samarpan darauf hin, dass er in einer Story ist, dieser erkennt es als die Wahrheit, wirft sich mir vor die Füße und fortan erkennen alle mich, Rama, als den wahren Großmeister an...'

So ungefähr scheint das Wunschdenken meines Verstandes auszusehen... Oh, Gott, was für ein Grössenwahn, aber selbst Samarpan sagt ja immer wieder: 'Jeder Verstand ist arrogant.'; also was soll's? Außerdem wird mir klar, dass ich ja selbst ebenfalls gerade wieder einmal dabei bin, (Samarpan) zu be- und verurteilen. Wo ist denn da meine Akzeptanz? Gilt es nicht für mich ebenso, alles und jeden inklusive Samarpan oder vielleicht gerade Samarpan, den Meister, so anzunehmen, wie er ist? Und wenn er hier und da einen Knopf gedrückt bekommt, was ja noch nicht einmal ganz sicher ist, ist es dann meine Aufgabe, ihn deswegen als falsch darzustellen oder darauf hinzuweisen? Insbesondere, da ich doch der Schüler bin? – Ich sehe schon... da gibt es noch einiges für mich zu lernen...

Stille. – Stille? Von wegen! Ich bin ganz 'schön' im mind. Was nun? Was tun? Samarpan sagt immer wieder, dass man seinem Verstand Satsang geben, die Wahrheit sagen soll. Also, ruhig bleiben, Rama, schön ruhig bleiben... Und jetzt noch einmal ganz von vorne:

'Die Wahrheit ist: Es gibt nur Das, was ich bin. Alles andere ist eine Illusion.

Und die augenblickliche Situation ist vielleicht dazu da und vom Leben so arrangiert, dass ich lernen darf, dass auch meine Meister-Vorstellung eben eine Vorstellung und damit eine Illusion ist. Im Grunde geht es ja gar nicht darum, ob Samarpan etwas richtig oder falsch macht; schließlich ist da ja eigentlich überhaupt niemand. Sondern für mich geht es einzig und alleine darum zu erkennen, dass ich bzw. mein Verstand keine Ahnung hat, was – aus Gottes Sicht – richtig und was falsch ist... Also entspanne, Rama, entspanne und gib dich einfach hin.'

Und noch etwas kommt mir: Eigentlich könnte ich diesen 'Vorfall' ja einfach als interessante Abwechslung, als eine aufregende Szene in meinem Lebensfilm sehen, die das Leben für mich – als einzigem Zuschauer – zur besseren Unterhaltung extra arrangiert hat... So gesehen... ist das voll und ganz gelungen... mit geradezu 'durchschlagendem' Erfolg!

Im Abend-Satsang erlebe ich Samarpan wieder in seiner ganzen Bescheidenheit und denke peinlich berührt an meine Gedanken von heute Vormittag zurück. Zu glauben, dass ich mich mit ihm auf eine Ebene oder sogar über ihn stellen könnte, ist schlichtweg Wahnsinn. Gut, dass ich meine Klappe gehalten habe!

Gmund, 24. Dezember 99 (Retreat)

Wieder einmal: Heiliger Abend. Alles wiederholt sich und ist im Beisammensein mit Samarpan doch immer wieder neu... faszinierend. – Ich habe meine Leuchtsterne vor dem Satsang kunstvoll verpackt und stelle sie ihm jetzt vor dem Satsang auf den Boden, seitlich an seinen Stuhl gelehnt. Schließlich will ich sie ihm ja nicht aufdrängen oder eine große Show machen... mit diesem Geschenk, das das einzige zu sein scheint. Allerdings scheint Samarpan ähnlich drauf zu sein, denn er beachtet das Geschenk den ganzen Satsang über nicht und so steht es, als er nach zwei Stunden den Raum verlässt, immer noch unangetastet da.

Gmund, 26. Dezember 99 (Retreat)

Letzte Nacht hat ein orkanartiger Sturm ganz Deutschland in ein Chaos verwandelt, und Samarpan sagt im Satsang:

„Als ich noch für die Gas-Gesellschaft in Kalifornien gearbeitet habe, gab es einmal ein schweres Erdbeben, und meine Aufgabe bestand darin, von Haus zu Haus zu gehen und die Gasleitungen zu überprüfen. Dadurch hatte ich die Gelegenheit, mit vielen Menschen zu sprechen, deren ganze Welt aus den Fugen geraten war. Der Boden, auf den sie sich verlassen und an dessen Festigkeit sie geglaubt hatten, hatte gebebt. Und sie hatten entdeckt, dass er nicht wirklich sicher ist. Diese Desillusionierung und das damit verbundene Gefühl von

Unsicherheit war für manche so schrecklich, dass sie verrückt wurden. – Es gibt keine Sicherheit auf dieser Welt... ich meine, welche Sicherheit kann es denn geben? Diese Erde dreht sich zunächst einmal mit hohem Tempo um sich selbst. Des weiteren kreist sie um die Sonne. Das gesamte Sonnensystem wiederum rast mit hoher Geschwindigkeit durch den Weltraum und dreht sich abermals. Und, und, und. Wir finden keine Sicherheit innerhalb dieser Welt. Deshalb nennen die Weisen sie eine Illusion. Sie ist nicht wirklich. Dies ist nur ein Traum. Gott ist die einzige Realität. Die einzige Sicherheit finden wir bei Gott, in der Stille, in der Stille deines Herzens. In der Stille von dir selbst. 'Ich bin', 'Du bist', 'Das ist'... Alles eines. Alles eins. Die einzige, die all-einige Realität." Stille.

„Wisst ihr: Die meisten Menschen verlassen sich auf den falschen Boden und werden bei einem Geschehnis wie diesem dann mit der Wahrheit konfrontiert: dass wir uns auf diesen Boden nicht verlassen können, dass man sich auf nichts, auf kein Ding verlassen kann, nicht einmal auf unseren eigenen Körper. Frieden finden wir nur, wenn wir den wahren Boden finden und fest auf ihm stehen. Der wahre Boden ist die Stille, dein eigenes Selbst; das, was sich nie ändert; das, was immer schon da war und immer da sein wird; du selbst. – Finde den wahren Boden. Das ist der Punkt."

Gmund, 27. Dezember 99 (Retreat)

Gleich geht der letzte Satsang los, und ich möchte nicht, dass Samarpan abermals – wie nun bereits seit drei Tagen und damit 9 Satsangs! – mein Geschenk links liegen lässt. Deshalb lege ich es jetzt auffällig auf seinen Tisch. Gleich zu Beginn des Satsangs lacht Samarpan:

„Ah, da ist ja das Päckchen, das ich in den letzten Tagen konsequent ignoriert habe. Manchmal muss man mich einfach..." Damit fängt er an, es auszupacken... und freut sich schließlich doch noch; wie schön.

8.

Glaubt nicht, dass ich gekommen bin, Frieden in die Welt zu bringen. Nein, ich bin nicht gekommen, um Frieden auf die Erde zu bringen, sondern das Schwert. Ich bin gekommen, um die Söhne mit ihren Vätern zu entzweien, die Töchter mit ihren Müttern und die Schwiegertöchter mit ihren Schwiegermüttern. Die nächsten Verwandten werden zu Feinden werden. – Wer seinen Vater oder seine Mutter mehr liebt als mich, ist meiner nicht würdig. Wer seinen Sohn oder seine Tochter mehr liebt als mich, ist meiner nicht würdig.

(Matthäus-Evangelium 10.34-37)

Stiersbach, 28. Dezember 99 (Retreat)

Der erste Abend beginnt mit einem großen Tohuwabohu. Ein Teil des Daches wurde von dem Sturm abgetragen, ein Teil der Teilnehmer hängt unterwegs fest... aber schließlich... um halb acht sitzen fast alle mehr oder weniger noch 'durch den Wind' im Satsang-Raum, und das Retreat kann losgehen. Es ist so schön. Gerade noch in Gmund, jetzt in Stiersbach, und stets umgeben von der Wahrheit. Als Mitreisender habe ich das Gefühl, von einem Paradies in das nächste zu wechseln. Welch eine Gnade.

Stiersbach, 29. Dezember 99 (Retreat)

Den ganzen Tag über hole ich immer wieder einzelne Nachzügler vom Bahnhof ab, was mir sehr viel Freude macht; die erste Kontaktperson zu sein, die die von überall her anreisenden Teilnehmer 'daheim' willkommen heißt. Ein Traumjob!

Mittags machen alle, die Lust haben, unter Führung der Seminarhausleiterin einen Spaziergang durch den verschneiten Wald zu einer kleinen Kapelle und mir fällt eine nahezu kahlrasierte Teilnehmerin in einem roten Anorak auf. Nicht, dass ich nach einer Frau Ausschau halten würde, aber wenn mich hier irgend jemand interessiert, dann sie. – Die Kapelle ist recht klein, aber für unsere Gruppe gibt es doch genug Platz. In Stille sitzen wir einfach nur da. Tiefer Frieden.

„Lasst euch nicht von den äusseren Formen ablenken! Die Wahrheit ist im Inneren verborgen!“, tönt es plötzlich aus dem Mund der Seminarhausleiterin. Huch! Was ist denn das? Ich fühle mich auf einmal ziemlich genervt. Einerseits kam es zwar nicht arrogant herüber, sondern eher als ein mütterlicher, wohlgemeinter Ratschlag, aber trotzdem wirkte es auf mich als 'Schlag'. Vermutlich weil diesem Satz der Glaube zugrunde lag, dass wir alle noch unerleuchtet sind. An Samarpan liebe ich ja gerade, dass er stets an die Erleuchtung jedes einzelnen 'appelliert'. Aber was sage ich? Letztendlich geht es auch hier wohl wieder ausschließlich darum, den bei mir ausgelösten Schmerz zu fühlen. Denn wenn ich jetzt und hier etwas sagen würde, wäre das ja in gewisser Hinsicht auch eine Art des 'Meister-Spielens'; genau das, was ich am anderen verurteile. Na ja, wenigstens weiß ich jetzt, wie sich diejenigen fühlen, denen ich hier und da glaube, irgendwelche Ratschläge erteilen zu müssen, ohne überhaupt darum gebeten worden zu sein. Ach ja.

Im Abend-Satsang höre ich Samarpan sagen:

„Die Wahrheit ist: Ihr seid alle schon erleuchtet. Es gibt nichts zu tun", und ich denke: Aaaaaaah, das ist er wieder: 'Mein' (hahaha), guter (schmacht) alter (hohoho) Samarpan, wie schön. – Als ich nach dem Satsang den Raum verlassen will, sitzt die 'schöne Stille' – jetzt ohne ihren roten Anorak – auf der Treppe an der Türe, und ich kann nicht anders, als mich neben sie zu setzen und ihre Hand zu nehmen. Sie hat total klare Augen.

Stiersbach, 30. Dezember 99 (Retreat)

Als die 'schöne Stille' nach dem Morgen-Satsang aus dem Satsang-Raum kommt, stehe ich gerade an der Kopiermaschine. Wir sehen uns an... umarmen uns... minutenlang... sehr zärtlich...

Wenig später, kurz vor dem Mittagessen, gehe ich noch schnell zum Computer des Hauses, der in den Privat-Räumen steht, und sehe auf dem Weg dorthin 'meine' Leuchtsterne auf der Treppe herum liegen. Offenbar hat Samarpan sie den Kindern des Hauses einfach 'weiter'-geschenkt. 'Na ja, so war das eigentlich nicht gedacht', denke ich enttäuscht und auch ein wenig verärgert. – Kurze Zeit später sitze ich auf dem Sofa im Essraum, als Nirwana zu mir kommt und mich fragt, wer Samarpan eigentlich das Essen bringt?

„Keine Ahnung", erwidere ich desinteressiert, worauf Nirwana etwas verwundert zu sein scheint und äussert:

„Was mich erstaunt, ist, dass sich von euch im Staff offensichtlich keiner verantwortlich fühlt..."

Mmh. Vor ein paar Minuten ging mir zwar genau die gleiche Frage durch den Kopf, doch gleichzeitig war da auch die Haltung präsent: 'Samarpan soll gefälligst selbst sehen, wo er bleibt.' Das ist natürlich eine eigentlich absolut beschissene Einstellung, doch soweit ich es sehe, ist das Einzige, was ich machen kann, in Frieden damit zu sein; wenn überhaupt. Denn im Grunde teile ich, was diesen Punkt beziehungsweise diese Freiheit anbelangt, nach wie vor nicht unbedingt Samarpans Meinung, der diese Entscheidung dem freien Willen zuordnet. Aber wie auch immer. Während Nirwana mich erwartungsvoll ansieht, merke ich, wie mich 'der Teufel reitet' und mich selbstgefällig und betont lässig sagen lässt:

„Also was die anderen anbelangt, keine Ahnung. Aber ich mache es einfach so, wie Samarpan immer sagt. Da ist dieser Gedanke: 'Samarpan hat möglicherweise nichts zu essen, keiner kümmert sich um ihn, und irgend jemand sollte vielleicht einmal nach ihm sehen.' Dann erinnere ich mich an Samarpans Worte: 'Berühre keinen Gedanken!' Insofern beobachte ich einfach, wie dieser Gedanke auftaucht, langsam vorüberzieht und schließlich wieder verschwindet. Stille, Frieden. Und ich erkenne: Es gibt nichts zu tun. Alles ist in bester Ordnung."

Nirwana starrt mich verständnislos an, und ich füge hinzu:

„Aber wenn du den Impuls hast, zu ihm zu gehen, dann folge doch einfach diesem Impuls."

Nirwana steht auf, entschwindet, und ich lasse die eben erlebte Situation noch einmal vor meinem inneren Auge passieren. Tja, mit meiner Hingabe an den Meister scheint es in der Tat nicht gerade zum Besten zu stehen. Aber andererseits: Wenn ich nicht motiviert bin, ist es dann nicht auch das Göttliche, was offensichtlich will, dass ich gerade nicht motiviert bin? Folge ich jetzt dem, oder folge ich meinem Verstand, der sagt: 'Du musst auf der Stelle zu Samarpan gehen! Als Staff-Mitglied gehört sich das!' – Mmh? Wenn ich versuche, es mir jetzt einmal genauer anzuschauen, dann habe ich den Eindruck: Wann immer Samarpan etwas von mir will bzw. wann immer bei mir der Gedanke auftaucht: 'Samarpan will etwas von mir, und ich muss jetzt springen, denn, wenn ich nicht springe, wird Samarpan sauer, weil er der Ansicht ist, dass von mir als seinem Schüler erwartet werden kann, dass ich springe', geht bei mir die Lust weg, und ich gehe auf Abstand. Ich bin mir ziemlich sicher, dass ihn das nervt, aber was soll ich machen? Wenn da keine Lust ist, ist da einfach keine Lust.

Stiersbach, 31. Dezember 99 (Retreat)

Es ist wunderbar, der 'schönen Stillen' mit Namen Anja, wie ich inzwischen weiß, mal hier und mal da über den Weg zu laufen. Überhaupt empfinde ich es als etwas ganz Besonderes, jemanden in Stille kennen zu lernen. Ich habe keine Ahnung, wo sie herkommt, was sie macht, wie alt sie ist, und umgekehrt ist es genauso. Es gibt keinerlei Geschichte. Nur den jeweiligen Augenblick. Wunderschön.

Mittlerweile ist auch Marga angekommen, und es ist eine wahre Freude, ihr beim Organisieren zuzusehen. Sekt, Gläser etc., alles hat sie besorgt und bei mir kommt so richtig ein Familiengefühl auf, mit Marga als der liebevollen und sich um alles kümmernden Mutter. Und nach dem letzten Satsang gibt es ein unglaubliches, phantastisches, liebevoll zubereitetes Büfett. Der Seminarhausleiter und seine Küchenhelfer haben ganze Arbeit geleistet, und im Anschluss an das Essen geht es hinaus auf die große Wiese, wo andere Helfer den ganzen Tag Holz gehackt haben, das jetzt zu einem riesengroßen Haufen aufgetürmt ist und gegen Mitternacht lichterloh brennt. Und Marga und ich verteilen den Sekt. Wie schön. Nun suche ich Anja, finde sie und nehme sie an der Hand. Fühlt sich allerdings etwas komisch an... war da ein gewisses 'Doing' meinerseits am Werk? Wie auch immer, bei Abhijats Disko eine Stunde später liegen wir uns fest in den Armen.

Später, auf dem Weg zurück zum Schlafbereich, laufen wir Hand in Hand über den mondbeschienenen Innenhof und für einen Moment ist – zumindest mir – nicht klar, ob ich jetzt mit ihr in den Schlafsaal hochgehe, wo sie ihre Schlafstatt hat oder sie in mein Zimmer mitkommt... doch dann verabschieden wir uns auch schon mit einer sanften Umarmung...

„Bis morgen." - „Ja, bis morgen."

Und damit eilt sie die Treppen hinauf, die Schöne.

Stiersbach, 1. Januar 00 (Retreat)

Im Satsang shart eine Kölnerin, die von Samarpan schon ein Dutzend Mal zur Wahrheit geführt wurde, wehleidig:

„Samarpan! Irgendwann, wenn ich auch einmal erleuchtet sein werde, dann..."

„Stopp! Höre auf, solchen Unsinn zu verzapfen! Ich will nichts mehr hören von wegen Unerleuchtung."

„Äh, du meinst...?", sagt sie zaghaft und beginnt zu lächeln.

„Genau das meine ich!", lächelt Samarpan.

Wunderschöne Stille.

Stiersbach, 2. Januar 00 (Retreat)

Heute Mittag gibt es auf einer riesigen Leinwand einen Film über das Leben von Ramana Maharshi. Setze mich ganz hinten neben Anja, und wir beide müssen während des Films einige Male weinen; Ramanas Hingabe und sein Vertrauen in das Leben sind so bewegend. Und abends gehen wir alle in das edle Schwäbisch Haller Hotel-Schwimmbad, mit Sauna, Dampfbad und allem drum und dran. Spitzenmäßig! Der offizielle Badebetrieb endet um 22 Uhr, und danach wurde das gesamte Bad für uns gemietet. Absolut genial! Warmes Wasser, Unterwassermusik... supergut!

Stiersbach, 4. Januar 00

Beim Frühstück sitze ich neben dem Sannyasin, der Samarpan im November in Zürich kennen gelernt hat, vollkommen fasziniert von ihm war und ihn sogleich unübersehbar auf einen gedanklichen Sockel gesetzt hat. Da er sich in den vergangenen Tagen allerdings immer wieder einmal mehr oder weniger kleine Wortgefechte mit Samarpan lieferte, weil er mittlerweile an dessen Antworten im Satsang regelmäßig etwas auszusetzen hat, scheint seine

Samarpan-Vergötterungsphase inzwischen überwunden zu sein. In Erinnerung an meine eigenen Vorstellungen bezüglich der Unfehlbarkeit des Meisters und im Hinblick darauf, dass ich es mitunter als hilfreich empfunden hätte, eine weitere Mir-die-Wahrheit-sagende-Person zu haben (insbesondere zu den Zeiten, wenn ich mit Samarpan im Clinch lag und den Eindruck hatte, er ist selbst in einer Story, sieht die Wahrheit nicht klar und ich dann daher nicht unbedingt offen für ihn war), sage ich:

„Weißt du, Samarpan ist ein wunderbarer Spiegel, sehr klar. Und gerade weil er die Wahrheit so klar spricht, ist es manchmal etwas schwer, sein Menschsein zu sehen. Aber im Grunde ist er ein Mensch wie du und ich. Und solange man seine vermeintlichen Trips als Beweis für seine Nicht-Erleuchtung heranzieht, macht man mit sich selbst genau das Gleiche."

Mein Gegenüber sieht mich wortlos an, und ich frage mich, ob er weiß, was ich meine. Na ja, was soll's. – Dann geht es zu meinem Bruder nach Stuttgart, und weil Anja zurzeit keinen Job hat, bietet es sich geradezu an, dass sie einfach mit mir mitkommt. Wie schön. Bin in Himmel. Weiß aber auch, dass die Hölle nur einen Gedanken weit entfernt ist – im wahrsten Sinne des Wortes.

Stuttgart, 6. Januar 00

Anja fährt für vier Tage nach Hamburg und wird dort ihr Zimmer endgültig auflösen, was auch vor Stiersbach schon so geplant war. – Kurz nachdem sie gegangen ist, schaut mein Vater bei meinem Bruder und mir vorbei. Normalerweise erzähle ich ja nicht mehr viel, aber von Anja erzähle ich nun doch.

„Ah! Eine neue Freundin?" Mein Vater scheint richtiggehend erfreut zu sein. Wie schön.

Stuttgart, 11. Januar 00

Anja und ich verbringen wunderschöne Tage. Es gibt keine Vergangenheit und keine Zukunft; nur diesen gegenwärtigen Moment. Allerdings zeigt mein Verstand doch auch bereits erste Festhalte-Wollen-Tendenzen:

„Was hältst Du davon, im Sommer gemeinsam in Urlaub zu fahren?", frage ich sie. Doch als Anja mir sagt, dass sich dies etwas komisch für sie anfühle, und wir bei dieser Überlegung ja überhaupt nicht im Moment sind, ist mir das ganz schön peinlich, und ich denke: 'Hua! Da hat mir das Leben ja eine schöne Meisterin an die Seite gestellt. Eieieieiei.'

Stuttgart, 15. Januar 00

Mittagessen bei meinen Eltern. Meine Mutter sagte mir, dass sie von 'höherer Stelle' – vermutlich irgendwelche Kirchenoberen – erfahren hat, dass das, was ich mache, unter die Kategorie Sekte falle, falsche Meister usw. Ich weiß zwar, dass die Wahrheit keiner Verteidigung bedarf, kann aber doch nicht umhin, meine Gedanken zu diesem Thema vor ihr auszubreiten:

„Weißt du, auch ein sogenannter falscher Meister hat vielleicht zu Beginn mit der Wahrheit und mit den besten Absichten, diese auch zu sprechen, angefangen. Aber wenn sich dann lauter Schüler um ihn versammeln und auf ihn projizieren: 'Du hast es. Gib es uns.', wer könnte ihm da verdenken und nicht nachvollziehen, dass derjenige auf eine Art 'Meistertrip' kommt und irgendwann wirklich davon überzeugt ist, dass er 'es' hat?" – Auch die Meister, sagt Samarpan ja immer, haben nach wie vor denselben Verstand; siehe Jesus am Kreuz. „Das Schöne bei Samarpan ist nun aber, dass er immer und immer wieder sagt: 'Ich habe nichts für euch. Ich habe nichts, was ihr nicht habt. Ihr habt es alles selbst. Ihr braucht mich nicht. Ihr braucht Satsang nicht, denn Satsang ist eure wahre Natur. Satsang ist immer mit euch.' Und insofern ist da eigentlich keine Gefahr der Abhängigkeit gegeben, es sei denn, ein 'Schüler' lässt sich trotz Samarpans Worten nicht von seiner Vorstellung abbringen, dass der Meister doch etwas für ihn hat. Aber das kann man ja nicht dem Meister zum Vorwurf machen. Der Meister kann einfach nur immer wieder auf diese Tatsache hinweisen, und Samarpan tut das in nahezu jedem Satsang; sagt, dass seine einzige Aufgabe darin besteht, jeden auf den wahren Meister in seinem Inneren hinzuweisen."

Meine Mutter sieht mich an und tief in ihr ist etwas, das versteht, aber wenn sie mich als in einer Sekte gefangen betrachtet und jedes meiner Worte durch diese Brille hindurch 'sieht', kann ich mir natürlich den Mund fusselig reden. Aber für das Erste scheint sie zufrieden. Sie konnte wieder einmal ihre Ängste äussern und wenn ihr das hilft, gut. Ich muss nur aufpassen, dass sich bei mir kein 'Wollen' entwickelt, dass sie 'versteht', denn sonst komme ich selbst ins Leid.

Köln, 24. Januar 00

Ich fahre 'zur Arbeit' nach Köln, und nichts liegt näher, als dass Anja einfach mitkommt. – Im Satsang am Abend fragt jemand leicht erbost:

„Samarpan? Wenn du sagst 'Tue nichts', heißt das, ich soll nur noch in der Ecke herumlungern?"

„Nein. Das ist eine Vorstellung von Nichtstun. Das ist es, was der Verstand unter Nichtstun versteht. Aber das meine ich nicht. Sei einfach nicht als derjenige identifiziert, der tut. Dann ist da niemand, der tut. Dann ist da kein Tuer. Dann ist da kein Tun, dann ist da Nicht-Tun."

Der Fragende bleibt stumm. Keine Ahnung, ob er es verstanden hat, aber im Grunde ist es ja auch nicht zu verstehen; zumindest nicht mit dem Verstand. – Nach dem Satsang hilft mir Anja beim Verkauf: super!

Köln, 27. Januar 00

Heute waren so viele Leute wie noch nie bei einem Satsang: über 150. Auch gab es einen noch nie da gewesenen Ansturm auf den Gaststuhl, so dass Samarpan uns die Idee unterbreitet, neben den Gaststuhl ein 'Gast-Wartekissen' hinzulegen, damit es nicht mehr zu solchen Wettrennen kommt, wer der Schnellste auf dem Gaststuhl ist.

Köln, 28. Januar 00

Anja ist tagsüber bei Samarpan, und ich möchte sie abholen. Als ich eintrete, sind beide gerade in Stille, und so setze ich mich einfach dazu. Samarpan schaut mich an, und momentan nagt gerade mal wieder der Zweifel an meinen Dolmetscher-Fähigkeiten sehr an mir.

„Was ist los, Rama?"

„Ich bin einfach ein beschissener Dolmetscher", erwidere ich kleinlaut.

„Das ist wahr: Du bist ein beschissener Dolmetscher."

Schluck. Ich schaue kurz zu Anja, die ziemlich erstaunt zu sein scheint, dass ich diesen 'Hammerschlag des Meisters' so gelassen hinnehme, aber was soll's? Samarpan sagt mir ja nichts Neues. Meine Stärke beim Dolmetschen sehe ich eindeutig in dem energetischen Einstimmen und und in dieser Hinsicht auch exaktem Wiedergeben von Samarpans Worten. Aber was den Umfang meines Wortschatzes anbelangt... Gut, pro Satsang sind es nach meiner Einschätzung in der Regel nicht mehr als zwei Worte, die ich nicht kenne, aber das ist meinem Verstand schon zuviel. Doch da ich andererseits auch nicht motiviert bin, Vokabeln zu lernen, wird sich an dieser Situation dummerweise so schnell auch nichts ändern; what to do?

Abends, als Samarpan im Satsang ein Wort verwendet, das ich nicht kenne und ihn deshalb nun erwartungsvoll ansehe, damit er mir dies umschreibt, fragt Samarpan, sich künstlich entrüstend:

„Don't you know this word?"

„Kennst du dieses Wort nicht?", dolmetsche ich in ähnlich vorwurfsvollem Ton und antworte: „No... Nein."

„Shame on you, Rama!", grinst Samarpan frech und doch zugleich unendlich liebevoll.

„Ooooh...", spiele ich den Betroffenen, und der ganze Raum lacht; mich eingeschlossen.

„Schande über dich, Rama!", dolmetsche ich jetzt. Erneutes Gelächter: Hohohohoho. Man kann einfach gar nicht anders, als Samarpan zu lieben.

Köln, 31. Januar 00

Als wir uns wie üblich um 17 Uhr zum Herrichten des Raumes treffen, hängt an der Türe ein Plakat mit der Aufschrift: 'Kreieren Sie sich Ihre Zukunft.

Geben Sie all Ihre Kraft, geben Sie ihre gesamte Aufmerksamkeit auf den Verstand. Vortrag heute Abend um 20 Uhr.'

Was ist das denn? Des Rätsels Lösung naht in Form einer energisch auftretenden Dame, die uns aufklärt:

„Heute Abend habe ich den Raum gemietet. Daher müssen Sie mit Ihrer Veranstaltung in den Kellerraum."

„Mmh. Sie wissen vielleicht, dass der Raum dort unten recht klein ist. Wäre es nicht möglich, dass Sie nach unten gehen? Bei uns kommen über 100 Personen!" Gedanklich füge ich hinzu: Und außerdem ist es eine riesige Schlepperei, wenn wir unser ganzes Equipment heute nach unten und morgen wieder nach oben tragen müssen.

„Nein. Das kommt nicht in Frage. Ich habe den oberen Raum gemietet und den werde ich auch für mich beanspruchen."

„Wie viele Personen erwarten Sie denn zu ihrem Vortrag?"

„Was spielt das für eine Rolle? Ich habe den Raum gemietet und den will ich jetzt auch!"

Groll! Aber es hilft alles nichts. Und ich bin ziemlich in der Story.

Eine Stunde schleppen – eine Stunde hassen.

Gegen 19 Uhr kommen unsere ersten Gäste, denen ich den Weg in den Keller weise. Ein Gesicht, das ich nicht kenne, frage ich:

„Zum Satsang mit Samarpan?"

„Nein. Zu dieser anderen Veranstaltung."

„Ja, die findet gleich hier oben statt."

Während ich beobachte, wie sich diese Person die Schuhe auszieht, bin ich versucht zu sagen, ob sie es sich nicht überlegen will, anstatt all ihre Aufmerksamkeit auf den Verstand, diese vielmehr auf die Stille zu geben... lasse es jedoch natürlich bleiben. Dies ist wahrlich nicht meine Angelegenheit.

Nach dem Satsang, es war proppevoll, gehe ich nach oben und werfe einen Blick durch die nur angelehnte Tür der Parallel-Veranstaltung: Sieben Leutchen sitzen mit geschlossenen Augen in einem kleinen Kreis zusammen und geben vermutlich gerade all ihre Aufmerksamkeit dem Verstand...

Münster, 3. Februar 00

Fahre heute alleine nach Münster und finde unterwegs im ganzen Auto versteckte Süßigkeiten und andere Kleinigkeiten von Anja, was in mir eine gewisse Angst und die alte Verstandesfrage aufwirft: 'Ist das jetzt die Frau fürs Leben?' So ein Mist, den Verstand bzw. dieses Programm hatte ich im Lauf der letzten Wochen ganz vergessen.

„Hi Samarpan!“, share ich gleich zu Beginn des Satsangs. „Bei mir ist wieder diese alte Traumfrau-Story aufgetaucht.“ Nicht, dass ich glauben würde, es gäbe da draußen irgendwo eine bestimmte Frau, die mich glücklich macht. Aber wäre es nicht ideal, man ist mit jemandem zusammen, der über eine solchermaßen ausgestattete Konditionierung verfügt, dass man sich gegenseitig nie die Knöpfe drückt?

„Ja, es ist solch ein süßer Traum“, sagt Samarpan mitfühlend. „Wir verlieben uns und denken: Das ist jetzt die Frau oder der Mann; endlich sind unsere Gebete erhört worden. – Dann haben wir einige schöne Wochen des Verliebtseins und nach einer Weile wird es normal. Die Traumfrau wird zu einer normalen Frau, der Märchenprinz wird zu einem normalen Mann, und wir denken, dass wir etwas falsch gemacht haben oder es doch nicht der bzw. die Richtige war. Und dann geht man/frau wieder auf die Suche. – Es gibt keinen Seelenpartner. Du bist dein Seelenpartner. Du hast alles.“

„Im Grunde weiß ich das ja“, sage ich verlegen.

„Ja“, lacht Samarpan, „ich weiß, dass du es weißt. Vielleicht sage ich dies auch gar nicht zu dir. Vielleicht ist hier irgend jemand anderes im Raum, der dies hören ‘muss’.“ Samarpan wendet sich allen zu und fährt fort: „Wenn wir uns verlieben, wird dieses Gefühl von Verliebtsein ausgelöst, und wir denken, dass dies von der anderen Person kommt. Aber tatsächlich ist es deine Liebe. Und deshalb kann der andere sie dir, wenn er Schluss macht, auch nicht wegnehmen. – Finde die Quelle dieser Liebe. Sie ist in dir. Und sie steht dir jederzeit zur Verfügung.“

Nach dem Satsang erfragt Samarpan für mich einen Schlafplatz, und ich lande bei einem Ehepaar mittleren Alters.

Münster, 4. Februar 00

Stehe gehen halb zehn Uhr auf, als der Hausherr mit einem Motorradhelm in der Hand wortlos meinen Weg kreuzt.

„Guten Morgen“, sage ich freundlich.

„Morgen“, brummelt er zurück. – Kurze Zeit später höre ich ihn schon davonfahren, und seine Frau klärt mich auf, dass er es nicht gerne hat, wenn Gäste im Haus sind. Nur sei gestern im Satsang so eine schöne Stimmung gewesen, dass sie gedacht habe, er würde vielleicht in diesem Fall über seinen Schatten springen...

„Ist schon okay... Dann packe ich am besten gleich meine Sachen.“

„Ja, das ist wohl das Beste.“

Bummle durch die Fußgängerzone. Nett! Dumm nur, dass ich meine Tasche mit herum schleppen muss.

Abends heißt es nach dem Satsang wieder:

„Gibt es irgend jemand, der einen Schlafplatz für unseren Dolmetscher hat?“

Dieses Mal meldet sich ein junger Freak, in dessen WG ich die ganzen nächsten Tage bleiben kann. Toll.

Münster, 6. Februar 00

Heute kommt Anja ebenfalls mit dem Zug angereist, und es ist wieder traumhaft schön; einfach nur dieser Moment. – Als Samarpan im Satsang über Partnerschaft redet, höre ich ganz genau hin.

„Versuche nicht, deinen Partner zu verändern, denn das funktioniert nicht. Es belustigt mich immer wieder, wenn ich ältere Paare im Park spazieren gehen sehe und höre, wie sie sich ununterbrochen gegenseitig Vorwürfe machen: ‘Ich habe dir doch schon tausendmal gesagt...’ – Schau: Du kannst deinen Partner nicht verändern. Du kannst noch nicht einmal dich selbst verändern. Die Programme sind, wie sie sind. Bei deinem Partner und bei dir. Es ist verrückt; zugegeben. Der Verstand von uns allen ist verrückt, aber es ist in Ordnung. Sei einfach in Frieden damit. Akzeptiere deinen Partner, wie er ist, und akzeptiere dich selbst so, wie du bist. Da ist nichts verkehrt. Es ist genau richtig.“

Hamburg, 8. Februar 00

Nichts ist offensichtlicher, als dass Anja heute weiter mit mir auf ‘Tour’ geht, und um 15 Uhr treffen wir uns alle zum Herrichten des Satsang-Raumes. Da dieser im vierten Stock liegt, und beim Hochschleppen der vielen Dinge wahrlich jede Hand gebraucht werden kann, nervt es, dass Abhijat – wie so oft – ein paar Minuten zu spät kommt, wenn die schweren, im Bus zuvorderst stehenden Metallkisten bereits hoch getragen worden sind. Mir und auch den anderen drückt das regelmäßig die Knöpfe. Samarpan im Satsang zum Thema Pünktlichkeit:

„Ja. Es ist zum Verrückwerden. Meine Ex-Frau war so. Immer in genau dem Moment, als wir unser Haus eigentlich hätten verlassen müssen, um pünktlich bei unserer Verabredung anzukommen, fing sie an, das Haus zu putzen.“ Samarpan schüttelt den Kopf. „Einmal nannte ich ihr als ausgemachten Termin eine Stunde früher als tatsächlich, doch leider beging ich den Fehler, ihr dies zu sagen.“ Samarpan lacht, und ich denke: ‘Wahrscheinlich geht es auch hier wieder darum, den Schmerz und die Wut einfach zu fühlen.’ Wobei es für mich fast ein Ding der Unmöglichkeit zu sein scheint, nicht in die Story zu gehen und nicht den Wunsch zu hegen, dass Abhijat doch endlich einmal rechtzeitig kommen möge.

Hamburg, 9. Februar 00

Im heutigen Satsang geht jemand nach vorne und sagt sekundenlang nichts. Stille. Spannend. Dann:

„Null." Mit Daumen und Zeigefinger formt er eine Null. „Oder eins." Er hebt den Zeigefinger.

„Ja", sagt Samarpan. „Wie bei unserem Computer zu Hause."

Jetzt überzieht ein Lächeln das Gesicht des anderen.

„Ja", kommt es von ihm.

„Strom oder kein Strom."

„Krieg oder Frieden."

„Das ist die Wahl. Das ist die Wahl, die wir jeden Moment haben. Geben wir unsere Aufmerksamkeit auf die Stille oder auf den Verstand." Und zu dem Gast gewandt: „Wunderschön."

Lange Stille.

„Namasté Samarpan. Vielen Dank."

Samarpan nickt leicht und führt die Hände ebenfalls zum Namasté zusammen.

Hamburg, 10. Februar 00

Das volle und immer voller werdende Auto drückt mir echt die Knöpfe. Aktuell rührt der Schmerz und Frust von einer Kiste Mineralwasser her. Denn nachdem für Samarpan heute kein Wasser bereit stand, lautet die Order an mich: Ab sofort immer ausreichend Mineralwasser für ihn dabeizuhaben; Shit! Ich genieße es einfach so, bei mir hinten im Bus, in meinem 'Zuhause' zu sitzen, und jetzt, da Anja dabei ist, vergeht keine Fahrt, bei der wir nicht wenigstens einmal anhalten und hinten drin – im Wohnraum – picknicken. Und mit jeder neuen Kiste wird es dort noch enger, als es ohnehin schon ist. Ich glaube aber, was mich vor allem anätzt, ist, dass andere Staff-Mitglieder – ohne mich zu fragen – einfach irgendwelches 'Zeug' kaufen – das fing schon mit der Silberkiste an –, was mir dann mit dem nicht ausgesprochenen Hinweis vor die Nase gestellt wird: 'Da! Friss oder stirb!' Und das ist es, was ich zum Kotzen finde. Zumal die Autos der anderen Mitreisenden so gut wie leer sind und sich von deren Seite konsequent geweigert wird, mir einen Teil des 'Satsang-Transport-Gutes' abzunehmen.

Hamburg, 12. Februar 00

Vor dem Satsang haben unsere Musiker wieder einmal ziemlich Stress untereinander, und ich bin froh, nichts mehr mit der Musik und den dort herrschenden Powertrips zu tun zu haben. Dabei frage ich mich: Wieso können wir alle nicht einfach nur in Liebe und Harmonie miteinander sein? – Die

Antwort kommt prompt, als sich im Satsang jemand über einen bösen Chef beklagt.

„Schau", antwortet Samarpan ihm, „Es muss auch Böse geben. In jedem Film gibt es Böse, ansonsten wäre der Film langweilig. Wobei: Es gibt nicht wirklich irgendwelche Bösen auf der Welt. Wie bei einem Theaterstück sind das nur die Rollen, die wir spielen. Und wenn die Aufführung vorbei ist, prosten sich alle zu, wie gut sie ihre Rolle gespielt haben. – Und wisst ihr: Ein Böser, der seine Rolle nur halbherzig spielt, ist langweilig. Aber ein Böser, der so richtig böse ist", Samarpan verzieht das Gesicht zu einer Fratze, „Das ist wunderbar. Jeder der seine Rolle perfekt spielt, ist wunderbar. Sei in Frieden mit deiner Rolle. Da ist nichts verkehrt. Du bist nicht diese Rolle. Das ist nur die Illusion. Und wenn das Stück vorbei ist, wenn dieses Leben vorüber ist", Samarpan hebt die Hand, als halte er ein unsichtbares Glas und sagt lächelnd: „Zum Wohl."

Hamburg, 13. Februar 00

Eine vor kurzem Mutter gewordene Frau shart im Satsang, dass sie fix und fertig mit den Nerven ist.

„Ja", sagt Samarpan mitfühlend, „Mutter zu sein, ist eine Aufgabe, die die allerhöchsten Ansprüche an einen selbst richtet. Hundertprozentige Aufmerksamkeit. 24 Stunden am Tag." Die Frau nickt weinend, und Samarpan fährt fort: „Es ist schwierig. Tatsächlich kann ich mir nichts Schwierigeres vorstellen."

„Und ich würde es so gerne 'richtig' machen", sagt sie.

„Ja, das wollen alle Eltern. Auch ich fing mit den besten Absichten an." Samarpan holt einmal tief Luft. „Aber ich war ein furchtbarer Vater. Meine Kinder, meine Frau: in ihren Augen habe ich alles verkehrt gemacht. So ist es einfach. Wir machen es, so gut wir eben in der Lage sind, es zu machen. Das ist alles, was wir tun können. – Es ist in Ordnung. Du bist eine wunderbare Mutter."

Die Frau bricht in Schluchzen aus. Und auch mir kommen die Tränen.

„So ein großes Herz", fährt Samarpan fort. „Dein Kind ist wahrhaft gesegnet, dich zur Mutter zu haben. Du musst wissen: Nicht du hast sie dir als Tochter herausgesucht, sondern sie hat dich zur Mutter gewählt. Offensichtlich will sie also genau diese Erfahrung machen: Dich zur Mutter zu haben. Mit all deiner Verkorkstheit." - Die Mutter lacht.

„Ja", lacht auch Samarpan. „Ja! Offensichtlich ist das genau das, was deine Tochter erleben möchte, was deine Tochter sich als Ausgangssituation für ihr Leben herausgesucht hat. Es ist perfekt. Für sie. Und es ist perfekt für dich. Ihr beide spielt eure Rollen wunderbar. – Weißt du, das Leben ist solch ein spannendes, aufregendes Spiel. Zuerst vergessen wir, woher wir kommen, wer wir eigentlich sind, und unsere Eltern helfen uns dabei. Und dann kommen wir zum Satsang und finden uns selbst wieder. Es ist ein Abenteuer. Es ist das größte Abenteuer. Und es ist nicht ernst. Es ist nur ein Theaterstück. – Die Wahrheit ist: Du bist nicht die Mutter deiner Tochter. Und deine Tochter ist nicht deine Tochter. Das bist alles nur du selbst." Samarpan hält kurz inne und zeigt auf die Mutter. „In diesem Körper spielst du die Mutterrolle, in jenem Körper spielst du die Tochterrolle. Und in diesem hier" Samarpan deutet auf sich, „Spielst du die Lehrerrolle."

Der Frau fällt die Kinnlade nach unten. Es scheint, ihr geht ein Licht auf.

„Ja!" Samarpan lacht. „Das bist alles du selbst."

Stille. Ein sanftes Lächeln überzieht jetzt auch das Gesicht der 'Mutter'.

„Es ist wunderschön. Wir spielen alle diese Rollen, zur gleichen Zeit. Es ist cool. Es ist wunderbar. – Sei einfach in Frieden mit dir. Und sei in Frieden mit deiner Tochter. Es ist alles in Ordnung. Es ist alles genau so, wie es sein soll."

Tränen laufen der Mutter jetzt über die Wangen. Sie geht nach vorne, kniet vor Samarpan nieder, berührt mit ihrem Kopf sein Knie und bleibt einige Sekunden dort, bevor sie wieder zurück an ihren Platz geht. Wie berührend.

Hamburg, 14. Februar 00

Nach dem Satsang bin ich bei Anja im zweiten Stock, gerade hat der letzte Satsang-Besucher den Raum verlassen, und wir packen die ganzen Verkaufssachen ein, denn tagsüber ist hier ein Cafe... als ich im Treppenhaus zwei 'komische' Typen nach oben schleichen sehe. Wie Satsang-Gänger sehen die nun wirklich nicht aus, und außer dem Satsang-Raum im vierten Stock gibt es weiter oben nichts. Ungutes Gefühl. Angst. Aber es hilft alles nichts, zumal oben nur noch 'unsere' Frauen sind; Abhijat ist schon weg.

Oben angekommen gehe ich an den sich im Türrahmen befindlichen Typen vorbei und stelle mich zwischen sie und den Raum.

„Kann ich Euch irgendwie helfen?"

Puuuh, das sind echt verdammt unangenehme Burschen. So à la: 'Hey! Willssu eins auf die Fresse?'

„Ist das hier eine Kneipe?", fragt der eine.

„Nein, das ist alles privat."

Kurze Stille.

„Schau' mal, all diese Matratzen...", sagt der andere mit triefendem Mundwinkel... lechz!

Ich rühre mich nicht vom Fleck.

„Und was ist hier?"

„Alles privat. – Habt Ihr sonst noch Fragen?"

Kurze Stille.

„Los, komm, wir hauen wieder ab!"

Kurze Stille, dann verziehen sie sich, und ich folge ihnen in einem der Situation angepassten Abstand bis hinaus auf die Straße... Puuuuuh.

Hamburg, 15. Februar 00

Heute ist wieder einmal Staff-Satsang. Neben uns offiziellen Staffis sind auch noch zwei andere Personen dabei und während wir über Abhijats Unpünktlichkeit reden, kommentiert plötzlich der eine von ihnen:

„Was hier in den letzten Minuten stattgefunden hat, hat mit Satsang nichts zu tun."

Hoppla! Daraufhin geht es verbal und mit zunehmender Härte zwischen Samarpan und diesem 'Besserwisser' hin und her und irgendwann verlässt dieser genervt den Raum. Huiuiui. Ungute Stille. Und ich denke zurück an die erste Begegnung der beiden, als derjenige in Samarpan den größten Meister aller Zeiten sah. So sehr ich dies verstehen kann, sehe ich jetzt allerdings auch die darin enthaltene Problematik. Denn wenn man in Samarpan den größten Meister aller Zeiten sieht, ist das eine Illusion, die sich früher oder später als falsch herausstellt. Aus dem Bi-Polaritätsdenken des Verstandes heraus jedoch, der nur gut oder schlecht, nur richtig oder falsch, nur groß oder klein kennt, kippt die ganze Geschichte – vermischt mit Ärger, dass sich diese Wunschprojektion auf ihn als falsch erwiesen hat – ins Gegenteil, und Samarpan ist dann ein falscher Meister, der letzte Depp oder was auch immer. Wendet man sich in diesem Moment von seinem Meister ab, hält man die Illusion von dem makellosen Erwachten, die Samarpan genauso wenig wie irgend ein anderer erfüllt, aufrecht und verleugnet damit gleichzeitig sein eigenes Erwachen, das im täglichen Leben – vom Verstand aus betrachtet – ebenfalls einige Makel hat.

Abends im Satsang spricht Samarpan diesen 'heiklen' Punkt erneut an:

„Stellt mich bitte nicht auf ein Podest. Wir haben das mit Jesus gemacht, aber tatsächlich war er vollkommen gewöhnlich. Er war wie du und ich, mit dem gleichen Verstand mit all seinen Trips. Durch seine getätigten Wunder gerät man durcheinander und deshalb hat man aus ihm so eine Art Säulenheiligen gemacht. Aber so 'verpassen' wir Jesus, vergleichen uns mit ihm und dann ist Erleuchtung unerreichbar. – Jesus war ein ganz normaler Mensch! Als er seine Jünger beten lehrte, sagte er nicht: 'Mein Vater', sondern 'Vater unser'. Er sah sich selbst nicht als höher stehend, sondern auf einer Ebene, als unser Bruder. Ja! Jesus sah sich selbst nicht als den einzigen Sohn Gottes. Er nannte sich selbst immer wieder den 'Menschensohn'. Wie jeder Meister kannte auch er die Tendenz der Schüler, ihn auf ein Podest zu stellen. – Ich bin ein ganz gewöhnlicher Mensch. Stellt mich bitte nicht auf ein Podest. Das nährt nur die Illusion von Getrenntheit. Da ist keine Trennung. Ich bin nicht getrennt von dir.

Ich bin dein eigenes Selbst. Ich bin du, und du bist ich. Es gibt nur Das. Und du bist Das."

Lange Stille. Und ich denke: Die Wahrheit, so klar. Oh, Samarpan: Wie schön, dich in dieser Bescheidenheit zu sehen.

„Stellt mich nicht auf ein Podest, das bewirkt nichts Gutes, im Gegenteil, es gerät in den Weg. Bei Papaji habe ich erlebt, wie manche seiner indischen Schüler sich ihm zu Füßen warfen. Und in Indien hat es Tradition, im wahrsten Sinne des Wortes zu den Füßen des Meisters zu sein. Aber es geht nicht um die Hingabe an die äussere Form. Es geht um die Hingabe an den Meister im Inneren, den Satguru, die Wahrheit. Wem es hilft, sich einem Meister im Außen hinzugeben: Gut. Aber eigentlich ist es nicht das, um was es geht. Und jeder wirkliche Meister wird seine Schüler immer wieder auf sich selbst zurückwerfen. Papajis Art und Weise damit umzugehen bestand darin, die vor ihm Hingeworfenen überhaupt nicht zu beachten. – Gebt euch nicht dieser Samarpan-Gestalt hin. Gebt euch Gott hin. Gebt euch der Wahrheit hin."

Stille. Frieden. Der Satsang ist zu Ende, und wir singen: 'Just an ordinary man – sharing his love with us'. Wie schön.

Hamburg, 17. Februar 00

Lasse mir nochmals die Situation im Staff-Satsang von vor zwei Tagen durch den Kopf gehen, als es um Abhijats Unpünktlichkeit ging, und ich merke, dass bei mir diesbezüglich sehr wohl der Wunsch nach einer Veränderung vorhanden war. Und vielleicht schwang ja auch bei Samarpan etwas Derartiges mit? Dann würde der Satz 'Was hier in den letzten Minuten stattgefunden hat, hat mit Satsang nichts zu tun.' irgendwie doch zugetroffen haben, oder nicht? Mmh. Vielleicht kommt es einfach auf den Ton an, wie man seine Vorbehalte vorträgt, bzw. ob man offen ist, diese gegebenenfalls loszulassen? Mmh, nicht ganz einfach dieses Thematik.

Hamburg, 18. Februar 00

„Was immer ich sage, glaubt es mir nicht. Alles, was ich von mir gebe, ist lediglich als Aufforderung zu verstehen, es selbst nachzuprüfen. Solange es bei dir nur ein Wissen im Verstand ist, hilft es gar nichts. Dann ist da eine Stimme, die sagt: 'Na ja, es hört sich ganz gut an.', während eine andere Stimme sagt: 'Wer weiß? Jemand anderes gibt etwas Anderes von sich.' Aber ein Blick, und du weißt. – Seit vier Jahren stelle ich den Menschen immer wieder dieselbe Frage: 'Ist Hier irgendein Problem?' Und bislang hat mir noch jeder immer wieder die gleich Antwort geben: 'Nein, Hier gibt es kein Problem.' Das ist die Wahrheit. Um ein Problem zu finden, müssen wir in den Verstand gehen. Hier gibt es kein Problem. Hier gibt es nicht einmal jemanden, der ein Problem haben könnte. Einfach nur Frieden."

Hamburg, 19. Februar 00

„Samarpan“, shart jemand, „ich war bei einem Satsang, der im Grunde nicht schlecht war. Der Lehrer sagte die gleichen Worte, und doch fühlte es sich irgendwie komisch an.“

„Ja. Satsang ist nicht etwas, das man tun kann. In Satsang sein, heißt, im Nicht-Tun verweilen. Denn wenn da jemand ist, der etwas tut, dann ist das nicht die Wahrheit, dann ist das der Verstand. Und das kann toll aussehen. Gangaji sagt, dass solche ‘Satsangs’ unter Umständen ‘besser’ aussehen können als die wirklichen. – Wisst ihr, früher musste ein Schüler mindestens sieben Jahre bei seinem Meister sein, bevor er selbst ‘lehren’ durfte, und inzwischen sehe ich die darin enthaltende Weisheit.“

Hamburg, 20. Februar 00

Bislang trug Samarpan im Satsang immer Cord-Pantoffeln, was stets ein wenig altbacken aussah, und nun hat Marga ihm ein paar italienische Slipper aus Leder besorgt. Edel, edel.

„Und was soll ich mit den alten machen?“, frage ich als für den Transport von allem Verantwortlicher. “Möchtest Du sie für Deine Wohnung in Frankfurt behalten?“

„Nein. Marga kann sie nicht mehr sehen. Wirf sie einfach weg.“

Doch zum Wegwerfen sind sie mir viel zu schade. Die Hausschuhe des Meisters! Da fällt mir bestimmt noch jemand ein, der sie als ‘Trophäe’ des Meisters sehr wertzuschätzen und vielleicht sogar – sofern vorhanden – in seinem persönlichen Samarpan-Eck in der eigenen Wohnung unterzubringen weiß. Und ich brauche gar nicht lange zu überlegen. Wer anderes als Rajma, die fast jeden Freitagabend für zwei Tage zu uns stößt, egal wo in Deutschland wir uns gerade befinden, kann dafür nur in Frage kommen?

London, 24. Februar 00

Eine Nacht auf der Fähre, ein paar Kilometer auf der Straße und schon ist wieder Satsang.

„Ich habe so Angst vor diesem Nichts, Samarpan“, shart jemand.

„Schau, das ist eine Vorstellung des Verstandes von Nichts. Der Verstand hört ‘Nichts’ und stellt sich darunter sofort irgend etwas ‘Gruseliges’ vor. Aber das ist nicht Nichts. Es ist etwas, eine Vorstellung. – Die Wahrheit ist: dieses Nichts ist einfach das, was du bist. Deine wahre Natur. Und wie gruselig könnte das sein?“

„Ich habe einfach Angst, dass...“

„Okay. Da ist Angst. Wunderbar. Und was ist im Zentrum dieser Angst?“

„Nichts.“

„Wunderschön! Ist da irgend etwas, wovor man Angst zu haben bräuchte?"

„Mmh, nein."

„Ist Hier irgend jemand , der Angst haben könnte?" - „Nein."

„Siehst du. Das ist ein ganz anderes Nichts, ganz anders als der Verstand es sich vorstellt. Der Verstand kann sich Das nicht vorstellen. Ruhe einfach Hier. Mitten in diesem Nichts (engl.: nothing=no-thing=kein Ding)."

London, 25. Februar 00

Im heutigen Satsang geht jemand nach vorne und shart, wie toll die Stimmung bei Papaji war im Vergleich zu jetzt und hier bei Samarpan. Ich denke: 'Tja, du scheinst wohl gerade im Verstand zu sein.' und erwarte, dass Samarpan etwas Entsprechendes von sich gibt, aber der fragt nur vollkommen entspannt:

„Sonst noch 'was?" Der Typ schüttelt den Kopf und geht ab. Cool.

„Samarpan", shart jetzt ein anderer, „Ich finde es bewundernswert, dass du so entspannt bleibst, wenn dich jemand angreift."

„Schau: Wenn man glaubt, jemand zu sein, und jemand anderes attackiert dieses Ich, dann ist da die Tendenz, sich verteidigen zu wollen, weil dieses Ich in Wirklichkeit gar nicht existiert. Es ist nur eine Vorstellung, die ständiger Aufrechterhaltung bedarf. – Hier ist niemand, der sich verteidigen müsste. Die Wahrheit ist die Wahrheit, und sie bedarf keiner Verteidigung."

London, 26. Februar 00

Wie so häufig geht es um Gefühle. Gerade fragt Samarpan die sharende Person:

„Und was ist in der Mitte dieses Gefühls?"

Die Angesprochene zögert einen Moment und sagt dann:

„Ich weiß, Samarpan: Die richtige Antwort lautet 'Nichts', aber..."

„Wunderbar!", lacht Samarpan. „Das ist es, die Wahrheit zu sprechen. Wir alle wissen – im Verstand –, dass Hier nichts ist. Aber wir müssen immer wieder und wieder hinsehen. – Sage mir, Jetzt: Was ist Hier? Ist Hier irgend etwas?"

„Nein", antwortet sie nun auch lachend und führt die Hände zum Namasté zusammen.

London, 27. Februar 00

„Wie ist es jetzt eigentlich, Samarpan?", fragt jemand im Satsang leicht genervt. „Auf der einen Seite sagst du: 'Tue überhaupt nichts. Das Erwachen geschieht von ganz alleine.' Und an anderer Stelle: 'Gib alles. Gib deine ganze Energie nur für Das.' – Also was soll ich denn nun machen?"

„Ja", sagt Samarpan nach einigen Sekunden Stille. „Da sind so viele paradoxe Dinge."

„Und?“, insistiert der Frager.
„Tue nichts“, schmunzelt Samarpan. „Und das mit ganzer Kraft.“
Hahahahaha, köstlich! – Und schon sind die Satsangs hier wieder vorbei. Mir ist, als sei ich eben erst angekommen.

London/Hamburg, 2. März 00
Während alle anderen schon wieder in Deutschland sind, befinden Anja und ich uns nach wie vor in London. Das Leben ist so schön. Doch alles hat einmal ein Ende, und heute geht es zurück. Wir laden die ganzen Satsang-Sachen in den Bus, die wir aus Sicherheitsgründen während der vergangenen Tage noch im Satsang-Raum lagern konnten. Und dann heißt es Abschied nehmen von unserer freundlichen Gastgeberin. – Als wir schon ein gutes Stück des Weges gefahren sind, ruft sie mich auf dem Handy an und teilt mir mit, dass ich etwas auf der Straße habe stehen lassen... oooooh, nein!!! Unsere Fähre heute Mittag wartet nicht! Aber es könnte reichen. Also den ganzen Weg wieder zurück nach London... und da steht er: Kiras schwarzer Keyboardständer, den ich an die dunkle Gartenmauer gelehnt hatte, weil er ganz zum Schluss reinkommt... Mannomann, dieser ganze Kram macht mich noch wahnsinnig! Und es wird immer noch mehr – gerade erst kam dieses riesengroße schwere Keyboard hinzu – und ein Ende ist nicht in Sicht... stöhn! Mir ist, als würde ich alles auf meinen eigenen Schultern umher tragen... ächz.

Hamburg, 8. März 00
Unterhalte mich mit jemandem, der die Wahrheit offenbar kennt und von vielen auch so gesehen wird. So weit, so gut. Nur kommt er mir ein bisschen zu oberlehrerhaft vor, was mich ziemlich nervt, ich jedoch nichts sage. Dabei schwant mir so ganz, ganz weit entfernt, dass hier auch eine gewisse Arroganz meinerseits im Spiel ist, wenn ich mir so meine augenblicklichen Gedanken anschaue: ‘Habe ich es nötig, ihm zu sagen, dass ich die Wahrheit auch kenne? Ich, Rama, der stille Erwachte; der wahrhaft Erwachte. Derjenige, dessen Erwachen nie von irgend jemand gesehen wurde, was dieser auch gar nicht brauchte (hehehe).’ – Peinlich, peinlich. Aber schön, was Samarpan neulich diesbezüglich sagte:
„Es wird immer subtiler und noch subtiler.“

Hamburg, 10. März 00
Anja, der die ganze Zeit noch nicht so richtig klar war, wie ihre Reise weitergeht, sagt mir heute, dass sie jetzt im April mit Samarpan und uns allen in die Schweiz mitkommen wird. Was bei mir im Handumdrehen die Angst vor Erwartungen an mich, von einer gewissen Abhängigkeit von ihr mir gegenüber und Furcht vor etwas ‘Festem’ auslöst, was mich zu der Aussage veranlasst:

„Nur, dass Du es weißt: Für mich ist es gleich, ob Du hier bei mir bist oder nicht. Wenn Du hier bist: Schön. Und wenn nicht: Auch okay."

Anja ist zunächst etwas perplex, nimmt es dann aber ganz gelassen. Puuuh: Gerettet!

Hamburg, 14. März 00

Gehe nachts mit Anja über die Reeperbahn. Schön, so mit der Freundin im Arm hier durchzulaufen. Schließlich landen wir im 'Dollhouse', wo wir uns einen Platz in der ersten Reihe ergattern. Klasse! Direkt vor uns tanzen die nackten Damen (und Männer; Anja kommt also auch nicht zu kurz, wobei sie hier ganz offensichtlich mehr Interesse an den Frauen hat), räkeln sich auf Motorrädern, spreizen ihre Beine in alle Richtungen usw. Aber was interessant ist: Ich finde es überhaupt nicht anturnend. Bei denjenigen Tänzerinnen, die mit ganzem Spaß dabei und voll im Moment sind, findet einfach dieses Erkennen statt, und ich sehe den Buddha und nicht die Frau als Objekt bzw. ihren Körper. Und bei denjenigen, die weniger Spaß an ihrer Arbeit haben und nicht im Moment, sondern in irgendeiner Story sind, sehe ich dann eben Unsicherheit, Angenervtsein, Arroganz, Müdigkeit... alles nicht gerade erregend. Ich stehe also da und versuche mit der leichten Enttäuschung in Frieden zu sein, denn ein leichtes Angeturntsein lässt einen eine solche Show, ein solches Spektakel doch erst richtig genießen. Nur ist davon bei mir im Moment keine Spur; so sehr ich mich auch bemühe. Schon schade, irgendwie.

Hamburg, 20. März 00

Während Anja sich abends mit einer Freundin trifft, zieht es mich erneut auf die Reeperbahn, genauer gesagt zur Herbertstraße mit den ganzen Prostituierten. Irgendwie übt dieser quasi verbotene Bereich noch immer eine gewisse Anziehung auf mich aus, was vermutlich daran liegt, dass ich bei meinem letzten Besuch vor lauter Unsicherheit doch sehr bemüht gewesen war, das ganze Areal möglichst schnell wieder zu verlassen. Mmh, ich glaube, ich muss dort noch einmal ganz in Ruhe durch laufen: von Dame zu Dame, ohne Hektik, Blickkontakt mit jeder einzelnen aufnehmen, in Stille; fühlen, was das bei mir auslöst: Nervosität, Unsicherheit und was sonst noch. Und genauso mache ich es jetzt.

Mit klopfendem Herzen gehe ich von Fenster zu Fenster, als ich plötzlich in zwei stille Augen sehe.

„Hallo!", ruft sie mir freundlich zu.

Ich lache nur und will, wie bei den zwanzig Damen vor ihr, gerade weitergehen, als mir der Gedanke durch den Kopf geht: Hey, wo ist das Problem? Warum nicht diesen schönen Augen 'Hallo' sagen? – Ich nähere mich also ihrem Fenster, das mittlerweile weit geöffnet ist. Und während ich noch ganz fasziniert-neugierig bin, fragt sie mich irgend etwas, was ich gar nicht richtig höre, denn das unschuldige Glitzern in ihren Augen ist verschwunden; jetzt ist da ein 'Wollen'. Und mir wird klar: Hier ist einfach nicht der Ort für eine Begegnung von Buddha zu Buddha. Hier geht es ausschließlich um Geld, schade. Dermaßen desillusioniert schüttele ich sacht den Kopf und gehe weiter.

Fünf Minuten später stehe ich wieder außerhalb der Sichtschutz-Mauer am Ende der Herbertstraße, denke: 'So, das war's jetzt hoffentlich damit.' Und laufe völlig entspannt den Berg hinunter, vorbei an all den Straßen-Prostituierten, die einen ziemlich penetrant ansprechen.

Fast bin ich schon unten am Eck angekommen, als sich eine mit ausgebreiteten Armen direkt vor mir aufbaut:

„Hallo!", spricht sie mich an. Mann! Was soll das? Gerade dachte ich noch, all das jetzt letztendlich hinter mir gelassen zu haben und will doch eigentlich nur noch nach Hause. Na ja, wenigstens 'Hallo-Sagen' kann ich ja noch:

„Hallo!"

Sie hat schöne, klare Augen und ein offenes Lachen und kommt nicht mit irgendwelchen 08/15-Sprüchen daher. Trotzdem, mit einer Prostituierten tatsächlich mitzugehen, ist so ziemlich das Letzte, was ich mir vorstellen kann, und eigentlich will ich weiter. Aber sie redet und redet und redet... zugegebenermaßen gar nicht so dummes Zeug:

„Weißt Du, viele kommen hierher, um einfach mal aus Neugier zu schauen, aber es kann durchaus interessant sein, auch einmal einen Blick hinter die Kulissen zu werfen."

Da hat sie nicht ganz Unrecht. Und während sie weiterredet, erinnere ich mich an eine Geschichte von Samarpan:

„In Disneyland hatte ich einmal ein Erlebnis der besonderen Art. Und zwar hatte ich auf 'Tom-Sawyers-Island' Dope geraucht und war deswegen festgenommen worden. Um Aufsehen zu vermeiden, wurde ich dann von den Ordnungsbeamten auf Seitenwegen HINTER den ganzen Fassaden nach draußen geführt und hatte dadurch die einzigartige Gelegenheit, Disneyland von seiner ganz anderen Seite kennen zu lernen. Von vorne, von außen betrachtet ist es eine wunderschöne Illusion, aber dahinter: Nur Bretterfassaden, Müll und Dreck..."

Die zwei strahlenden Augen ruhen immer noch auf mir, und sie redet und redet, und ich merke, wie meine Widerstände allmählich dahinschwinden. Sich einmal anzusehen und erklären lassen, wie das Ganze in diesem Gewerbe so abläuft, hat in der Tat seinen Reiz...

„Also gut, ich komme mit. Aber ich möchte einfach nur reden!"

Lächelnd hakt sie sich bei mir ein, wir gehen die Straße entlang, und jetzt kommt doch mein Verstand daher: 'Ich laufe mit einer Prostituierten durch die Gegend!!! Wenn mich jetzt meine Eltern sehen könnten! Mammamia!'

Nach wenigen Metern betreten wir ein Haus und gehen im ersten Stock in ein kleines, bunt beleuchtetes Zimmer mit einem Bett, einem Stuhl und einem Waschbecken. Ich nehme auf dem Stuhl Platz, während sie zwei Sektgläser holt. Als sie wiederkommt, setzt sie sich auf das Bett, wir prosten uns zu, und sie stellt irgendeine Blabla-Frage. Waren wir die ganze Zeit im Moment, merke ich, dass sie jetzt in die Story gegangen ist: Wie bringe ich den Mann dazu zu entspannen; denn was heißt das schon, wenn einer sagt, dass er 'nur reden' will? – Ich kann mir ein Schmunzeln nicht verkneifen, denn offensichtlich bin ich im Moment hier der Entspanntere, und sie ist augenblicklich diejenige, die glaubt, irgend etwas tun zu müssen. Deshalb lege ich ihr meine Hand auf den Arm und sage:

„Du kannst wirklich entspannen; ich will echt nur reden."

Sie ist einen Moment lang etwas verdutzt, entspannt dann aber sogleich, und während der nächsten dreißig Minuten lasse ich mir genau erklären, wie es hier sonst so abläuft: Preise, wer macht wann was und wie, doofe Erlebnisse, was geht und was geht nicht usw. Es ist total interessant. Am Ende will sie noch wissen, was ich so mache, und ich erzähle es ihr. Dabei habe ich das Gefühl, sie ist total offen, lebt ihr Leben im Moment und weiß ganz genau, wovon ich rede. Ansonsten hätte ich sie wahrscheinlich auch gar nicht attraktiv genug gefunden, um mit ihr mitzugehen.

Schließlich verabschieden wir uns freundschaftlich, und ich denke, dass gerade in diesem Gewerbe einige Frauen Gott und der Wahrheit viel näher sind, als manch schein-heiliger Priester oder all-sonntäglicher Kirchgänger.

Als ich später Anja im Arm halte und ihr davon erzähle, unterbricht sie mich an der Stelle, an der ich sage, dass ich mir nicht vorstellen könnte, je mit einer Prostituierten mitzugehen, mit den Worten:

„Mensch, Rama: Wärst Du doch mitgegangen; das hätte sicher sehr interessant sein können!"

„Warte es doch ab!", lache ich verschmitzt und berichte weiter. Anja findet es total spannend und toll. Wie schön, dass wir uns alles erzählen können, ohne uns gegenseitig für irgend etwas zu verurteilen. Solch ein Geschenk!

Rothenburg/Stuttgart, 26. März 00

Während Anja bei Freunden in Göttingen ist, habe ich die letzten Tage bei meiner Oma verbracht und komme nun auf dem Weg nach Stuttgart durch den Ort, in dem Rajma wohnt. Als sie mir öffnet und ich ihr die alten Hausschuhe von Samarpan überreiche, ist sie ist überglücklich, um nicht zu sagen: Sie ist selig! Wie schön.

Stuttgart, 27. März 00

Bin mittags bei meinen Eltern, und meine Mutter kommt mir wieder mit irgendwelchen 'Höheren Stellen'...

„Ich meine, es ist doch klar“, sage ich zu ihr, „Dass man von dort keine Objektivität erwarten kann. Jemand, der wirklich offen ist, wird überhaupt nicht erst für einen solchen Job genommen!“ Meine Mutter sagt nichts, offensichtlich leuchtet ihr das ebenfalls ein. Es ist ja auch aber offensichtlich.

„Schau: Diejenigen Sektenbeauftragen, die mit einer unvoreingenommen Haltung zu Satsangs kommen und die Wahrheit erkennen, werden wahrscheinlich sehr schnell von ihrem Posten enthoben und durch linientreuere ersetzt, was ich durchaus nachvollziehen kann. Nur würde ich denen dann nicht unbedingt mein Vertrauen schenken.“

Meine Mutter schaut mich an, und ich sehe, dass sie mir nur zu gerne glauben würde. Aber dazu müsste sie eben auch bereit sein, ihr eigenes Weltbild zu korrigieren. Vielleicht sollte ich ja selbst einmal zu einer Sektenberatung gehen und die Problematik mit meinen Eltern schildern. Könnte durchaus lustig sein, denn das wäre bestimmt das erste Mal, dass jemand zu ihnen kommt, der selbst in der 'Sekte' ist und sich Rat und Hilfe für seine Eltern bzw. den Umgang mit ihnen holen möchte. Vielleicht könnten sie mir ja sogar eine Satsang-Unbedenklichkeitsbescheinigung für meine Eltern ausstellen, obwohl ich glaube, dass meine Eltern in diesem Fall glauben würden, die Sektenberatung selbst wäre auch nicht mehr ganz 'sauber'.

Was soll ich nur sagen? Ich will doch gar nichts von ihnen! Na ja, Moment mal; ja, außer vielleicht, dass sie mich mein eigenes Leben leben lassen. So gesehen, wird mir gerade klar, brauche ich mit niemanden Kontakt aufzunehmen, sondern muss im Grunde nur diesen Wunsch loslassen; wie einfach! Und schon ist da Frieden. Und soviel Liebe, dass ich mich kurzerhand auf den Schoß meiner Mutter setze, was ich wahrscheinlich seit dreißig Jahren nicht mehr gemacht habe. Dementsprechend ungewohnt fühlt es sich an. Und da es auch meiner Mutter eher etwas zuviel plötzliche Nähe ist, gehe ich nach einigen Sekunden dann doch wieder schnell auf Distanz. – Immer wieder wird mir klar: Ich kann nichts, aber auch absolut gar nichts tun, um ihr die Wahrheit begreiflich zu machen.

Freiburg, 30. März 00

Heute Abend wird – nach wochenlanger Abstinenz – wieder Satsang sein. Staff-Aufbau-Treff um 16 Uhr und siehe da: Abhijat ist pünktlich: Wie schön. Obwohl wir alle während der vergangenen vier Wochen wie üblich in alle Winde verstreut waren und alle möglichen Storys auszutauschen hätten, ist dafür überhaupt keine Zeit. Das Equipment muss in den Satsang-Raum getragen, alles muss verkabelt, die Kabel selbst müssen verlegt, die Matratzen hingelegt, die Stühle hingestellt werden usw. usw. und kaum dass wir fertig sind, kommen bereits die ersten Gäste. Puh, was für ein Stress!

Freiburg, 31. März 00

Atman war wohl in den vergangenen Monaten hier und da mal beim Satsang gewesen, aber heute kreuzt er mit ganz neuer Video-Kamera und zwei Video-Recordern auf und wird sich uns scheinbar wieder dauerhaft anschließen. Er hat sich ziemlich verändert, seit ich ihm das erste Mal begegnet bin; ist ein richtig netter Kerl geworden.

Basel, 3. April 00

„Samarpan“, fragt jemand sehnsuchtsvoll, „ich würde so gerne auch endlich erwachen!“

Samarpan schaut die Person liebevoll an und sagt:

„Schau, mit dem Erwachen ist es wie mit dem Einschlafen bei Nacht. Man kann es nicht TUN. Man kann sich nur ins Bett legen und einfach offen sein für Schlaf. Und dann kommt der Schlaf über einen. Hier im Satsang sind wir einfach offen; offen dafür, dass geschehen kann, was geschehen will. Entspanne einfach. Dein Erwachen geschieht von ganz alleine. Es ist wunderschön. Da gibt es nichts zu tun.“

Basel, 6. April 00

„Samarpan!“, jammert jemand. „Meine Geschichte ist so lang. Ich weiß überhaupt nicht, wo ich anfangen soll.“

„Da gibt es drei Möglichkeiten“, lacht Samarpan, „entweder du beginnst am Anfang, in der Mitte oder am Ende, wobei am Ende zu beginnen das Schnellste ist.“

„Na ja, ich bin einfach traurig, weil...“

„Stopp! Das reicht schon für den Anfang. Was ist in der Mitte dieser Trauer?“

„Nichts.“

„Irgendeine Geschichte Hier?“ - „Nein.“

„Irgend etwas zu erzählen Hier?“ - „Nein.“

„Siehst du, schon sind wir am Ende; ganz schnell.“ - „Unglaublich!“

Andächtige Stille. Es ist in der Tat un-glaub-lich.

Bern, 8. April 00

Abends shart jemand im Satsang, dass er sexsüchtig ist:

„... Pornos, Hefte usw. Seit Jahren versuche ich davon loszukommen, vergeblich.“

„Ja. So ist es. Wenn wir versuchen von etwas loszukommen, wenn wir etwas zu unterdrücken versuchen, geben wir ihm damit Energie. Und unter

Umständen wird es sogar stärker. – Schaue dir die Hefte an! Aber tue dies mit einem ruhigen Verstand. Das ist wichtig! Blättere nicht schnell von einer Seite zur nächsten. Halte inne! Schaue es dir in Stille an. So verliert diese Illusion ihre Macht. Und du siehst die Wahrheit. Dass dies keine reale Frau ist, die wirklich mit dir ins Bett steigen will, sondern eine Frau, die sich nur des Geldes wegen auszieht; die vielleicht gelangweilt ist, zudem möglicherweise noch friert."

„Ich weiß nicht so recht, Samarpan."

„Ja. Du weißt nicht. Weil du es noch nicht ausprobiert hast. Probiere es einfach einmal aus. Was hast du zu verlieren? Das Einzige, was du zu verlieren kannst, ist diese Illusion, dass Sex etwas für dich hat, dass Sex dich glücklich macht."

Bern, 9. April 00

Tagsüber schaue ich bei Samarpan und Marga vorbei, die für ein paar Tage ebenfalls hier ist. Liebevoll reden die beiden über Anubhavo, der offenbar gerade im Krankenhaus liegt. Da ich seit der für mich 'komischen' Szene im Dezember letzten Jahres in Gmund nichts mehr von dieser Geschichte gehört hatte, freut es mich jetzt umso mehr zu erfahren, dass auch hier wieder alle im Reinen miteinander zu sein scheinen. Wie schön.

Bern, 10. April 00

„Samarpan", shart jemand, den ich heute zum ersten Mal sehe, „ich kann meine Aufmerksamkeit nicht vom Verstand abwenden; das geht einfach nicht."

„Ist das die Wahrheit?" - „Ich weiß es nicht. Er gibt jedenfalls keine Ruhe."

„Schau, es ist wichtig, dass wir Hier die Wahrheit sagen. DU bist derjenige, der das Sagen hat. DU bist derjenige, der entscheidet, ob du deine Aufmerksamkeit auf den Verstand oder auf die Stille richtest. Es ist so, als wenn bei dir im Wohnzimmer der Fernseher läuft und nur Blödsinn kommt. Du musst nun den Fernseher gar nicht ausschalten. Drehe dich einfach um; gehe einfach in ein anderes Zimmer. Der Fernseher kann ruhig laufen; wenn du ihm keine Aufmerksamkeit gibst, ist es kein Problem."

„Ich gebe ihm aber nun mal Aufmerksamkeit."

„Ja. Und das liegt daran, dass du glaubst, dass du vielleicht irgend etwas verpassen könntest."

„Mmh, ja. Das mag wohl sein."

„Erkenne einfach, dass der Verstand nichts weiß, dass er nichts für dich hat. Schaue ganz genau hin. Dann wird er von ganz alleine uninteressant. – Natürlich wird der Verstand alles versuchen, um deine Aufmerksamkeit zu behalten und auch weiterhin auf sich zu ziehen. Er wird dir alle möglichen Geschichten erzählen..."

„Und dann?" - „Und dann fühlst du einfach das damit verbundene Gefühl."

„Und dann?“ - „Und dann gibst du einfach deine Aufmerksamkeit auf die damit verbundene Körperempfindung.“

„Und dann?“ - „Und dann bekommt der Verstand keine Aufmerksamkeit und damit auch keine Energie mehr und wird nach und nach ruhig.“

„Und das funktioniert wirklich?“ - „Probiere es aus.“

„Ich kann es mir nicht vorstellen.“ - „Wer kann es sich nicht vorstellen? Siehst du, wie der Verstand Widerstand leistet?“

„Ich glaube...“- „Stopp“, sagt Samarpan da unvermittelt energisch.

„Aber...“ - „Genug.“

Stille. – Immer länger währende Stille.

„Was ist jetzt Hier?“, fragt Samarpan. - „Ich weiß nicht.“

„Dann siehe einfach hin. – Frieden?“ - „Ja, Frieden, aber...“

„Stopp! Sei jetzt einfach mit diesem Frieden und gehe nicht gleich wieder in den Verstand. Der Verstand ist so trickreich... Stoppe. Halte an. Wieder und wieder.“

„Ich...“ - „Stopp!“ - „... will...“ - „Stopp!“ Stille. - „Aber warum...“

Samarpan wendet sich ab und schließt die Augen; der Typ verstummt. Lange Stille. Nach einer Weile öffnet Samarpan seine Augen wieder, und beide sehen sich an. In dem Augenblick, da derjenige wieder etwas sagen will, hebt Samarpan abwehrend seine Hände hoch:

„Stopp!! Schau, es ist alles in der Stille. Es ist alles Hier. Der Verstand wird nie nach Hier kommen. Der Verstand wird die Wahrheit nie verstehen. – Sei einfach still. Und Verstehen wird kommen.“

Bern, 11. April 00

Auch heute spricht Samarpan wie so oft davon, dass es einzig und allein darum geht, im Moment zu sein, und als Atman kurz darauf nach vorne zum Gaststuhl geht und Samarpan ihn fragt, was es gibt, antwortet dieser grinsend:

„Der Stuhl ist ein wenig hart.“ Alles lacht. Atman ist nach wie vor ein lustiger Typ. Doch dann wird er ernster und erzählt, dass es mit dem Video-Verkauf ganz gut anläuft und er in Freiburg zwei neue, extrem günstige Video-Recorder ergattern konnte, so dass er bald in der Lage sein wird, die Video-Produktion noch schneller und noch besser voranzutreiben.

Samarpan, der Atmans Technikbegeisterung auf der einen und seine Sammelleidenschaft auf der anderen Seite kennt, spricht bedächtig die Empfehlung aus:

„Halte das Ganze möglichst einfach.“

Samarpan spricht mir damit aus der Seele, und ich denke zurück an meinen ersten Satsang vor drei Jahren: Ein einfacher Stuhl für Samarpan und ein kleines Tischchen mit einem Blumenstrauß: Fertig. Irgendwie hat mich das damals sehr angesprochen und seitdem vergeht kein Monat, in dem nicht wenigstens ein weiterer Gegenstand dazu kommt. Sei es ein glänzendes Tuch für Samarpans Stuhl, sei es ein Teppich für seine Füße; das Drumherum ist ständig im Wachstum begriffen, Samarpan wird von allen immer mehr hofiert und allein schon durch die Darstellung seiner 'Bühne' zu etwas Besonderem gemacht – zumindest in meinen Augen. Vielleicht ist dies ja das eigentliche Problem, denn natürlich kommt auch das alles von meinem Verstand, und ich versuche, dem den Rücken zuzuwenden. Nicht leugnen kann ich jedoch, dass sich mit jedem neuen Teil eine gewisse Schwere bei mir einstellt, was wiederum vielleicht auch darauf zurückzuführen ist, dass ich derjenige bin, der das Ganze alle paar Tage in seinem Auto verstauen und am nächsten Tag wieder ausladen muss; zwar mit Hilfe der anderen, aber verantwortlich bin ich. Gedanklich rufe ich daher Samarpan zu:

'JAJAJA!! Lasse es auch UNS möglichst einfach halten und vielleicht sogar wieder zu unserer ursprünglichen Einfachheit zurückkehren!!'

Bern/Zürich, 13. April 00

Und weiter geht's, heute gen Zürich. Wenig Verkehr, schön. Rufe von unterwegs aus meine Eltern an. Für mich kein großer Aufwand, und sie sind beruhigt. Perfekt. Ungewohnt allerdings, von ihnen bei meinem Geburtsnamen genannt zu werden. Erinnerung an ein 'früheres' Leben.

„Meine Familie", erzählt Samarpan mit einem in meinen Augen Hauch von Urteil im Satsang, „Hat sich immer noch nicht mit meinem 'komischen' Namen angefreundet und nennt mich nach wie vor bei meinem Geburtsnamen, obwohl ich längst nicht mehr so heiße, da ich – was in Amerika möglich ist – sogar meinen Vornamen offiziell in 'Sam' geändert habe."

Stille. Und in mir keimt die Frage auf, was es für eine Rolle spielt, wie man von den eigenen Angehörigen genannt wird. Samarpan ist weder Samarpan noch Sam noch Jimmy noch sonst jemand. Allerdings merke ich vage, wie hier mein Ego mehr oder weniger durchkommt und behauptet: 'Ich bin nicht auf diesem Trip. Mir ist es egal, wie mich meine Eltern nennen. Da stehe ich doch längst drüber.'

Ach ja, mein Ego, mein Verstand: 'A never ending story'.

Zürich, 14. April 00

Abend-Satsang. Eine ältere Frau, die schon oft beim Satsang war, erzählte vor einem Jahr, dass sie Brustkrebs habe, und Samarpan sprach daraufhin ganz ausführlich mit ihr über Akzeptanz und Hingabe. Heute ist sie nun wieder da, geht nach vorne zu ihm und shart, dass der Krebs restlos verschwunden ist.

„Wie schön", erwidert Samarpan. „Aber falls jetzt irgend jemand glaubt, ich sei dafür verantwortlich, so sei dem gleich gesagt: 'Ich habe nichts getan.' – Als sich ein von Jesus Geheilter bei diesem für seine Gesundung bedanken wollte, klärte Jesus ihn auf: 'Nicht ich, sondern dein Vertrauen hat dich geheilt.' – Das ist die Wahrheit. Jesus hat niemanden geheilt. Jesus hat nichts gemacht. Es ist alles das Göttliche. Es ist alles die Gnade Gottes. Wir können nichts tun. Wir können nur vertrauen und uns dem Leben hingeben. Das bedeutet nicht, dass, wenn man nur genügend vertraut, jeder Krebs weggeht. Aber wenn man sich hingibt und ja sagt zu dem, was ist, so spielt es überhaupt keine Rolle mehr, ob der Krebs oder etwas Anderes weg geht oder nicht. Weil man Frieden damit geschlossen hat."

Stille. Samarpan wendet sich wieder der Frau zu. Diese nickt bescheiden, strahlt ihn an, grüßt mit Namasté, und ich – noch ganz ergriffen – sehe zu, wie diese 'Buddhine' in stiller Anmut wieder an ihren Platz geht. W-u-n-d-e-r-s-c-h-ö-n.

Zürich, 16. April 00

Samarpan bietet heute Abend ein Bild des Schreckens. Er sieht sterbenskrank aus. Puuuh, alle sind ganz betroffen. Na ja, fast alle. Einer geht zu ihm nach vorne und shart irgendeinen 'Quatsch', was in mir ziemliche Aggressionen auslöst. Mannomann! Schließlich ist er still, und es sieht so aus, als wäre er fertig, doch dann erzählt er noch eine Geschichte. Samarpan sagt fast nichts.

Endlos lange Stille.

Der Typ sitzt da und wartet. Fragt sich bloß auf was? Mal schaut er Samarpan an, dann wieder auf den Boden; so geht es hin und her! Ich überlege, ob ich vorgehen und mich auf das 'Nächster-Gast-Wartekissen' setzen soll. Zum einen, um diesem Typen zu verstehen zu geben, dass er wieder an seinen Platz gehen soll, und zum anderen, um Samarpan die Möglichkeit zu geben, diesem Typen zu sagen, dass es noch andere Interessenten für 'seinen' Stuhl gibt. Dann könnte ich mit Samarpan einfach in Stille sitzen, Samarpan mit mir, aber er vor allem mit sich. Ich merke jedoch, dass ich dabei irgendwo auch meinem Helfersyndrom erliegen würde, mache deshalb nichts und fühle einfach den Schmerz, der sich bei mir einstellt, wenn ich Samarpan so im Schmerz sehe.

Endlich: Der Typ geht wieder an seinen Platz.

„Wieso sitzen wir nicht einfach den Rest des Satsangs in Stille?", fragt Samarpan gequält. Puuuh.

S t i l l e .

Keiner sagt mehr etwas. Und eine Stunde später shart Samarpan beim Namasté, dass er sich schon wieder wesentlich besser fühlt, was auch uns zu verdanken sei, die wir einfach 'mit ihm' waren. Ach, Samarpan, wie schön.

Zürich, 17. April 00

In der Zeitung von heute war ein Artikel über ein Baby, das nur wenige Tage nach der Geburt gestorben ist. Im Satsang geht nun eine Frau nach vorne zu

Samarpan und shart, welch großen Schmerz dies bei ihr ausgelöst hat.

„Das verstehe ich“, sagt Samarpan liebevoll. „Aber schau: Wir wissen nichts darüber. Vielleicht waren diese wenigen Tage genau das, was dieser ‘Lebensstrom’ benötigte, um letztendlich Frieden zu finden. Wir wissen es nicht. Fühle einfach den Schmerz. Tatsächlich ist dies dein Schmerz.“

Die Frau beginnt leise zu weinen.

„Ja, genau das. Wunderbar! Sei einfach mit dem.“

Die Frau weint lauter, reicht Samarpan die Hand. Dieser nimmt sie, hält sie fest und die Frau weint; wie ein kleines Kind. Sehr berührend. – Nach ein paar Minuten ist es ganz still, und die Frau schaut Samarpan verdutzt an. Der fragt sie:

„Und?“ - „Nichts“, erwidert sie leise.

„Wie ist es in diesem Nichts?“ - „Schön.“

„Das ist die Wahrheit. Hier, in diesem Nichts, ist es einfach schön.“

„Ich verstehe nicht.“ - „Da gibt es nichts zu verstehen. Sei einfach Hier.“

Stille. Die Frau schaut immer noch fragend, und Samarpan sagt:

„Hier fehlt es doch an nichts, oder?“ - „Nein.“

„Siehst du? Hier ist alles in Ordnung. Hier ist immer alles in Ordnung. Sei einfach Hier. Sei immer Hier.“

Auf dem Gesicht der Frau breitet sich ein Lächeln aus. Jetzt lachen sich beide an, die Frau beugt sich zu Samarpan, umarmt ihn und geht dann wieder zurück an ihren Platz. Wie schön.

Zürich, 18. April 00

Abhijat erzählt mir, dass Kira laufend Musikstücke und -noten anschleppt, die er trotz ständigen Lernens und Übens einfach nicht spielen kann. Kein Wunder, im Gegensatz zu ihr ist er ja auch kein professioneller Musiker. Ich glaube, er leidet mitunter ganz schön, seit Samarpan Kira zur Musik-Chefin gemacht hat.

Zürich/Interlaken, 20. April 00 (Retreat)

Erster Tag: Aufbautag. Nicht, dass mir der Aufbau je wirklich Spaß gemacht hätte, aber mehr und mehr empfinde ich das Ganze als Last. Und diese Vorstellung lässt mich natürlich alles nur noch anstrengender erleben; schlecht.

Schließlich und endlich: Satsang. Gleich zu Beginn geht der Sannyasin aus Zürich, der in der Vergangenheit des Öfteren zwischen ‘Samarpan-auf-einen-Sockel-Stellen’ auf der einen Seite und ‘Sich-selbst-über-Samarpan-Stellen’ auf der anderen Seite hin- und her geschwankt ist, nach vorne, setzt sie allerdings nicht auf den Gaststuhl, sondern legt sich der Länge nach zu Samarpans Füßen und sagt:

„Meister aller Meister! Ich will auf alle Zeit dein Schüler sein! Ich schenke dir mein Leben! Schlage mir den Kopf ab!"

Doch Samarpan geht überhaupt nicht darauf ein, sondern sagt, dass das gar nicht notwendig sei, und er seinen Verstand mit all seinen Konzepten, Vorstellungen und Glaubenssätzen nicht beachten und einfach Hier sein soll. Stille. – Schließlich steht der Hingeworfene langsam auf und geht mit gesenktem, aber – nach meinem Dafürhalten – doch auch irgendwie stolzem Haupte wieder an seinen Platz zurück.

Interlaken, 21. April 00 (Retreat)

Und wieder schlägt das Pendel in die andere Richtung aus. Gerade spricht Samarpan über Sexualität, da geht die Person von gestern wieder nach vorne, nimmt dieses Mal auf dem Gaststuhl Platz und erklärt nun recht selbstsicher, dass das, was Samarpan eben sagte, nicht die ganze Wahrheit ist, was er lang und breit anhand seiner eigenen umfangreichen sexuellen Erfahrung belegt.

Während Samarpan für gewöhnlich seinen Gast ansieht, hat er nun die Augen geschlossen und scheint innerlich vollkommen still und immer noch stiller zu werden. Nur der andere redet und redet und redet. Endlich ist sein Vortrag zu Ende, und es herrscht: Absolute Stille.

Nach einer Weile öffnet Samarpan seine Augen und sagt:

„Es gibt nicht DIE Wahrheit. DIE Wahrheit lässt sich nicht sprechen. 'Du bist', das ist die Wahrheit. Alles andere ist nicht die Wahrheit. – Das Problem", fährt Samarpan in ruhigem Ton fort, „das wir zwei immer wieder miteinander haben, ist, dass du von Zeit zu Zeit glaubst, den Meister spielen zu müssen. – Schau: Jede meiner Antworten ist ganz persönlich; für diese Person; in diesem Moment. Der nächste Fragende könnte zum gleichen Thema eine ganz andere Antwort bekommen. Das Gleiche gilt für dieselbe Person am nächsten Tag. Zwischen mir und dem Fragenden ist hier vorne im Moment eine gewisse Energie präsent, und es ist nicht die Aufgabe von irgend jemand , dies zu beurteilen bzw. zu kommentieren, was hier gesprochen wird. Wenn du der Schüler sein willst, wie du gestern sagtest, sei der Schüler. Und wenn du der Meister sein willst, sei der Meister. Tue dies dann aber woanders."

Samarpans Opponent ist mittlerweile recht still geworden, und er schleicht – diesmal mit wirklich demütigem Haupt – zurück. Auch ich komme etwas ins Grübeln, wenn ich daran denke, wie ich bzw. mein Verstand von Zeit zu Zeit Samarpans Verhalten verurteilt; schließlich bin ich ebenfalls nicht ganz frei von dieser doch recht weit verbreiteten Gottes-Projektion und der zwangsläufig damit einhergehenden Desillusionierung. Insbesondere dadurch jedoch, dass ich als Unbeteiligter gerade eben jemand anderen beim so klaren Ausagieren dieses 'Podest-und-Absturz'-Musters zusehen durfte, sehe ich nun noch deutlicher als je zuvor bei: Im Grunde habe ich, genauer gesagt mein Verstand, wirklich nicht die geringste Ahnung, wer hier was zu hören und erleben hat. Und in meiner Rolle als 'Schüler' heißt die Devise letzten Endes eindeutig und ausschließlich: 'Still sein und vertrauen'.

Interlaken, 22. April 00 (Retreat)

Im Satsang jammert eine ältere Dame unentwegt, und sie hält und hält einfach an ihrer Story fest; schon seit Monaten. Anstrengend. Ich glaube auch für Samarpan, der jetzt gerade sagt:

„Stopp. Dein ganzes Leben bist du vor dieser Trauer davon gelaufen. Da ist ein riesengroßer Berg von Trauer. Bleibe stehen. Halte an. Und fühle diesen Schmerz einfach."

Interlaken, 23. April 00 (Retreat)

Die Dame von gestern strahlt über beide Wangen... wie das Leben so spielt... interessant. – Gleich zu Beginn geht sie nach vorne und sagt:

„Ich bin so glücklich, Samarpan." - „Wie schön", erwidert Samarpan.

„Aber gestern sagtest du doch, da läge noch ein riesengroßer Trauerberg vor mir..."

„Vergiss, was ich gestern gesagt habe." Ihre Augen leuchten, und Samarpan wendet sich allen zu: „Vergesst alles, was ich je gesagt habe. Es ist alles nicht die Wahrheit. Die Wahrheit ist Hier und Jetzt. Keine Worte."

Lange schöne Stille, und ich denke: Es gibt für mich noch soviel zu lernen und wo könnte ich dies am besten, wenn nicht zu Samarpans Füßen? Einfach nur still sein und beobachten; einfach nur unbeteiligt zuschauen, ohne irgend etwas zu 'tun'.

Interlaken, 24. April 00 (Retreat)

Beim Abbau helfen heute erfreulicherweise einige mit, unter anderem auch der zu Retreat-Beginn 'Aufmüpfige', den ich während der letzten drei Tage über in Stille immer wieder für sich alleine habe umhergehen gesehen; anfangs ziemlich geknickt, dann nach und nach wieder zentrierter, und jetzt scheint da einfach Frieden zu sein. Wie schön, auch hier wieder zu sehen, dass im Satsang immer genau das Richtige geschieht. Ich brauche nichts zu sagen, geschweige denn Samarpan bzw. sein Verhalten zu be- oder sogar zu verurteilen.

Interlaken/Genf, 25. April 00

Zurück im Paradies bzw. im Traumhaus am Genfer See. Da der Satsang erst morgen Abend beginnt, ist der Rest des Staffs in Interlaken oder Bern geblieben, nur Samarpan und Marga sind ebenfalls schon hier. Als Anja und ich hereinkommen, sitzen sie am reich gedeckten Esstisch und unterhalten sich rege mit dem Gastgeber-Ehepaar. Da uns der Sinn im Moment jedoch weniger nach

Konversation steht, fahren wir beide gleich nach der Ankunft im Ruderboot noch auf den Genfer See hinaus.

Weit draußen. Nicht eine Welle. Vom Ufer klingen entfernt Geräusche. Absoluter Frieden. Stille. Nur Anja und ich. So wunderschön.

Genf, 26. April 00

Da mein Französisch mangelhaft ist, dolmetscht heute wie auch im vergangenen Jahr eine 'Einheimische'. Einerseits ist es wie üblich faszinierend, wie Samarpan die zu ihm Kommenden in die Stille führt; andererseits, so ganz ohne Aufgabe, ist es mir auch ein wenig langweilig. Vielleicht weil Samarpan lauter Fragen beantwortet, die ich ihm – zumindest so – nicht (mehr) stelle? Na ja. Das lasse ich wohl besser keinen hören, auch wenn es ja eigentlich eine eher coole Entdeckung ist, Satsang nicht (mehr) zu brauchen, aber brauche ich Satsang wirklich nicht mehr? Oder anders gefragt: Habe ich Satsang überhaupt je gebraucht? Mein Verstand sagt natürlich: Nein. Und das ist ja auch, was Samarpan immer sagt. Aber wie auch immer. Deutlich wird mir auf alle Fälle eines. Dass es ganz gut für mich ist, im Satsang für gewöhnlich zu dolmetschen, denn dann bleibt mir nicht so viel Zeit zum Mindfucken. Momentan jedenfalls komme ich mir etwas überflüssig bzw. fehl am Platze vor. Viel lieber würde ich einfach nur in Stille mit ihm sitzen, denn was ich Samarpan wieder und wieder sagen höre, ist im Grunde genommen klar; glaube ich wenigstens, wissen kann ich es ja nicht, oder?

Genf, 28. April 00

Anja gehört jetzt fest zum Staff. Der ganze Verkauf ist ohnehin seit Wochen ganz in ihrer Hand. Freue mich! – Im Satsang fragt jemand:

„Samarpan? Gibt es für dich eigentlich auch noch etwas zu lernen?"

„Jeden Tag!", lächelt Samarpan. „Genauer gesagt: Jeden Moment. Jeder Moment ist vollkommen neu, war so noch nie Hier. Ich bin ständig im Betriff zu lernen. – Osho sagte: 'Erleuchtung hat einen Anfang, aber kein Ende.' Das ist die Wahrheit. Genaugenommen fängt das eigentliche Lernen nach dem Erwachen erst an."

Genf, 29. April 00

Im Satsang erzählt die wie üblich für zwei Tage von Stuttgart aus angereiste Rajma, dass sie gestern bei sich daheim stundenlang im Verstand war und dachte, sie würde es falsch machen, weil man ja seine Aufmerksamkeit nicht dem Verstand geben soll. Und wie immer sitzt sie bei Samarpan vorne und springt jetzt auf seinen Schoß, schlingt die Arme um seinen Hals und heult wie ein Schlosshund. Als sie sich wieder ein wenig beruhigt hat, fragt jemand:

„Samarpan? Ist es denn nun so, dass wir unsere Aufmerksamkeit wirklich selbst steuern können? Oder ist es alles eine Gnade?"

„Es ist alles eine Gnade“, antwortet Samarpan, und ich denke: Haaaaaaaaa, das tut gut. So herum wollte ich es auch schon immer einmal hören. Das hört sich für mich nach der Wahrheit an. Denn wer ist da bzw. ist da wirklich jemand, der die Aufmerksamkeit steuern könnte? Mir kommt es jedenfalls nicht so vor.

Genf, 30. April 00

„Samarpan, in meinem Leben fühlt sich alles so normal an...“, sagt jemand etwas enttäuscht.

„Ja, das ist die Wahrheit. Ob man in 1000 Meter Höhe fliegt oder 10000 Meter über dem Boden... es ist ruhig. Hier ist es still. Nur beim Start ist es aufregend. Aber nach einer Weile, wenn man Hier angekommen ist.... völlig normal; nichts Besonderes.“

9.

Himmel und Erde werden vergehen,
aber meine Worte werden nicht vergehen.
(Matthäus-Evangelium 24,35)

Marl, 4. Mai 00

Anjas Eltern sind verreist, und wir dürfen deren Haus hüten. Kühlschrank und Gefriertruhe sind gefüllt: Welch ein Geschenk. Dazu Sonnenschein, ein großer Garten... es mangelt uns an nichts. Das Leben kann so schön sein, und ich genieße es so, nichts, aber auch gar nichts zu tun zu haben. Nichts zu kopieren, nichts einzukaufen... nichts von all diesen kleinen Erledigungen am Rande, die mich oft den letzten Nerv kosten.

Marl, 13. Mai 00

Wir verbringen geniale Tage in unserem augenblicklichen Paradies. So schön. Und auch wenn Samarpan häufig sagt: 'Wenn alles immer so wäre, wie wir es uns vorstellen, würde es uns ganz schnell langweilig werden.', so glaube ich doch, bei mir würde es eine ganze Weile dauern, bis dieser Punkt erreicht wäre... Ich genieße dieses Nichtstun einfach so ungemein; einfach nur genießen. Und auch Samarpan selbst oder der Satsang mit ihm fehlt mir nicht; im Gegenteil: Ich habe den Eindruck, die Tage, die ich mit Anja oder auch alleine verbringe, sind wesentlich stiller, als die Tage, die ich satsangbedingt unterwegs bin und mir ständig jemand vom Staff die Knöpfe drückt (oder ich ihnen).

Stuttgart, 28. Mai 00

Lasse ich mich kurz bei meinen Eltern blicken, die sich wie üblich Sorgen machen.

„Ihr braucht Euch wirklich keine Sorgen zu machen", sage ich zum tausendsten Mal. „Schaut mal, wie viel Sorgen habt Ihr Euch früher gemacht, als ich mit dem Motorrad unterwegs war? Wegen nichts! Und genauso werdet Ihr in ein paar Jahren sehen, dass es vollkommen unnötig war, sich jetzt irgendwelche Sorgen zu machen..."

„Ich würde es ja gerne verstehen..."

„Hört einfach nicht auf Euren Verstand!" Was soll ich nur sagen? „Wisst ihr, es ist genauso, wie wenn Ihr jemand davon zu überzeugen versuchtet, dass Mallorca eine Insel mit wunderbaren, einsamen Flecken ist, derjenige jedoch an seinen Vorstellungen von Hotelhochburgen und überfüllten Stränden festhielte. Da könntet Ihr Euch auch den Mund fusselig reden... Solange der andere an seinen Vorstellungen festhält, ist da nichts zu machen."

Meine Worte scheinen nicht wirklich anzukommen, und wieder einmal wird mir klar: Es macht keinen Sinn, Antworten auf Fragen zu geben, die im Grunde nie gestellt wurden.

Munchen, 1. Juni 00

Und weiter geht's. Atman ist nicht mehr dabei, niemand weiß etwas: na ja. – Während ich im Satsang in Genf nicht gedolmetscht habe, übernehme ich hier nun wieder und zumindest eines ist glasklar: Es gibt nichts Schöneres, als für Samarpan den Dolmetscher zu spielen. Solch eine Freude!

München, 3. Juni 00

„Wenn man die Wahrheit einmal gesehen hat, kann man die Bibel lesen, kann man alle heiligen Bücher sämtlicher Religionen lesen und versteht sie alle. Die Wahrheit ist überall enthalten. Ob Christentum, Hinduismus, Taoismus; all diese Religionen beinhalten im Kern die Wahrheit. Und wenn man mit dem Angehörigen einer dieser Religion in seiner Sprache spricht, gibt es keine Schwierigkeit. – Neulich ging ich im Park spazieren, als mich jemand mit missionarischem Eifer und den Worten: 'Kennen Sie Jesus Christus?' ansprach, antwortete ich ihm: 'Ja, er ist mein bester Freund.' Ende des Gesprächs. Wie bei einzelnen Menschen haben wir auch bei Religionen die Freiheit und die Wahl, entweder auf das zu schauen, was uns trennt oder auf das, was uns verbindet. – Es gibt keinen Grund, mit irgend jemand Streit anzufangen. Schaue auf die Wahrheit. Man kann sie überall finden, wenn man nur nach ihr Ausschau hält."

München, 5. Juni 00

Abhijat ruft mich tagsüber an und sagt, dass er heute zum allabendlichen Herrichten des Raumes – üblicherweise neunzig Minuten vor offiziellem Satsang-Beginn – nicht kommen wird und ich den anderen Musikern außerdem Bescheid geben soll, dass er heute Abend nicht mitmusizieren werde. Mein Verstand fängt natürlich gleich zu rattern an und rätselt, was das denn wohl zu bedeuten hat, und abends erfahre ich: Die Zeit des Mitreisens ist für Abhijat vorbei! Jungejunge; er, der von uns allen am längsten dabei war... wow!

Später im Satsang habe ich während einer Stille-Phase einen langen Blickkontakt mit Abhijat. Und da ist einfach dieses gegenseitige Erkennen sowie eine Nähe, wie sie nicht immer da war... Was haben wir nicht alles für Storys am laufen gehabt? Und was haben wir nicht alles dadurch gelernt! Und wie schön ist dieser jetzige Moment, diese Stille; dieser Frieden – Das.

München, 7. Juni 00

Mir geht's mal wieder mies. Und obwohl ich es eigentlich besser wissen sollte, ist da die Tendenz, mit meinem Leid zu Samarpan zu gehen, insbesondere vermutlich aufgrund des tagtäglichen Miterlebens, wie Samarpan den zu ihm Kommenden innerhalb weniger Minuten zum Frieden verhilft. Zwar sage ich zu mir selbst: ‘Fühle es einfach, Rama! Samarpan kann dir auch nichts anderes sagen, als dass du es einfach fühlen sollst! Und schau: Wenn du es in der Vergangenheit so gemacht hast, war das doofe Gefühl doch spätestens nach ein paar Stunden (oder Tagen) auch wieder von alleine weg. Und dann kannst du doch stolz drauf sein, es auch ohne Samarpan geschafft zu haben, oder?’ Mmh. Andererseits: Wenn Samarpan hier im Satsang die ganze Zeit vor mir sitzt, wäre es für mich ja nun wirklich ein Leichtes, mit ihm zu reden, und dann ist dieses Gefühl vielleicht in ein paar Sekunden ‘gegessen’, also warum nicht? Oder sollte ich doch besser still sein? – So geht es in meinem Verstand hin und her, bis schließlich ein Gedanken feste Form annimmt: ‘Okay, jetzt will ich es wissen! Auch auf die Gefahr hin, mich zum Idioten zu machen.’ Damit stehe ich auf, gehe vor und nehme auf dem Gaststuhl Platz:

„Hi Samarpan!“ - „Hi Rama!“

„Ich fühle mich gerade mies. Soll ich mich also einfach mies fühlen?“

„Genau.“

Kurze Stille.

„Das ist alles?“ - „Das ist alles.“

„Habe ich mir fast gedacht.“ - „Perfekt.“

Wir schauen uns einen Moment in Stille an.

„Dankeschön.“ - „Bitteschön.“

Und ich gehe wieder ab. Eine große Hilfe war mir das ja jetzt nicht, aber es scheint wohl zu sein, dass das Ausmaß der Hilfe bzw. die Hilfsmöglichkeit des Meisters davon abhängt, wie sehr man ihn als allwissend und alles-könnend ansieht. Und wenn ich ihn, so wie jetzt gerade, einfach nur als ebenbürtigen Freund sehe, dann bin ich wohl nicht wirklich offen, von ihm irgend etwas anzunehmen und sei es auch noch so weise. So gesehen hat sich mein Sharing allein für diese Erkenntnis dann eventuell doch wieder gelohnt.

München/Stuttgart, 8. Juni 00

Mir geht’s wieder gut, und ich denke über mein Sharing von gestern nach und insbesondere über die Frage, was mich eigentlich veranlasst hat, zu ihm nach vorne zu gehen. Offenbar will ich an dem Traum festhalten, dass ich bei Samarpan irgend etwas finde bzw. finden kann, z. B. die Erlösung von meinen nicht so tollen Gefühlen. Und früher war es ja tatsächlich auch so. Samarpan sagte irgend etwas Nettes, vielleicht über Akzeptanz, oder er brachte mich zum Lachen, und alles war wieder ‘easy’. Irgendwie hat sich da etwas verändert, irgendwie hat er nicht mehr DIE Bedeutung für mich. Einerseits gut, andererseits schade, aber ganz offensichtlich einfach nicht zu ändern.

Nach dem Satsang gegen 22 Uhr heißt es in aller Schnelle: Einpacken. Denn morgen um 16 Uhr geht das Retreat in der Nähe von Köln los. Fahre nachts noch nach Stuttgart und falle gegen drei Uhr früh todmüde ins Bett. Welch ein Leben! Gääääähn!

Stuttgart/Kronenburg, 9. Juni 00

Acht Uhr: Frühstück mit meinem Bruder, neun Uhr: Abfahrt und 15 Uhr: Treff und Aufbau in der Eifel. Und schon ist wieder Satsang. Pünktlich um halb acht betritt ein über beide Wangen strahlender Samarpan den Satsang-Raum und beginnt den Satsang mit den Worten:

„Wisst ihr, die Wahrheit ist: Ich habe keine Ahnung; von überhaupt nichts. Ich bin einfach nur verdammt glücklich.“

Kronenburg, 10. Juni 00 (Retreat)

Heute Nachmittag sitzt der Staff ohne Samarpan, aber dafür mit Marga zusammen, und wir überlegen, wie die Satsang-Terminplanung für das nächste Jahr aussehen soll, wobei ich mich sehr zurückhalte. – Später, als alles ‘beschlossene Sache’ ist, sage ich unter vier Augen zu Samarpan:

„Weißt du, mich hat das vorhin ziemlich angestrengt und genervt. Alle reden durcheinander, und jeder meint am besten zu wissen, wie der Plan für das nächste Jahr aussehen sollte. Mir hingegen ist klar: Ich weiß überhaupt nichts. Ich habe keine Ahnung, wie der Plan für das nächste Jahr aussehen soll.“

Samarpan sagt nichts, sondern schaut mich nur an... huiuiuiuiui. Und ich merke, wie bei diesem Sharing der Wunsch mitschwang, Samarpan zu zeigen, wie sehr ich ‘ohne eigenen Willen’, wie unwissend ich bin... Und er hat mich mal wieder voll durchschaut; eieieieieieiei. Ein weiteres Mal enthüllt mir sein Schweigen mehr als tausend Worte...

Kronenburg, 11. Juni 00 (Retreat)

„Du musst deinen Partner so akzeptieren, wie er ist. Ich liebe Marga, genau sowie sie ist. Da ist nur ein Punkt, an dem ich ihr Einhalt gebiete. Wenn sie mir sagt: ‘Du machst dieses oder jenes falsch.’“

Stille. Und ich merke, wie ich mich immer noch sehr an Samarpan orientiere. Und das von ihm Angesprochene ist ein Punkt, bei dem Anja und ich immer wieder aneinandergeraten: Wenn ich nämlich den Eindruck habe, dass sie mich bzw. mein Verhalten als falsch darstellt, was ich für eine Verletzung der Spielregeln halte. Sage ich ihr dies jedoch, macht sie mir zum Vorwurf, dass ich sie ja ganz genauso falsch mache, und das stimmt auch. Nur hat sie damit angefangen..., oder muss man den Partner auch annehmen, wenn er einen falsch macht, obwohl das nicht die Wahrheit ist? Mir schwant, dass das die Wahrheit sein könnte, auch wenn es nicht mit dem übereinstimmt, was Samarpan sagt.

Aber wer ist da bei ihr, der irgend etwas machen könnte? Auweia. Allerdings ist bei mir ja eigentlich auch niemand... Herrjemine.

Kronenburg, 12. Juni 00 (Retreat)

Schon ist das Retreat wieder fast vorbei. Unfassbar! Im letzten Satsang shart eine Frau, dass sie sich sehr gewünscht hätte, ihr Mann hätte sie auf das Retreat begleitet.

„Das verstehe ich", erwidert Samarpan. „Aber schau, du weißt nicht, was Gott für deinen Mann vorgesehen hat. Offensichtlich soll es nicht so sein, dass er jetzt hier ist, denn sonst wäre er jetzt hier. Für Gott ist es ein Leichtes, uns zu diesem oder jenem zu motivieren." Kurze Stille. „Du scheinst die Vorstellung zu haben, dass du glücklicher wärst, wenn dein Mann auch hier wäre?"

„Mmm,... ja. Schon."

„Schau, die Wahrheit ist: Dein Glücklichsein hängt nicht davon ab, ob dein Mann hier ist oder nicht. Dein Glücklichsein ist Hier."

„Bei mir ist da nur Traurigkeit und Wut, dass er sich für mich und meinen Weg so wenig interessiert", sagt die Frau energisch.

„Wenn da Traurigkeit und Wut ist... wunderbar. Dann fühle dich einfach traurig oder wütend."

„Ich will aber nicht!" Sie beginnt zu weinen.

„Jaaa... lasse den Schmerz her kommen, lasse ihn ganz groß werden."

„Ich fühle mich so schrecklich einsam in meiner Ehe..." Sie weint stärker, und Samarpan reicht ihr ein Taschentuch. – Nach einem kurzen Lächeln verfinstert sich das Gesicht wieder:

„Mein Mann ist so verflucht eigensinnig."

„Schau: Er ist nur dein Spiegel. All unsere Partner sind nur unsere Spiegel. Dein Partner spiegelt dir nur deine eigene Eigensinnigkeit."

„Ich hasse ihn. Ich hasse ihn." Sie bricht in einen Weinkrampf aus.

„Fühle einfach diesen Hass", sagt Samarpan sanft.

„... ich könnte ihn umbringen..."

„Stopp!", sagt Samarpan bestimmt. „Das ist die Story. Das ist der lange Weg. Lasse mich dir die Abkürzung zeigen." - „Okay", sagt sie leise.

„Weißt du: Was wir alle gelernt haben, ist, unsere sogenannten 'negativen' Gefühle abzulehnen, zu unterdrücken, vor ihnen davon zu laufen, aber das funktioniert nicht. Die Gefühle auszuagieren, hilft auch nicht. Egal, auf wie viele Kissen man einschlägt: die Wut, der Hass kommen immer wieder. Stimmt's?" - „Stimmt."

Kurze Stille.

„Ich verrate dir ein Geheimnis: Der Weg führt IN die Gefühle HINEIN!"

„Wie? IN den Hass hinein?"

„In den Hass oder was auch immer sonst gerade für ein Gefühl da ist."

Stille.

„Was ist denn jetzt gerade Hier?" - „Trotz."

„Wunderbar. Dann fühle dich vollkommen trotzig. Mache 'Trotz' so groß es nur geht." Stille.

„Wie ist es Hier?" - „Da ist nur noch Hass."

„Das ist wunderbar. Lasse den Hass ganz nahe herankommen..."

Die Frau fängt an zu weinen, erst leicht, dann immer stärker und streckt jetzt Samarpan ihre zitternde Hand hin. Samarpan nimmt sie, neigt verständnisvoll seinen Kopf leicht zur Seite und schaut sie absolut liebevoll an. Auch mir kommen die Tränen, als ich nun ihre Worte dolmetsche:

„Ich liebe meinen Mann!" Erneut wird sie von einem Weinkrampf geschüttelt. Puuh, das zieht rein.

„Ja", sagt Samarpan voller Mitgefühl. „Das ist die Wahrheit."

Sie weint und weint und weint und schmilzt und schmilzt und schmilzt. Gott im Himmel – wie berührend. Ich halte das Mikrofon zur Seite, damit niemand mein Schniefen hört... heul.

Lange schöne Stille.

„Schau, wir finden Liebe nicht im Außen. Wir finden Liebe nicht bei unserem Partner. Das ist die schlechte Nachricht. Die gute Nachricht ist: Du hast sie! Du hattest sie schon immer. Dein ganzes Leben hast du im Außen nach ihr gesucht... und nicht nur du. Wir alle dachten, Liebe sei im Außen. Aber so ist es nicht. Die Liebe ist nicht im Außen. Sie ist IN uns. Sie ist in dir, im Zentrum von allem."

„Aber was soll ich machen, wenn ich mich häufig so einsam fühle?"

„Wenn du dich einsam fühlst, dann fühle dich einfach einsam. Kein Story, keine Geschichte von wegen 'Wenn mein Mann nur...' Das ist bloß der Verstand. Das ist bloß der Verstand, der versucht, die Dinge im Außen zu verändern; der Verstand, der versucht zu kontrollieren. Doch das funktioniert nicht. Der Frieden liegt nicht darin, die Dinge entsprechend den Vorstellungen unseres Verstandes zu verändern. Denn der Verstand ist nie zufrieden. Er wird immer irgend etwas finden, was noch geändert werden muss. – Der Frieden ist Hier. Der Frieden liegt im Annehmen der Dinge, so wie sie sind. Ganz einfach."

„Aber...?", wendet die Frau ein. „Was ist, wenn ich jetzt wieder einsam bin...?"

„Fühlst du dich jetzt gerade einsam, oder ist das nur eine Vorstellung deines Verstandes über irgendeinen Zeitpunkt in der Zukunft, wenn du dich vielleicht wieder einmal einsam fühlst?"

„Ich verstehe nicht ganz."

„Ist Einsamkeit jetzt gerade Hier?" - „Ein bisschen."

„Gut. Dann sage ja zur Einsamkeit.“ - „Ich habe aber Angst davor.“

„Gut. Dann sage ja zur Angst.“ - „Ich will aber nicht.“

„Gut, dann sage ja zu dem Widerstand. Wolle total und absolut nicht.“

„Das macht aber gar keinen Spaß.“

„Doch. Das macht sogar sehr viel Spaß. Dem einzigen, dem dies kein Spaß bereitet, ist der Verstand. Wenn du einfach immer ja sagst zu dem, mit dem der Verstand versucht, dich in eine Story zu ziehen... wenn du einfach immer ja sagst zu dem, was gerade Hier ist, dann ist da Frieden. Es ist so einfach.“

„Na, ich weiß nicht.“

„Prüfe es einfach nach. Und das gilt jetzt für alle: Glaubt nicht, was ich euch sage! Solange es nur irgendein Glaube in eurem Verstand ist, dann gibt es da auch einen gegenteiligen Glauben. ‘Na ja, vielleicht stimmt es, vielleicht aber auch nicht.’ Und das ist nichts wert. – Prüft es selbst nach. Und das geht jeden Moment.“

Lange Stille.

„So ganz habe ich das immer noch nicht verstanden...“, sagt die Frau schließlich.

„Okay. Was hast du nicht verstanden?“ - „Wenn ich jetzt einsam bin...“

„... dann fühle dich einfach einsam.“ - „Da habe ich aber so Angst vor!!!“

„Das bist nicht DU, die da Angst hat. Dies ist nur der Verstand, der Angst hat, weil er weiß, dass dies sein Tod ist; weil er weiß, dass er dich nur so lange kontrollieren kann, wie du Angst vor der Einsamkeit hast.“

Stille. Die Frau schaut Samarpan fragend und ängstlich an. Samarpan sagt nichts, und ich denke: Welch ein Geschenk! Sie hat Angst und hofft vielleicht, dass Samarpan ihr einen kleinen Schubs gibt, doch das Wunderbare an Samarpan ist ja gerade, dass er eben niemanden dazu ‘pushed’ bzw. schiebt, was sich der- oder diejenige nicht anzuschauen bereit ist. – Beide sehen sich nach wie vor an. Lange Stille. Schließlich:

„Soll ich jetzt Platz machen für den nächsten Gast?“ - „Wie du möchtest.“

Stille. Huuaaa. Ist das spannend! Und in mir ruft eine Stimme: ‘Nein! Gehe nicht! Stell dich deiner Einsamkeit!’ Wahrscheinlich, weil ich es selbst so liebe, weil ich selbst so dahin schmelze, wenn jemand anderes dahin schmilzt... Stille. Mannomann, die macht es echt spannend. Wie können manche Leute nur behaupten, Satsang mit Samarpan sei langweilig?

„Also...“ beginnt sie. „Puuuuh... Du meinst also, dass ich der Einsamkeit ins Auge schauen sollte?“

Stille. Plötzlich fühle ich mich total traurig, und ich habe den Eindruck, Samarpan geht es genauso. Aber vielleicht ist das nur eine Projektion.

„Weißt du und wisst ihr“, sagt Samarpan nun zu uns allen gewandt, „Mir ist es gleich, ob ihr euch euren Gefühlen stellt. Oder wann Ihr euch euren Gefühlen stellt. Ob hier im Satsang oder bei euch zu Hause. Das spielt alles keine Rolle.

Ich bin in Frieden."

Stille. Und ich bin traurig, habe das Gefühl, der Moment ist vorbei, die Energie ist vorbei, die Spannung ist vorbei... Chance verpasst.

„Ich kann euch einfach immer nur wieder sagen, wo die Liebe, wo der Frieden ist, aber finden müsst Ihr sie selbst. Das kann euch niemand anderes abnehmen."

Stille.

„Irgendwie kann ich noch nicht zurück an meinem Platz... Irgend etwas hält mich hier..."

Oh, Gott! Mir kommen schon wieder die Tränen...

„Das ist in Ordnung", sagt Samarpan liebevoll. „Wir haben hier alle Zeit der Welt."

Stille. Puuuuuh.

„Ach, Samarpan: Ich kann jetzt sehr gut verstehen, dass mein Mann nicht mit mir hierher kommen will... ich kommandiere ihn so oft herum." Sie beginnt wieder zu weinen und fährt mit tränenerstickender Stimme fort: „Ich liebe ihn einfach so und... habe so große Angst, dass er mich eines Tages verlassen könnte..."

„Die Wahrheit ist: Er WIRD dich eines Tages verlassen; wenn nicht vor dem Tod, dann dort."

Der Frau entfährt ein abgrundtiefer Seufzer:

„Ich habe so Angst zu sterben. Ich habe so Angst allein zu sein..."

„Okay. Lasse uns hier einen Moment innehalten. Was ist jetzt gerade Hier?"

„Angst!", ruft sie hysterisch.

„Gut. Wo in deinem Körper fühlst du diese Angst?"

„In meinem Herz." Oh, Gott; mein eigenes Herz krampft sich zusammen.

„Wunderbar. Dann sei ganz in dieser Empfindung von Angst in deinem Herz." Stille. Die Frau beruhigt sich etwas.

„Wie ist es Hier?" - „Einsam."

„Das ist wunderbar. Dann sei vollkommen einsam. Es gibt niemand anderen mehr außer dir. Alle haben dich verlassen. Du bist jetzt vollkommen allein. Ohne jede Hoffnung, irgendwann einmal nicht mehr allein zu sein."

Stille. Lange Stille.

„Wie ist das?" - „Ich ekele mich vor mir selbst... vor meinem Verhalten."

„Stopp. Keine Geschichte. Das ist nur der Verstand. Lasse den Verstand einen Moment beiseite. Hier gibt es keinen Verstand. Da ist also Ekel... ja?" - „Ja."

„Dann sei ganz in der Mitte dieses Ekels. Der Ekel ist rings um dich herum"

„Bääh... das ist widerlich."

„Gut. Dann sei ganz in der Mitte von 'widerlich'." Kurze Stille. Das Gesicht der Frau entspannt sich:

„Das fühlt sich geborgen an."

„Ja, das ist es", sagt Samarpan sanft und lacht: „Erstaunlich, oder? In der Mitte von 'widerlich' ist Geborgenheit." Stille.

„Das fühlt sich schön an", kommt es von der Frau leise.

„Ja", sagt Samarpan genauso leise.

Stille. Lange Stille. Absolute Stille. Absolute, tiefste Stille. Frieden.

„Fehlt es Hier an irgend etwas?" Kurze Stille. - „Nein."

„Ist Hier irgend etwas verkehrt?" - „Nein."

„Sollte Hier irgend etwas anders sein; Hier?" - „Nein."

„Ist Hier irgend jemand ?" - „Nein." Lange wunderschöne, friedvolle Stille.

„Schau: Das ist kein Glauben: jetzt weißt du. Und wenn der Verstand wiederkommt, dann prüfe es einfach nach. Wieder und wieder. Komme nach Hier, komme zu diesem Moment, komme zu dem, was jetzt gerade Hier ist. Fühle, was gerade Hier ist, sage ja zu dem, was gerade Hier ist, sage ja zu dem Gefühl, was gerade Hier ist, und du siehst: Hier ist niemand. Da ist nichts. – Wann immer wir innehalten, wann immer wir ja sagen zu dem, was gerade Hier ist, ist der Frieden Hier. Dieser Frieden, der immer Hier ist. Dein eigenes Selbst. Das ist die Quelle der Liebe. Das ist der Ursprung von allem." Lange Stille, während der sich beide anstrahlen.

„Wie schön", sagt Samarpan schließlich. - „Ich liebe dich", sagt die Frau.

„Ich liebe dich auch", sagt Samarpan. - „Darf ich dich umarmen?"

Statt einer Antwort richtet Samarpan sich in seinem Stuhl auf und breitet seine Arme aus. Die Frau steht auf, fällt ihm um den Hals und haucht ihm ein zartes 'Danke' ins Ohr. – Heeeeeul! Und wieder einmal denke ich: 'Was ist alles Geld auf der Welt wert im Vergleich zum Erkennen, zum Kennen der Wahrheit? Absolut Nichts!'

Stiersbach, 3. Juli 00 (Retreat)

Und schon wieder ein Retreat; welch ein Leben. – Im Satsang shart jemand:

„Samarpan, in meiner Firma habe ich einen Kollegen, mit dem kommt einfach keiner gut aus. So oft stelle ich mir vor, wie schön es wäre, wenn er nur weg wäre. Und dann mache ich mir wieder Vorwürfe, dass ich solche Gedanken habe. Es ist verrückt."

„Zunächst einmal: Nicht DU hast solche Gedanken. Das ist bloß der Verstand. Und was den ersten Teil anbelangt: Schau, das ist die Illusion. Diese Vorstellung, wenn nur... dies und das, dann wäre ich glücklich. Das ist der Verstand. Und es ist in der Tat verrückt: Zuerst sagt dir der Verstand, wie schön es wäre, wenn... Und danach verurteilt er dieses Verhalten. Dabei ist dies alles der Verstand. Lauter Verstandesprogramme. Ignoriere sie einfach. Es ist alles nicht die Wahrheit. – Papajis Köchin war auch solch ein Fall. Diese Frau drückte ständig allen die Knöpfe und immer wieder wurde Papaji bekniet, sich doch von ihr zu trennen. Aber Papaji sagte stets 'Nein.'"

Samarpan lacht. Und ich denke: 'Puuuh.'

„Eines Tages jedoch sagt Papaji schließlich: 'Also gut. Ich bin bereit, mich von ihr zu trennen. Unter einer Bedingung: Ihr müsst jemand Neuen finden, der ganz genauso ist wie sie.' – Schau: Es geht nicht darum, im Außen etwas zu verändern. Im Grunde genommen tut dieser Kollege dir einen großen Gefallen. Denn er zwingt dich, in deiner Kraft zu sein. – Wenn du ständig die Vorstellung hast und die Hoffnung hegst, er möge bald weg sein, bist du nicht Hier. Um in Frieden zu sein, musst du aber Hier sein. Total! Dieser Kollege zwingt dich dazu, Hier zu sein. Und das ist wunderbar. Das ist der Frieden. Sei einfach Hier. – Selbst wenn der Kollege wegginge... Nach kurzer Zeit würde der Verstand etwas Anderes finden, was seiner Meinung nach nicht in Ordnung ist und geändert werden müsste. – Und so ist es immer: Wenn wir auf den Verstand hören, sind wir nie in Frieden. Der Frieden ist nicht im Verstand. Der Frieden ist Hier. Sei einfach Hier."

Stiersbach, 4. Juli 00 (Retreat)

Als ich Samarpan heute das Mittagessen bringe und auf seinem Tisch vor ihm ausbreite, sieht er mich so liebevoll, so unendlich liebevoll an, dass es mir schlagartig ganz anders wird. Huuaa! Schnell verabschiede ich mich und denke beim Hinausgehen: Eigentlich wäre es ja wunderschön, wenn wir zwei wieder zu unserer ursprünglich unschuldigen Beziehung zurückkehren könnten, aber irgendwie scheint das nicht möglich zu sein. In Momenten wie eben habe ich zwar den Eindruck, es sei möglich, aber irgendwie... ich weiß nicht warum...[24]

Stiersbach, 5. Juli 00 (Retreat)

„Es gibt nur diesen Moment. Diesen einen ewigen Moment. Immer wieder: Jetzt. – Jetzt. – Jetzt."

24 Um mit Samarpan reinen Tisch machen zu können, wonach ich mich im Grunde meines Herzens ja eigentlich sehnte, hätte bedeutet, zunächst einmal all meine Urteile über ihn und sein Verhalten vor ihm auszubreiten. Natürlich war mein Verstand daran nicht interessiert, und so erfand er diesbezüglich eine entsprechende für mich unerfreuliche Szene, die sich dann abspielen würde, so dass ich bei der Vorstellung, mich Samarpan derart nackt zu zeigen, panische Angst empfand und ich in diesen Momenten, so sie denn einmal auftraten, schnell die Flucht antrat. Inzwischen ist mir klar, dass ich (neben der Angst, als Kritiker davongejagt zu werden) einfach nicht willens war, die Erinnerungen an vorangegangene Auseinandersetzungen und insbesondere die damit verbundenen Storys samt all meiner Projektionen loszulassen. Denn mit dem Ende der Geschichte von „Samarpan, dem manchmal Bösen", hätte ich mich ebenso von der Geschichte von „Rama, dem immer Lieben" verabschieden müssen. Samarpan hingegen, und auch das sehe ich mittlerweile, nahm mich in all den Monaten immer wieder auf das Neue absolut bedingungslos an. Wieder und wieder und wieder und wieder.

Stiersbach, 8. Juli 00 (Retreat)

„Samarpan", jammert jemand, „ich würde so gerne erwachen, aber…"

„Stop!", unterbricht ihn Samarpan. „Schau, das ist alles der Verstand. Immer hat er irgendeine Ausrede parat. 'Ja, aber.' So kann man das Erkennen der Wahrheit immer wieder hinausschieben."

Sehnsüchtig schaut der Fragesteller Samarpan an, und dieser antwortet:

„Da fehlt es an nichts. Du bist bereits, wer du bist."

Lange Stille.

„Was ist Hier?", fragt Samarpan.

„Nichts", kommt es wie aus der Pistole geschossen.

„Gut. Sage mir, fehlt es in diesem Nichts an irgend etwas?" - „Nein."

„Wunderschön. Keine Entschuldigungen mehr. – Und das ist die Wahrheit: Hier gibt es keine Entschuldigungen; nicht wirklich. Keine Entschuldigung, die Schönheit, die Hier ist, nicht zu sehen."

Stiersbach, 10. Juli 00 (Retreat)

In der Mittagspause werde ich zu Samarpan gerufen, und er fragt mich, ob ich für jedes der fünf Satsang-Videos einen kleinen Text schreiben könnte, der dann im Internet neben dem jeweiligen Video auf der Verkaufsseite erscheinen soll. Also sitze ich jetzt auf dem Sofa im Hof und überlege hin und her, allerdings fallen mir dummerweise nur einzelne Worte ein: Wahrheit, Illusion, Realität... Na ja. Also versuche ich eben, diese in irgendeinen vernünftigen Zusammenhang zu setzen:

'Die Wahrheit ist: Alles ist eine Illusion. Die Realität...' – Weiter komme ich nicht. Vielleicht sollte ich anders anfangen, allgemeiner:

'Satsang ist...' – Mmmmh, nein, so auch nicht.

'Samarpan, dieser wunderbare liebevolle Meister...' – Scheiße, ich kriege nicht einen vernünftigen Satz auf die Reihe, geschweige denn einen mehrzeiligen Text. Ich sehe es ja so, dass das Leben einfach nicht will, dass ich hier etwas zu Wege bringe, und damit hat es sich. Nur Samarpan wird wahrscheinlich wieder meckern, so von wegen Faulheit und so. Mist! – Schließlich gehe ich unverrichteter Dinge zu ihm und will sagen, dass mir einfach nichts einfällt, als ich ihn an seinem Laptop sitzend vorfinde und siehe da: Er hat bereits selbst einige wunderschöne Passagen formuliert und einmal mehr beschämt es mich, was ich da wieder fälschlicherweise auf ihn projiziert habe...

Stiersbach, 11. Juli 00 (Retreat)

„Wisst ihr: Von außen betrachtet mag es so aussehen, als sei ich hier der Lehrer und Ihr die Schüler. Tatsächlich jedoch bin ich derjenige, der hier am meisten lernt. Und ihr alle seid meine Lehrer."

Wunderschöne Stille.

Stiersbach, 12. Juli 00 (Retreat)

Ich bin bei Samarpan und Marga im Zimmer, weil ich irgend etwas holen muss. Immer wieder schön, die beiden miteinander zu sehen und schön, mit ihnen jetzt hier zu sein.

„Oh, Samarpan! Da ist soviel Dankbarkeit. Auch wenn ich weiß, dass da niemand ist, bei dem ich mich bedanken könnte..."

„Ja, ich verstehe", schmunzelt er. Wir beide schauen uns lange an. Und vielleicht weil gerade wieder solch eine unglaubliche Nähe zwischen uns ist, kommt mein Verstand wieder mit dieser Uraltgeschichte hoch, als Samarpan mir vor zwei Jahren sagte: 'Wenn du nicht tust, was ich dir sage, werfe ich dich raus.'

„Diese Geschichte", sage ich verlegen, „Diese Angst steckt mir einfach immer noch in den Knochen."

„Du liebe Güte! Das ist ja wirklich eine ganz, ganz alte Geschichte!", lacht Samarpan.

„Ich weiß", sage ich verschämt darüber, dass ich an diesem Mist so lange festhalte. Nur hilft mir dieses Wissen nichts. Der Schock traf mich damals einfach völlig unvorbereitet, da mir nicht bewusst gewesen war, etwas 'falsch' gemacht zu haben. Aber vielleicht ist es ja gut, dass ich mir immer wieder vor Augen führe, dass letzten Endes auch nicht auf Samarpan und dessen Akzeptanz und Liebe Verlass ist. Denn so wie ich meinen Verstand und dessen Programmierung kenne, halte ich trotz besseren Wissens doch auch immer wieder bei Samarpan danach Ausschau. Obwohl dieser mir und uns allen ständig sagt, wo die Liebe wirklich zu finden ist.

„Da ist so viel Liebe, Samarpan!" - „Yes!"

Wie schön! Jetzt, nachdem ich noch einmal diese alte Story geshart habe, stört mein Verstand die abermals aufkommende Nähe nicht, sondern ich kann einfach genießen, tief in Samarpans Augen, tief in diesen See der Stille ein- und abzutauchen. – Vollkommener Frieden.

Stuttgart, 28. Juli 00

Bin heute Abend zu einem sogenannten Satsang-Zirkel eingeladen, d. h. Satsang ohne Meister, jeder sitzt abwechselnd vorne im Stuhl und spricht die Wahrheit. Spannend. – Gegen acht Uhr beginnt es. Zuerst nehmen andere vorne Platz und sprechen 'die Wahrheit', wobei sich das Sharing von jedem Einzelnen aus meiner Sicht nicht sehr von dem unterscheidet, was man bei einem normalen Workshop von sich geben würde; na ja. So geht es reihum. – Jetzt bin ich dran. Puuuuh, mein Herz schlägt mir bis zum Hals. Ich gehe nach vorne, setze mich und schließe erst einmal die Augen: BUMMBUMM, BUMMBUMM, BUMMBUMM... puuuuuuuh. Ich öffne meine Augen: So viele wunderschöne Gesichter; was gäbe es zu sagen? Ich schaue einfach nur von einem zum anderen und mir fällt absolut nichts ein, was ich sagen könnte. Jedes Wort wäre ein Wort zuviel. – Schließlich verabschiede ich mich mit Namasté und gehe beglückt wieder zurück an meinen Platz.

Nun geht der Nächste nach vorne: Ein älterer Sannyasin, den ich hier und da auch schon bei Samarpan gesehen habe, stets als 'Sucher'. Erst druckst er ein wenig herum, schließlich sagt er ganz leise und bescheiden:

„Na ja, also... okay... also, ich hab's jetzt auch kapiert..."

„Bravo! Hurra! Na, also! Gratulation!", kommt es sofort von allen Seiten, was mich etwas befremdet. So sehr ich mich für ihn freue und auch wenn da der Impuls ist, in dieses Freudengeheul mit einzustimmen und damit zum Ausdruck zu geben, dass man 'es' selbst ja schließlich auch kapiert hat..., so sehr schmerzt doch auch die mit dieser Verbrüderungsgeste verbundene Ausgrenzung derjenigen, die im Moment etwas ratlos dreinschauen und nicht so recht wissen, was hier eigentlich gerade gespielt wird.

München, 15. August 00

„Wisst ihr, auch wenn man die Wahrheit gesehen hat, sieht die Illusion nach wie vor real aus. Sie ist perfekt. Aber wenn man einmal gesehen hat, dass sie nicht wirklich ist, macht sie einem keine Angst mehr. Es ist, als würde man im Dunkeln durch den Wald laufen. Plötzlich siehst du eine Schlange direkt vor dir auf dem Weg und bleibst wie angewurzelt stehen. Du holst eine Taschenlampe heraus, leuchtest auf den Weg und erkennst, dass es nur ein altes Seil ist. Schaltest du die Taschenlampe wieder aus, sieht es immer noch wie eine Schlange aus, aber jetzt macht sie dir keine Angst mehr, weil du mit Gewissheit weißt, dass es keine wirkliche Gefahr gibt. – Wenn du einmal gesehen hast, dass die Illusion nicht wirklich ist, dass dir nicht wirklich irgend etwas passieren kann, dass du nicht wirklich stirbst, ist da keine Angst mehr. Halte einfach inne und siehe nach. Siehe Hier nach."

München, 19. August 00

Ein relativ junger Mann realisiert die Wahrheit, und Samarpan fordert ihn auf, fortan die Wahrheit zu sprechen. Doch dieser erwidert:

„Aber ich bin doch noch gar nicht bereit, noch lange nicht fertig!"

„Glaubst du, ich sei fertig?" Samarpan lacht zur Menge hin und dann in Richtung Gast: „Ich bin auch nicht fertig, aber das Göttliche nutzt mich trotzdem. Das Göttliche nutzt uns alle, genauso wie wir sind. Gott liebt uns so, wie wir sind. Es ist perfekt."

München, 21. August 00

Vor dem Satsang kommt ein verängstigt aussehender Mann zu mir und fragt, ob man Samarpan auch unter vier Augen sprechen kann. Und ob ich für ihn dolmetschen könne. Klar. – Wenig später sitzen Samarpan, er und ich in dem kleinen Nebenraum, und er erzählt von seinem autoritären Meister, der ihm und all seinen anderen Schülern oft sehr viel Arbeit aufbürdet. Wer sie nicht macht, wird bestraft. Und das Schlimmste, was ein Schüler machen kann, und deshalb wollte er auch nicht im Satsang vor allen anderen danach fragen, ist, wenn man zu einem anderen Meister geht. Das ziehe ewige Verdammnis nach sich...

Ich dolmetsche mit aufgestellten Nackenhaaren. Mannomann, Sachen gibt es! Und einmal mehr ist mir klar, was für ein Glück ich habe, einen Meister wie Samarpan getroffen zu haben und an seiner Seite sein zu dürfen. Welch ein großes, unbezahlbares Geschenk! Nicht zehn Millionen Mark hätten mich so glücklich gemacht, hätten mir den Frieden gegeben, den Frieden, den Samarpan mir – in mir selbst – gezeigt hat. Ohne ihn hätte ich unter Umständen noch unzählige Leben in der Illusion danach gesucht. Es ist so unfassbar; immer wieder auf's Neue. Wird ein Außenstehender die Dankbarkeit eines Schülers gegenüber seinem Meister je nachvollziehen, geschweige denn nachempfinden können?

Im Satsang geht Samarpan ein wenig auf das Vorgesprächsthema ein:

„Wenn du bei einem Lehrer bist und dieser Lehrer dir sagt, dass du dieses oder jenes tun musst, um 'Erleuchtung zu erlangen', dann sei auf der Hut! Die Wahrheit ist: Es gibt nichts zu tun. Ihr seid bereits alle erleuchtet. Eure Erleuchtung ist vollständig. Das Erkennen davon wächst fortlaufend, aber das ist nichts, was man tun könnte. – Wenn dir irgend jemand sagt: 'Du bist nicht in Ordnung, wie du bist' und will dir seine Hilfe anbieten, damit er dich wieder in Ordnung bringt, dann weißt du, dass du einen Lügner vor dir stehen hast, dem es nur um Macht geht. – Gib niemandem Macht über dich. Gib deine Freiheit nicht auf. Für nichts."

Absolute Stille. Ich glaube, dass ist für alle ein ziemlich zentrales Thema, was Samarpan auch zu spüren scheint:

„Lasst es mich noch einmal in aller Deutlichkeit sagen. Ihr seid zu einhundert Prozent in Ordnung. Ihr seid vollkommen frei: zu kommen und zu gehen, wann immer ihr wollt. Ihr braucht nichts! Nicht einmal Satsang! Und ganz gewiss braucht ihr mich nicht. Ich habe nichts für euch. Es geht nicht um den Meister im Außen. Wir treffen uns hier nicht, weil wir irgend etwas erreichen wollen. Es gibt nichts zu erreichen. Sondern es macht einfach Freude, zusammen in Stille, zusammen in der Wahrheit zu sein, die uns alle verbindet, die in uns allen ist. Wenn wir dies erkennen, ist Satsang überall. Sowohl hier, als auch bei dir daheim. Sowohl im Tempel, als auch in der Kirche. – Satsang IST überall. Und es spielt keine Rolle, wo du gerade bist. Das ist die Wahrheit. Gott ist überall. Gehe einfach dorthin, wo dein Herz dich hinzieht. Wenn es dich zum Satsang zieht: gut; und wenn nicht: auch gut. Sei einfach in Frieden, wo auch immer du gerade bist. Das ist es, worum es geht."

München, 23. August 00

Hatte gestern Abend noch ziemlich Stress mit Anja. Schöner Scheiß! Und heute Morgen ist sie immer noch in der Story und fährt nach dem Frühstück zu Samarpan. So wie ich es sehe, hält sie einfach an irgendeiner 'dummen' Vorstellung fest. Aber so wie ich Samarpan kenne, wird er ihr schon zeigen, was hier die Wahrheit ist. Per SMS verabreden wir uns für nachmittags auf dem Marienplatz.

Hier kommt sie ja auch schon. Ich habe noch das Bild im Kopf, wie wir uns getrennt haben: Ich im Frieden, sie im Verstand; ich im Moment, sie in der Story. – Doch als sie näher kommt, und ich bemerke, dass sie supergut drauf ist, fühle ich mich plötzlich beschissen. Verdammt noch mal: Bin ich eifersüchtig auf Samarpan, weil sich in seiner Gegenwart der Schmerz meiner Freundin in Luft auflöst? Oder tut mir die Vorstellung weh, dass die beiden im Moment die Intimität des Einseins erlebt haben? Shit! Als was bin ich denn jetzt schon wieder identifiziert? Als Anjas Partner? Als getrennt von ihr? Oder getrennt von Samarpan? Verflixt und zugenäht; ich muss aufhören, auf diese vergifteten Gedanken zu hören, sonst geht es mir immer schlechter. – 'Stopp, Rama! Stopp! Höre mit diesem Mindfuck auf!' – Scheiße, tut ihr Lachen weh, tut ihr verliebter Blick weh. Scheiße, scheiße, scheiße. – 'Stopp! Stopp!! Stopp!!!' – Mannomann, fühle ich mich beschissen; nur gut, dass jetzt gleich Satsang ist, denn meistens verschwindet der Schmerz nach den ersten paar Witzen von Samarpan... aaaaargh... dieser Samarpan! – Und tatsächlich: Nach ein paar Minuten im Satsang ist alles wieder in Butter. Ich schaue zu Anja hinüber und schmachte dahin. Das Leben ist so verrückt.

München, 24. August 00

Im heutigen Satsang hat einer seinen 'großen' Auftritt. Er geht nach vorne und ruft auf Deutsch in den Raum:

„Ich komme von der Stiftung Warentest und teste alle Erleuchteten."

Gelächter. Und ich überlege, wie ich 'Stiftung Warentest' übersetzen und Samarpan gleichzeitig zu verstehen geben kann, dass hier ein kleiner Scherzkeks am Werke ist.

„Wie lauten denn die Messkriterien?", fragt Samarpan ihn.

Der Typ zählt einige auf und natürlich sind das alles Vorstellungen, ist das alles der Verstand.

„... der Verstand, der Erleuchtung nicht verstehen wird, der die Wahrheit nie verstehen wird, weil er sie einfach nicht verstehen kann", erläutert Samarpan freundlich. „Schau: Jede Vorstellung über Erleuchtung ist nur eine Vorstellung. – DU BIST Erleuchtung."

Verdutzt und mittlerweile ziemlich kleinlaut geworden ob der Erkenntnis, dass er anscheinend selbst der Gegenstand seiner Untersuchung ist, zieht er wieder ab und verlässt den Raum. Leute gibt es, es ist unglaublich. Man kann hier soviel mitnehmen, wenn man bereit ist, all seine Vorstellungen hinter sich zu lassen. Aber hin und wieder tauchen eben auch Typen auf, die meinen, hier die große Show abziehen zu müssen; verrückt!

„Es ist tatsächlich verrückt. Von allen Egos ist das spirituellste am schlimmsten. Und dabei müssen wir immer auch und gerade an uns selbst denken. Diese Arroganz zu glauben: 'SATSANG, DAS IST ES!' und alle bräuchten nur zum Satsang zu kommen... ist nicht die Wahrheit, ist eine Lüge, ist der Verstand. Der gleiche Verstand. Die gleiche Arroganz. – Die Wahrheit ist: Niemand braucht irgend etwas. Jeder bekommt genau das, was er braucht. Jeder hat genau das, was er braucht. Die ganze Zeit. Und wenn irgend jemand noch zehn oder hunderte von Leben in der Illusion verbringen will... bitte, kein Problem. Früher oder später landet jeder bei der Wahrheit. Man braucht niemand zu bekehren. Es ist alles perfekt.“

München, 27. August 00

Samarpan hat Geburtstag, und die Crew sowie ein paar weitere gute Freunde, wir feiern mit ihm tagsüber in Gmund. Allerdings kreuzt er erst nach geraumer Zeit auf, isst kurz etwas und verschwindet dann genauso schnell wieder. – Später, im Satsang am Abend, meint er:

„Mein ganzes Leben dachte ich immer: 'Partylöwe zu sein, das wäre cool.', und dass ich etwas verpassen würde, wenn ich zu früh nach Hause oder erst gar nicht hinging. Wobei das Erste, was ich stets gleich nach meiner Ankunft tat, war, mir so schnell wie möglich etwas zu essen und zu trinken zu besorgen, damit ich etwas in den Händen hatte.“

Einige lachen, ich auch, denn ich kann es mir zum einen sehr gut vorstellen und zum anderen auch sehr gut nachempfinden.

„Und jetzt komme ich mehr und mehr in Frieden damit, dass es mir auf Partys nicht gefällt, dass ich es genaugenommen hasse.“ Hohohohoho. „Ich habe kein Interesse an dem, was die Leute mir sagen wollen und was ich den Leuten zu sagen hätte, interessiert sie nicht. Tatsächlich liebe ich es, alleine zu sein. Also gehe ich entweder gar nicht mehr hin oder nur ganz kurz. So ist es perfekt. – Sei einfach in Frieden damit, wie du bist, egal wie es aussieht.“

Stiersbach, 29. August 00 (Retreat)

Schon wieder ein Retreat, und auch Sabine taucht gemeinsam mit Amelia hier auf. Schön, sie wiederzusehen. Und immer noch lässt mich der Gedanke und die Vorstellung, dass dies meine Tochter ist, innerlich den Kopf schütteln. Es ist unbegreiflich. Mit ihrem einen Jahr ist sie die kleinste und jüngste Satsang-Teilnehmerin und vermutlich auch diejenige, die am meisten in Frieden und im Moment ist. Während ich gerade – wie üblich zu Samarpans Füßen sitzend

– ein sehr schönes Sharing dolmetsche, kommt sie auf mich zu gekrabbelt, klettert an mir hoch und nimmt mich bei der Hand. Das berührt mich so, dass ich nicht weiter dolmetschen kann. Mein Verstand sagt: 'Da schau! Sie will dir zeigen, wo du hingehörst! Dein Platz ist an Sabines Seite! Gehe mit ihnen nach Hamburg! Kümmere dich um deine Familie!'..., und mir zerreißt es fast das Herz. Ich stocke mitten im Satz – alle halten die Luft an, denn sie werden ahnen, was in mir gerade vor sich geht – puuuh... das tut weh... für einige Sekunden ist es totenstill im Raum... bis auf meine Schluchzer. Ich öffne kurz meine Augen, sehe Samarpan, der seine geschlossen hat und vielleicht selbst irgendwelche alten Schmerzen in Bezug auf seine eigenen Kinder fühlt... puuuuh. Ich sehe Amelia, die mich interessiert ansieht und mit ihren kleinen Fingerchen auf meine das Mikrofon haltende Hand patscht..., und wieder erreicht der Schmerz ein Maximum... puuuuuh... Oh, Gott... heul.

Schließlich habe ich mich wieder einigermaßen gesammelt und vollende den zu dolmetschenden Satz. Samarpan hatte zuletzt gesagt: 'When we just feel the pain purely...' Also sage ich nun:

„Wenn wir den Schmerz einfach 'rein' füh..." und erneut überkommt es mich: HEUL...

„Then we receive the gift, what this pain is offering to us", sagt Samarpan.

„Dann empfangen wir das Geschenk..." SCHLUCHZ!!! „das dieser Schmerz..." HEUL! „für uns bereit hält." – Puuuuuh.

Die Frau, die gerade vorne bei Samarpan ist, bedankt sich mit Namasté und geht wieder an ihren Platz. – Stille. Samarpan sieht mich an; ich sehe Samarpan an. Und während mir noch immer die Tränen herunter laufen, denke ich: Wie viele Geschenke habe ich an deiner Seite schon erhalten! Solch eine Gnade, solch ein Segen.

Stiersbach, 30. August 00 (Retreat)

„Ist es nicht unglaublich", sagt jemand, „ich war so lange auf der Suche, da war so viel Leid! Und jetzt... so einfach."

„In der Tat! Es ist wirklich unglaublich! Und es spielt überhaupt keine Rolle, wie viele Leben wir in der Illusion gelebt haben. Wir kommen zum Satsang, hören die Wahrheit, und wir wissen: 'JA, das ist die Wahrheit!' Es ist, als würde man in einer Höhle eine Kerze anzünden. In der Höhle mag seit Millionen von Jahren kein Licht gewesen sein. Aber in dem Moment, da die Kerze aufleuchtet, ist es Licht."

Stiersbach, 31. August 00 (Retreat)

Während ich einen kleinen Waldspaziergang unternehme, sehe ich in der Ferne Samarpan und Marga eng umschlungen einen Feldweg entlang gehen und denke: Die liebe Marga. In ihrer Frankfurter Wohnung leistet sie im

Hintergrund die ganze organisatorische Arbeit, ohne allzu viel Anerkennung dafür zu bekommen. Schade. Für sie. Und schade für uns bzw. zumindest für mich, dass ich relativ wenig Kontakt mit ihr habe. Nur ab und zu, wenn etwas nicht so läuft, wie es eigentlich laufen sollte, kommt dann von ihr ein kleiner Hit. So gesehen wohlverdient, auch wenn ich dies manchmal in der Situation selbst gerne eher als Projektion ihrerseits abtun würde. Aber was zerbreche ich mir eigentlich gerade den Kopf? Das Wetter ist schön. Die Vögel singen... Alles bestens.

Stiersbach, 1. September 00 (Retreat)

„Wenn wir unser Leid im Licht der Wahrheit betrachten, löst es sich in Luft auf, weil es gar nicht wirklich existiert. Es basiert nur auf einer Vorstellung, der Vorstellung, dass da irgend etwas nicht stimmt."

„Das passt zu meinem Traum von letzter Nacht, Samarpan", shart ein Mann. „Und zwar rannte ich vor einem Löwen davon, doch dieser kam immer näher, und es war klar, dass er mich bald haben würde. In diesem Moment blieb ich stehen und drehte mich um. Da war der Löwe, direkt vor mir und... er lachte mich an!"

„Wunderbar! Ja! Das ist die Wahrheit. In dem Moment, da wir anhalten, uns unseren 'Monstern' stellen, ihnen in die Augen schauen... lösen sie sich in Luft auf. Was für ein schöner Satsang-Traum. – Wende dem Verstand einfach den Rücken zu und fühle, was gerade da ist. Im Licht der Wahrheit erkennst du: Es ist nichts. Nur Gedanken."

Stiersbach, 3. September 00 (Retreat)

Vor dem Frühstück telefoniere ich mit meinen Eltern, die Sabine und Amelia im Anschluss an das Retreat nach Stuttgart eingeladen haben und sogar bereit sind, sie hier abzuholen. Als es jedoch um den genauen Treffpunkt geht und ich ihnen den Weg nach Stiersbach beschreiben will, sagt mein Vater bestimmt:

„Nein. Du bringst sie nach Oberrot."

Schweigen in der Leitung. Oberrot ist zwar nur ein drei Kilometer weg... aber trotzdem.

„Okay", sage ich wohl wissend, dass mein Vater keinen Widerspruch dulden würde, und dabei überkommt mich eine totale Traurigkeit. Meine Eltern scheinen wahrlich absolut nichts mit 'meiner Welt' zu tun zu haben wollen und unternehmen alles, damit es nur ja keine Berührungspunkte gibt.

Kurz darauf bin ich bei Sabine und Amelia im Zimmer und schildere den Beiden die Lage, wobei ich mich wie ein Aussätziger fühle.

„Macht Dich das traurig mit Deinen Eltern?", fragt Sabine mitfühlend.

„Ja", sage ich mit belegter Stimme, „Das macht mich echt total traurig." und fange an zu weinen. Einmal mehr wird mir klar: Meine Eltern und ich, wir leben in zwei völlig verschiedenen Welten, und es scheint, als führe kein Weg zueinander. – Als ich mich wieder etwas beruhigt habe und in Amelias unschuldige Augen sehe, sage ich zu ihr:

„Vielleicht ist es ganz gut, wenn Du mich auch einmal ganz schwach erlebst." Heul.

Etwas später hat es sich schließlich ausgeweint, im Zimmer herrscht totaler Frieden, und als ich am späten Nachmittag von Sabine und Amelia Abschied nehme, empfinde ich so viel Liebe, wie ich vielleicht noch nie Liebe für die beiden empfunden habe.

„Bei mir ist da total viel Liebe", kommt es ganz von Herzen.

„Bei mir auch", erwidert Sabine.

Wie schön. Ich strahle diese beiden Lieben an, und während sie Amelia auf dem Arm hält, umarmt sie mich. Also umarmen wir drei uns und sind – laut meinem Verstand – DIE glückliche Familie. Doch so schön dieser Traum ist, sehe ich im Moment ebenso klar: Selbst wenn ich hier und jetzt mit ihnen gehen und Anja und Samarpan verlassen würde; nach ein paar Tagen hätte es sich mit diesem Traum ausgeträumt, denn dort ist nun einfach mal nicht mein Platz. Und trotzdem ist da unendlich viel Liebe!

„Alles Gute Euch!", sage ich. - „Wünschen wir Dir auch!"

Berlin, 12. September 00

Da Anjas und mein Schlafplatz eine Stunde vom Satsang-Raum entfernt liegt, zieht es sich bis Mitternacht, als wir schließlich vor unserem Haus stehen. Und während Anja gleich hoch und schon ins Bett geht, esse ich noch schnell einen Döner. – Eine viertel Stunde später steige ich im Treppenhaus nach oben und kann mich einfach nicht mehr daran erinnern, ob unsere Wohnung nun im dritten oder im vierten Stock ist. Den Nachnamen unserer Gastgeberin weiß ich sowieso nicht und Vornamen stehen weder an der Wohnungstüre im dritten noch im vierten Stock. Mist! Soll ich jetzt einfach einen Versuch wagen und klingeln? Und wenn es die falsche Wohnung ist, notfalls die Beine unter die Arme nehmen? Halt! Da fällt mir etwas ein. Heute Morgen gab mir unsere Gastgeberin ja auch noch einen Schlüssel. Nur was ist, wenn ich jetzt den Schlüssel in das falsche Schloß stecke und die Person auf der anderen Seite der Türe denkt, es würde eingebrochen...

„Anja!", rufe ich 'flüsternd'.

'Anja!', hallt es durch das nächtliche Treppenhaus.

Stille.

„Rama?", höre ich Anja leise fragend hinter der Türe im vierten.

„Ja! Ich bin's."

Anja macht die Türe auf; puuuh! Das ist mir auch noch nie passiert.

Berlin, 14. September 00

„Samarpan, woher weiß man, welcher Meister der richtige für einen ist?“, fragt jemand abends im Satsang.

„Ich erzähle dir eine Geschichte. Vor vielen Jahren war ich einmal bei einem Vortrag von Krishnamurti. Danach standen draußen die Zuhörer in Gruppen zusammen und diskutierten über dieses und jenes, was Krishnamurti so alles gesagt hatte. Und da war eine Gruppe, die diskutierte nicht. Sie saßen einfach auf dem Rasen und feierten. Und ich merkte: Da zieht es mich hin. Es waren, wie sich herausstellte, lauter Sannyasins. – Die Beziehung zwischen Schüler und Meister ist etwas ganz Besonderes. Es ist eine Liebesbeziehung. Nichts, was man herbeiführen könnte. Entspanne einfach. Du findest die Wahrheit überall. Nicht nur bei einem bestimmten Meister. – Sei einfach Hier. Die Wahrheit ist Hier. Hier ist der Meister. Hier sind alle Meister. Lasse diesen Moment dein Meister sein.“

Berlin, 16. September 00

„Samarpan“, shart ein älterer Mann, „früher dachte ich, Psychologie wäre die Lösung. Aber jetzt mit meinen Klienten...“

„Ja“, lacht Samarpan, „so ging es mir auch. Deshalb habe ich es auch studiert. Aber die Arbeit als Psychologe war für mich der Horror. Am Ende einer Session war alles gesagt, war alles klar, aber nach einer Woche kam mein Klient wieder, und die ganze Geschichte fing wieder von vorne an.“ Samarpan schüttelt lachend den Kopf. „Es war furchtbar, all diese Geschichten. HIER gibt es keine Geschichten. Die Wahrheit schneidet direkt durch alle Storys hindurch. Und Hier gibt es kein Problem. Weißt du: Man kann jahrelange Therapie machen und doch nicht einen Schritt weiterkommen. Oder aber: Man hält einen Moment an. Nur einen Augenblick. Totales Anhalten. Und man erkennt: Es ist alles in Ordnung. Die ganzen Probleme, die ganzen Geschichten sind nur im Verstand. Hier gibt es keinen Verstand. Hier ist nichts verkehrt. Halte einfach einen Moment inne, und du erkennst, dass alles in Ordnung ist. Du bist in Ordnung. Deine Klienten sind in Ordnung. Da ist nichts verkehrt. Nirgendwo.“

Berlin/Hamburg, 18. September 00

Anja möchte die kommende Woche hier in Hamburg einmal für sich sein, was ich insgeheim als ‘Nicht-ganz-mit-dem-Partner-Sein’ verurteile. Na ja, wenn sie meint... soll sie doch! Allerdings bin ich doch ganz schön genervt... Scheiße!

Hamburg, 19. September 00

Habe ein Quartier gefunden, das schön ist und wo ich mich auch total willkommen geheißen fühle, aber wenn ich an Anja in ihrer Traumwohnung von unserem letzten Mal in Hamburg denke, überkommt mich der Voll-Frust. Unruhig wälze ich mich auf dem zum Bett ausgeklappten Sofa hin und her und stelle mir vor, wie es sich Anja gerade in ihrem Riesenbett in ihrem Riesenzimmer in ihrer Riesenwohnung gut gehen lässt... und fühle mich von Minute zu Minute immer schlechter. Verdammt!

Den ganzen Tag verbringe ich im Bett, schleppe mich abends zum Satsang und bin unfähig zu dolmetschen. Frage Anja, ob sie eventuell dazu bereit wäre. – Und Anja macht ihre Sache sehr gut, besser als ich erhofft hatte... was alles nur noch schlimmer macht. Fuck!!

Hamburg, 20. September 00

Mir geht es zum Kotzen. Und während Anja wahrscheinlich ihre tolle Wohnung genießt oder sonst wo Fun hat, liege ich herum und bin 'volle Kanne' im Verstand. Wenn ich so krank bin und dies so bleiben sollte, wird Anja weiterhin dolmetschen, immer besser werden, ich werde ganz schnell überflüssig sein... und aus ist's mit meinem Job als Samarpans Dolmetscher. Sie kann dann ja auch gleich den Bus fahren, so dass ich überhaupt nicht mehr gebraucht werde... Tja, das war es dann mit dem Mitreisen... keiner braucht mich... keiner liebt mich... kotz.

Gehe abends nicht zum Satsang, kann nicht zum Satsang gehen... Scheiße, damit kreiere ich mir genau das, wovor ich Angst habe, aber sollte ich hingehen, obwohl ich mich so beschissen fühle? Liege stundenlang wach im Bett, höre irgendwann meine Gastgeberin vom Satsang nach Hause kommen und zu Bett gehen, doch ich kann immer noch nicht einschlafen, bin hellwach, denke hin und her und komme immer wieder zu dem Schluss, dass ich auf dem besten Wege bin, mich selbst aus dem Staff hinaus zu manövrieren... in mir läuft ein wahrer Kampf ab:

'Vielleicht sollte ich mit Samarpan reden. Am besten jetzt gleich.' - 'Aber das geht doch nicht.' - 'Doch.' - 'Blödsinn.' - 'Nein.' - 'Doch.'

Scheiße! 'Ich gehe jetzt. Was sein muss, muss sein.' Also ziehe ich mich an, doch als ich mir die Jacke überstreife, höre ich meinen Verstand sagen:

'Was soll das, Rama? Schau, dass du alleine klar kommst.' - 'Mmh... also gut.'

Ich ziehe wieder aus, doch kaum, dass ich wieder im Bett liege, denke ich:

'Nein, es hat keinen Wert. Ich muss zu ihm.'

Also stehe ich wieder auf. Allerdings kommen mir genau in dem Moment, da ich die Wohnung verlassen will, erneut Zweifel an meinem Vorhaben:

'Rama! Du suchst nach einer Lösung im Außen, wo ist der wahre Meister?' - 'Scheiß auf den wahren Meister!! Ich will dieses verdammte Gefühl los sein und zwar so schnell wie möglich!!' - 'Das hat doch auch bis morgen Zeit.' - 'Na, ich weiß nicht...' - 'Höre mir zu: Du legst dich jetzt wieder schön in dein Bett und morgen...'

Ich gehorche, ziehe mich aus und lege mich wieder hin. Es wird Mitternacht und in mir tobt nach wie vor der Krieg.

'Shit! Ich gehe jetzt zu Samarpan... vor drei Uhr früh ist der sowieso nicht im Bett.' - 'Nein! Gehe nicht! Der Frieden ist Hier! Wozu brauchst du Samarpan?' - 'Mann! Keine Ahnung. Vielleicht ist es einfach so, dass, solange man um den Meister herum ist, einem das Leben immer wieder Situationen kreiert, in denen man – trotz 'besserem Wissen' – motiviert ist, zum Meister zu gehen und dort um Hilfe zu bitten. Einfach um das eigene Dasein in seiner Nähe zu legitimieren... was weiß ich?' - 'Rama, du redest einen Haufen Müll daher.'

Verflucht! Mir ist klar, dass ich voll im Verstand bin, aber irgendwie scheine ich alleine nicht gegen ihn anzukommen...

'Ich gehe jetzt zu Samarpan und werde mich von nichts mehr aufhalten lassen!'

Also beginnt das Spiel erneut. Ich ziehe mich an, höre jetzt nicht mehr auf das ständige Geplapper meines Verstandes, verlasse erfolgreich die Wohnung, steige in mein Auto, fahre auf leeren Straßen durch das nächtliche Hamburg... zu Samarpan, den ich wie erwartet an seinem Computer vorfinde.

„Nanu, ich dachte, du seiest krank, Rama! Warum bist du denn nicht im Bett?"

Ich erzähle Samarpan alles, inklusive dessen, was sich die letzten neunzig Minuten abgespielt hat, während er ohne aufzublicken sein Freecell-Spiel fortsetzt. Schon beim Reden merke ich, dass ich alles (mich?) wieder einmal viel zu wichtig nehme. – Samarpan ist ganz relaxt und sagt liebevoll:

„Weißt du, es ist vollkommen egal, ob du dolmetschst oder nicht."

Aaaaah, tut das gut! Seine Liebe hängt nicht davon ab. Wie kam ich überhaupt auf diese Idee? Samarpan ist so voller Akzeptanz und einmal mehr mir wird klar: Wenn zwischen uns beiden alles stimmt, bin ich in Frieden, egal was sonst los ist. – Tja, eigentlich gibt es gar nichts mehr zu sagen. Das ganze Problem hat sich in Luft aufgelöst; wie schon so viele unzählige Male zuvor. Fast ist es mir jetzt ein bisschen peinlich, dass ich zu ihm gerannt bin.

„Weißt du, Samarpan, mir war die ganze Zeit klar, dass das alles nur mein Verstand ist. Aber manchmal habe ich einfach den Eindruck, dass ich dich brauche, um gemeinsam mit dir – zu zweit – gegen ihn anzukommen... äh... vielen Dank jedenfalls." - „Gern geschehen, Rama."

Aaaaaaaa... schmacht. In tiefem Frieden fahre ich wieder heim. Jungejunge: Himmel und Hölle liegen so nah beieinander... Mannomann.

Hamburg, 21. September 00

Bin wieder relativ fit, gehe abends zum Satsang und setze mich still und leise auf meinen Dolmetscherstühlchen zu Samarpans Füßen. Als er kommt, schließe ich die Augen, weil ich – sollte er mich anschauen – nicht in die Story gehen will: 'Hallo! Da bin ich wieder! Das ist mein Platz! Den beanspruche ich!' Denn so empfinde ich es nicht. Mein Gefühl ist vielmehr: Das ist einfach der Platz im ganzen Universum, an dem das Leben mich haben möchte. Und auch ich möchte nirgendwo sonst sein, als hier, bei ihm.

Stille. Unendliche Dankbarkeit. Und als mir Anja nach dem Satsang sagt, dass, kurz nachdem Samarpan sich hingesetzt hatte, sein Blick eine ganze Zeitlang liebevoll auf mir geruht habe, rührt mich dies so sehr, dass mir die Tränen kommen...

Hamburg, 22. September 00

Zum heutigen Satsang taucht auch Atman mal wieder auf, und wir unterhalten uns kurz. Er lebt jetzt in Hamburg und ist, so scheint es, sehr glücklich. Wie schön. – Wenig später geht ein älterer Mann nach vorne, der schon ganz oft bei uns im Satsang war.

„Hallo Samarpan! Bei mir ist vor kurzem Krebs diagnostiziert worden, und ich kann dir sagen, das hat alles Mögliche ausgelöst. Das ganze Gerede von früheren Satsangs... von wegen 'Die Angst vor dem Tod fühlen' usw. Jetzt geht es echt ans Eingemachte! Und weißt du was? Es ist okay!“

„Ja, das ist die Wahrheit. Wunderbar. Wenn du in Frieden mit dem Tod dieses Körpers bist, dann ist da kein Problem.“

„Stimmt. Und doch...“

„Und doch kommt immer wieder der Verstand, das ist normal. Denn er will verstehen und doch versteht er nicht. – Entspanne einfach. Du weißt, dass du nicht dieser Körper bist. Du weißt, dass du nicht stirbst. No problem.“

„Da ist so viel Frieden. Vielen Dank, Samarpan.“ - „Sehr gerne geschehen.“

Hamburg, 25. September 00

Eine Frau shart, dass die Vergewaltigung einer ihrer Freundinnen sie sehr belastet.

„Ich verstehe... aber so furchtbar es ist, dürfen wir nicht vergessen, dass wir alle zu allem fähig sind.“

„Kann ich etwas dazu sagen?“, meldet sich eine andere Frau zu Wort. „Ich bin auch einmal vergewaltigt worden. Und noch während es passierte, erkannte ich, dass das, was da geschah, nicht mir widerfuhr, sondern nur diesem Körper. Ich wusste: Mir kann dieser Mann nichts anhaben. Das, was ich wirklich bin, kann dieser Mann nicht verletzten. – Damit möchte ich jetzt nicht sagen, dass ich ihm dankbar dafür bin, aber mittlerweile sehe ich diese Erfahrung als ein Geschenk.“

„Ja, es ist eine Gnade.“ Samarpan nickt.

„Ich verstehe immer noch nicht, wie und warum...“, fragt nun wieder die erste.

„Schau: Da gibt es nichts zu verstehen. Wir wissen nicht, warum irgend etwas geschieht. Vielleicht war es zwischen diesen beiden Lebensströmen in einem früheren Leben umgekehrt, und die beiden mussten diese Erfahrung nun noch einmal und dieses Mal von der anderen Seite, aus der anderen Perspektive erleben, um dieses Gesamt-Erlebnis zu vervollständigen. Wir wissen es nicht. Wir wissen überhaupt nichts. Osho sagte: ‘Ich bin Heiliger, und ich bin Sünder. Ich bin Gott, und ich bin Hitler.’ Das ist die Wahrheit. Ich bin Gott, ich bin eins mit der Wahrheit... und trotzdem hält mich das nicht davon ab, auch ein Arschloch zu sein.“

Absolute Stille. Ich schäme mich ein bisschen, schließlich sehen die meisten hier im Raum Samarpan vermutlich eher als Gott denn als Arschloch, aber trotzdem geht mit folgendes durch den Sinn: ‘Wie schön. Das ist die ganze Wahrheit. Und auch von deren zweitem Teil kann ich leider (oder vielleicht glücklicherweise) ein Lied singen.’ Aber wie wunderbar, dass Samarpan offen dazu steht. Das ist schon verdammt cool!

Hamburg, 26. September 00

Kaum dass Samarpan Platz genommen hat, sagt er auch schon:

„Bevor ich euch heute frage, was bei euch los ist, möchte ich zunächst selbst erzählen, was bei mir die letzten 24 Stunden los war. Wie um zu beweisen, dass ich wirklich ein Arschloch sein kann, habe ich mich gestern Abend gleich nach dem Satsang als ein solches benommen. Und der arme Atman hat die ganze Ladung abbekommen. – Aber dann sagte er etwas, das tat weh. Offensichtlich beinhaltete seine Aussage irgend etwas Wahres. Und die ganze Nacht habe ich dann nichts anderes gemacht, als diesen Schmerz zu fühlen.“

Kurze Stille. Und ich denke: Oh, Samarpan: Welche Offenheit! Ich schmelze dahin...

„Schaut: Wenn wir ja zu dem Schmerz sagen und nicht in die Story gehen, enthüllt sich uns Weisheit. Und jeder Schmerz beinhaltet irgendeine Weisheit für uns, denn er weist uns auf irgendeine Anhaftung hin, und derjenige, dem wir diesen Schmerz ‘verdanken’, tut uns genaugenommen einen Gefallen. – Die Wahrheit ist: Ich bin kein Meister. Ich bin kein Lehrer. Ich bin überhaupt niemand. Und ich weiß überhaupt nichts. Hier ist einfach Frieden.“

Lange Stille. Wie kostbar dieser Moment, da Samarpan uns an seinem Prozess teilhaben lässt. Das schätze ich so ungemein an ihm, dass er dazu steht, hin und wieder noch in Storys hinein zu gehen.

„So, das war mein Bericht. Wie steht es mit euch?“, lädt Samarpan freundlich ein.

Stille. Und ich denke: 'Oh, Samarpan! Deine Offenheit und deine Ehrlichkeit wischen alle Trips, die ich je mit dir hatte, auf einen Schlag weg. Was bist du nur für ein wunderbarer Mensch!' – Und wenn ich ihn jetzt ansehe, wie er sich da in aller Bescheidenheit vor uns ganz 'nackt' zeigt, ist da einfach nur Liebe. Und der Wunsch, sich Dem immer mehr und noch mehr hinzugeben.

Hamburg, 29. September 00

Auf das Thema Karma angesprochen, antwortet Samarpan:

„Karma ist nur eine Vorstellung. Wenn du weißt, dass du niemand bist, dann gibt es auch kein Karma. Karma ist an jemanden gebunden, an das Vorhandensein von irgend jemand Bestimmten. Ist da niemand, ist da kein Karma. Und Hier IST niemand. – Schaut: Dieser Glaubensatz, dieses zentrale Programm in unserem Verstand: 'Ich bin jemand, bzw. ich bin dieser Körper'; das ist die Hauptwurzel all unserer Probleme, all unseres Leidens. Aber es ist nur eine Vorstellung. Durchtrennst du diese Wurzel, fällt der gesamte Baum. Während vieler Millionen von Leben angehäuftes Karma: 'popp' und weg. Kein Karma. – Das ist die Wahrheit: Hier gibt es kein Karma. Hier gibt es überhaupt nichts."

„Das ist lustig, Samarpan", shart jemand, „ich war neulich bei einer buddhistischen Veranstaltung, und der Vortragende behauptete, dass wir alle so viel Karma hätten und noch viele, viele Leben benötigen würden, um dieses ganze Karma wieder abzutragen. Während andere Teilnehmer im Raum aufgrund dieser Aussage ziemlich bedrückt dreinschauten, fragte ich den Redner, was denn wäre, wenn man erkennen würde, dass man gar nicht derjenige ist, der dieses Karma auf sich geladen hat. Der Vortragende schaute mich verdutzt an, überlegte einen Moment und sagte dann: 'Tja, also in dem Fall ist das ganze Karma weg.'"

„Wunderbar!", lacht Samarpan. „Ja! Das ist die Wahrheit. Erkenne einfach, dass du niemand bist und noch nie irgend jemand warst. All die früheren Leben... nur Träume. Und du hast nichts falsch gemacht. Du hast auch nichts richtig gemacht. Du hast überhaupt nichts gemacht. Du hast überhaupt noch gar nie irgend etwas gemacht! – Jesus sagte: 'All eure Sünden sind euch vergeben.' Das ist die Wahrheit. Es gibt keine Sünde. Es gibt kein Karma. Nicht wirklich. All das sind nur Vorstellungen und Konzepte im Verstand. Es gibt nur das, was Jetzt ist. Es gibt nur das, was Hier ist. Und du bist Das."

Hamburg, 1. Oktober 00

Tagsüber besuche ich Atman, der seit dem Zwischenfall vor ein paar Tagen nicht mehr zum Satsang gekommen ist. Jetzt frage ich ihn, was denn an diesem Abend eigentlich genau los war. Anscheinend hat Samarpan ihn wegen seiner Unzuverlässigkeit ziemlich angemacht, worauf ich mich an Atmans Stelle vermutlich schmollend in mein Schneckenhaus zurückgezogen hätte und tage-, wenn nicht wochenlang in der Story fest gehangen wäre: Der Meister hat mich 'falsch gemacht'. Was ist das für ein Scheiß-Meister?

„Und wie hast DU reagiert?", frage ich Atman.

„Als Samarpan mir sagte, ich wüsste überhaupt nichts, entgegnete ich ihm: 'Jetzt komm' mir bloß nicht auch noch mit deinem Guru-Trip!'"

Puuuh! Jungejunge! Ich würde nie wagen, etwas Derartiges zu Samarpan zu sagen. Mannomannomann!

Hengelo, 6. Oktober 00

Ankunft bereits am frühen Nachmittag, denn da Anja und ich die nächsten drei Tage ganz auf uns alleine gestellt sein werden, haben wir so einen größeren zeitlichen Spielraum für den ganzen Aufbau. Während ich die Technik übernehme, kümmert sich Anja um den Verkaufsbereich. Sowohl bei ihr als auch bei mir klappt alles bestens. Super! Und dann kommt auch noch Nirwana aus Hamburg zur Hilfe. Ihr Pflichtbewusstsein und ihre Opferbereitschaft sind schon enorm. Wenn ich im Gegensatz dazu mich ansehe: Ich könnte den ganzen Tag nichts tun. Und als ich Samarpan im heutigen Satsang zum wiederholten Mal sagen höre, dass er immer fauler und noch fauler wird, dann sehe ich gewisse Parallelen. 'Aber du bist der Schüler!', sagt ein Verstandesprogramm. 'Ich bin nicht der Schüler, ich bin niemand.' sagt ein anderes, und ein weiteres gibt zu bedenken: 'Gut, du magst zwar niemand sein, hast aber momentan die Rolle eines Schülers inne.' – Tja, wo er Recht hat, hat er Recht. Nichtstun darf bloß der Meister, oder? Ist das der Kompromiss, den ich eingehen muss, wenn ich an Samarpans Seite bleiben will? Wenn ich meine Energielosigkeit so ansehe, frage ich mich manchmal ja schon insgeheim, ob der Satz von Samarpan 'Das ist der Verstand, der die Wahrheit für seine Zwecke missbraucht.' auf mich und meine Faulheit zutrifft. Andererseits: Was ist Faulheit überhaupt? Ist dies nicht einfach nur ein Urteil des Verstandes über einen Zustand der Energielosigkeit? Unter Umständen in Bezug auf eine bestimmte Tätigkeit, die aus Verstandessicht ausgeführt werden sollte?

Hengelo, 8. Oktober 00

„Mache keine Kompromisse. Nie", sagt Samarpan im Satsang, und ich denke: Das passt wieder einmal zu meiner gegenwärtigen Situation. Keine Kompromisse? Schön und gut. Allerdings wirft das bei mir einige Fragen auf. Wie soll irgendeine Art von Beziehung funktionieren, ohne dass man sich hier und da nicht auch einmal auf einen Kompromiss einigt? Und wie sieht es mit der Beziehung zum Meister aus? Eigentlich gibt es ja weder einen Meister noch einen Schüler, sondern nur die Wahrheit. Und wie steht es mit der Beziehung der Rollen: Meister-Schüler? Wo ist die Grenze? Sich dem Meister, dem

Leben an der Seite des Meisters und den damit verbundenen Schmerzen (wie beispielsweise über den vollgeladenen Bus) völlig hinzugeben und alles einfach nur zu fühlen? Oder keinen Kompromiss zu machen und stattdessen zu sagen: 'Hier ist bei mir die Grenze erreicht! Ich will nicht...' usw.? Nur: WER will nicht? Der Verstand, oder? Es ist doch schlichtweg so: Im Moment bin ich hier bei Samarpan, und jeder Wunsch nach etwas Anderem kommt vom Verstand und den gilt es bekanntermaßen zu ignorieren. Oder? Wie auch immer, ich habe keine Vorstellung davon, was ich machen würde, wenn ich nicht mehr mitreiste. Auch ist der Wunsch nach Nicht-mehr-Mitreisen ja überhaupt nicht da. Das wäre ohnehin nur ein Wunsch nach einem Vermeiden der in letzter Zeit verstärkt auftretenden Schmerzen im Umgang mit dem Rest des Staffs, wobei ich das von meiner Seite durch eine gewisse Unlust gegenüber jeder Form von Arbeit, die ich 'ungewollt' an den Tag lege, mitverschulde. Worüber ich allerdings nur schwerlich hinwegkomme, ist, dass ich mich in diesem Punkt auch von Samarpan nicht hundertprozentig so angenommen fühle, so wie ich bin. – Was mein Dolmetschen anbelangt, bin ich nach wie vor mit ganzem Herzen dabei. Aber der Rest... na ja. Freundlicherweise hat sich Nirwana vor kurzem bereit erklärt, ab sofort sämtliche Kopieraufträge zu übernehmen, wofür ich ihr sehr dankbar bin. Eine Last weniger.

Köln, 9. Oktober 00

Immer wieder bekommt Samarpan Briefe geschickt, in denen die Leute ihm von ihrem Erwachen berichten und die er hin und wieder im Satsang vorliest. So auch heute. Als er geendet hat, bemerkt Samarpan:

„Wisst ihr“, sagt Samarpan, „Ich liebe diese Geschichten. Ich freue mich, wenn in eurem Leben mehr und mehr Frieden einkehrt. Das ist MEINE Freude. Und es ist mir eine Freude, wenn Ihr mich an eurem Prozess des Erwachens teilhaben lasst. Das ist der Dank: zu sehen, dass ihr in Frieden seid.“

10.

Ich habe keine größere Freude als die, zu hören,
dass meine Kinder in der Wahrheit leben.
(Johannes-Evangelium 3.4)

Köln, 11. Oktober 00

Kaum hat der Satsang begonnen und Samarpan ein paar einführende Worte gesagt, gehen einige bereits wieder, was Samarpan zu der Aussage verleitet:

„Wisst ihr: Für Leute, die an der Illusion festhalten, ist dies hier in der Tat ein sehr gefährlicher Ort. Denn ich werde euch alle Illusionen wegnehmen. All euer Leid.“

Köln, 12. Oktober 00

„Samarpan? Wozu brauche ich eigentlich den Meister noch, wenn ich die Wahrheit doch schon realisiert habe?“, dolmetsche ich die Frage eines langjährigen Satsang-Gängers und denke: Interessante Frage!

„Das weißt du nicht“, antwortet Samarpan. „Es ist nicht die Aufgabe des Schülers, den Zeitpunkt des Abschieds vom Meister zu bestimmen. Der Meister wird es dir sagen, wenn es soweit ist.“

Wie schön. Das fühlt sich für mich total stimmig an, und ich denke an den einen oder anderen, der in der Vergangenheit verkündete, er gehe jetzt nicht mehr zum Satsang, sondern mache stattdessen von nun an sein eigenes Ding. Außerdem sehe ich mich durch Samarpans Aussage der Verantwortung entbunden, selbst diesbezüglich eine Entscheidung treffen zu müssen, die mich möglicherweise in eine ‘unsichere’ Situation befördern würde. Und das fühlt sich doch sehr befreiend an.

Köln, 13. Oktober 00

Manche sind Samarpan gegenüber derart hingegeben, dass dies für einen Außenstehenden sicher ‘verdächtig’ aussehen muss, und selbst den hier Anwesenden drückt es manchmal die Knöpfe. So gerade, als jemand shart:

„Samarpan? Wenn ich sehe, wie sich manche dir zu Füßen legen, frage ich mich, ob mit mir etwas nicht stimmt, da ich selbst nicht das Bedürfnis danach habe.“

„Da ist nichts verkehrt“, lächelt Samarpan liebevoll. „Es ist perfekt. Als ich auf der Ranch in Oregon war, kam Osho jeden Nachmittag in einem Rolls-Royce zum ‘Drive-bye’. Und Tag für Tag säumten Hunderte von uns die Straße. Wir sangen und tanzten, musizierten..., aber an irgendeinem Punkt war ich dazu nicht mehr in der Lage. Ich kriegte meinen Hintern einfach nicht mehr hoch. Und natürlich dachte auch ich, mit mir sei irgend etwas verkehrt, wenn ich all die anderen bunten Gestalten sah, die wie wild vor Osho auf und nieder hüpften. Schließlich bekam ich einen Job als Wachmann in einem anderen Bereich der Ranch zugeteilt und war froh, jetzt einen Grund zu haben, nicht mehr zum Drive-Bye gehen zu müssen." Stille.

„Schau: Da ist nichts verkehrt. Es ist genau richtig. Du bist wunderschön. Kein Problem. Es ist ganz normal, was hier geschieht. Je mehr du in Liebe mit dem Meister in deinem Inneren fällst, desto mehr verblasst die Bedeutung des Meisters im Äusseren. Es ist wunderbar, was bei dir gerade vor sich geht. Ich habe dich jeden Abend hier beobachtet, und ich sehe den Frieden. Ich sehe den Frieden, den du lebst; dieser Frieden, der auch hier ist." Samarpan deutet auf sich. „Du hast diesen Frieden. Da fehlt es an nichts."

Stille. Und beide verabschieden sich mit Namasté: sehr berührend; wie schön.

Köln, 15. Oktober 00

Hin und wieder werde ich gefragt, ob Samarpan nicht ein Buch geschrieben hat und muss leider immer verneinen. Doch heute Morgen beim Frühstück kommt mir eine Idee, die ich mittags an Samarpan herantrage:

„Samarpan? Du schreibst doch so viele wunderschöne Briefe. Könnte man die nicht zu einem Buch zusammenfassen?" Samarpan schaut interessiert, und ich fahre fort: „Ich hätte auch schon einen Titel: 'Letters to my friends – Briefe an meine Freunde.'"

„Eine gute Idee, Rama. Nur stellt sich auch hier wieder die Frage: Wer macht es? – Du?"

Huuua, so war das nicht gemeint. Denn meine Energie ist bezüglich solcher Dinge nach wie vor auf dem Nullpunkt...

Köln, 16. Oktober 00

„Samarpan", fragt jemand im Satsang, „es liegt doch alles in der Stille. Warum dann all die Worte? Warum sitzen wir nicht einfach in Stille hier beisammen?"

„Ja... Bei Gangaji fing jeder Satsang mit 15 Minuten Stille an. Das habe ich allerdings immer als eher unangenehm erlebt. – Schaut: Die Zeit ist einfach noch nicht reif, um nur in Stille zusammen zu sein, aber du brauchst nicht auf meine Worte zu hören. Alle Worte sind nur dazu da, um den Verstand zur Ruhe und dich nach Hier zu bringen. Wenn du Hier bist: Wunderbar. Dann höre einfach nicht auf meine Worte. Und das empfehle ich jedem, der sich durch meine Worte gestört fühlt. Hört auf die Stille, es gibt nichts Schöneres."

Köln, 17. Oktober 00

„Wie erwache ich?", fragt jemand unschuldig, und Samarpan lächelt verschmitzt:

„Treib dich einfach eine Zeitlang um mich herum, und du wirst überhaupt nicht in der Lage sein, weiter zu schlafen. Das ist schlichtweg nicht möglich."

Der ganze Raum bricht in Lachen aus, und ich denke: 'So verrückt es klingen mag: Irgendwie ist es die Wahrheit.' – Und so wie der Typ und Samarpan sich jetzt anstrahlen, würde mich nicht wundern, wenn bei ihm gerade der Groschen gefallen sein sollte.

Köln, 18. Oktober 00

Ich werde zu Samarpan gerufen, und der teilt mir mit, dass sich der Staff fortan selbst um die Produktion der CDs kümmern soll.[25] Schluck! Da ich befürchte, dass die ganze Arbeit wieder an mir hängen bleibt, frage ich Samarpan, ob wir nicht eine Person aus dem Satsang damit beauftragen könnten; jemanden, der selbst viel Tagesfreizeit hat und es wahrscheinlich gerne kostenlos übernehmen würde. Doch Samarpan hält das für keine gute Idee, was bedeutet: Der Bus wird wieder um ein ganzes Stück voller. Denn wenn wir die CDs jetzt selbst produzieren sollen, brauchen wir neben dem CD-Brenner, den Samarpan bereits organisiert hat, zusätzlich noch ein CD-Abspielgerät sowie Mengen von leeren CDs, und ich merke, dass das Wohnmobil damit bis zu dem Punkt voll gestopft ist, an dem bei mir jetzt eine Grenze überschritten wird. Als ich jedoch versuche, Samarpan behutsam auf die leidige, für mich grenzwertige Situation hinzuweisen und ihn frage, ob ich mich nicht so langsam nach einem gebrauchten, etwas größeren Transporter umsehen sollte, stosse ich bei ihm auf taube Ohren.

„Ein gebrauchtes Fahrzeug zu kaufen, macht keinen Sinn", erklärt Samarpan mir. „Und für ein neues ist kein Geld da. Außerdem möchte ich – solange Du die Gepäckbox nicht verwendest, die ich Dich vor zwei Jahren für teures Geld habe kaufen lassen – nichts mehr davon hören."

Autsch! Tja, die Box habe ich zugunsten eines Fahrradträgers in Stuttgart gelassen, was den Vorteil hat, dass Anja und ich in den Städten nicht auf öffentliche Verkehrsmittel angewiesen sind. Verdammt; da werde ich mich wohl zwischen zwei Übeln für das kleinere entscheiden, in den sauren Apfel beißen und den 'Voller-Bus'-Schmerz einfach fühlen müssen. Und so fühle ich mich den ganzen Abend über ziemlich hilflos und schwach und ausgeliefert... lauter Gefühle, die ich gar nicht gerne habe. Mist!

25 Obwohl Abhijat nicht mehr mitreiste, brannte er bis zu diesem Zeitpunkt noch unsere ganzen Satsang-CDs; mittlerweile sieben an der Zahl.

Köln, 19. Oktober 00

Nach dem heutigen Satsang heißt es gegen 22 Uhr wieder: Einpacken. Stück für Stück nehme ich im Bus stehend in Empfang und verstaue alles, so gut es geht. Mein Gott, ist der Bus jetzt voll! Bei diesem Anblick zieht sich alles in mir zusammen. Gleichzeitig weiß ich: Alles ist subjektiv und von dieser Warte aus betrachtet, würde sogar noch mehr hineinpassen, weshalb der Rest des Staffs – abgesehen von Anja, die die Entbehrungen ja auch zu spüren kriegt – nur wenig Verständnis für mein Leiden aufbringt. Ich versuche zwar, in Frieden mit dem Schmerz zu sein und meine Träume und Vorstellungen diesbezüglich loszulassen, aber so richtig gelingt mir das nicht... es fühlt sich einfach verdammt schwer an, wie eine große Last. Und abermals hänge ich Erinnerungen an die 'gute, alte Zeit' nach... ach ja.

Köln/Marl, 20. Oktober 00

Im Moment ist mir nicht nur zum Kotzen zumute, sondern ich muss mich auf dem Weg nach Amsterdam – wo Satsang heute Abend weitergeht – auf dem Standstreifen der Autobahn auch mehrfach übergeben. Danach bin ich wieder für ein paar Minuten relativ fit, doch urplötzlich kommt der nächste Schub, also Warnblinker einschalten, rechts ran und so schnell wie möglich raus..., und Anja geht es auch nicht viel besser. In diesem Zustand können wir unmöglich nach Amsterdam fahren. Daher biegen Anja und ich in Richtung Marl ab, wohin die telefonisch herbeigerufenen Kira und Viramo ebenfalls kommen, den Bus mit dem ganzen Equipment übernehmen und ohne lange Umschweife nach Amsterdam weiterfahren. Den CD-Brenner habe ich noch schnell ausgeladen, da wir dringend neue CDs benötigen und die anderen in Amsterdam wohl kaum Zeit dafür haben werden.

Amsterdam, 20. bis 22. Oktober 00

... findet ohne uns statt. Dafür proben wir neben unserem Krankenlager das CD-Brennen, was sich ziemlich hinzieht, da der Durchlauf allein einer einzigen beschissenen CD knapp 70 Minuten dauert!!! Das heißt, selbst wenn man von früh bis spät daran arbeitet, kriegt man pro Tag höchstens zehn Stück fertig! Und das auch nur, wenn man das Haus nicht verlässt. Na, 'zum Glück' bin ich ohnehin krank. Fuck!

Stuttgart, 26. Oktober 00

Die ganzen letzten Tage lief unser neu angeschaffter CD-Brenner in jeder freien Minute, so dass wir jetzt einen großen Karton voller fertiger Exemplare haben. Und da es morgen in die Schweiz geht, wo alles etwas teurer ist, haben wir noch einen zweiten großen Karton mit lauter leeren CDs dabei. Der Bus ist jetzt so voll, dass sich die Schränke mit unseren Privatsachen nicht mehr ohne weiteres öffnen lassen. Zunächst muss immer irgendein Ausrüstungsgegenstand zur Seite geräumt oder ganz ausgeladen werden; es ist echt zum Kotzen.

Stuttgart, 27. Oktober 00

Mittagessen bei meinen Eltern: oh, Mann, diese Verstände! Ich kann sagen, was ich will. Alles wird anders interpretiert. Das Beste ist wirklich, ich sage überhaupt nichts mehr und liebe sie einfach, wie sie sind; mit all ihren Sorgen und Ängsten. Schließlich ist dies ja ein Zeichen ihrer Liebe; das ist deutlich zu sehen. Und außerdem sind es ja gar nicht meine Eltern, die mich attackieren, sondern nur deren Verstand. Ich glaube, wenn ich diese Unterscheidung mache, fällt es mit noch leichter sie zu lieben beziehungsweise dann ist da einfach Liebe.

Stuttgart/Bern, 29. Oktober 00

Nach dem Frühstück heißt es, wieder alles in den Bus einräumen, denn nach wie vor müssen die teuren technischen Satsang-Geräte wie Mischpult usw. auf Samarpans und Margas Geheiß hin aus Sicherheitsgründen über Nacht ausgeladen werden. Und jedes Mal leide ich bzw. fühle den Schmerz. Dieser volle Bus geht wirklich gegen jede meiner Vorstellungen von einem ordentlichen geräumigen Zuhause. Wenn ich auf dem Fahrersitz sitze und mich nach hinten umdrehe, sehe ich keine Polster mehr, sondern nur noch Berge von Material. Es ist echt voll zum Kotzen!

Bern, 30. Oktober 00

Wir haben das Herrichten des Satsang-Raumes noch nicht beendet, als Kira mich um einige CDs bittet, die sie verschenken oder zu Geschäften bringen will.

Na, großartig! Werde morgen wohl gleich wieder mit der Produktion beginnen. Irgendwie fühle ich mich wie der Trottel vom Dienst, da helfen alle schönen Satsang-Sprüche nichts.

Bern, 31. Oktober 00

Anja und ich verbringen fast den ganzen Tag damit, CDs auszupacken, die Papiercover zu entfernen, die CDs zu brennen, währenddessen die Satsang-CD-Cover zurecht zu schneiden, in die Hülle einzupacken und so weiter und so fort. Selbst wenn ich das Haus einmal für kurze Zeit verlasse, sind die CDs in meinem Kopf allgegenwärtig. Es ist zum Kotzen! Und wenn ich an meinen ersten Aufenthalt hier in Bern zurückdenke, als ich tagsüber noch ausgiebig spazieren gehen oder sogar einen Ausflug in die Berge machen konnte... bin ich natürlich alles andere als im Moment, aber mit der Tagesfreizeit scheint es ab nun ein für alle Mal vorbei zu sein. Scheiße!

Vor dem Abend-Satsang frage ich Kira, ob sie mir beim Brennen der CDs eventuell helfen könnte. Doch die will nichts damit zu tun haben, da sie schließlich eine Unmenge an Arbeit bei der Erstellung der Master-CDs aufgewendet habe und es jetzt als meinen Job ansieht, mich um das Brennen zu kümmern. Mmh, so ganz stellt mich das nicht zufrieden, denn bestimmt hatte sie bei ihrer Arbeit einigen Spaß, sonst hätte sie es doch nicht gemacht, oder? Und ich darf mich jetzt um den Rest kümmern, egal, ob ich will oder nicht? Na ja, da sie auf Konfrontation eingestellt zu sein scheint, und ich keine Chance sehe, mit ihr zu reden, behalte ich meine Gedanken für mich und habe – berechtigt oder nicht – den Eindruck: Die ganze Arbeit bleibt mal wieder an mir hängen. Von Teamgeist ist nichts mehr zu spüren, jeder scheint sein eigenes Ding zu machen. Es ist absolut zum Kotzen.[26]

Bern, 1. November 00

Und wieder ein CD-Tag; grummel.

„Es ist solch ein großer Unterschied", sagt Samarpan abends im Satsang, „ob wir vom Verstand aus schauen, oder ob wir von der Stille aus schauen. Eine ganz andere Perspektive."

Stille. Und ich denke: FUCK!!!

Bern, 2. November 00

Habe vor dem Satsang erneut Stress mit Kira, denn sie will schon wieder einige CDs für sich privat, was einen ganzen Tag extra Arbeit am CD-Brenner entspricht und in mir die Vorstellung auslöst: Ich gebe, gebe, gebe und kriege nichts zurück. Doch als ich einen Versuch starte, mit ihr darüber zu reden, bügelt sie mich voll nieder. Und nicht nur das! Eine halbe Stunde später beschwert sie sich sogar noch im Satsang, dass ich nicht das mache, was man mir sagt, und das kotze sie an! – Na prima! Und jetzt schaut auch noch Samarpan – genervt, wie es scheint – zu mir herüber und sagt:

„Ja, es kotzt mich auch an."

Während sich unsere Blicke ineinander festsaugen, dolmetsche ich brav und denke: 'Gut! Dann! Fühle! Dich! Gefälligst! Angekotzt! Siehst du denn nicht, dass ich nichts tue? Siehst du denn nicht, dass hier niemand ist, der irgend etwas tut?' – Fuck! Aber vielleicht geht es ja gerade genau darum: Für mich immer wieder zu erkennen, dass auch Samarpan nichts 'tut', wenn er mich anmacht,

26 Anmerkung von Kira: Mir scheint, dass es ganz gewiss von Ramas Seite her an Teamgeist mangelte, da er am liebsten immer weniger tun, immer weniger „Teamplay" haben wollte. Im Grunde wollte Rama einfach dolmetschen, und das wäre für mich in Ordnung gewesen. Doch Samarpan wollte eine Crew haben, die zusammenarbeitet, ohne dass jemand komplizierte Erklärungen abgibt, warum er nichts tut, so wie Rama es oft machte.

genauso wenig wie Kira oder sonst jemand wirklich irgend etwas 'tut'. Dass Samarpans 'Tun' (mich nicht zu akzeptieren) auch (von mir) akzeptiert werden will bzw. letzten Endes akzeptiert werden MUSS. Denn genaugenommen ist ja auch dort niemand, der irgend etwas tut bzw. überhaupt tun könnte. Aber verdammt: Was mich aufregt ist, dass er von Akzeptanz spricht und mich wieder und wieder dafür anmacht, wie ich bin. Jedoch: Vielleicht nehme ich als Staff-Mitglied ja auch eine andere Rolle als die normalen Satsang-Besucher ein und wenn er mich zur Schnecke macht, geschieht dies nicht von Meister zu Schüler, sondern von Chef zu Untergebenem? Ich weiß es nicht. Jedenfalls rechne ich es ihm sehr hoch an, dass er nicht an diesen Dingen festhält. Im Gegensatz zu mir, der ich unter Umständen manchmal wochenlang in einer Hass-Story stecken bleibe. Trotzdem habe ich da einen Vorbehalt, ein Urteil: die Vorstellung, dass ein Meister nichts und niemanden verurteilen und anmachen darf bzw. anmachen sollte.

Aber Moment mal: Ist das überhaupt ein Urteil, wenn er sagt: 'Es kotzt mich an.'? Oder bin ich gerade wieder einmal der Einzige, der hier wild in der Gegend herum verurteilt? – 'Rama, Rama: Halte die Klappe und sei still!', denke ich, wenngleich es mir doch extrem schwer fällt, nicht an der Story 'Samarpan und Kira haben sich gegen mich armen Unschuldsengel verbündet' festzuhalten. Denn energetisch weiß ich seinen Blick und seinen Tonfall einfach nicht anders zu deuten, als dass er durchaus ein Urteil über mich und mein Verhalten hat. Voll zum Kotzen! Denn nicht nur, dass ich mich mit der CD-Geschichte vollkommen alleine gelassen fühle, es sieht außerdem so aus, als dürfe ich Samarpan fortan überhaupt nicht mehr mit irgendwelchen Anliegen, was Mithilfe bei der Arbeit anbelangt, kommen. Offensichtlich ist er der Ansicht, ich sei noch lange nicht ausgelastet. Scheiße! Scheiße! Scheiße!

Bern, 3. November 00

Verbringe den Tag mit dem Brennen der CDs und bin voll in der dazugehörigen Story. Scheiße! Ich versuche mir zwar immer wieder zu sagen, dass es letzten Endes auch hier wohl wieder einmal nur darum geht, den Schmerz, den Frust, die Trauer, die Aggression, den Hass einfach zu spüren... aber vergeblich. Ich weiß einfach nicht, wie ich mit dieser beschissenen Situation in Frieden sein soll, denn nach der gestrigen Szene sehe ich im Moment überhaupt keine Chance, dass sich in absehbarer Zeit daran etwas ändern lässt. Es ist absolut zum Kotzen.

Bern, 4. November 00

Nach einem weiteren 'CD-Tag' shart im heutigen Abend-Satsang jemand, dass er immer wieder Schwierigkeiten mit seinem Chef hat, und ich denke: Na, das passt mal wieder.

„Schau“, antwortet Samarpan ihm, „Er ist der Chef, und du bist der Angestellte. Sei du der Angestellte! Probleme gibt es, wenn wir aus unserer Rolle fallen. Es ist nicht deine Aufgabe, es ist nicht die Aufgabe des Angestellten, die Entscheidungen oder die Anweisungen des Chefs zu kritisieren oder in Frage zu stellen. Sei du der Angestellte, selbst wenn der Chef es in deinen Augen falsch macht.“

Kurze Stille. Und der Gedankengang bezüglich der Möglichkeit, dass nicht ich gerade etwas falsch mache, sondern eventuell mein Chef, lässt mich bzw. meinen Verstand etwas entspannen. Aber trotzdem: Die (vermeintlichen) Trips des Chefs ausbaden... puh, ich weiß nicht, ob ich damit in Frieden sein kann...

„Sei du der Angestellte“, fährt Samarpan fort, „und respektiere den Chef als den Chef. Du musst ihn nicht lieben. Aber wenn er dir etwas in Auftrag gibt, dann führe dies aus, so gut du kannst. Das ist ein guter Angestellter. So gibt es keine Probleme.“

Stille. Und ich denke darüber nach, wie oft und inwiefern ich – so gesehen – manchmal aus meiner Schüler-Rolle falle. ‘Aber du bist kein Schüler!’, sagt ein Verstandesprogramm. ‘Das ist die Wahrheit!’, sagt ein weiteres. ‘Wir sind hier schließlich im Satsang!’, fügt ein drittes hinzu. Gott!!! Hilfe!!!

Bern, 5. November 00

Heute mal wieder ein ‘freier’ Tag!!! Wie schön!!! Doch trotzdem lastet die Story schwer auf mir, weil ich mehr und mehr das Gefühl habe, mit der CD-Sache wirklich ganz alleine dazustehen. Anja hilft mir zwar, wo sie kann, aber die Verantwortung liegt, soweit ich das sehe, doch voll und ganz auf meinen Schultern. Und so wie ich die Situation im Moment wahrnehme, darf ich Samarpan damit nicht mehr kommen, denn sollte ich mich diesbezüglich nochmals an ihn wenden, käme dies aus seiner Sicht wahrscheinlich einer Arbeitsverweigerung gleich, was vermutlich zu einer sofortigen Entlassung führen würde... Und das will ich schließlich nicht. Schluck! Also habe ich wohl keine andere Wahl als ‘Augen zu und durch’...

Basel, 6. November 00

Basel! Da wir die ganze Woche keine Musiker hier haben werden, wird es nur CD-Musik geben, sofern Samarpan es wünschen sollte. Mir persönlich würde einfach nur Stille am Anfang des Satsangs genügen, aber wer weiß. Einfach mal abwarten. – Ein halbe Stunde vor Beginn des Satsangs trudeln die ersten Gäste ein und nehmen Platz. Stühle werden geräuschvoll hin und her geschoben, neue Leute kommen, hier und da wird leise geflüstert und obwohl auf mehreren Schildern um Stille gebeten wird, ist es im Moment alles andere als still. Vielleicht wird es ja besser, wenn Samarpan kommt.

Gegen halb acht Uhr kommt er, nimmt Platz, und wir sitzen in Stille da. Ungewohnt. Und im Vergleich zu Hengelo habe ich jetzt den Eindruck, dass es total unruhig ist. Die Leute kommen von dem ganzen Vor-Weihnachtstrubel hier herein, und ein bisschen Hintergrundmusik zu Beginn würde meiner Einschätzung nach durchaus dazu beitragen, ihren Verstand etwas zu beruhigen.

Basel, 7. November 00

Abends, eine halbe Stunde vor Satsang-Beginn, lege ich eine unserer Satsang-Musik-CDs ein, und – im Gegensatz zu gestern – kehrt nun recht schnell Ruhe unter den Gästen ein. Schön. Und auch als Samarpan kommt, lasse ich sie weiterlaufen, wobei ich mir jetzt etwas unsicher bin, ob dies wirklich stimmig ist. Offensichtlich ist dem nicht so, denn nach dem Satsang kriege ich zu hören, dass Samarpan keine CD-Musik haben will. – Gut, denke ich, soll mir auch recht sein.

Basel, 8. November 00

Als die ersten Satsang-Gäste eintreffen, lasse ich wieder Musik laufen und als Samarpan eine halbe Stunde später am Satsang-Raum vorbeikommt und nach hinten zur Garderobe geht, blende ich sie langsam aus. Kurz darauf kommt Nirwana auf mich zu geeilt und sagt mir, dass Samarpan absolut stocksauer ist, weil ich trotz seiner gestrigen Anordnung Musik laufen lasse. Und sofort werde ich ebenfalls stocksauer. Wie immer, wenn ich mich von Samarpan verurteilt fühle. Doch gleichzeitig ist da auch Angst. Was jetzt? Soll ich es auf sich beruhen lassen? Oder zu ihm gehen, auf die Gefahr hin, dass er mir den Hals abreißt, gerechtfertigt oder ungerechtfertigt? Scheiße, ich hasse so etwas.

Nach kurzem Überlegen schleiche ich unsicher zu Samarpan in die Garderobe, doch zunächst will er erst gar nichts hören. Er scheint echt stocksauer zu sein; fuck! Da ich jedoch aus Erfahrung weiß, dass, wenn wir derart auseinandergehen, die Stimmung dann tagelang wieder sehr ungut zwischen uns beiden sein wird, lasse ich dieses Mal nicht locker und so gehen wir schließlich in einen Nebenraum, wo ich Samarpan sage, dass es sich nur um ein Missverständnis handelt.

„Schau Samarpan: Für mich ist es vollkommen in Ordnung, überhaupt keine Musik zu haben. Ich bin bereit, es ganz genau so zu machen, wie du es willst. Schließlich ist es mir persönlich egal, ob da Musik ist oder nicht: Ich bin so oder so in Frieden. Nur hatte ich dich gestern eben so verstanden, dass du erst ab dem Moment, wenn du den Raum betrittst, keine Musik mehr haben willst..."

„Lasse uns später darüber reden", sagt Samarpan, der scheinbar kurz davor ist zu explodieren. Mannomann! Zu zweit gehen wir in den Satsang-Raum. Er nimmt auf seinem Stuhl Platz und schließt die Augen. Ich nehme wie üblich zu seinen Füßen Platz und schließe ebenfalls die Augen. Es fühlt sich gut an. Bei mir ist zwar immer noch Angst und Genervtsein, aber was zu tun mir wichtig war, habe ich getan: Samarpan zu sagen, dass es sich nur um ein Missverständnis handelt und ihm meine Beweggründe aufzuzeigen, die dafür sprechen, Musik zumindest so lange zu haben, bis er kommt. Jetzt soll er entscheiden, wie er es haben will. Mir ist es gleich.

Dann beginnt der Satsang, und Samarpan ignoriert mich völlig. Offensichtlich ist er immer noch genervt, weil er dachte, ich würde mein eigenes Ding machen. Und auch ich bin immer noch genervt; genervt darüber, dass er mich offenbar falsch verstanden und ein Urteil über mich und mein Verhalten hat. Genervt darüber, dass er offenbar auf mich projiziert, ich würde es absichtlich anders machen, als er es will. Nur: Aus welchem Grund nur sollte ich dies tun? Schon komisch.

Lange Stille-Phasen im Satsang. Und ich merke: Einerseits kotzt es mich an, dass Samarpan mich nicht wirklich zur Sau gemacht hat, sondern ganz bei sich ist und die vorhandenen Gefühle einfach nur fühlt. Denn hätte er sich so verhalten, würde mein Verstand jetzt wieder in der Story schwelgen (können), was er doch für ein Scheiß-Meister ist; randvoll mit Urteilen. Und nun, da Samarpan sich entsprechend der Vorstellung meines Verstandes in Bezug auf einen Ideal-Meister verhält, ist es ihm auch nicht recht. Schon verrückt! Aber genaugenommen schätze ich es dann doch schon sehr wert und rechne es Samarpan verdammt hoch an, wenn er im Moment die durch mich ausgelöste Aggression einfach nur fühlt, ohne sie auf mich zu 'werfen'. Alle Achtung!

Im Lauf des Satsangs schwindet mein Genervtsein allmählich, und ich glaube seines ebenfalls. Puuuh, ich atme auf und bin gespannt, ob und – falls ja – was er zur Musik-Situation sagen wird. Doch ich muss bis ganz zum Schluss des Satsangs warten. Erst nach dem Namasté, fragt er in die Runde, wie die Leute die Musik am Anfang empfinden. Kopfnicken und zustimmendes Gemurmel.

„Okay", sagt Samarpan. „Dann machen wir es so, dass wir bis zu meinem Eintreffen leise Musik haben und der Verstand entspannen kann und ab dann in Stille zusammen sitzen."

'Also genau so, wie ich es gemacht habe', grinst hämisch mein Verstand, doch ich ignoriere ihn weitmöglichst. In diesem Moment zwinkert Samarpan mir zu, ich zwinkere Samarpan zu. Alles ist wieder wie weggewischt, und da ist nur noch Liebe. Warum kann es nicht immer so sein?

Basel, 11. November 00

„Samarpan, ich würde gerne einen Bericht abgeben", strahlt jemand im Abend-Satsang. „Ich habe jetzt keinen tollen Job mehr, ich habe keine Freundin mehr, viele meiner Freunde wollen nichts mehr mit mir zu tun haben... aber das

ist mir alles nicht mehr wichtig. Ich bin einfach in Frieden mit dem, wie es ist."
Und wie so oft bei derartigen Berichten kommentiert Samarpan auch diesen schlicht mit nur einem Wort:
„Beautiful. – Wunderschön."

Basel, 12. November 00
Es ist unmöglich zu beschreiben, wie ergreifend es immer wieder ist, wenn jemand 'nach Hause' kommt. Aber heute finde ich es besonders rührend, als Samarpan zu demjenigen sagt, der immer noch mit tränenüberströmtem Gesicht bei ihm vorne sitzt:
„Schau: Das ist die Geschichte vom verlorenen Sohn. Es ist deine Geschichte, die Geschichte von uns allen. Millionen Leben haben wir uns in der Illusion amüsiert, und in dem Moment, da wir wieder zurück zum 'Vater' kommen, gibt es ein großes Fest. Keine Vorwürfe, keine Beschuldigungen,... nichts. Nur Freude über die Rückkehr. Nur Akzeptanz. Das Göttliche ist so geduldig mit uns. Es hat all die Jahre darauf gewartet, dass wir ihm die Türe öffnen; so geduldig, dass es nicht einmal angeklopft hat. Aber in dem Moment, wenn wir ihm unsere Aufmerksamkeit zuwenden, ist es da. Solch eine Gnade. Osho sagte: 'Wenn du einen Schritt auf Gott zu machst, macht Gott neunundneunzig Schritte auf dich zu.' Das ist die Wahrheit."
Samarpan und sein Gast fassen sich an den Händen und sitzen lange in Stille einfach nur da. Sooo berührend.

Basel/Zürich, 13. November 00
16 Uhr, Zeit für das übliche 'Erster-Abend-Aufbau'-Spiel. Während ich alles aus dem Bus auslade, trägt der Staff ein Teil nach dem anderen in den Satsang-Raum. Und immer wieder lauern Überraschungen: Kein Strom, zu wenig Stühle, kein Toilettenpapier und, und, und. Stress! – Im Satsang fragt jemand:
„Samarpan? Wenn wir sowieso alle schon erwacht sind, gibt es dann eigentlich überhaupt irgendeinen Grund, zum Satsang zugehen?"
„Nein", antwortet Samarpan lächelnd. „Es gibt aber auch keinen Grund, nicht zum Satsang zu kommen."

Zürich, 15. November 00
„Wisst ihr", sagt Samarpan nach einer langen Stille-Phase im heutigen Satsang, „Ich möchte keine Diener um mich herum haben. Ich möchte Euch stark machen. Ich möchte Euch Eure eigene Stärke zeigen, Euch zu Eurer eigenen Stärke führen. Ich möchte Euer Freund sein. Niemand, zu dem man aufschaut. Niemand, vor dem man sich zu Boden wirft. In Ramanas Ashram lagen ihm alle zu Füßen. Nur einer verhielt sich anders. Wenn Ramana ihn besuchte, erhob er sich nicht einmal, sondern ging einfach seiner momentanen

Tätigkeit nach. Das ist ein Freund. So jemanden besucht man gerne; von Buddha zu Buddha."

Wunderschöne Stille.

Zürich, 18. November 00

Im Satsang geht ein verlegen aussehendes junges Mädchen nach vorne und sitzt ganz unsicher bei Samarpan.

„Ich bin so unheimlich schüchtern", flüstert sie so leise, dass man sie kaum versteht. Und Samarpan mit alle seiner Liebe erwidert:

„Hier sind wir alle schüchtern, im Angesicht der Wahrheit. Da ist nichts verkehrt. Die Wahrheit ist so Ehrfurcht gebietend."

Stille. Beide sehen sich an. Das Mädchen fühlt sich offensichtlich total angenommen mit ihrer Schüchternheit, wegen der sie andernorts wahrscheinlich oft Schwierigkeiten hat. Nun reicht Samarpan ihr die Hand und für ein paar Minuten sitzen beide einfach händchenhaltend da, während der ganze Raum von Liebe und Akzeptanz erfüllt ist. – Totale Stille.

Lindau, 22. November 00

Das CD-Brennen belastet mich psychisch mehr, als es eigentlich Arbeit an sich ist. Aber spätestens nach 70 Minuten werde ich durch meinen Wecker an das Einlegen einer neuen CD wieder daran erinnert. Stöhn! Ich fühle mich total ausgepowert, was ganz sicher mit meiner Vorstellung zu tun hat, dass die anderen vom Staff in diesen satsangfreien Tagen auf der faulen Haut liegen. Und sollte meine Samarpan-Mitreise-Zeit eines Tages vorbei sein, ist dies exakt das, was ich dann auch erst einmal einige Wochen machen werde: Absolutes Nichtstun. Zumindest stelle ich es mir so (schön) vor.

Freiburg, 24. November 00

„Samarpan", shart jemand im Satsang, „Ich war auch auf der Ranch in Oregon. Und mir hat es total weh getan, als es zu Ende ging."

„Ja, vielen von uns mag es so gegangen sein. Auch ich hatte die Vorstellung, dass ich den Rest meines Lebens dort bleiben würde. Aber nichts ist für immer. Alles geht vorüber. – Schau: Es war nur ein Spiel. Und es trug den Namen: 'Wir bauen eine Stadt.' Und es war phantastisch; solch ein Spaß! Nur damit Osho mit seinen Rolls-Royces eine Runde drehen konnte, bauten wir ihm eine Autobahn in die Berge. Nicht, dass sie irgendwo hinführte, sondern einfach nur aus Spaß. Es war ein großartiges Spiel. Aber wie jedes Spiel nahm auch dieses Spiel ein Ende. – Alles hat ein Ende. Jede Sache, jedes Ding, das einen Anfang hatte, wird auch ein Ende haben. Diese Körper, selbst das Universum... hatte einen Anfang und wird ein Ende haben. – Finde das, was kein Ende hat!"

Stille. Und ich denke: Solch ein Geschenk, immer wieder er-innert zu werden.

„Kann ich noch einmal etwas zu Oregon fragen, Samarpan?“, fragt da jemand anderes. - „Natürlich.“

„Im Nachhinein fand ich die Zeit dort furchtbar...“ Der Fragende fängt an zu weinen.

„Okay. Halte jetzt gerade einmal inne. Fühle diesen Schmerz. Das ist wunderbar.“

Der Fragende weint ein bisschen vor sich hin, wird nach und nach ruhiger. Schließlich fragt Samarpan:

„Ist Hier irgend etwas verkehrt?“ - „Nein.“

„Das ist die Wahrheit. Alles andere ist die Story, die Geschichte. – Weißt du: Als es mit der Ranch vorbei war, habe auch ich von anderen zu hören bekommen, dass sie die ganze Zeit als schrecklich empfunden haben. Und ich konnte es nicht verstehen. Für mich waren dies die tollsten Jahre meines Lebens. Aber du hast Recht: Es ist eine Sache der Wahrnehmung. Vor vielen Jahren lebte ich mit einer Freundin weit draußen auf dem Land in totaler Einsamkeit. Und während ich es vollkommen genoss, lamentierte sie die ganze Zeit nur herum. Aber so ist es einfach. Um genießen zu können, was ist, muss man all seine Urteile fallen lassen und einfach in Frieden mit dem sein, was gerade Hier ist.“ Samarpan schmunzelt:

„Sei einfach Hier.“

Freiburg, 26. November 00

Samarpan spricht über Nichttun. Nicht Nichts-Tun, sondern Nicht-Tun.

„Aber du machst doch auch etwas!“, wendet jemand ein.

„Ich mache überhaupt nichts. Dies alles...“ Samarpan deutet auf seinen Stuhl, seinen Blumentisch, den schön hergerichteten Raum, „wird von anderen für mich gemacht.“

Damit deutet er auf den Staff, und ich denke: ‘He! Hallo!! Wie passt das denn damit zusammen, dass in Wahrheit niemand irgend etwas tut?’ – Shit! Diese Aussage von Samarpan löst in mir ein ziemlich ungutes Gefühl aus, da ich den Auf- und Abbau sowie das Herrichten des ganzen Raumes nicht gerade als Spaß empfinde und nicht im ‘No-mind’ bin. Für mich ist das durchaus ein Tun... Andererseits kann ich das schlecht Samarpan zum Vorwurf machen. Wenn ich hier etwas ‘tue’, ist es genaugenommen meine eigene Entscheidung, etwas zu tun, anstatt einfach nichts zu tun. Allerdings: Warum tue ich, wenn mir eigentlich nach Nicht-Tun zumute ist? Solidarität mit blablabla, oder weil Samarpan blablabla, Erwartungshaltung blablabla, Meister blablabla, Schüler blablabla, Stiersbach 98 blablabla, ‘Wenn du nicht tust, was ich dir sage...’ blablabla – und so weiter und so fort. Ich merke, dass ich mal wieder total projiziere; schrecklich und zum Kotzen, dass auch ich nicht davor gefeit bin, wo ich mich doch über die Projektionen anderer auf mich regelmäßig ärgere und Urteile habe... Aber: What to do?

„Just feel the pain." - „Fühle einfach den Schmerz", dolmetsche ich Samarpans Worte der Wahrheit in diesem Moment mehr für mich selbst als für irgend jemand anderen.

„Again and again and again." - „Wieder und wieder und wieder."

Stuttgart, 5. Dezember 00

Mittagessen bei meinen Eltern. Richtig harmonisch. Je mehr ich entspanne, desto mehr scheinen auch sie zu entspannen, auch wenn sie mich nach wie vor nicht wirklich verstehen (können). – Als ich erwähne, dass Anjas Fahrrad defekt ist, bietet mein Vater sofort an, auf seinen Mittagsschlaf zu verzichten und uns bei der Reparatur zu helfen. Wie unglaublich lieb! Also machen wir drei uns wenig später gemeinsam an die Arbeit, und wenn ich sehe, mit wie viel Liebe er sich regelrecht in die Arbeit hineinkniet, tut es mir in der Seele weh, wenn ich daran denke, wie häufig ich übersehe, dass er mich sehr, sehr liebt.

München, 11. Dezember 00

„Samarpan", fragt jemand im Satsang, „was ist eigentlich mit Schuld?"

„Es gibt keine Schuld. Du hast noch nie irgend etwas getan."

„Ja, aber Samarpan", ruft jemand aus der hintersten Reihe. „Mal angenommen: Ich habe jemand überfahren. Was soll ich..."

„Hast du jemand überfahren?", unterbricht ihn Samarpan.

„Nein. Aber jetzt mal hypothetisch..."

„Nein. Keine Hypothesen Hier. Das ist nur der Verstand. Und wenn wir auf den Verstand hören, treibt er uns in den Wahnsinn. – Schau: Wenn wir auf all den Unsinn im Verstand hören, wird er uns immer irgendwelche Situationen an die Wand malen, von denen er uns zu überzeugen versucht, dass wir nicht in der Lage wären, sie zu akzeptieren. Das ist der Wahn-Sinn."

Der Fragende scheint zu verstehen, er nickt.

„Sei einfach Hier. In diesem Moment. Akzeptiere diesen Moment, so wie er ist. Einfach, oder?"

„Hier im Satsang schon. Ja."

„Sei einfach immer Hier. Sei einfach immer 'In Satsang'. Kein Problem."

München/Rothenburg/München, 12. Dezember 00

Meine geliebte Omi ist vor ein paar Tagen gestorben und wird heute beerdigt. Also fahre ich dorthin, und obwohl ich weiß, dass da nicht wirklich irgend jemand gestorben ist, laufen mir in der Kirche die Tränen in Strömen herunter. Eben sagt der Pfarrer:

„Und während ihr Mann in Kriegsgefangenschaft war und sie bei Nacht und Nebel mit ihren zwei kleinen Kindern kurz nach dem Krieg durch die russischen Linien in die Westzone gelangten, wurden sie hier vor Ort bei Familie B. einquartiert."

Puuuh... Ich kenne diese Geschichte. Während andere aus dem Osten von ihren unbekannten, unfreiwilligen Gastgebern oft zu spüren bekamen, dass sie nur geduldete Flüchtlinge waren, war meine Oma mit einer sehr gläubigen Familie gesegnet, die das wenige, das sie hatten, mit ihnen teilte. Heul! Dieses Ehepaar lebt heute nicht mehr, aber deren Kinder sitzen jetzt direkt hinter mir! HEUL! Wer weiß, was geschehen wäre, wenn sie meine Oma nicht an ihrem Brot hätten teilnehmen lassen... Wer weiß, ob sie ihre beiden Kinder durchgebracht hätte... Heul! Am liebsten würde ich mich auf der Stelle zu ihnen umdrehen und sie an Stelle ihrer Eltern umarmen... Was müssen das für wunderbare Menschen gewesen sein!!! Heuuuuuuul!!!

Während der Pfarrer mit seiner schönen Andacht fortfährt, zerreißt es mir immer wieder fast das Herz, aber im Zentrum ist es friedlich. Ein geradezu köstlicher Schmerz; sehr süß. Und inmitten des Schmerzes ist sooo viel Liebe!! Auch mein Onkel, der neben mir sitzt, und der damals nur wenige Wochen alt war, wird immer wieder von Weinkrämpfen geschüttelt. Bestimmt denkt er daran, dass er mit großer Wahrscheinlichkeit nicht überlebt hätte und auch jetzt nicht hier sitzen würde, wenn er nach der tagelangen Flucht von diesem Bauernehepaar nicht wieder mit echter Milch aufgepäppelt worden wäre. Heuuuul...

Später sitze ich im Lokal am Tisch mit einer entfernten Verwandten, die ich seit Jahren nicht mehr gesehen habe und die mich nun unverhohlen fragt:

„Und? Wie viel Geld muss man in eurer Sekte monatlich abgeben?"

„In unserer Sekte muss man überhaupt kein Geld abgeben."

Einerseits sind die Projektionen der Leute ja ganz witzig, aber auch anstrengend. Immer wieder der gleiche Sermon...

Auf der Heimfahrt nach München wird mir klar, dass – zumindest was mich anbelangt – solch eine Beerdigung die Dinge wieder ins richtige Licht rückt bzw. einem die Möglichkeit gegeben wird, die eigenen Prioritäten im Leben zu überdenken. Und einmal mehr weiß ich, dass ich absolut auf dem richtigen Weg bin. Satsang, nichts als Satsang, interessiert mich noch.

Als wir uns wie üblich gegen achtzehn Uhr im Satsang-Raum treffen, fragt mich Kira, wie es mir bei der Beerdigung ergangen ist.

„Puuuh! Ich kann dir sagen: Das tat ganz schön weh! Obwohl mir klar war, dass da nicht wirklich irgend jemand gestorben ist, musste ich doch heulen wie sonst noch 'was."

Kira nickt verständnisvoll und meint, es sei wohl einfach wie in der Geschichte, die von einem Meister handelt, dessen bester Freund gestorben war und der nun weinend neben dem toten Körper saß. Seine Schüler fragten ihn verwundert: 'Aber Meister, wieso weinst du? Du weißt doch, dass es keinen Tod gibt?' Und der Meister sprach: 'Die Tränen geschehen einfach. Und da ist niemand, der sie aufzuhalten vermag.'

Mit Tränen in den Augen sehe ich Kira an und denke: Im Grunde hat sie solch ein großes Herz, nur sehe ich es leider viel zu selten.

München, 13. Dezember 00

Anja trifft sich tagsüber mit einem ihrer Verehrer, der ihr erzählt hat, dass er sich vorstellen könnte, Kinder mit ihr zu haben. Schluck! Wie 'schön' für die beiden! Er sagt zwar, dass er dieser Vorstellung keine Energie gibt... aber die Wahrheit ist: Ich könnte ausrasten! Und mit dem trifft sie sich!! Das drückt mir einfach voll die Knöpfe!

Als ich nachmittags bei Samarpan zu tun habe, finde ich diesen wie üblich am Computer 'Freecell'-spielend vor. Er hört sich die ganze Geschichte ohne aufzuschauen an und meint danach nur, als sei es völlig nebensächlich:

„Gehe einfach nicht in die Geschichte, Rama."

Scheiße! Ich hasse diesen Schmerz, aber genau das ist das Problem... Verd... Sch... (!!!!!!!) !!!!!!!

München, 14. Dezember 00

Gleich zu Beginn des heutigen Satsang reicht Samarpan mir einen Zeitungsartikel[27] und bittet mich, ihn auf Deutsch vorzulesen:

Nun lesen wir (...) von einer Untersuchung des Max-Planck-Instituts für Bildungsforschung, wonach jene Menschen zufriedener und erfolgreicher seien, welche ihre Entscheidungen aus dem Bauch heraus und mit dem Herzen träfen. Wer lange über Entschlüssen grübele, nach Argumenten suche, der mache es sich unnötig schwer. Das Innerste, in dem unwillkürlich eine Art Film ablaufe, der die mögliche Zukunft zeige, habe in Wahrheit die Entscheidung längst gefällt. Der Bauch. Das Herz. Das Innerste. Seltsamerweise kommt gerade eine dpa-Meldung, wonach neuesten Erkenntnissen der Hirnforschung zufolge, der Mensch zu dem, was er selbst für eine freie Entscheidung hält, gar nicht fähig ist. Man hat nämlich (...) den zeitlichen Abstand von Willensentschlüssen zu den auf ihnen basierenden Handlungen gemessen: Es ergab sich ein Zeitraum von exakt 350 Millisekunden – allerdings kam zuerst die Handlung und dann der

27 Das Streiflicht. Stadt-Ausgabe der Süddeutsche Zeitung Nr. 124; 30.05.2000.

Entschluss! Zum Zeitpunkt, an dem ein Proband sich entschied, seinen Finger zu krümmen, hatte sich der Finger sozusagen schon bewegt. Das Hirn, sagt ein Forscher, entscheide selbständig auf der Basis aller möglichen Erfahrungen und Körpersignale. Und erst, wenn es seine Beschlüsse gefasst hat, sagt es uns Bescheid. Der freie Wille – eine Illusion. Wir tun nicht, was wir wollen. Sondern wir wollen, was wir tun. Das ist als Erkenntnis, wie soll man sagen... irgendwie kränkend. Tag für Tag plagt sich unsereiner mit tausend Entschlüssen. Noch eine Tasse Kaffee oder nicht? Aktien kaufen oder nicht? Und dann muss man auf diese Weise erfahren: Offensichtlich werden wir von unbeeinflussbaren inneren Instanzen regiert. Offensichtlich unterhält das Hirn eine Art Nachrichtendienst mit Verbindungen in alle Körperteile. Offensichtlich entscheidet es dann, ohne uns zu fragen. Aber wer sind 'Wir'? Wer ist 'Ich'? Wie kommt es, dass wir denken, wir hätten etwas zu entscheiden, wenn doch 'Etwas' in uns entscheidet? (...)"

Ich gebe den Artikel Samarpan zurück, und dieser sagt:

„Es ist faszinierend zu sehen, dass selbst die Wissenschaftler jetzt das entdecken, wovon die Mystiker schon seit eh und je gesprochen haben: Dass da niemand ist, der irgend etwas tut. Das ist die Wahrheit. Du bist nicht der Tuer. Du bist nur der Beobachter. Der Körper macht alle möglichen Dinge, und Du schaust nur zu. Du hast mit all dem nichts zu tun. – Es ist wie bei der Geschichte mit der Krähe und der Kokosnuss. Eine Krähe fliegt auf eine Kokospalme zu, setzt zur Landung an und just in dem Moment, da sie landet, fällt an anderer Stelle eine Kokosnuss nach unten. Von außen betrachtet, scheint ein direkter Zusammenhang zwischen beiden Geschehnissen zu bestehen, aber tatsächlich haben sie nichts miteinander zu tun. – Schaut: Wenn wir denken: 'Ich hebe meinen Arm' und zusehen, wie sich 'unser' Arm bewegt, dann ist da die Vorstellung, das wir es sind, die diesen Arm bewegen. Aber tatsächlich, in Wahrheit, hat das eine nichts mit dem anderen zu tun. Wir sind nicht der Handelnde. Wir sind nur der Zuschauer. Was die Bewegungen unseres eigenen Körpers sowie alle anderen Geschehnisse im Universum anbelangt. Und die Wissenschaftler haben noch etwas Interessantes herausgefunden. Wenn sie mikroskopisch kleine Vorgänge betrachten, verhalten sich diese unterschiedlich. Je nachdem, ob man sie betrachtet oder nicht. Läuft der Vorgang unbeobachtet ab, geschieht dies auf eine bestimmte Art und Weise. Will man diesen Vorgang jedoch beobachten, läuft er etwas anders ab. Das ist doch interessant, findet Ihr nicht?" Kurze Stille.

„Es gibt so viel, was wir noch nicht wissen. Wir glauben, alles zu wissen, aber in Anbetracht dessen, was wir nicht wissen, haben wir an der Spitze dessen, was man wissen kann, noch nicht einmal gekratzt. Die Wahrheit ist: Wir wissen überhaupt nichts."

München, 16. Dezember 00

„Samarpan“, shart im Abend-Satsang eine schüchterne junge Frau, „meine Freundin, eine langjährige Sannyasin, hat mir gesagt, dass ich unbedingt an meiner Schüchternheit arbeiten müsse...“

„Es ist nicht zu glauben.“ Samarpan schüttet den Kopf. „Anstatt deiner Schönheit Energie zu geben... Schau: Du bist wunderschön. Da ist nichts verkehrt.“ Die Frau beginnt zaghaft zu lächeln.

„Das ist die Wahrheit“, fährt Samarpan liebevoll fort. „Ich sehe so viel Schönheit!“ Die Frau atmet tief durch.

„Jaaa!“, fühlt Samarpan mit. „Wisst ihr: Das ist alles, was ich hier mache. Ich gebe einfach der Schönheit von euch allen Energie. Und ihr seid alle schön! Da fehlt es an nichts. Da ist nichts, an dem man arbeiten müsste. – Geben wir der Schönheit Energie, bei uns oder bei anderen, tritt die Schönheit immer mehr in den Vordergrund, und unsere Trips geraten mehr und mehr in den Hintergrund. Umgekehrt ist es genauso. Gib einfach deine Energie auf die Schönheit, auf die Stille. Alles andere ergibt sich von ganz alleine.“

Stille. Und ich frage mich, warum Samarpan mir in Bezug auf meine Arbeitsunlust in der Vergangenheit wiederholt soviel Druck gemacht hat, wo ihm doch klar gewesen sein müsste, dass diese aufgrund des eben von ihm erwähnten Mechanismus dadurch nur noch mehr Energie kriegt, und mein Verstand mit immer noch mehr Widerstand reagiert. Auf der anderen Seite, schluck, kann ich es auch irgendwie ganz tief drinnen verstehen, auch wenn ich dies eigentlich gar nicht sehen will. Aber einerseits gebe ich bei neu hinzukommenden Arbeiten mehr oder weniger klar zu verstehen – und sei es auch nur mit meinem Gesichtsausdruck – dass mir das zu viel ist. Und dann mache und SCHAFFE ich es doch! Und damit strafe ich mich ja gewissermaßen selbst Lügen... Scheiße, Scheiße, Scheiße.

München, 18. Dezember 00

Mal wieder ein kleines internes Staff-Sharing im offiziellen Satsang. Heute ist es Viramo, die shart, dass Anja ihrer Ansicht nach immer alles an sich reißt.

„Ja“, lächelt Samarpan, „Wir sind ein lustiges Völkchen. Anja würde am liebsten sämtliche Verantwortung übernehmen, Rama möchte überhaupt keine Verantwortung übernehmen...“

Tosendes Lachen aller außer mir, der ich dabei Schmerz fühle. Weil ich mich selbst für meine ‘Verantwortungslosigkeit’ verurteile?

„So ist es einfach. Wir haben alle eine unterschiedliche Konditionierung. Und es ist alles komisch, sehr unterhaltsam.“

München, 19. Dezember 00

„Betrachten Sie sich selbst als ein Prophet?", fragt jemand, der aussieht wie ein Pfarrer, der inkognito hier ist.

„Ich bin keine Prophet", antwortet Samarpan.

„Dann sind Sie ein Meister?"

„Ich bin kein Meister; und auch kein Guru. Ich bin überhaupt niemand."

München, 21. Dezember 00

Der Heiligabend naht und da stellt sich wieder einmal die Frage: Wo verbringe ich ihn? Mir ist es letzten Endes egal, aber meine Eltern würden sich sicher freuen, wenn ich mit ihnen feiern würde. Der einzige Unsicherheitsfaktor ist Samarpan und seine Vorstellung vom hingegebenen Schüler.[28] – Nach dem Satsang frage ich ihn:

„Samarpan? Wäre es für dich okay, wenn ich den heiligen Abend mit meinen Eltern verbringe?"

„Wenn dir danach ist, warum nicht? Kümmere dich einfach darum, dass jemand dolmetscht."

„Das habe ich schon", sage ich schnell. „Anja würde dies übernehmen."

„Gut", erwidert Samarpan. Für ihn scheint alles kein Problem zu sein.

Schwabbelige Stille.

„Ich wusste einfach nicht, ob du erwartest, dass ich dich um Erlaubnis frage..."

Samarpan schüttelt den Kopf... perfekt.

Stiersbach, 23. Dezember 00 (Retreat)

Es ist so selten, dass Samarpan mich im Satsang noch ansieht. Nicht wirklich schlimm, aber doch manchmal auch irgendwie schade. Diese Augen... schmacht. Und manchmal ist da der Impuls, tagsüber einfach mal zu ihm zu gehen und zu sagen: 'Hallo Samarpan. Ich würde einfach gerne mal wieder in diesem tiefen Ozean umher schwimmen.' Nur wäre das eben in gewisser Weise ein 'Doing' und damit dem Schwimmgenuss abträglich. Und so lasse ich es bleiben.

Stiersbach, 24. Dezember 00 (Retreat)

Nach dem Nachmittag-Satsang fahre ich nach Stuttgart; abends um fünf die 'Heilige Messe'. Verglichen mit dem Satsang mit Samarpan von vor zwei Stunden ist es ein Unterschied wie Tag und Nacht. Und ich erlebe es als äusserst schmerzhaft mit anzusehen, wie derjenige, der diese Herde führt, selbst voller Zweifel, Nichtwissen und Getrenntheits-Schmerz ist. Aber: What to do?

28 Genauer gesagt: *Meine* Vorstellung von Samarpans Vorstellung vom hingegebenen Schüler.

Stiersbach, 27. Dezember 00 (Retreat)

„Oh, Samarpan... bei mir ist soviel Einsamkeit“, shart jemand im Satsang.

„Wunderbar. Dann fühle dich einfach einsam. Wie ist das? Wie ist es im Zentrum der Einsamkeit?“

„Ich weiß es nicht.“

„Schau: Es geht nicht darum, es richtig oder falsch zu machen. Hier kannst du es nicht falsch machen. Hier geht es nicht darum, die Einsamkeit wegzukriegen oder so etwas. Nein! Hier wollen wir uns ‘Einsamkeit’ einfach ansehen; wie ein Wissenschaftler, ohne Voreingenommenheit, ohne Absicht.“

Lange Stille.

„Wie ist es jetzt?“ - „Die Einsamkeit ist immer noch da.“

„Das ist gut. Die Einsamkeit kann so lange Hier sein, wie sie will.“

„Aber bei den anderen... die sind ins Zentrum gegangen und dann hat es sich aufgelöst und...“

„Stop! Es geht nicht um irgendwelche anderen. Es gibt keine anderen. Es gibt nur Hier. Es gibt nur Jetzt. Und wenn jetzt gerade Einsamkeit Hier ist: Wunderbar, dann fühle dich einfach einsam. Fühle einfach diese Empfindung in deinem Körper. Es sind nur unsere Urteile, es ist nur die Vorstellung, dass es anders sein sollte, dass es nicht in Ordnung ist, einsam zu sein. Lasse ich diese Vorstellung fallen, bin ich in Frieden. – Schau: Es geht nicht um irgendeine Technik, um die Gefühle wegzubekommen. Das ist nur der Verstand, der sich darauf stürzen will mit dem Wunsch nach Kontrolle. Es gibt keine Kontrolle. Sei einfach mit dem, was gerade da ist. Ist gerade Einsamkeit Hier, dann fühle dich einfach einsam.“

„Ja, das verstehe ich.“

„Wunderbar. Wenn du das verstehst, hast du alles verstanden.“

Stiersbach, 28. Dezember 00 (Retreat)

Jemand realisiert die Wahrheit und fängt total an zu weinen. Einige Minuten verstreichen. Dann ist es wieder ganz still, ganz friedlich. Und die Person fragt:

„Oh, Samarpan: Wie konnte ich nur vergessen, wer ich in Wirklichkeit bin?“

„Schau: Wir ALLE mussten vergessen; mussten vergessen, wer wir wirklich sind. Sonst wäre es kein richtig gutes Spiel.“

Lange Stille. Nach einer Weile geht die Person lächelnd und sich mit der Namasté-Geste bedankend wieder an ihren Platz zurück. Dafür geht jemand anderes, der bislang noch kein einziges Mal vorne war, zu Samarpan und fragt stürmisch:

„Bin ich denn nicht dieser Körper? Meine Eltern haben mir immer...“

„Du bist nicht dieser Körper! Du bist auch nicht dieser Verstand. Du bist nicht Mann oder Frau, nicht Bruder oder Schwester und auch nicht das Kind deiner Eltern. – Als Jesus gesagt wurde: ‘Deine Eltern stehen draußen’, antwortete er: ‘Ich habe keine Eltern.’ Das ist die Wahrheit. Du hast keine Eltern. Deine Eltern sind nicht getrennt von dir. Niemand ist getrennt von dir; du bist alle. Du spielst alle Rollen zur gleichen Zeit.“

„Unglaublich!“ Staunen breitet sich auf seinem Gesicht aus.

„Ja! In der Tat, es ist unglaublich. Aber ist das nicht wunderbar? Es ist solch ein wunderbares Spiel. Und wenn man erkennt, dass es ein Spiel ist, macht es soviel Spaß. – Erkenne, wer du wirklich bist. Realisiere die Freiheit, die du bist. Du bist nicht getrennt von Gott! Du warst es nie und wirst es nie sein. Das ist nur eine Vorstellung. Wir haben uns all das nur eingebildet. Wir haben all das bloß geträumt.“

Stiersbach, 29. Dezember 00 (Retreat)

Samarpan hat mich gerade beim leisen Unterhalten in der Raucherecke ertappt. Mist! Ich dachte schon, jetzt gibt es wieder Ärger, aber er hat nur den Finger auf den Mund gelegt. ‘Armer Samarpan, was ich da immer wieder auf dich projiziere’, schelte ich mich selbst. Eigentlich könnte ich diese alten Geschichten ja endlich mal ruhen lassen, aber irgendwie ist die Erinnerung eben noch sehr präsent. What to do?

Im nachfolgenden Satsang wird mir der eben aufgetretene Mechanismus klarer. Im Grunde habe ich selbst ein Urteil darüber, dass ich mich bei einem Stille-Retreat unterhalte. Und gleichzeitig habe ich von mir natürlich das Bild, dass ich mich (immer) richtig verhalte. Werde ich nun von einem anderen auf mein Fehlverhalten hingewiesen, stelle ich erst einmal den anderen als falsch dar: Der ‘böse’ Samarpan! Hat der andere jedoch kein Urteil über mich und mein Verhalten, passt dies nicht zu meinem Bild von der auf ihn projizierten Rolle des Bösen sowie seiner von mir erwarteten Verhaltensweise. Und dies wiederum macht mir bewusst, dass ich es im Grunde selbst bin, der ich mich verurteile. Hoppla: Das würde ja unter Umständen bedeuten, dass jeder Schmerz darüber, von jemand anderen verurteilt zu werden, immer nur auf ein Urteil hinweist, dass mein eigener Verstand über mich selbst hat. Hui! Und das ist wahrscheinlich auch damit gemeint, dass es im Grunde keinen Bösen gibt; abgesehen von eigenen Verstand. Mmh. Interessant. Da scheine ich noch einigen Lernbedarf zu haben.

Stiersbach, 30. Dezember 00 (Retreat)

Es ist immer wieder erstaunlich, wie schnell die Leute bei Samarpan die Wahrheit erkennen. Darauf angesprochen erläutert Samarpan:

„Ja, früher wurde, wenn man zum Meister kam, gefragt, ob man bereit sei, der Welt für 12 Jahre zu entsagen und nur bei dem Meister zu sein. Wurde dies bejaht, bekam man diesen und jenen Zusammenhang erklärt, musste alle möglichen Übungen machen, bis man am Ende schließlich die simple Wahrheit gezeigt bekam. – Hier machen wir es genau umgekehrt: Ich zeige euch als erstes die Wahrheit und um eventuell noch vorhandene Unklarheiten kümmern wir uns danach."

Lange Stille. Und ich denke: Welch ein Meister! Welch eine Gnade!

Stiersbach, 31. Dezember 00 (Retreat)

Stille Silvesterfeier. Bin seit einem Jahr mit Anja zusammen. Wie schön.

11.

Es schaut der Geist nicht vorwärts, nicht zurück;
im Augenblick liegt unser Glück.
(Goethe)

Stiersbach, 2. Januar 01 (Retreat)

Staff-Satsang, und ich fühle mich – wie so oft bei Staff-Satsangs in der letzten Zeit – mulmig bei der Vorstellung, dass jemand etwas von mir wollen könnte, und sei es auch nur die Frage nach meinem Befinden. Eigentlich komisch, aber seit geraumer Zeit gab es bei mir einfach nicht viel zu sharen, und mit Samarpan, so kommt es mir vor, habe ich seit Wochen nicht mehr privat geredet. Am liebsten würde ich einfach in Ruhe gelassen werden und überhaupt nicht da sein. Prompt fragt mich Samarpan:

„Na, Rama? Wie geht es dir?"

Und schon habe ich die ganze Aufmerksamkeit, die ich ja gar nicht will. Bin total unsicher.

„Puuh. Die ganze Zeit war da die Angst, du könntest mich genau das fragen. Schluck. Da gibt es nichts Besonderes. Manchmal ist da Trauer, manchmal ist da Schmerz; manchmal bin ich im Verstand, manchmal nicht. – Das ist alles."

Samarpan scheint zufrieden, und ich verschwinde wieder in meiner Versenkung.

Stiersbach, 3. Januar 01 (Retreat)

„Samarpan, ich bin so traurig, dass das Retreat schon wieder vorüber ist", shart jemand.

„Es ist wunderbar, dass du dies ansprichst. Denn dies ist ein weit verbreitetes Missverständnis. Schaut: Satsang beschränkt sich nicht auf dieses Retreat oder diesen Raum oder die zwei Stunden des formellen Satsang hier. Satsang ist immer. Satsang ist überall. Wenn du nicht im Verstand bist, sondern einfach Hier, bist du in Satsang, wo auch immer du gerade bist. Sei einfach: in Satsang."

Marl, 10. Januar 01

Eigentlich wollte ich mich in diesen Tagen mit dem CD-Brennen etwas zurückhalten. Aber ich kriege sie einfach nicht aus meinem Kopf, und mein Verstand kommt immer wieder mit Überlegungen der Sinnhaftigkeit in Bezug auf mein Zusammensein mit Samarpan daher. Glaube ich noch immer, Samarpan zu brauchen und würde mir der Satsang mit ihm fehlen? Ich denke nein, aber sollte ich mich deswegen von Samarpan verabschieden und mein eigenes Ding machen? Mmh, ich wüsste gar nicht was. Außerdem ist alles perfekt, wie es ist, und jedem Wunsch, mich von Samarpan zu verabschieden, läge schließlich der Glaube zugrunde, dass an der momentanen Situation irgend etwas falsch ist, was nicht die Wahrheit sondern irgendeine Art von ‘doing’, von aktivem Tun ist. Tja. Puuuuuuh! – ‘There’s nothing to do than just surrender to this’, sage ich zu mir selbst, nehme einen tiefen Atemzug, schiebe die nächste CD in den Brenner und gebe mich – soweit wie möglich – dem damit verbundenen Schmerz hin.

Münster, 29. Januar 01

Nach fast vierwöchiger Satsang-Pause geht es wieder weiter. Pünktlich um 15 Uhr trifft sich ‘die Familie’ zum Aufbau. Einerseits schön, andererseits normal – nichts Besonderes. Doch dann bekomme ich plötzlich einen Knopf gedrückt. Denn hin und wieder trifft sich Anja auf eine Tasse Kaffee mit anderen Männern, und einer von ihnen kommt heute Abend zum Satsang, was in mir einiges an Eifersucht auslöst, obwohl Anja mir schon zigmal gesagt hat, dass sie nichts von ihm will. Mir reicht schon, dass ich den Eindruck habe, dass ER etwas – natürlich Sex – von ihr will, und ich finde es zum Kotzen, dass er Anja fragt, ob sie morgen mit ihm ausgehen will, wo er doch genau weiß, dass sie mit mir zusammen ist. Gewissermaßen sehe ich ihn als rücksichtsloses, respektloses Arschloch und dass Anja sich mit solch einem Schwein trifft, macht sie in meinen Augen zur Komplizin. Im Satsang frage ich Samarpan:

„Samarpan? Es ist doch schon so, dass ein Mann, der eine Frau auf eine Tasse Kaffee einlädt, immer nur eines im Sinn hat, oder?“

Samarpan lacht und weiß vermutlich, dass er sagen kann, was er will. – Ich halte an meiner Vorstellung, an meinem Glauben fest.

„Schau Rama: selbst wenn, dann ist er sich dessen möglicherweise gar nicht bewusst.“

„Das macht es für mich aber auch nicht einfacher!“ Grrr.

„Eigentlich ist es doch ein tolles Zeichen“, sagt Samarpan in versöhnlichem Tonfall, „wenn deine Frau von anderen Männern begehrt wird.“ Mmh. Nachdem ich nichts sage, fährt Samarpan fort:

„Weißt du, ich sehe es so: Ich bin der beste Mann für meine Frau, also brauche ich mir keine Sorgen zu machen. Und wenn sie es anders sieht, ist es notwendig, sie gehen zu lassen. – Sei bereit, deine Partnerin loszulassen; jeden Moment.“

Münster, 31. Januar 01

Mittlerweile hat es sich so eingespielt, dass Samarpan erst ganz kurz vor dem Satsang kommt, wenn die Musik schon lange spielt, und gleich danach, wenn die Musik noch spielt, wieder verschwindet. Einerseits schade, andererseits aber auch verständlich.

Amsterdam, 1. Februar 01

„Es ist so einfach, in Frieden zu sein. Sage einfach Ja. Sage einfach Ja zu dem, was im Moment gerade Hier ist.“

„Und wenn da gerade Widerstand ist? Was, wenn da ein ‘Nein’ ist?“, fragt jemand unschuldig.

„Dann sage einfach Ja zu dem ‘Nein’. Was auch immer gerade Hier ist. Ganz einfach.“

Amsterdam, 2. Februar 01

Als Samarpan heute im Satsang nach langer Zeit wieder einmal die Geschichte von Mojud erzählt, frage ich mich, was wohl wäre, wenn er von heute auf morgen sagen würde: ‘Mit dem Mitreisen ist es für Dich vorbei. Wirf Dich jetzt in den Fluss.’ Vor drei Jahren löste die Vorstellung ja regelrechte Panik aus, aber mittlerweile ist das einer gewissen Neugier gewichen: ‘Was wäre, wenn es diesmal jetzt wirklich so weit wäre? Hätte ich inzwischen genug Vertrauen in das Leben gelernt, um auch damit im Frieden zu sein? Gefühlsmäßig würde ich im Moment zwar sagen: ja, aber wer weiß?

Amsterdam, 3. Februar 01

Puuuh. Eine Frau macht Rabatz. Sie attackiert Samarpan in einem fort, und ich ziehe fortlaufend meinen Hut vor ihm, dass er nicht ausrastet, sondern immer wieder erneut geduldig auf sie eingeht. Minutenlang geht es Schlag auf Schlag; kaum auszuhalten. Solch eine Aggression hatten wir im Satsang bislang selten. – Da plötzlich bricht sie ‘innerlich’ zusammen und fängt auf einmal an, lauthals und ohne Unterlass zu weinen. Sie weint und weint und kann überhaupt nicht mehr aufhören.

„Mein ganzes Leben, immer nur Kämpfen!“, bringt sie mühsam hervor.

„This is so beautiful“, sagt Samarpan sanft, während sie weint und weint und weint. Von Härte keine Spur mehr. Nach und nach wird das Weinen weniger, bis es schließlich vollkommen still ist. Samarpan schaut sie liebevoll an:

„Schau: Das geschieht, wenn wir nicht ständig gegen den Schmerz ankämpfen, wenn wir nicht ständig vor dem Schmerz davon laufen. Das geschieht, wenn wir aufgeben. Das geschieht, wenn wir bereit sind, uns dem Schmerz hinzugeben, uns töten zu lassen.“

Lange, schöne Stille.

„Thank you so much, Samarpan“, sagt die ‘Rebellin’ nun ergeben und völlig aufgelöst.

„You are so welcome.“

„I totally love you, Samarpan.“ - „I totally love you.“

Absolute Stille. Es ist kaum zu glauben, wie sie eben noch auf Samarpan herumgehackt hat. Damit verabschieden sich beide mit Namasté voneinander.

Nach dem Satsang erfahre ich, dass diese Frau aus sämtlichen Satsangs anderer Lehrer aufgrund ihrer harten Art hochkant rausgeflogen ist und denke: tja, Samarpan ist halt in der Tat etwas ganz Besonderes. Er ist halt doch der Allergrößte.

Bern, 16. Februar 01

„Ich war ja eine ganze Zeitlang nicht mehr hier“, beginnt Samarpan den Satsang. „Was ist denn so alles geschehen, seit wir uns das letzte Mal getroffen haben? – Das heißt: Wenn du irgend etwas berichten möchtest oder irgendwelche Fragen hast; bitte!“

Eine Frau geht nach vorne. Sie strahlt:

„Ich habe Frieden gefunden.“

„Oh, wie wunderschön“, strahlt auch Samarpan.

Und sie geht wieder an ihren Platz. Nichts Spektakuläres und doch: Gibt es etwas Essentielleres?

„Wisst ihr“, sagt Samarpan bescheiden, „Das ist das größte Geschenk für mich, wenn ich höre und sehe, dass ihr Frieden gefunden habt. Und das ist alles, um was es hier geht: den Frieden zu finden; den Frieden, der immer Hier ist.“

Bern, 17. Februar 01

Im Satsang geht ein Typ nach vorne, den ich heute zum ersten Mal sehe, der aber vor dem Satsang hat verlauten lassen, dass er schon bei soundsovielen Meistern war.

„Hallo Samarpan!“ - „Hallo!“

„Das Nichts ist alles“, verkündet er.

„Was willst du damit sagen?“

„Dass alles eine Illusion ist.“

„Ist das deine Erfahrung?“, hakt Samarpan nach.

„Wie meinst du?“

„Lasse mich dir eine Frage stellen: Warum bist du hier nach vorne gekommen?“

Stille. Huuu, ich glaube, so langsam wird es dem Typ ungemütlich.

„Ich weiß es nicht“, stammelt er. „Ich weiß überhaupt nichts.“

„Kann es sein, dass du uns demonstrieren wolltest, wie erleuchtet du bist?“

Stille.

„Schau, hier im Satsang geht es darum, die Wahrheit zu sagen. – Siehst du Hier irgend jemand ?“, fragt Samarpan freundlich. – „Nein.“

„Wunderbar, das ist die Wahrheit.“

Stille.

„Sonst noch etwas?“

Der Typ schüttelt leicht den Kopf.

„Wunderschön", sagt Samarpan, und der Typ wird rot. Nicht der Erste, der sich eine 'blutige Nase' geholt hat.

„Danke, Samarpan", ringt er sich jetzt ein Lächeln ab und macht den Abgang.

„Dank dir", lächelt Samarpan.

Bern, 20. Februar 01

Eieiei! Eine von mir eigentlich gut gemeinte Aktion ist schief gelaufen und wer nicht die ganze Geschichte kennt, muss denken: 'Rama ist der allerletzte Vollidiot.' – Scheiße! Soll ich es nun Samarpan erklären, der sicher schon die 'Rama-ist-ein-Trottel'-Version zu hören gekriegt hat? Oder soll ich nur den Schmerz fühlen? Verdammt, ich hasse es, das Arschloch zu sein, auch wenn Samarpan im Satsang immer wieder sagt, dass man bereit sein muss, diese Rolle ebenfalls zu spielen. Mmh? Ich bin hin- und hergerissen, den Schmerz einfach nur zu fühlen oder nach den letzten Wochen des 'Alleingangs' mal wieder mit ihm zu connecten. Einerseits würde ich mir selbst gegenüber ja gerne einmal mehr meine Unabhängigkeit von ihm demonstrieren, andererseits: Was soll's? Die Versuchung, zu ihm zu gehen, ist einfach zu groß. Insbesondere weil er wie üblich in der Sangha wohnt, und ich tagsüber hier ohnehin etwas zu erledigen habe. Er ist also nur zwei Stockwerke entfernt über mir. Hua!

Eine Minute später stehe ich mit klopfendem Herzen vor seinem Zimmer und überlege eine weitere Minute hin und her, ob ich es wirklich wagen soll... Puh! Noch könnte ich wieder gehen... mmh. Na ja... – Schließlich klopfe ich zaghaft an, hole tief Luft und betrete den Raum mit der Vorstellung, dass Samarpan wahrscheinlich stocksauer auf mich ist. Aber nein, er sitzt auf seinem Bett, spielt 'Freecell' und begrüßt mich freundlich:

„Hi Rama!"

„Hi Samarpan!" Schluck! Er ahnt vermutlich, dass ich mit schlechtem Gewissen komme, scheint aber überhaupt nichts gegen mich zu haben. Mit der einen Hand winkt er mich zu sich, mit der anderen aktiviert er seinen neuesten Bildschirmschoner. Puuuh. Ich versuche, meinen mich verurteilenden Verstand zu ignorieren und wende meine ganze Aufmerksamkeit, soweit es geht, diesem Moment, will sagen diesem Bildschirmschoner zu: Eine kleine Säge zersägt den Bildschirminhalt in tausend kleine Stücke.

„Cool!", sage ich. - „Echt cool!", echot Samarpan und zeigt mir, was er damit alles anstellen kann. Währenddessen bin ich erneut hin- und hergerissen. Soll ich die Story jetzt trotzdem noch ansprechen oder nicht? Im Moment ist ja offensichtlich alles bestens, und alles andere ist bekanntermaßen eine Illusion. Also lasse ich es, und um Lockerheit bemüht sage ich nur:

„Okay... also dann bis später, Samarpan!“

„Ja, bis später, Rama!“, sagt Samarpan locker, und wir lachen uns an. Puuuh, ich bin total erleichtert und denke: ‘Oh, Samarpan: Du bist wirklich der größte Meister des Im-Moment-Seins!’

Freiburg, 23. Februar 01

18:45 Uhr. Die ersten Satsang-Besucher kommen. Für Viramo, die inzwischen die Rolle der ‘Empfangsdame’ übernommen hat, bedeutet dies, dass es Zeit ist, am Spendenkorb Platz zu nehmen und ‘präsent’ zu sein.

„Äh, können wir schon?“, wird sie freundlich gefragt.

„Ja, klar. Geht ruhig schon rein.“

19:00 Uhr: Die Musik beginnt. 19:10 Uhr: Der Raum füllt sich zusehends. 19: 30 Uhr: Der Raum ist bis auf den letzten Platz ‘ausgebucht’, Samarpan kommt, geht nach vorne und beginnt sein allabendliches Ritual: Mit den zum Namasté erhobenen Händen bleibt er vor dem ‘Altar’ stehen, wendet sich nach einigen Sekunden dem Publikum zu, begrüßt ein Gesicht nach dem anderen – die Hände noch immer zum Namasté-Gruß erhoben – und nimmt schließlich Platz. Ich stehe derweil im Türrahmen und leiste Viramo noch bis kurz vor dreiviertel acht Gesellschaft. Dabei zähle ich die Leute, teile Viramo die genau Anzahl mit, die dies wiederum auf dem Umschlag mit dem ganzen Spendengeld für Samarpan vermerkt, welchen sie unter den Spendenkorb legt: business as usual. Dann gehe auch ich nach vorne zu meinem Platz, das letzte Lied verklingt, und Samarpan eröffnet den Satsang mit Namasté:

„Good evening! Welcome to Satsang!“

Alles grüßt mit Namasté zurück, ich nehme das Mikro in die Hand, und jetzt heißt es nur noch: relaxen, relaxen, relaxen.

Freiburg, 24. Februar 01

Nach dem Satsang kommt jemand auf mich zu und sagt mir, dass ich in der ganzen Satsang-Szene seiner Meinung nach der beste Dolmetscher bin.

Während derartige Aussagen früher in der Regel der Beginn eines längeren Gesprächs waren mit mir als dem ‘Tollen’, sage ich mittlerweile auf solche Komplimente einfach nur noch ‘Schön’ oder ‘Danke’. Zum einen ist alles relativ, und selbst wenn mein Dolmetschen wirklich so gut ist, dann ist mir vollkommen klar, dass nicht ich es bin, der dolmetscht. Und trotzdem stellt sich doch auch eine gewisse Freude ein, so etwas zu hören. Denn wieder einmal sehe ich klar: Als Dolmetscher an Samarpans Seite bin so am richtigen Fleck; kein Zweifel.

Freiburg, 25. Februar 01

„Samarpan", shart jemand besorgt, „wenn ich höre: 'Das Ego muss zerstört werden', kommt bei mir einiger Widerstand auf."

„Genaugenommen muss das Ego gar nicht zerstört werden, da es in Wahrheit ja überhaupt nicht existiert", sagt Samarpan liebevoll. „Erkenne einfach, dass es eine nur Fiktion ist. Das ist alles."

Zürich, 28. Februar 01

Wie üblich trifft sich der Staff auch heute circa zwei Stunden vor Satsang-Beginn, um den Raum schön zu machen. Dabei geraten Nirwana und Viramo zum wiederholten Male aneinander, und jetzt im Satsang geht Viramo nach vorne:

„Nirwana macht mich rasend!"

„Ja!", lacht Samarpan. „Wer irgendeine versteckte Aggression in sich trägt: Nirwana wird sie hervorbringen. Sie ist so etwas wie das Aggressions-Messgerät in unserer Gruppe."

Lachen. Und ich denke bei mir, dass ich so etwas wie das Wollen-Messgerät in unserer Gruppe zu sein scheine. Denn wann immer ich irgendein Wollen von irgend jemand mir gegenüber zu verspüren glaube – insbesondere von Samarpan, der ja offenkundig und bekanntermaßen nichts will (bzw. als Meister meiner Meinung und Vorstellung nach überhaupt nichts wollen dürfte) –, löst das in mir Widerstand aus, und meine Lust zu helfen geht gegen Null. Nicht gerade eine dankbare Rolle.

Zürich, 1. März 01

Anja und ich haben wie beim letzten Mal die Wohnung mitten im Zentrum der City: schön. Weniger schön ist, dass, wenn ich offenbar hin und wieder irgendwelche Grenzen von Anja übertrete, sie dann oftmals genervt reagiert, und ich mich dadurch total verurteilt fühle. Und das nervt mich ganz gewaltig an, schließlich habe ich es doch gar nicht mit Absicht gemacht, bzw. habe ich ja eigentlich gar nichts 'gemacht', bzw. ist da doch gar niemand, der irgend etwas machen könnte!

„Samarpan", share ich abends und habe die Hoffnung, dass Anja jetzt gleich gut zuhören wird, insbesondere, wenn Samarpan die Wahrheit sprechen wird, „Anja sagt mir immer wieder, dass ich etwas falsch gemacht habe und..."

„Nun", unterbricht mich Samarpan schmunzelnd, „Wahrscheinlich HAST du etwas falsch gemacht!"

Wie bitte?! Ich schaue zu Anja, die sich eins lacht, und denke: Spitze!

Lützelflüh, 8. März 01 (Retreat)

Fahrt durch das schöne Emmental zum Retreat. Während wir noch dabei sind auszuladen, kommen Samarpan und Marga mit einer neuen Video-Ausrüstung an. Puh! Ein 'Riesentrum'. – Später, als alle zu Abend essen, sitzt einer der anderen vom Staff im Satsang-Raum und versucht, die Video-Gerätschaften ans Laufen zu kriegen; allerdings vergeblich. Der Satsang geht los, und unser Video-Verantwortlicher setzt Samarpan gleich zu Beginn davon in Kenntnis. Daraufhin antwortet dieser weniger als Frage denn als Aufforderung:

„Gut, aber bis Morgen bekommst du es hin!?"

Der Angesprochene nickt, gezwungenermaßen. Und Samarpan meint erklärend zu allen:

„Ihr müsst wissen: Ich mag es, diese Burschen unter Druck zu setzen!"

Schluck! Das drückt mir und meiner Vorstellung vom allzeit liebenden Meister wieder einmal voll die Knöpfe, und ich erlebe den ganzen Satsang stimmungsmäßig als ziemlich bedrückend.

Lützelflüh, 9. März 01 (Retreat)

Kira, die gestern Abend nicht beim Satsang war, da sie irgendwo ein Konzert gegeben hat, wird gleich zu Beginn des heutigen Satsangs von Samarpan gefragt:

„Na, wie war dein Konzert?"

Da ich sie beneide, den Mut zu haben, so mir nichts dir nichts ihr eigenes Ding zu machen, ist da insgeheim der Wunsch, dass Samarpan sie ein klein wenig für ihren Alleingang schilt. Doch dazu müsste wohl von ihrer Seite ein schlechtes Gewissen vorhanden sein, was jedoch offensichtlich nicht der Fall ist. Vollkommen locker und unbekümmert erzählt sie, wie toll es gestern Abend war.

„Cool!", sagt Samarpan scheinbar erfreut, allerdings glaube ich bei ihm einen leichten Schmerz wahrzunehmen. Vielleicht hat er ja tatsächlich ein Urteil über ihr Verhalten, aber als Meister gibt er dieser Story eben überhaupt keine Energie. Schon toll! – Stille. Samarpan hat die Augen geschlossen, und auch ich schließe meine. Dabei erinnere ich mich an eine Situation beim letzten Retreat in Stiersbach, als Samarpan sie und mich dabei ertappte, wie wir mit der Landkarte in der Hand über den besten Weg nach Bern diskutierten. Direkt vor Samarpans Zimmer! Bei einem Stille-Retreat! Plötzlich war die Türe von Samarpans Zimmer aufgegangen, und Samarpan hatte mit einer Spur Ärger in der Stimme gefragt: 'Was geht hier vor sich?' Doch während ich ganz klein wurde und dachte: 'Oh, oh, oh; jetzt gibt es Ärger!', hatte Kira ihm seelenruhig auseinandergesetzt, was wir gerade taten. Und Samarpan sagte daraufhin lediglich: 'Macht das doch besser woanders.' Mmh. Es scheint, dass, wenn Samarpan auf mich oder mein Verhalten sauer ist oder ich zumindest diesen Eindruck habe, bei mir dann unmittelbar ein Programm ausgelöst wird, das da heißt: 'Ich habe es falsch gemacht. Angst!' Und genau in diese 'Wunde' legt Samarpan dann seinen Finger, wenn er mich zurechtweist und mir mein eigenes Urteil spiegelt. Kira scheint diesbezüglich ganz klar zu sein. Und wie Samarpan es schon oft gesagt hat: Es ist magisch. Sobald man selbst mit etwas 'klar' ist, sind automatisch auch alle anderen um einen herum damit 'klar'.

Lützelflüh, 10. März 01 (Retreat)

Zwischen den Satsangs gehe ich zu Samarpan und Marga aufs Zimmer, um etwas 'Video-Technisches' zu klären, und Samarpan meint zu mir:

„Weißt du, Rama, was ich gerne hätte, ist, dass ihr jetzt voller Energie und Elan an die Bestellung von Plastikhüllen geht, Cover in Auftrag gebt usw., usw., so dass nicht Marga und ich euch alles sagen müssen."

„Das verstehe ich total", entgegne ich etwas unsicher. „Wenn ich du wäre, würde ich es genauso sehen. Aber ich bin nun mal ich, und ich merke einfach, da ist momentan kein 'fun', kein 'juice'." Verlegen zucke mit den Schultern, weil ich selbst nicht wirklich in Frieden mit meiner eigenen Energielosigkeit bin und Angst habe, dass Samarpan es auch nicht ist. Doch der sagt nichts, und ich lasse die beiden wieder allein. Es beeindruckt mich schon, wenn Samarpan mich wegen meiner 'low energy' nicht anmacht, denn ich habe ja selbst Urteile darüber. Würde er mich anmachen, das weiß ich aus der Vergangenheit, verurteile ich ihn. Macht er mich nicht an, so wie eben, entspanne ich, entkrampfe ich, fühle mich freier, und jetzt gerade kommt mir sogar der Gedanke, Samarpan anzubieten, richtig viel Verantwortung zu übernehmen! Organisieren macht mir im Grunde schon Spaß, und wenn es mit den anderen so abgesprochen werden würde, dass ich nichts selbst tun muss, sondern nur für das Management zuständig bin... Ja, doch, könnte passen. Andererseits, wer weiß? Am Ende läuft es doch nicht so, wie ich es mir vorstelle, und dann kommt der Verstand wieder mit Vorwürfen, wie ich (Ich! Hahaha.) nur wieder auf die Idee kommen konnte, mir freiwillig solch einen Job aufzuhalsen. Mal sehen. Im Moment weiß ich nur eines: Was mich fix und fertig macht, ist der ganze Kleinkram wie Teelichter-Kaufen, Kopien-Machen usw. Dankbarerweise nimmt sich Nirwana dieser Dinge mehr und mehr an. Das Beste wird wohl sein, ich warte erst einmal ab, wie sich die Dinge ohne mein Zutun von alleine entwickeln und 'mache' überhaupt nichts.

München, 20. März 01

Gehe wie so häufig vor dem Satsang noch eine Kleinigkeit essen, und wie ich da im Imbiss stehe, schaue ich den Leuten zu, die direkt vor meinem Fenster vorbei eilen. Natürlich sind manche von ihnen sofort als Satsang-Gänger identifizierbar, auch wenn ich deren Gesichter noch nie zuvor gesehen habe. Gerade schaut eine solche Person im Vorübergehen kurz durch das Fenster zu mir herein, für einen Augenblick treffen sich unsere Blicke. Und während diejenige in mir vermutlich nur einen Currywurst-essenden-Unbekannten sieht, sehe ich in diesen Augen so viel Schönheit und denke: in spätestens zweieinhalb Stunden werden diese momentan noch von der Mühsal des vergangenen Tages ermüdeten und unruhigen Augen vor Glückseligkeit leuchten. Wie schön.

München, 22. März 01

So viele berührende Sharings. Und Samarpan wird immer noch ‘besser’ und noch stiller. Darauf angesprochen meint er:

„Ja, es ist interessant: Je weniger ich ‘mache’, desto mehr geschieht. Und genaugenommen ‘tue’ ich überhaupt nichts. Es ist alles das Göttliche. Es ist alles Gott.“

München, 23. März 01

Während ich Anja beim Verkauf nach dem Satsang zusehe, denke ich im Hinblick auf all die abertausend Kassetten, die im Lauf der Jahre verkauft wurden und unter Berücksichtigung der Tatsache, dass manche Satsang-Gänger (Taxifahrer, Hausfrauen u. a.) von früh bis spät nebenher nur Satsang-Kassetten hören: Jeden Moment hört irgend jemand gerade eine Kassette mit Samarpans und meiner Stimme. Irgendwo in Deutschland, in irgendeinem Auto, in irgendeiner Küche, in irgendeiner Kammer spreche ich gerade ‘quasi’ die Wahrheit. Eine schöne Vorstellung, ein schönes Gefühl.

München, 24. März 01

Irgend jemand vom Staff hat tagsüber eine riesengroße Leinwand samt sperrigem Gestell als ruhigen Hintergrund für die Video-Aufnahmen besorgt, die mit Unterstützung von uns allen vor dem Satsang hinter Samarpans Stuhl aufgebaut wird. Also wieder ein bzw. -zig Teile mehr. Das einzige, was mir dazu einfällt, ist, dass jeder Wunsch nach einem neuen Teil, nach einer Veränderung in meinen Augen aus der Unzufriedenheit gegenüber dem augenblicklichen Zustand resultiert – also vom Verstand kommt; eine Lüge ist. Oder? Und das, was ich mit diesem Wunsch machen würde, wäre, ihm augenblicklich den Rücken zuzuwenden. Am liebsten würde ich das ja auch mit der Leinwand machen, aber dann gäbe es bestimmt Ärger mit den anderen. Und so helfe auch ich und fühle den Frust, so gut es eben geht.

München, 28. März 01

„Ihr habt alle ein perfektes Leben. Da ist nichts verkehrt. Nichts braucht sich zu verändern. Es ist alles genau richtig. Das ist die Wahrheit. – Schaut: Das ist der Unterschied zu einer Therapie. Bei einer Therapie überzeugt man den Klienten davon, dass bei ihm etwas nicht stimmt und dann geht man daran, dies zu bearbeiten. Und das kann jahrelang so gehen. Denn der Verstand findet immer irgend etwas, was seiner Meinung nach noch nicht in Ordnung ist. – Hier im Satsang sagen wir die Wahrheit: dass da nichts verkehrt ist. Nirgendwo. Hier ist alles wunderbar; ist es immer gewesen und wird es immer sein."

Berlin, 6. April 01

Anja und ich sind bei dem ehemaligen Abteilungsleiter einer großen Berliner Bank untergekommen, der vor einen paar Monaten alles hinter sich gelassen hat. Jetzt sitzen wir gemeinsam beim Mittagessen in seiner riesigen Wohnung, und er erzählt von seinen Plänen in Bezug auf die von ihm angestrebte Erleuchtung:

„Als nächstes werde ich ein halbes Jahr verreisen, unter anderem wahrscheinlich eine Zeitlang in ein Kloster: früh aufstehen, viel arbeiten, ein Meister, der einen so richtig 'ran' nimmt; meditieren bis spät in die Nacht usw. – Es ist natürlich schon ganz schön hart..."

'Puuh, das kannst du laut sagen', denke ich. Allein bei der Vorstellung wird mir schon schlecht.

„Ähm, dir ist aber schon klar, dass der Frieden Hier und Jetzt ist, oder?"

Ich kann es mir einfach nicht verkneifen. Schließlich war er auch schon mehrmals beim Satsang.

„Mmh, vielleicht brauche ich einfach diese Strenge", überlegt er.

'Rama!!! Sei leise!!!', denke ich und sage:

„Mmh. Ja, vielleicht."

Vielleicht braucht er es ja wirklich? Aber schmerzhaft ist es schon, mit ansehen zu müssen, wie jemand – die Wahrheit vor Augen – im Begriff ist, sich auf die beschwerliche bzw., um genau zu sein, auf die aussichtslose Suche nach ihr im Außen zu machen.

Berlin, 8. April 01

„Samarpan, im Großen und Ganzen bin ich schon in Frieden", shart jemand. „Doch hier und da gerate ich noch immer in irgendwelche Storys'."

„Das ist in Ordnung. Das sind nur irgendwelche übrig gebliebene Identifikationen. Gib einfach deine Aufmerksamkeit auf den Frieden, der Hier ist. Da ist nichts verkehrt."

Berlin, 10. April 01

Heute kommen bei mir mal wieder verstärkt gewisse alte Bedenken in Bezug auf das an Umfang ständig wachsende Satsang-Equipment auf, sowie der Wunsch, diese Samarpan gegenüber noch einmal anzusprechen. Zwar ist da Angst, deswegen als Kritiker angemacht und gebrandmarkt zu werden, allerdings ist diese im Moment relativ gering. Stattdessen ist da so eine Mixtur aus Angst und Trauer, dass wir immer mehr Leute anziehen werden, denen es weniger um die Wahrheit als vielmehr um die 'Show' geht; insbesondere im Hinblick auf etwas, was Osho auf die Frage: 'Was würdest Du tun, wenn Du zu diesem Ashram kommen und sehen würdest, welche Show hier abgezogen wird?' gesagt haben soll: 'Ich würde auf der Stelle umkehren und versuchen, möglichst schnell möglichst viel Abstand zu diesem Ort zu gewinnen.'

Ich versuche zwar, mir immer wieder vor Augen zu halten, dass es letzten Endes nur Mindfuck ist, und ich die Gegebenheiten so akzeptieren sollte, wie sie sind. Aber dies ist ein Punkt, mit dem mich mein Verstand immer wieder kriegt und zu überzeugen versucht, dass dies die Wahrheit ist bzw. dass er Recht hat. Dass ein schlichteres Umfeld besser, dass es der Wahrheit näher wäre, als so, wie es jetzt ist: Samarpan auf seinem Thron mit großer Video-Leinwand hinter sich usw. Und in den nächsten Jahren wird diese Entwicklung höchstwahrscheinlich noch weitergehen, wobei ich spätestens jetzt, wenn ich an die Zukunft denke, wirklich total im Verstand bin; schnauf, stöhn. Das Beste wird sein, ich rede einfach tatsächlich mit Samarpan. Auch wenn ich jetzt doch ganz schön Angst habe, mit all meinen Vorbehalten gegenüber dem immer professioneller aussehenden Satsang-Rahmen samt den ganzen Neuerungen als konservativer Bremsklotz oder schlicht als Faulpelz dazustehen. Aber es geht mir nun mal einfach immer wieder durch den Kopf und belastet mich in gewissem Sinne auch.

Insofern gehe ich also mit klopfendem Herzen zu Samarpan, share meine Gedankengänge, und erfreulicherweise sind sowohl Samarpan als auch Marga ganz entspannt damit. Aus ihrer Sicht entspricht das stete Wachstum einfach der derzeitigen Energie, und beide gehen davon aus, dass zukünftig noch viel mehr Leute zum Satsang kommen werden und es ganz zwangsläufig einer immer höheren Professionalität bedarf.

„Seit wir beispielsweise die Video-Leinwand haben", sagt Samarpan, „haben die Leute mehr Respekt. Und es ist so einfach, die Wahrheit aufzuzeigen."

„Mmh. – Weißt Du, Samarpan. Im Grunde ist es mir auch gleich-gültig, was Du, was Ihr mit meinen Worten anfangt. Mir war einfach nur wichtig, meine Bedenken noch einmal offen geäussert zu haben", sage ich und denke: Tut so gut, dass ich das bei ihm darf, ohne gleich eins auf's Dach zu kriegen, was mir mein Verstand immer wieder prophezeit. „Da ist einfach die Angst, es falsch zu machen", füge ich noch hinzu. - Samarpan schüttelt lächelnd den Kopf:

„Du machst überhaupt nichts."

„Das weiß ich ja eigentlich", sage ich dankbar. „Also vielen Dank noch mal! Und gute Nacht!"

„Gute Nacht, Rama."

Zufrieden ziehe ich von dannen. Die Welt ist wieder rundherum in Ordnung.

Hübenthal, 12. April 01 (Retreat)

Ein neuer Retreat-Ort, ein abgelegenes Osho-Zentrum in der Nähe von Kassel: sehr schön. Gleich im ersten Satsang geht ein hier lebender Sannyasin ziemlich trostlos nach vorne und shart mit tonloser Stimme, dass nach Oshos Tod irgend etwas in ihm kaputtgegangen ist.

„Seither fühle ich mich oft sehr einsam, und irgendwie wurstele ich mich nur noch mehr oder weniger orientierungslos durch."

Puh! In mir zieht sich etwas total zusammen, denn ich kann mich so gut in ihn hineinversetzen und denke: Wahrscheinlich ging und geht es vielen alten Sannyasins so.

„Ja!", sagt Samarpan mitfühlend. „Du dachtest, du hättest Osho verloren."

Der Sannyasin schluchzt auf und bricht in Tränen aus. Es sieht aus, als habe er sie jahrelang zurückgehalten.

„Die Wahrheit ist: Du hast Osho nie verloren! Osho hat dich nie verlassen!"

Er weint weiter vor sich hin.

„Schaue Jetzt, schaue Hier!" Samarpan schaut ihn liebevoll an: „Was ist Hier, in der Mitte des Schmerzes?"

Der Sannyasin wird ruhiger, immer ruhiger. Das Weinen hört auf, mehr und mehr Frieden kehrt ein. Seine Gesichtszüge entspannen sich, er sieht Samarpan mit leuchtenden Augen an und sagt:

„Love, endless love."

Ich glaube, allen stehen die Tränen in den Augen. Mir natürlich auch, und ich muss erst einmal schlucken, bevor ich dolmetschen kann:

„Liebe. Endlose Liebe."

Absolute Stille.

„Fehlt es Hier an irgend etwas?"

„Nein." Er ist vollkommen selig. Sein Gesicht strahlt tiefsten Frieden aus.

„Dies ist Osho! Genau Hier, in der Mitte des Schmerzes, vor dem du all die Jahre davongerannt bist!"

Beide schauen sich mit glänzenden Augen an, die Begegnung zweier Buddhas. Es ist so berührend: der Sannyasin hat Osho wieder gefunden, hat sich wieder gefunden. Wie viele Leben war er auf der Suche, war ICH auf der Suche, waren WIR ALLE auf der Suche!!!

Der Sannyasin steht auf, führt die Hände zum Namasté zusammen und legt sich vor Samarpan mit nach oben geöffneten Händen auf den Boden. Samarpan schließt die Augen. Irgendwann hat er einmal gesagt, dass er es im Grunde nicht will, wenn seine Person derart 'verehrt' und 'angebetet' wird. Aber nach dem gerade Erlebten wird dem Sannyasin ohnehin klar sein, dass er sich gerade nicht vor Samarpan als Person hinwirft, sondern vor Osho, vor Gott, vor der Wahrheit.

Über eine Minute in Stille verstreicht. Dann steht er auf, grüßt noch einmal mit Namasté – Samarpan ebenfalls –, geht an seinen Platz zurück, und ich denke: Es ist unglaublich. Solche Heilungen an Samarpans Seite Tag für Tag mitzuerleben, ja, daran mitwirken zu dürfen, ist solch eine Gnade. Ich könnte heulen. Jedes Mal.

Minutenlang herrscht Stille. Keiner fragt etwas, keiner sagt etwas.

„So viele Leben waren wir auf der Suche; es heißt Millionen von Leben, und immer haben wir im Außen danach gesucht. – Lasst mich euch eine Geschichte erzählen: Da war einmal ein indischer Diamantenhändler, der in eine fremde Stadt fuhr, um dort auf dem Markt einen besonders wertvollen Diamanten zu erstehen. Ein Taschendieb bekam dies mit, heftete sich an seine Fersen und als der Händler nach erfolgreichem Kauf am Abend den Zug nach Hause bestieg, ging er ihm nach; bis ins Abteil. Es wurde Nacht, und der Diamantenhändler legte sich schlafen. Als er eingeschlafen war, durchwühlte der Dieb dessen Koffer und alle Klamotten, aber: nichts. Der Diamant war nicht zu finden. So kam der Morgen, und der Zug näherte sich der Heimatstadt des Händlers. Der Dieb hatte Schwierigkeiten, diesen Fehlschlag zu verdauen und sagte seinem Gegenüber deshalb kurz vor Verlassen des Zuges: ‘Um Ihnen die Wahrheit zu sagen: Ich bin der beste Dieb weit und breit. Und noch nie konnte irgend jemand irgend etwas vor mir verbergen! Darf ich Sie fragen, wie sie es angestellt haben und wo Sie den Diamanten hatten?’ Der Diamantenhändler schmunzelte und antwortete: ‘Sie müssen wissen: Auch ich bin der beste Händler weit und breit. Und den Diamanten hatte ich in Ihrer eigenen Jackentasche versteckt.’“ Samarpan hält einen Moment inne. „Es ist solch ein gutes Versteck. Während all der vielen Leben haben wir nie daran gedacht, Hier nachzusehen. Dabei war Das immer Hier. – Osho sagte: ‘Nach dem Tod werde ich verschwinden in die Herzen all meiner Sannyasins.’ – Und genau so ist es. Osho IST in unserem Herzen. Ramana ist in unserem Herzen. Jesus ist in unserem Herzen. Nichts ist außerhalb von uns. Niemand ist außerhalb von uns. Es ist alles IN uns. Es ist alles Hier.“

Sehr lange ehrfurchtsvolle Stille.

Hübenthal, 14. April 01 (Retreat)

Es ist ziemlich voll geworden im Satsang-Raum, und Nirwana bittet mich, ihr dabei zu helfen, die Matratzen und Stühle neu zu arrangieren. Also gehen wir an die Arbeit, und ich mache eine interessante Entdeckung. Da Nirwana ein Auge dafür hat, was getan werden muss und auch dafür, wie man es am besten macht, stehe ich einfach nur da und warte auf ‘Befehle’ von ihr. Mein eigenes Denken schalte ich dabei vollkommen aus, bzw. es schaltet sich von selbst aus, und ich bin vollkommen passiv. Als Nirwana schließlich sagt, ich solle mir einmal etwas einfallen lassen, was die Matratzenanordnung anbelangt, sie habe nämlich selbst auch keine Ahnung, macht irgend etwas ‘klick’ und mir wird bewusst: Sobald da jemand ist, der weiß, wie es geht, oder ich zumindest den Eindruck habe, dass er weiß, wo es lang geht, werde ich vollkommen passiv, denn irgendwie mir ist klar: Ich habe keine Ahnung, wie es sein soll. Und wenn da jemand ist, der es weiß, dann: bitte, sage Bescheid! Und wenn ich in der Vergangenheit hier und da doch einmal sage, wie ich es machen würde und der kleinste Einwand von den anderen kommt, lasse ich es gleich wieder gut sein. Scheinbar verfüge ich über null Durchsetzungsvermögen, ziehe mich 'genervt' zurück und denke: Sollen sie es doch machen, wie sie wollen!

Allerdings gebe ich zu, dass ich auch ein Urteil darüber habe, wenn jemand ganz genau weiß oder zu wissen vorgibt, wie dieses oder jenes zu sein hat. Als ich anfing mitzureisen, standen die Blumen einmal so und einmal so; mal waren sie blau, mal waren sie rot, und es war vollkommen egal. Doch je länger ich mitreise, je mehr Leute mitreisen und je mehr Verstände mitreden, desto schwieriger, desto komplizierter wird alles. Zumindest aus meiner Sicht. Mal passt die Farbe der Blumen nicht zur Tapete, dann wieder nicht zum Teppich. Oder der Strauß ist zu klein für den Raum etc. Insofern frage ich mich zum wiederholten Mal, ob es eigentlich nichts Wichtigeres gibt? Wieso fokussieren wir uns auf die Dinge, die vielleicht nicht hundertprozentig sind, anstatt uns einfach darüber zu freuen und wertzuschätzen, dass jemand so freundlich war, überhaupt einen Strauß zu besorgen?

Im Grunde habe ich ja gar nichts dagegen, wenn die anderen den Raum so schön wie möglich machen, nur fällt es mir (extrem) schwer, mir von ihnen bzw. von ihrem Verstand sagen zu lassen, wie ich es ihren Vorstellungen nach auf aufwändigere Art und Weise zu tun habe, insbesondere in Fällen, da ich der Meinung bin, eine schlichte Lösung z. B. bei der Blumendrapierung würde es auch tun. Da steckt natürlich ein Menge Konfliktpotenzial drin, und mir ist klar, dass ich mit dieser Haltung ständig anecke. Nehme ich vielleicht alles zu wenig ernst? – Wie auch immer, zurück zu Jetzt. In dem Moment, da Nirwana sagt, dass sie selbst auch keine Ahnung hat, kommt bei mir ein kreativer Denkprozess in Gang. Mir kommt eine geniale Idee, die ich ihr mitteile, und – ich kann es kaum glauben – Nirwana setzt sie sofort in die Tat um. Für mich eine ganz neue Erfahrung! Plötzlich bin ich der 'Chef' und dirigiere die anderen; vollkommen ungewohnt, aber gut.

Hübenthal, 16. April 01 (Retreat)

Hier im Satsang-Raum gibt es zwei Stehlampen. Und natürlich hat sofort irgend jemand vom Staff die Idee (möglicherweise kommt sie auch von Samarpan selbst), dass es doch toll wäre, wenn wir zwei solcher Lampen immer dabei hätten. Das stimmt, aber gegen das sofort aufkommende Widerstandsgefühl kann ich nichts tun. Dabei geht mir die Frage durch den Sinn, inwieweit es überhaupt noch für mich stimmt, dieses immer professioneller werdende Satsang-Ding zu unterstützten? Natürlich ist das nur mein Verstand, denn im Moment bin ich ja hier (mit dabei). Also scheint das der Ort zu sein, an dem mich das Leben haben will. Und vielleicht bin ich einfach das 'notwendige' (?) konservative Glied in diesem System?

Hamburg, 17. April 01

Mit meinem Dolmetschen ist es für mich immer wieder interessant zu erleben, wie Samarpan oder ein Sharender etwas sagt, und ich alles einfach erst einmal aufzeichne. Hierbei merke ich bereits, wenn ich das ein oder andere Wort nicht kenne... und warte ab. Und oft ist es so, dass, wenn ich kurz darauf am 'Abspulen' bin, genau in dem Moment, wenn ich das Wort brauche, mir dieses einfällt. Faszinierend!

Nach dem Satsang kommt Viramo auf mich zu und bietet an, wie schon in Berlin auch hier in Hamburg wieder die CD-Produktion zu übernehmen. Super!

Hamburg, 18. April 01

Vor dem Satsang macht mich Kira an, weil nicht ICH die CDs hier in Hamburg brenne, sondern Viramo, und sie das Gefühl hat, ich würde mich davor drücken. Ich sage ihr, dass es Viramo selbst war, die mir gestern dieses Angebot unterbreitet hat. Doch sie schreit mich einfach an, dass bei ihr eine Stinkwut ist. – Puuuuh! Einerseits finde ich es ja ganz toll, dass sie nicht gesagt hat 'ICH bin stinkwütend!' und demzufolge offenbar nicht mit diesem Gefühl des Stinksauerseins identifiziert zu sein scheint. Aber gleichzeitig schwingt in meiner Interpretation ihres Satzes solch ein Hass mit, dass ich mich außerstande sehe, irgend etwas darauf zu sagen.

Ohnmächtig wende ich mich ab und denke: 'Eigentlich ist sie lange genug im Satsang gewesen, um zu wissen, was sie mit ihrer Stinkwut machen sollte. Wenn sie es nur nicht immer an mir auslassen würde! Dabei macht sie so wunderschöne Lieder, Songs der Wahrheit; was soll der Scheiß jetzt wieder?'[29]

29 Anmerkung von Kira: An einem gewissen Punkt hatte Samarpan mir gesagt, dass „alles" mein Job sei; insofern fühlte ich mich für die Dinge verantwortlich. Was meine Wut in dieser Situation auslöste, war, dass ich den Eindruck hatte, Rama würde sich hier ein weiteres Mal vor einem Job drücken. Während Samarpan zu Viramo wieder und wieder sagte, dass sie nicht zu arbeiten brauchte, versuchte er wiederholt, Rama an die Arbeit zu bekommen, und hier schien es mir genau umgekehrt zu laufen. Hätte Samarpan mir gesagt, dass Rama lediglich dolmetschen solle und sonst nichts, dann wäre es das gewesen. Doch mein Job schien gewesen zu sein, Rama zu provozieren, wenn er faul war. Von Samarpan hatte ich den schmutzigen Job bekommen, der Zen-Stock zu sein, so dass ich Unmengen von Energie auf Rama warf, die zunehmend negativ wurden, da ich von dem unmöglich erscheinenden Job mehr und mehr frustriert war, ihn aus der Fixierung herauszuholen, die er zu haben schien („Arbeit" zu vermeiden anstatt die umgekehrte Seite daran als „Spiel" und als eine Art und Weise, in das Menschsein involviert zu sein, zu sehen) und ihn genaugenommen in seine eigene Freiheit hinein zu schieben.

Verflucht! Allerdings bin ich gerade auch nicht in Frieden mit dem bei mir ausgelösten Hass, Scheiße aber auch! Aufgrund ihres Gezickes wird die ganze Atmosphäre erst mal wieder auf Tage hinaus vergiftet sein! Mann, nervt mich das an! Aber voll!! Und zum tausendsten Mal frage ich mich, was Samarpan sich dabei dachte, als er Kira vor zwei Jahren zu ihrem Zickigsein ermutigte. Ist dies nicht ein zutiefst falschmachendes Verhalten??? Er mag zwar an irgendeiner Stelle auch gesagt haben, dass Frauen sich so verhalten, um aus Jungs Männer zu machen, aber verdammt noch mal: Was zum Teufel hat das mit der Wahrheit zu tun?????

Lange Stille im Satsang. Tut gut. Allerdings bleibt dann auch mehr Zeit und Raum um nachzudenken, was ja bekanntermaßen nicht immer unbedingt ein Segen ist. – Ich hasse es einfach und habe es immer gehasst, wenn mich irgend jemand anmacht; vor allem, wenn dieser jemand die Wahrheit allem Augenschein nach kennt. Genaugenommen hasse ich dieses Gefühl des Zur-Sau-gemacht-Werdens bzw. das Verhalten jemanden zur Sau zu machen, was in meinen Augen die Botschaft beinhaltet: Du bist nicht in Ordnung, bzw. du machst es falsch. Und damit kann ich einfach nicht in Frieden sein! Scheiße!! Samarpan würde vermutlich sagen: 'Das ist nicht die Wahrheit, dass du es nicht 'kannst'. Das ist nur ein Mantra des Verstandes.' Und wahrscheinlich hat er damit recht: Ich WILL nicht in Frieden damit sein, sondern gehe lieber in die Story hinein: 'Obwohl der Andere die Wahrheit sieht, macht er mich falsch. Buh!!' Es ist zum Kotzen![30]

Hamburg, 19. April 01

Sitze mit unserem Gastgeber-Paar beim Frühstück, als ich gefragt werde, wie es denn nach bald vier Jahren des Reisens mit Samarpan so für mich ist. Da ich einige Sekunden nichts sage, höre ich:

„Wenn dir die Frage unangenehm ist, Rama, brauchst du ni..."

„Nein, das ist es nicht. Ich möchte nur keinen Blödsinn sagen, sondern genau hinsehen."

Denn wer weiß, welche Kreise meine Antwort in der Szene ziehen mag und am Ende noch bei Samarpan landen wird?

„Sagen wir einmal so: In der satsangfreien Zeit fehlt mir der Satsang mit

30 Anmerkung von Kira: Die Art und Weise, wie Rama die Wahrheit hier verwendet, scheint mir auf seine Vorstellung hinzuweisen, dass, wenn man die Wahrheit kennt, wir dann alle „Smileys" werden. In meinem Fall bedeutete das Kennen der Wahrheit, dass ich Rama das Leben schwer machte, anstatt einfach nett zu sein und es schleifen zu lassen, was viel einfacher gewesen wäre. Ich konnte sehen, dass Rama ein grosses Potenzial hat, beim Spielen im Leben Spass zu haben, was man nicht erkennt, wenn man Dinge vermeidet. Insofern scheint mein Job gewesen zu sein, ihn zu seinem Potenzial hin zu schieben.

Samarpan nicht. Für mich ist es dasselbe. Was aber durchaus einen Unterschied ausmacht, ist, dass – wenn ich mit Anja alleine bin – ich wesentlich weniger Knöpfe gedrückt bekomme, als wenn Satsang stattfindet. Insofern genieße ich es schon, wenn gerade kein Satsang ist und wir frei haben. Und manchmal ist da der Wunsch nach Nur-noch-Ausruhen von all dem Zoff, wobei das natürlich nur der Verstand ist. Im Grunde ist es einfach, wie es ist. Momentan ist mein Platz an Samarpans Seite, und insofern scheint dies das zu sein, was das Leben für mich gerade im Sinn hat, und es ist nicht mein Job, nach etwas Anderem Ausschau zu halten."

„Ich verstehe", lächelt mein Gegenüber. „Das war also jetzt die politisch korrekte Antwort."

Ich sage nichts. Wir sehen uns an.

Tiefes Verstehen. Süßer Schmerz. Absolute Stille.

Und ich denke: ja, auch jetzt geht es nicht darum, das Außen von meiner Seite her verändern zu wollen, sondern mich dem Schmerz hinzugeben. Und wenn Samarpan die ganze gestrige CD-Geschichte mittlerweile brühwarm erzählt gekriegt hat und mich jetzt hinauswerfen sollte: nun gut.

Abends vor dem Satsang werde ich von Kira völlig ignoriert, und von Viramo bekomme ich zu hören, dass ich wohl gerade dabei sei, hinausgemobbt zu werden. Traurig und schmerzhaft. Mit Samarpan zu reden, habe ich auch keinerlei Impuls. Schließlich hat er sich in der Vergangenheit ja selbst schon öfters über meine 'Faulheit' erregt und wahrscheinlich längst für Kira Partei ergriffen. Tja, insofern ist es in der Tat sehr gut möglich, dass das Ganze nun mit einem Hinauswurf enden wird. Schmerz, Schmerz, Schmerz. Immer wieder Schmerz. Und es fällt mir verdammt schwer, nicht in irgendeine Story zu gehen. Schöner Scheiß, aber vielleicht ist es jetzt einfach soweit.

Der Satsang beginnt. Und mit diesem mir gut bekannten Gefühl – genauer gesagt: der Story – des 'Nicht-akzeptiert-Werdens (von Kira und insbesondere von Samarpan)' höre ich Samarpan von Liebe und Akzeptanz reden, was in mir noch stärkere Aggressionen auslöst, und ich ihn als ungeheuer arrogant erlebe. Aus Erfahrung weiß ich allerdings, dass die Leute, die behaupten, Samarpan sei arrogant, sich selbst oft für die Größten halten. Insofern kann ich nicht ausschließen, dass ich selbst gerade voll auf einem Ego-Trip bin. Scheiße-Scheiße-Scheiße.

Hamburg, 20. April 01

Morgen soll ein von Viramo initiierter, kurzfristig anberaumter Staff-Satsang stattfinden. Huuaa! Na, da bin ja mal gespannt. Mir hängt jedenfalls gerade alles voll zum Hals heraus, aber voll!!!

Hamburg, 21. April 01

Staff-Satsang. Und ich lasse erst einmal alle andern reden. Es geht um Ernsthaftigkeit, Ramas Arbeitsunlust, die daraus resultierenden Auseinandersetzungen und – was mich schwer trifft –, ist die Bemerkung Kiras, dass Samarpan ihr geraten haben soll, mich in den Hintern zu treten, wann immer ich meinen Job nicht mache. Schluck!!!

Irgendwie hatte ich etwas Derartiges ja insgeheim bereits vermutet, aber jetzt muss ich doch innerlich den Kopf schütteln. Wie kann ein Meister, der Liebe und Akzeptanz lehrt, nur so etwas sagen? Ich verstehe es nicht! Ich verstehe es einfach nicht!

Als es kurz darauf um das Thema CDs geht, kommt auf einmal bei Kira ganz viel Schmerz hoch, was mich jetzt wiederum sehr berührt, da ich sie sonst oft als eisenharte Kampfmaschine erlebe. Mit Tränen in den Augen sehen wir uns an, und ich fühle, wie sich mein Herz nach langer Zeit wieder für sie öffnet.

„Diese verdammten Scheiß-Programme!", sage ich heulend. „Wir leben so ein geiles Leben an Samarpans Seite und immer wieder gehen wir aufeinander los!"

„Ja", sagt Samarpan. „Es scheint: Rama muss lernen zu kämpfen."

Ich höre es, und ich höre es von Samarpan heute nicht zum ersten Mal und wieder klingt irgend etwas an. Es stimmt: Ich fühle mich diesen verbalen Attacken wehrlos ausgeliefert und wünschte, ich könnte dagegen ankämpfen. Aber sagt Samarpan nicht an anderer Stelle: 'Kämpfe gegen gar nichts an!'? – Es ist alles so furchtbar kompliziert und anstrengend. Dabei sehne ich mich doch einfach nur nach Ruhe und Frieden. Und schon wieder kommen mir die Tränen: heul.

„Rama: Komme einfach nach Hier zurück", sagt Samarpan liebevoll.

Puuuuh... ja, das tut gut. Ich wische mir die Tränen ab. Mannomann!

Als ich mich und die anderen sich ebenfalls wieder beruhigt haben, äussert Samarpan, dass er mich gerne als seinen Sekretär hätte und fragt, ob ich Lust dazu hätte? – Wahnsinn, das Leben ist schon verrückt. Gerade dachte ich noch, auf seiner Abschussliste zu stehen, und jetzt das!?

„Ja", sage ich leise und unsicher, denn wer weiß, welche Art von Überraschungen hier wieder auf mich lauern?

Den ganzen restlichen Nachmittag über bin ich bei Samarpan, übersetze Briefe und sortiere E-Mails. Fühle mich ihm so nah wie schon lange nicht mehr. Das Leben kann so schön sein.

Hamburg, 22. April 01

Bin den ganzen Tag bei Samarpan und helfe ihm am Computer.

„Weißt du, Rama, was wir zukünftig benötigen, ist jemand, der die ganzen organisatorischen Dinge koordiniert", sagt Samarpan, und ich nicke. In diesem Moment klingelt sein Handy:

„Samarpan?" - „..." - „Hi Darling!" - „..." - „Yes. Rama is here. And I have told him..." - „..." - „Yes. He's willing." Samarpan reicht mir sein Handy:

„Here. It's Marga." - „Thanks. Hallo Marga!" - „Hallo Rama! Ja, wir haben uns gedacht, dass du vielleicht so eine Art Chefsekretär für Samarpan sein könntest..." - „Oh, welche Ehre!" - „Mmh. Wir müssen uns einfach einmal zusammensetzen und schauen, wer was macht... Zuständigkeiten..." - „Ja. Schön."

Ich gebe das Handy wieder an Samarpan zurück, und die beiden turteln noch ein bisschen ungeniert. Wie süß. Schließlich ist das Telefonat beendet, und Samarpan sagt zu mir:

„Am besten wir lassen uns irgendeinen Titel für dich einfallen. Statt 'Sekretär' vielleicht 'Assistent' oder 'Manager'."

Samarpan schaut so wissend und liebevoll, dass es mich zu Tränen rührt. Jetzt bin ich also wieder da gelandet, wo ich vor vier Jahren aufgehört habe. Doch im Unterschied zu damals ist da jetzt Frieden; Frieden damit, ein 'Sekretär' zu sein.

Hamburg, 24. April 01

Wie gestern, so bin ich auch heute wieder bei Samarpan. Da im Moment solch eine Vertrautheit zwischen uns ist, traue ich mich, endlich einmal das leidige Thema meiner 'Arbeitsunlust' anzusprechen.

„Weißt du, Samarpan, es ist nicht so, wie manche glauben mögen, dass ich von Grund auf faul bin. Ich weiß, wie es ist, wenn da total viel Energie ist. Als ich vor Jahren einmal nach denjenigen Momenten in meinem Leben gefragt wurde, in denen ich mich ganz in meiner Mitte gefühlt habe, fielen mir diejenigen Augenblicke ein, in denen ich voller Energie am Schreibtisch saß und plante, telefonierte, organisierte. Tatsächlich und genaugenommen LIEBE ich diese Form von Energie."

Und da ich hier und jetzt soviel Spaß habe, unmittelbar für Samarpan 'wichtige' Arbeit zu leisten, traue ich mich auch endlich einmal glaubhaft zu sagen, dass ich nicht generell energielos bin. Sondern dass, wenn es um das Dolmetschen oder Übersetzen der Wahrheit geht, ich nach wie vor überhaupt nicht 'genug' kriegen kann.

„Nur all diese anderen Tätigkeiten wie CDs brennen, Kopien machen, irgendwelchen Krimskrams wie Teelichter kaufen usw., die strengen mich einfach total an und saugen mir jegliche Energie aus dem Leib."

Fragend sehe ich zu Samarpan, welcher leise erwidert:

„Ich höre dich."

Absolute Stille. Und ich denke: ja, wie schön, Samarpan. Zum ersten Mal fühle ich mich in diesem Punkt von dir wirklich 'gehört' und 'gesehen'. Was haben wir nicht schon für Stress deswegen gehabt! Und wie schön ist es, jetzt mit dir hier in Stille zu sein, jetzt mit dir Hier zu sein.

Hamburg, 25. April 01

„Samarpan, mein Mann ist erwacht!“, stöhnt eine Frau abends im Satsang.

„Oje!“, spiegelt Samarpan. Hahahahaha.

„Ja! Und jetzt redet er ständig so komisch daher!“

„Ja!“, sagt Samarpan mitfühlend.

„Ständig sagt er mir, was ich machen soll; in meine Gefühle hinein gehen und so.“

„Höre nicht auf ihn.“ Hahahaha.

„Echt? Das geht?“

„Klar. Er hat keine Ahnung. Er hat keine Ahnung, was du tun musst. Und genaugenommen musst du überhaupt nichts tun. Du machst es wunderbar.“

„Puuuuh! Da bin ich aber froh, das zu hören!“

„Ja! Entspanne einfach.“

„Oh, Mann! Ich bin echt froh, dass ich zu dir gekommen bin. Vielen Dank, Samarpan!“

Die Frau geht zu ihrem Platz und sofort springt im Publikum eine andere auf und geht eilig nach vorne:

„Hallo Samarpan! Ich bin auch eine von diesen Geschädigten.“ Tosendes Lachen. „Auch mein Mann ist erwacht!“

„Ja, es ist schrecklich; wie eine Epidemie“, dolmetsche ich schnell Samarpans Kommentar, bevor erneut ein brüllendes Gelächter einsetzt: hahahehehohohihi hohuheha... Aaaaaah, das tut gut.

„Lasse auch du dir nicht von deinem Partner ‘die Wahrheit’ sagen. Du kennst die Wahrheit selbst.“

„Wirklich?“

Stille. S t i l l e . Huiuiuiuiui! Gerade war noch brüllender Lärm, jetzt wird es a b s o l u t s t i l l.

S T I L L E. D i e b e i d e n s e h e n s i c h u n e n t w e g t a n ...

A u f b e i d e n G e s i c h t e r n e n t s t e h t e i n s a n f t e s L ä c h e l n ...

M e i n H e r z b e g i n n t s c h n e l l e r z u s c h l a g e n ...

A b s o l u t e S t i l l e.

S e h r l a n g e a b s o l u t e S t i l l e.

Sacht führt nun die Frau ihre Handflächen zusammen. . .

Samarpan tut es ihr nach. . .

A b s o l u t e S t i l l e. A b s o l u t e S t i l l e. D e e p e s t p e a c e.

Oh my God, how beautiful. – A Buddha is born.

Hamburg, 26. April 01

Der letzte Satsang ist vorbei, und wir haben fünf Wochen frei. Hurra!! Und das Beste ist, dass Anja und ich den ganzen Mai die Berliner Wohnung unseres dortigen Gastgebers vor drei Wochen hüten können, der sich inzwischen tatsächlich auf seine große Reise gemacht hat. Wie schön!

Berlin, 2. Mai 01

Da die nächste Satsang-Station das Rainbow-Festival in Baden-Baden Anfang Juni ist, bei dem unter Umständen sehr viel gekauft werden wird, und unsere CD-Bestände fast bei Null angelangt sind, werden wir die nächsten Tage mit dem Brennen von CDs verbringen müssen. Denn wenn wir bis Ende Mai von jeder unserer CDs ca. 50 Stück haben wollen, müssen wir täglich zwölf Stück brennen. Au, au, au.

Berlin, 10. Mai 01

Bislang war eine eigene E-Mail-Adresse nicht wirklich wichtig für mich, aber es scheint ja doch wohl etwas ganz Tolles zu sein. Also sehe ich mich heute im Internet etwas um und werde bei GMX fündig. Hier bekomme ich die Frage nach einer Wunsch-Adresse gestellt und natürlich gebe ich 'rama@gmx.de' ein. Doch leider kommt die Meldung, dass dieser Name schon vergeben ist. Was nun? Spontan kommt mir 'ramaji' in den Sinn. Hier und da bin ich von anderen zwar schon so genannt worden, aber die Endung '-ji' weist ja eigentlich auf 'große Seele' oder irgend etwas Derartiges hin. Und ich kann mich ja nicht selbst auf solch einen Sockel stellen. Papaji, Gangaji – ja, das sind Erwachte, die von Tausenden als Meister angesehen werden, aber ich kann mich doch mit diesen nicht auf eine Stufe stellen!

Andererseits und von der Wahrheit aus betrachtet, gibt es ja gar keine Stufen, kein oben und kein unten. Papaji und Gangaji sind schließlich nicht wirklich getrennt von mir. Aber trotzdem: Was werden die anderen denken, denen ich als meine E-Mail-Adresse 'ramaji' nenne? Jeder wird es für einen Ego-Trip halten, und das will ich schließlich nicht. Aber halt: WER will nicht? Mein Verstand, oder? Scheiße! Was mache ich bloß? Soll ich 'rama' mit meinem bürgerlichen Namen kombinieren? Nein, das fühlt sich beschissen an. Soll ich Rama mit meinem Nachnamen kombinieren? Nein, auch schlecht. Oder mit einer Zahl, wie z. B. 'rama1' oder 'rama2001'? Na ja, ich weiß nicht.

„Was sagst du denn zu 'ramaji'?“, frage ich Anja, die gerade zur Türe hereinkommt.

„Du weißt, dass '-ji' eine besondere Bedeutung hat, oder?“

„Ja, schon“, sage ich nachdenklich. Nur was soll ich machen? 'Ramaji' ist einfach das einzige, das Energie hat. Und wie viel!!

Während Anja den Raum wieder verlässt, sitze ich ein paar Minuten vor dem Bildschirm und überlege. Ich könnte mir ja auch irgendeinen anderen schönen Namen ausdenken, nur welchen? So sehr ich auch nachdenke, mir fällt einfach nichts ein. Irgendwie kommt mir alles, was nicht 'ramaji' lautet, wie eine

Notlösung vor; ein schlechter Ersatz für das Wirkliche. Aus Angst, anderen die Knöpfe zu drücken, aus Angst, andere könnten sauer sein, könnten dies für einen Ego-Trip halten, wähle ich irgendeinen Scheißnamen aus? Naja. – Oder aber: Ich wähle mit Absicht ganz gezielt irgendeinen Namen aus, den ich zum Kotzen finde und habe diesen dann als stete Erinnerung, dass ich nicht dieser Name bin. Aber einmal anders gefragt: Wieso kümmere ich mich eigentlich darum, ob irgendwelche anderen Leute irgendwelche Knöpfe gedrückt bekommen? Jeder, der glaubt, dass ich einen Ego-Trip am Laufen habe, projiziert ja letztendlich nur seinen eigenen Trip auf mich. Denn diejenigen, die die Wahrheit kennen und bei sich, Hier, niemanden sehen, werden auch bei mir, Hier, niemanden sehen, der sich für 'ramaji' entschieden hat. Sie wissen, dass wir alle '-jis' sind; sie ganz genauso wie ich; nicht wirklich etwas tuend und entscheidend. Und diejenigen, die ein Problem mit mir und dem Namen 'ramaji' haben sollten, haben das nur deshalb, weil sie offenbar noch zu einem gewissen Teil als 'nicht-ji' identifiziert sind. Also was hat das Ganze eigentlich mit mir zu tun? Soweit ich das im Moment sehe überhaupt nichts.

Was nun? Der Bildschirm wartet. Soll ich – oder soll ich nicht? Mannomann, unter Umständen lege ich mit der Entscheidung für 'ramaji' jetzt gleich einen Schalter um, der einen nicht mehr zu stoppenden Prozess in Gang bringt: Einen Prozess, der mich zu einer Projektionsfläche werden lässt, einen Prozess, der mich eventuell in eine ji-Rolle drängt, die einiges an Verantwortung beinhaltet, was ich im Grunde ja überhaupt nicht haben will. Mist: WER will nicht? Shit! Außerdem ist die einzig wirklich Verantwortung 'lediglich' die Verantwortung gegenüber diesem Moment. Puuuuh, was soll ich machen? Die Energie ist da, eindeutig. Und zwar für 'ramaji' und NUR für 'ramaji'. Puh! Aber sollte mein Schicksal darin bestehen, irgendwann einmal die wie auch immer geartete Rolle eines Lehrers zu übernehmen, kann ich dann etwas Anderes 'tun', als mich dem einfach hinzugeben? Puuuuuh, mein Herz schlägt noch schneller, puuuuuuh. Mammamia. Puuuuuuuh!! Jungejunge.

Mit zitternden Fingern tippe ich sechs Buchstaben ein: r, a, m, a, j, i. – Puuuuuh, noch besteht die Hoffnung, dass dieser Name vielleicht auch schon vergeben ist. Puuuuuh! Ich lege meinen Finger auf die Return-Taste... klack. – Zwei endlose Sekunden sehe ich nur die elektronische Sanduhr inmitten des Bildschirms. Bummbumm, bummbumm, bummbumm, bummbumm, bummbumm, bummbumm, bummbumm.

„Willkommen bei gmx. Ihre E-Mail-Adresse lautet: ramaji@gmx.de."

Puuuh. Okay. Das war es jetzt. Auhauerha. Und mein Verstand sagt: Hoffentlich wirst du das nie bereuen.

Berlin, 14. Mai 01

Tag und Nacht brennen wir CDs, um bei unserer nächsten Station, dem Rainbow-Spirit-Festival in Baden-Baden, auf alle Fälle genügend zur Verfügung zu haben. Selbst wenn einer von uns beiden nachts kurz auf das Klo geht, wird eine neue CD in den Brenner geschoben. Ich habe nur noch CDs im Kopf. Sie sind allgegenwärtig, und ich merke: Ich habe echt total Sehnsucht danach, wieder einmal überhaupt nichts tun zu müssen. Kein CD-Brennen, kein CD-Bekleben usw. Wie schön waren doch die alten Zeiten! Wenn ich da hinein gehe, werde ich ganz schön schwermütig. Ich glaube, ich bin mal wieder im Verstand; Mist. – 'Rama! Was ist Hier und Jetzt?', frage ich mich selbst. Rechts von mir ist ein großes Fenster, hinter dem die Sonne scheint; links von mir liegt Anja nackt im Bett. Also wo zieht es mich Jetzt hin? Die Antwort fällt mir nicht schwer...

Berlin, 20. Mai 01

Anja und ich werden Ende Mai voraussichtlich nach Stuttgart fahren und da würde es sich geradezu anbieten, über Rothenburg zu fahren, so dass ich ihr dieses wunderschöne Städtchen einmal in Ruhe zeigen kann. Rufe daher bei meinen Eltern an und frage, ob wir für zwei, drei Tage in die seit nunmehr einem halben Jahr leerstehende Wohnung meiner Oma können. Allerdings kriege ich von meiner Mutter zu hören, was ich schon fast geahnt habe:

„Ich hoffe, du verstehst uns, aber das ist uns nicht so recht."

„Ja, ich verstehe. Ist schon okay", sage ich gewohnheitsmäßig, denn wenn ich wie sie die Vorstellung hätte, mein Sohn sei in den Klauen einer Sekte gefangen, dann hätte ich auch Bedenken. Doch als ich aufgelegt habe, steigt in mir urplötzlich eine abgrundtiefe Traurigkeit auf. Ich will es nicht wahrhaben, aber wenn ich jetzt darüber nachdenke, nimmt es mich doch ganz schön mit. Meine Oma, die mich immer auf das Herzlichste willkommen geheißen hat... Und jetzt, da sie tot ist... Ich scheine immer noch an der Vorstellung und der Hoffnung festzuhalten, dass mich meine Eltern eines Tages verstehen werden. Und das ist der Schmerz. Aber ich will diese Hoffnung nicht aufgeben. Auch wenn es mir im Moment so vorkommt, als habe ich meine Eltern gerade für immer verloren. Würden sie sich nicht selbst als gläubig betrachten, könnte ich es vielleicht leichter verstehen. Aber bei ihnen in der Küche die Jahreslosung aufgehängt zu sehen: 'Man muss Gott mehr gehorchen als den Menschen' und gleichzeitig immer wieder Vorwürfe wegen meinem aus meiner Sicht gottergebenen Lebensstil zu hören, tut einfach weh. Dabei ist es nur ein kleiner Trost, dass auch die Eltern vieler anderer Satsang-Gänger in meinem Alter der Ansicht sind, dass ihre Kinder den Verstand verloren haben, während bei den älteren Satsang-Besuchern deren Kinder oft glauben, dass ihre Alten jetzt endgültig übergeschnappt sind. Es ist verrückt. Und das Schmerzhafteste ist für mich immer wieder, dass ich nichts tun kann, um meinen Eltern den Frieden zu zeigen, weil sie fest davon überzeugt sind, dass ich 'mit dem Teufel im Bunde' bin. Es ist vollkommen verrückt.

Baden-Baden, 3./4. Juni 01

Das Rainbow-Spirit-Festival: Was es nicht alles auf dem esoterischen 'Wühltisch' gibt; es ist faszinierend. Besuche auch die Satsangs anderer Lehrer, aber keiner spricht mich herzensmäßig so an wie der mit Samarpan. Und ich darf seit nun mehr fast vier Jahren unmittelbar daran teilhaben; welch ein Geschenk!

12.

Ich liebe, die mich lieben, und die mich suchen, finden mich.
(Sprüche 8.17)

Stiersbach, 5. Juni 01 (Retreat)

„Hallo Ramana!“ Begrüßt mich der jüngste Spross der Stiersbacher.

„Das ist nicht Ramana, das ist Rama! – Hallo Butter!“, ruft der ältere, der seit Monaten jeden Abend eine Satsang-Kassette zum Einschlafen hört.

„Hallo!“, antworte ich.

„Duhuu, Ramaa: Warum haben die Erwachsenen eigentlich so viele Probleme und sind nicht einfach in Stille?“

„Weißt Du: Im Lauf der Zeit gerät die Stille bei vielen Erwachsenen immer mehr in Vergessenheit, und wir müssen erst wieder lernen, uns an sie zu erinnern.“

„Ach so. – Duhuu? Spielst Du mit mir?“

„Geht leider nicht. Wir richten jetzt den Satsang-Raum her. Vielleicht später.“

Schon süß, die Beiden! – Später shart jemand im Satsang:

„Samarpan! Ich bin so glücklich. Aber meine Eltern reden mir ständig in mein Leben hinein und sagen mir, was ich tun soll. Ich finde dies so anstrengend!“

„Ja, ich verstehe. Du lebst ein wunderbares Leben; sehr friedvoll. Aber es entspricht nicht der Vorstellung deiner Eltern von einem glücklichen Leben. Ja! – Wisst ihr: Es ist in der Tat schmerzhaft, wenn jemand, der selbst im Leid ist, glaubt, einem sagen zu müssen, wo es im Leben lang geht und wie man im Leben glücklich wird. – Fühle einfach den Schmerz. Schaut: Sie verstehen es nicht, und genaugenommen können sie es auch nicht verstehen. Liebe sie einfach. Das ist alles, was Du tun kannst.“

Stiersbach, 7. Juni 01 (Retreat)

Es ist immer wieder schmerzhaft mit anzusehen, wie einzelne Leute an ihrer Geschichte und an ihrem Leid festhalten. Entweder sie gehen das ganze Retreat über nicht nach vorne, oder sie gehen nach vorne und tun so, als sei alles bestens.

„Ach Samarpan! Was geht es mir gut!“

Und der liebe Samarpan, der niemandem sein Leid wegnehmen will, sagt dann oft auch nichts außer:

„Beautiful.“

Schmerzhaft. Doch wie so oft, wenn ich ein Urteil über jemand anderen habe, lehrt mich das Leben kurz darauf, dass ich ganz genauso bin und nicht dermaßen arrogant sein sollte zu glauben, ich sei der große Loslasser. Bin den ganzen

Nachmittag in einer totalen Frust-Story gefangen und würde jedem, der mir zu nahe kommt und mir 'helfen' und mir meine Story, mein Leid wegnehmen will, am liebsten den Hals umdrehen. Grrrrrrrrrrrrrrrrrrrrrrrrrr. – Im Satsang löst sich alles wieder auf. Verstehe das, wer will.

Stiersbach, 9. Juni 01 (Retreat)

Sitze mit Nirwana im Hof, und wir unterhalten uns – insbesondere darüber, was den Gehorsam gegenüber dem Meister anbelangt. Gerade sage ich:

„Für mich ist es schon so, dass, wenn Samarpan mir etwas aufträgt, meine Bereitschaft und meine Lust zu dessen Umsetzung davon abhängt, inwieweit ich zu spüren glaube, ob das jetzt – nach meinem inneren Gefühl – von seinem Verstand bzw. Ego kommt, oder nicht."

„Das ist bei mir anders", entgegnet Nirwana. „Egal, was Samarpan mir sagt oder aufträgt: Ich würde nie im Leben auf die Idee kommen, dies in Frage zu stellen!"

Ich schaue Nirwana an und denke: wahrhaft beeindruckend diese Art der Hingabe, auch wenn es nicht mein Ding ist, zumindest nicht mehr. Allerdings: Wenn ich es recht bedenke: Wenn Samarpan einem etwas aufträgt, und selbst gesetzt den Fall, es kommt tatsächlich von seinem Verstand, ist auch das letztendlich nur das Göttliche, dem es sich hinzugeben gilt. Zumindest so lange man Schüler ist. Nur was ist, wenn man erkennt, dass da kein Schüler ist? Was ist, wenn man erkennt, dass da kein Meister ist? Dass der eigentliche Meister im Inneren ist? Ist dann die Lehrzeit vorbei? Hört man dann auf, den Anweisungen des Meisters Folge zu leisten, zumindest denen, die nicht in Übereinstimmung mit dem sind, was einem der eigene innere Meister sagt? Kommt es dann zum (vielleicht notwendigen?) Crash mit dem Meister (damit einem auch die letzte Illusion genommen wird, dass der Meister etwas weiß bzw. etwas für einen hat), und dieser jagt einen davon? Weil es im Umfeld eines Meisters, in dem alle Schüler auf ihn fixiert sind, niemanden geben darf, der eine 'andere' Wahrheit lebt; jemanden, der die Wahrheit in Momenten sieht, da der Meister sie möglicherweise nicht sieht, weil er gerade irgendeinen Knopf gedrückt gekriegt hat?

Stiersbach/Marl, 11. Juni 01

Fahre mit Anja nach Marl, denn ihre Eltern sind mal wieder verreist. Schon unglaublich. Wir fahren von einem Paradies ins nächste. Und sollten Anja und ich eines Tages nicht mehr mit Samarpan umherreisen, so ist klar, was unser beider Traumjob wäre: Haushüter! Am besten noch in einem warmen Land! Das wäre was! – Lustig, mein Verstand. Ich weiß noch genau, wie er mir weiszumachen versuchte, dass das Mit-Samarpan-durch-die-Lande-Ziehen DAS wäre. Und jetzt, vier Jahre später, ist dieser Traum so etwas von normal, hat sich diese Illusion so gründlich in Luft aufgelöst; dank all der lieben Knöpfedrücker. Doch wieso jetzt in die Ferne bzw. in den Verstand schweifen, wo 'das Gute liegt so nah'? Was ist denn gerade hier, Rama? Hier – im Moment – ist 'unser' Traum-Haus. Und wir haben es noch sechs ganze Tage für uns. Sechs ganze Tage! Toll! Eine halbe Ewigkeit! Welch ein Genuss! Und wie schön, dass sowohl Anja als auch ich in der Lage sind, unser Glück so ausgiebig zu genießen. Was haben wir für ein gesegnetes Leben.

München, 17. Juni 01

„Samarpan", shart ein sehr intellektuell aussehender Typ, „Ich bin wie du der Ansicht, dass dies alles eine Illusion ist, allerdings glaube ich schon, dass die Seele eines Menschen..."

„Halte für einen Moment an", unterbricht Samarpan ihn, und ich denke: 'Puh. Ein Glück. Denn dies scheint mir ein Kandidat zu sein, dessen Sharing einem ansonsten Kopfschmerzen bereiten könnte.'

„Schau", fährt Samarpan fort, „Hier geht es nicht um Philosophie. Hier geht es um die Wahrheit. Das hat nichts mit Glauben zu tun." Kurze Stille.

„Was ist denn jetzt gerade Hier?", fragt Samarpan freundlich.

„Jetzt? Keine Ahnung", erwidert der andere verdutzt.

„Wunderbar. Fehlt es Hier an irgend etwas, Hier, in diesem 'Keine Ahnung'?"

„Nein."

„Irgendwelche Unklarheiten Hier?" - „Nein."

„Siehst du? Ganz einfach", lächelt Samarpan, und ich denke: Samarpan ist einfach unerreichbar genial.

München, 18. Juni 01

Um die Mittagszeit ruft Samarpan mich an und fragt, ob ich zum Übersetzen einiger Briefe zu ihm kommen könne.

„Ich bin schon unterwegs."

Eine Stunde später sitzen wir beide an seinem Laptop, und es ist einfach nur wunderschön.

München, 19. Juni 01

Nachdem Samarpan jemanden auf einen Egotrip hingewiesen hat und dieser jetzt mit ihm zu argumentieren anfangen will, erzählt Samarpan von dem Gangaji-Retreat in Baden-Baden, an dem er vor drei Wochen teilgenommen hat; insbesondere im Hinblick auf die angemessene Haltung, mit der man einen Hit des Meisters annimmt:

„An einem Abend waren ich und noch ein paar andere 'Erwachte' zu einem Stelldichein im kleinen Kreis bei Gangaji eingeladen, und ich mit meinem großen Mundwerk konnte selbiges nicht halten und sagte, wie toll und super hier alles ist. Tage später erhielt ich einen Brief von ihr, in dem sie mir sagte, dass alles einfach nur IST. – Was für ein wunderbarer Hit. Und da gibt es nichts anderes zu tun, als den Schmerz einfach zu fühlen."

München, 20. Juni 01

Wie schon die letzten zwei Tage bin ich auch heute wieder bei Samarpan und helfe ihm am Computer. Mit ihm allein zu sein, ist so wunder-, wunderschön. Es gibt nicht viel zu sagen; genaugenommen gibt es überhaupt nichts zu sagen. Einfach Stille. Einfach Frieden. Welch ein Geschenk.

München, 21. Juni 01

Staunen und Dahinschmelzen im Satsang. Samarpan hat wirklich für jeden die energetisch perfekt passende Antwort. Eine Streicheleinheit oder etwas Salbe hier, ein kleiner Schnitt und ein Pflaster dort, falls notwendig auch einmal eine Spritze oder ein Druck-Verband, selten eine größere Operation; die totale Rundum-Versorgung. Und am Ende ist alles und jeder versorgt. Fantastisch.

München, 22. Juni 01

Tagsüber wieder bei Samarpan. Dieser zeigt mir, wo er bei sich auf dem Computer überall Adressen abgespeichert hat.

„Hier bei meinem E-Mail-Programm, hier bei einem Adress-Programm und noch an anderen Stellen. Es wäre toll, wenn sich das alles irgendwie zusammenführen ließe."

„Ich verstehe." Oh, Gott, ich habe keine Ahnung von diesen Dingen.

„Was ich auch bräuchte, wäre ein 'File', bei dem die ganzen Handy-Nummern des Staffs aufgeführt sind. Dann muss ich nicht immer so lange herum suchen."

Damit geht Samarpan in die Küche, und ich lege schnell einen neuen Adress-Namen an: Staff. In das Bemerkungsfeld schreibe ich nun alle Staff-Telefonnummern. Da kommt Samarpan auch schon wieder und sieht mir über die Schulter.

„Ich habe einen neuen Adress-Namen angelegt: Staff", erkläre ich ihm. „Und hier siehst du nun all unsere Telefonnummern auf einen Blick."

„Cool!", sagt Samarpan begeistert, was sich für mich etwas komisch anfühlt, denn schließlich kann das jeder.

„Das ist nichts! Das ist überhaupt nichts!! Das kann jeder!!!", wehre ich ab und komme mir vor wie ein Idiot.

Samarpan sieht mich an und mag sich fragen, ob ich vielleicht doch nicht der richtige Mann für ihn bin. Und auch mir geht diese Überlegung durch den Kopf. Denn meine Motivation, mich in irgendwelche Computerangelegenheiten einzuarbeiten, ist gleich null. – Ach ja, immer diese Fragen und Vermutungen des Verstandes.

München, 23. Juni 01

Heute sind so viele Video-Cover zu bedrucken, dass Samarpan um seinen Mittagsschlaf kommt. Und das, obwohl ich mich beeilt habe. Dafür kommt abends ein Satsang-Besucher auf mich zu und bietet seine Mithilfe bei all unseren Computer-Angelegenheiten an. Cool!! Er selbst besitzt einen Laptop, mit dem er sogar CDs brennen kann! Super! Also gebe ich ihm gleich zwei Master-CDs und ein paar Rohlinge mit. Genial!

München, 24. Juni 01

Bin morgens mit Anja an der Isar. Traumhaft: das Rauschen des Flusses, die wärmende Sonne, unsere nackten Körper... wie schön.

Um die Mittagszeit ziehe ich mich an, um von einem nahe gelegenen Thai-Imbiss zwei leckere Kokosnussmilch-Gerichte zu holen. Ich gehe über das Flussbett hinauf zum Weg, schließe mein Fahrrad auf und fahre ein Stück. Nach hundert Metern sehe ich einen Typ im gelben Polohemd auf seinem Fahrrad sitzen, der an einer Mauer lehnt und mit seinem Fotoapparat genau auf Anja ‘zielt’. Ich halte unvermittelt an und bin erst einmal vollkommen perplex. Ich stehe drei Meter von ihm entfernt und durchbohre ihn mit meinen Blicken. Sein Objektiv ist bestimmt dreißig Zentimeter lang, so dass er wahrscheinlich jedes einzelne Schamhaar von Anja ablichten kann! Jungejunge; mein Herz beginnt zu rasen... Unter Umständen wird hier gleich etwas passieren. Er merkt wohl, dass da jemand ist und lässt die Kamera sinken. Stille. Aber in mir brodelt es. Mannomann. Gleich kracht’s.

Ich warte darauf, dass er zu mir her sieht... und ich ihn ‘anhassen’ kann... Nichts passiert. Er wartet vermutlich darauf, dass ich abhaue und er mit seinem Foto-Shooting weitermachen kann. Offensichtlich ist ihm nicht klar, dass ich der Freund der Schönheit dort unten bin... Boooaaaa, mannomann, mein Herz schlägt noch schneller... Die Vorstellung, dass sich dieser Typ zu Hause unter Zuhilfenahme von intimen Bildern meiner Freundin ‘vergnügt’... Ich fahre mit meinem Fahrrad näher an ihn heran. Ich bin jetzt noch zwei Meter von ihm entfernt. Boooooaaaaa... was für ein Hass!!! Was für eine Energie!!! Eigentlich sollte ich zu ihm gehen, ihm die Kamera entreißen, diese auseinander brechen..., und wenn er Ärger macht: ab durch die Mitte! Stille. Er schaut konstant in die andere Richtung. Mann, bin ich wütend!!!!! Irgend etwas muss passieren!!! Irgend etwas wird passieren!!!!!

Ich fahre noch ein Stück näher. Meine Aggression wird dadurch noch gesteigert... ooooaaaaaa... er ist jetzt nur noch einen Meter entfernt... Stille. Mit jeder Sekunde werde ich geladener... mannomann, ist das eine Energie!! Die Vorstellung, dass er bereits ein paar Bilder im Kasten hat... und diese für gutes Geld an eines dieser Billighefte verkauft... Ich balle meine Fäuste... gleich wird hier echt etwas passieren... Plötzlich stößt der Typ sich mit seinem Fahrrad von der Mauer ab und fährt davon. Ich könnte jetzt zwar einfach zu meinem Imbiss fahren und die Sache vergessen, aber irgendwie finde ich Gefallen an diesen Gefühlen... Die Jagd ist eröffnet. Der Typ fährt gemütlich voraus, ich gemütlich im Abstand von zehn Metern hinterher. Jetzt dreht er sich um, sieht mich, schaut wieder nach vorne und radelt gemächlich weiter... Nach hundert Metern bleibt er an einer Weggabelung stehen und scheint zu überlegen, wo er weiterfahren soll. Ich komme langsam näher, immer näher... acht Meter... fünf Meter... vier Meter... Mit jedem Meter schießt mir mehr Adrenalin ins Blut... zwei Meter... ein Meter... Einen halben Meter von ihm entfernt, bleibe ich schräg hinter ihm stehen. Sein Hinterrad ist jetzt auf einer Höhe mit meinem Vorderrad. Puuh... 'Ganz ruhig.' sage ich zu mir selbst. Der Typ schaut konstant nach vorne.

Stille. Nichts passiert – Mist. Irgend etwas in mir hätte gerne, dass er sich mir zuwendet... damit es dann 'knallen' kann... Stille. Mannomann, die letzte Schlägerei hatte ich während meiner Schulzeit... Stille. Außer uns ist weit und breit niemand zu sehen... Der Typ hat sich seit vorhin zwar nicht mehr umgedreht... aber er muss wissen, dass ich hier bin... Mannomann... bin ich geladen... Eine halbe Minute ist um... Jungejunge... ich stehe so etwas von unter Dampf... So ein feiges Arschloch... mit seiner Scheiß-Kamera unschuldige, nackte Frauen abzulichten... Die Vorstellung, ihm eine zu verpassen, fühlt sich wunderbar an... und hier in München kennt mich sowie so keiner... die würden mich nie finden... außerdem weiß ich überhaupt nicht, ob der Typ sich nicht selbst straffällig gemacht hat und ich ihn einfach nur 'mit Gewalt an der Flucht hindern musste'. Boah, jede Zelle meines Körpers befindet sich in Alarmzustand... gleich, gleich...

Da kommt mir plötzlich eine gewaltfreie Idee. Ich werde ganz in Ruhe vom Fahrrad absteigen. Ich werde ganz in Ruhe zu ihm nach vorne gehen. Ich werde ihm ein paar Sekunden still in die Augen sehen. Und dann werde ich ihm eiskalt sagen: 'Schau, dass Du Land gewinnst. Und wenn ich Dich hier noch ein einziges Mal erwische, dann bringe ich Dich um!' Stille. Mannomann! Was ist das für ein Rama? Den kannte ich noch gar nicht. – Okay, jetzt wird's ernst... In diesem Moment setzt der Typ sich wieder auf sein Fahrrad und radelt in umgekehrter Richtung davon. Ich hinter ihm her. Ein paar Meter von der Stelle entfernt, an der er vorhin schon stand, hält er wieder an. Ich bleibe dieses Mal ca. zehn Meter entfernt von ihm stehen. Unverwandt schaue ich zu dem Typ, der sein Augenmerk wieder auf die unschuldig daliegende Anja richtet... Jungejunge... wenn er jetzt seine Kamera hochnimmt, dann hält mich nichts mehr zurück...

Eine Minute verstreicht. Ich hole mein Handy aus der Tasche. Der Typ schaut her und muss denken, dass ich wähle; muss denken, dass ich jetzt tatsächlich telefoniere. Nach ein paar Sekunden kommt er in meine Richtung gefahren und hört im Vorbeifahren, während ich ihn mit hasserfülltem Blick fixiere:

„... gelbes Polohemd, blaue, gestreifte Hose... fährt jetzt Richtung Isartor..."

Dann ist er außer Hörweite. Ich stecke das Handy wieder weg, und mache mich wieder auf die Jagd. Schon lange hatte ich nicht mehr solche Lust, auf jemanden einzuschlagen, doch ich glaube, dazu wird es nun nicht mehr kommen. Der Typ MUSS gemerkt haben, dass er hier besser nicht mehr aufkreuzt; zumindest nicht in den nächsten Tagen. Nach zweihundert Metern Verfolgung lasse ich ihn ziehen, fahre zu meinem Imbiss und komme ganz allmählich wieder 'runter'. Mannomann, what an experience!

München, 25. Juni 01

Der Laptop-Typ von vorgestern ist von Samarpan ganz angetan und hat sich mittlerweile auch persönlich mit ihm in Verbindung gesetzt. Anscheinend soll er sogar nächste Woche den Computer von Samarpan in Frankfurt auf Vordermann bringen. Toll, genau so ein Mann hat uns noch gefehlt.

München, 26. Juni 01

Vor dem Satsang drückt mir jemand – vermutlich irgendein Therapeut – einen Flyer für seine Workshops in die Hand und fragt, ob er diesen bei uns auslegen kann. Ich schaue mir das gefaltete Blatt an und lese etwas von Blockaden, Problemen, Arbeit an sich selbst, Weg ins Licht usw. und denke bei mir: 'Obwohl manche schon seit langem zum Satsang kommen, scheint ihnen immer noch nicht klar zu sein, dass Satsang das Ende ist. Das Ende vom Ende vom Ende.'

„Nee, du. Tut mir leid", sage ich. „Samarpan möchte nicht, dass von jemand anderem irgend etwas bei ihm ausliegt."

In einer Stille-Phase im Satsang geht mir diese Begebenheit noch einmal durch den Kopf, und dieses Mal denke ich: 'Genauso gut könnte man in Satsang auch den Anfang vom Anfang vom Anfang sehen.'

„Es ist alles Hier", höre ich Samarpan in diesem Moment sagen. Wohl wahr.

Berlin, 1. Juli 01

Bin mit Anja wieder in der geilen Berliner Wohnung vom letzten Mal: traumhaft. Und Anja ist solch eine wunderbare Frau. Die Offenheit und die Ehrlichkeit, die wir miteinander teilen, führt zu solch einer Intimität... Ich fühle mich so beschenkt. Heute liegen wir den ganzen Tag an der Spree in der Sonne; das ist ein Leben!

Bern, 20. Juli 01

15 Uhr. Wir haben uns alle wieder, und auch der Laptop-Mann aus München mit Namen Mikael taucht auf. So wie es aussieht, entwickelt er sich zu Samarpans idealen Assistenten bzw. hat sich bereits dazu entwickelt,

denn anscheinend wird er hier in Bern mit Samarpan sogar unter einem Dach wohnen. – Während wir den Raum herrichten denke ich: Im Moment ist solch eine Harmonie im Staff, dass es richtiggehend Spaß macht; wie schön.

Bern, 21. Juli 01

Am frühen Nachmittag ruft Mikael an und teilt mir mit, dass Samarpan Anja und mich gerne sehen möchte. Wir machen uns daraufhin unverzüglich auf den Weg zu der Frau, bei der Samarpan wohnt, und rätseln unterwegs, was Samarpan wohl von uns wollen kann.

„Vielleicht sagt er, dass wir den Bus stehen lassen sollen, und dies ist unsere letzte Fahrt?"

„Ja, wer weiß. Aber lass uns lieber mit diesem Mindfuck aufhören."

„Ja, Du hast Recht."

Schweigend fahren wir weiter. Gott, ist das aufregend, tagsüber zu Samarpan bestellt zu werden!

Dort angekommen werden wir von Mikael auf den Balkon geleitet, die Frau des Hauses bringt uns Mineralwasser zu trinken, und dann sind wir beide allein, sitzen in Stille da und genießen die schöne Aussicht auf Bern mit weiten gelben Feldern im Vordergrund.

Und da kommt auch schon Samarpan, nickt uns freundlich zu, wir nicken freundlich zurück, und er setzt sich ohne ein Wort neben mich.

Nach ein paar Sekunden Stille, atmet er einmal tief durch und sagt:

„It's a good-bye story."

„Ah... aha", sage ich.

Huch! Ich nehme Anjas Hand, und wir sehen uns schweigend an. Hatte uns unsere Ahnung auf der Herfahrt doch nicht getäuscht. Schluck! Ich sehe wieder zu Samarpan und für einen Moment geht mir der Gedanke durch den Kopf, ihn zu fragen, ob er es nicht schade findet, dass unsere wunderbare gemeinsame Zeit nun mit einer 'Story' zu Ende geht. Doch sofort wende ich dem den Rücken zu. Wann, wenn nicht jetzt, in diesem Augenblick, gilt es, sich dem Meister hinzugeben? Und außerdem: Habe ich nicht in den letzten Monaten wiederholt den Wunsch nach 'totaler Freiheit' verspürt?

„Es hat nichts damit zu tun", erklärt Samarpan, „dass ich euch nicht lieben würde; überhaupt nicht. Sondern wir wollen einfach auch mal anderen die Gelegenheit geben mitzureisen."

Einige Momente liebevoller Stille. Dann fährt Samarpan fort:

„Auf alle Fälle seid ihr eingeladen, noch bis einschließlich Korfu im September dabei zu sein, so dass ihr Zeit habt, euch neu zu orientieren. Außerdem müssen ja gewisse organisatorische Dinge neu geregelt werden."

„Klar", sage ich, als wäre es die selbstverständliche Sache der Welt, lasse

Anjas Hand los und denke: tja, jetzt gibt es eigentlich nicht mehr viel zu sagen. Mikael wird wahrscheinlich das Dolmetschen und den Transport übernehmen, einer der anderen den Verkauf... Eigentlich perfekt das alles, wenn auch irgendwie irreal. Da sitzen wir bei bestem Wetter mit unserem geliebten Meister zu dritt auf dem Balkon, und es ist absolut ruhig. Der Verstand rastet nicht aus und kommt nicht mit irgendwelchen Horrorgeschichten daher, sondern alles ist vollkommen friedlich.

Während Anja die ganze Zeit über Blickkontakt mit Samarpan hat, genieße ich das Glas Wasser und die herrliche Aussicht auf die Schweizer Berge. So schön. Es ist einfach nur still, es gibt absolut nichts zu sagen. Hier und da kommt zwar die Erinnerung an einzelne Situationen aus den vergangenen vier Jahren und für einen Augenblick ist da der Impuls, alles vor meinem inneren Auge 'hollywoodlike' passieren zu lassen, aber irgendwie fühlt sich das nicht stimmig an. Wie sagt Samarpan immer? 'Sei einfach immer im Hier und Jetzt.' Und wenn ich in diesen Moment hineinspüre, ist da nur eines: Dankbarkeit. Gegenüber ihm, gegenüber dem Leben.

Die Minuten verstreichen, und wir drei sitzen still da. So schön.

Irgendwann einmal taucht der Wunsch nach Blickkontakt mit Anja auf, aber sie strahlt Samarpan an. Ein anderes Mal ist da der Gedanke, ebenfalls Samarpan in die Augen zu schauen. Aber gerade als ich meinen Kopf ihm zuwenden will, stoppt etwas in mir. Ich kann meinen Hals nicht einen Millimeter bewegen, und wie ein Blitz durchfährt mich die Erkenntnis: Dort gibt es nichts mehr für mich! – Ich sehe weiter geradeaus und merke: ja, dies fühlt sich vollkommen stimmig an. Ich halte bei Samarpan nach absolut nichts mehr Ausschau.

Weitere stille Minuten ziehen ins Land. Jetzt ist es also tatsächlich soweit. Wie oft ist mein Verstand in den vergangenen vier Jahren mit irgendwelchen Horrorvorstellungen dahergekommen, dass diese wunderbare Zeit, die Gnade, an der Seite des Meisters leben und arbeiten zu dürfen, eines Tages vorbei sein würde! Und was hatte das in mir nicht für unterschiedlichste Gefühle ausgelöst! Vor allem Angst und Schmerz. Und jetzt, als es tatsächlich geschieht, ist da einfach nichts, rein gar nichts. Einfach nur: 'Aha, nun ist es also soweit. Jetzt wird also irgend etwas Neues kommen. Spannend, was es wohl sein wird.'

Nach ca. einer Stunde – eine Stunde in Stille mit dem Meister (!), was könnte man sich für einen schöneren Abschied wünschen – erhebt Samarpan sich, nickt uns freundlich zu, wir nicken freundlich zurück und ohne ein weiteres Wort entschwindet er auf sein Zimmer.

Bern, 22. Juli 01

Heute Morgen ist mein Verstand ganz schön aktiv. Aber nicht negativ und sorgenvoll, sondern kreativ und neugierig. Wie wird es wohl weitergehen? Als Ingenieur? Kaum. Wobei ich mir durchaus vorstellen kann, einer geregelten Arbeit nachzugehen. Nur nichts Stressiges. Wenn, dann etwas ganz Einfaches, ohne jede Verantwortung. Als Pförtner einer großen Firma vielleicht? Den ganzen lieben langen Tag nichts zu tun zu haben, außer hin und wieder die Schranke hoch zu klappen und die Firmen-Chefs in ihren teuren Wagen freundlich hindurch zu winken, aber wer weiß. Bis Korfu ist ja noch so lange hin, da kann viel passieren. Jetzt kann ich wirklich einmal schauen, inwieweit es mir gelingt, bis zum letzten Tag, bis zum Augenblick des Abschieds im Moment zu sein und nicht über die Zukunft nachzudenken. – Keine fünf Minuten später:

„Oder wir reisen weiterhin mit und finanzieren uns das Ganze irgendwie. Zum Beispiel könnten wir doch in jeder Stadt nach dem Satsang immer süße 'Stückle' verkaufen."

„Ja! Oder Pizzastücke."

„Genau! Wie oft bin ich nach dem Satsang noch eine Pizza essen gegangen!"

„Mensch, das wäre was!"

Spannend! Es gibt so viele Möglichkeiten. Die ganze Welt liegt mir zu Füßen. Fast alle Länder dieser Erde. Welche Freiheit! Ich kann alles machen! Mannomann, ist das aufregend. Ist das ein Leben! Ja, das Leben hat mich wieder. Zurück im Fluss. Wie wird es wohl weitergehen? Was werde ich in ein paar Monaten machen? Ich überlege. Am liebsten würde ich ja nichts tun. Auch wenn die Arbeit im Samarpan-Umfeld verglichen mit einem normalen Job wahrhaftig nicht viel war und ist, hat sich der Arbeitsumfang im Vergleich zu meiner Anfangszeit doch um ein Vielfaches gesteigert. Und im Grunde genommen ist mir momentan nur noch nach 'Ausruhen'. Einfach dasitzen. Vollkommen anhalten, zum Stillstand kommen und absolut nichts, überhaupt gar nichts mehr machen. Aber wer weiß? Wer weiß, was das Leben mit mir im Sinn hat... Außerdem sind es ja wirklich noch ein paar Wochen hin. Also einfach abwarten. Und vertrauen.

„Weißt du, Anja, eigentlich kann ich mir alles vorstellen. Busfahrer... was weiß ich. Hauptsache die Leute sind gut drauf." - „Ja, ist bei mir genauso."

Bern, 23. Juli 01

Wache morgens auf und habe die Idee zu einer Art Gedicht, das ich sofort – noch im Schlafanzug – in den Computer eingebe:

'Being, no thing, nothing happening, wondering, interesting....beginning dreaming, floating, flying, embodying......still knowing nothing, enjoying, playing......forgetting, conditioning, starting thinking, identifying, imagining being something.....hearing, seeing, reacting, learning, crawling, walking, speaking......growing, talking, wanting all kinds of things......chasing, competing, struggling, getting something, holding......stumbling, loosing, disillusioning, exhausting, trembling, failing, depressing......longing, searching, suffering, praying......meet him, exiting, recognizing, fall in love with him, thinking of him being something......listening, problems disappearing, astonishing, joking, laughing, healing......hoping of getting awakening, minding, wanting understanding, imagining enlightening......pretending, disappointing, waiting, cooking, pondering, questioning, discussing, chatting......pleasing, acting, doing, impressing, angering, hurting, doubting, fearing, avoiding......withdrawing, escaping, desperating, remembering......returning, sharing, devoting, feelings happening, shivering, releasing......paining, frightening, burning, scaring, crying......fighting, resignating, relaxing, surrendering, dying......discovering of not knowing anything, melting, giving up everything, doing nothing......stopping, dissolving, realizing both as one thing, same thing......awesome thing, no thing, nothing happening, resting...... amazing.'

Abends beim Satsang lege ich es zusammengefaltet auf Samarpans Blumentisch, und als er es wenig später an sich nimmt und still für sich überfliegt, lächelt er und sucht kurz meinen Blick. Schmelz.

Bern, 24. Juli 01
Mittags ruft Marga an und fragt an, wie es uns geht. Rührend!
„Uns geht's gut, Marga. Ist aber echt total lieb, dass du dich erkundigst."
„Ja, klar. Es war aber auch so schön mit Euch." - „Ja." - „Ja." - „Ja."
Lachen. Stille. Schmacht.
„Und wisst ihr, es hat auch damit zu tun, dass wir nun auch einmal anderen die Gelegenheit geben wollten, mit Samarpan umher zu reisen."
„Ja. Schön. Nee, du, bei uns ist wirklich alles okay."
„Wie schön."
„Ja. Und total toll, dass wir noch in Korfu dabei sein können."
„Ja. Und da sehen wir uns ja noch." - „Stimmt. Wie schön."

Bern, 25. Juli 01
Liege vor Sonnenaufgang bereits wach im Bett und frage mich, wie mein Leben wohl weitergehen wird. Werde ich auch weiterhin 'mit der Wahrheit sein'? Hoffe doch! – Im Geist sehe ich mich in meinem voraussichtlich letzten Satsang auf Korfu in vier Wochen, wie ich am Ende aufstehe, zu Samarpan nach

vorne gehe und mich vor seine Füße lege. Als Zeichen, dass er für mich nach wie vor der Meister ist und immer bleiben wird. Oder genauer gesagt, dass der Buddha in ihm, der Buddha in mir, der Satguru, das Göttliche, die Wahrheit auch in meinem zukünftigen Leben die wichtigste Rolle spielen wird. Hoffe ich zumindest.

Da liege ich also nun. In tiefster Demut. Vor ihm. Vor meinem Meister. Stille. Samarpan hat mir alles gegeben, hat mir alles gezeigt. Frieden. Grenzenlose Dankbarkeit. Puuuuuh.

Hier und jetzt im Bett liegend kommen mir die Tränen, und ich weine leise vor mich hin.

Kurz darauf wird Anja neben mir wach und fragt, was bei mir denn gerade los ist. Ich sage es ihr, und sie meint, dass solch ein Auftritt ja doch auch ein klein wenig showmäßig wirken könnte. Und sie hat Recht. Manche würden solch eine Geste sehr wahrscheinlich als Show einstufen, aber was spielt das für eine Rolle? Samarpan würde verstehen und nur darauf kommt es an. Na ja, mal sehen. Aber eines ist interessant: Jetzt, da ich mir das Ganze so deutlich vorgestellt und den 'Trennungs-Schmerz' davon gefühlt habe (und immer noch fühle), ist der Wunsch, diese Vorstellung dann letztendlich 'vor Ort' tatsächlich im Außen auch umzusetzen, so gut wie nicht mehr vorhanden. Ist wahrscheinlich auch besser so. Und im Grunde geht es ja gar nicht um das Außen und um Samarpan, sondern darum, dass ich mir selbst darüber im Klaren bin. Na ja, das ganze Nachdenken hilft alles nichts. Einfach abwarten und schauen, was passiert.

Basel, 30. Juli 01

Vasant, den ich lange nicht mehr gesehen habe, erscheint zum Satsang. Er lebt jetzt hier bei seiner Mutter, und offenbar geht es ihm blendend. Im Satsang selbst geht er zu Samarpan nach vorne und shart, was er lange Zeit noch gedacht habe:

„Die Basler sind alle so schläfrig und müssten von mir ein wenig wach gerüttelt werden.“ Hier muss er lauthals lachen und schüttelt seinen Kopf, er ist immer noch genau der gleiche lustige Typ von damals.

„Aber jetzt sehe ich, dass das nur meine Vorstellung war. Genaugenommen sind die Basler wunderbare Menschen, so liebenswert! Man muss sie einfach gern haben.“

Samarpan lächelt stumm, und Vasant geht noch immer vor sich hin lachend wieder an seinen Platz zurück.

Lange Stille. Und ich denke: 'Es ist so toll, wie vielen Menschen Samarpan den Frieden bringt bzw. jedem zeigt, wo er den wahren Frieden findet; den Frieden, der unabhängig von Samarpan, unabhängig von Satsang, unabhängig von allen äusseren Umständen ist. Und dies habe ich vier Jahre aus nächster Nähe lang miterleben dürfen! Welch ein Segen!'

Freiburg, 1. August 01

„Samarpan, neulich hat mich jemand gefragt, was du für mich darstellst, und ich wusste nicht, was ich hätte sagen sollen“, shart eine Frau. „Irgendwie sehe ich dich nämlich nicht als meinen Meister...“

„Ja, das ist okay. Schau: Die Wahrheit ist: Ich bin kein Meister. Hier im Westen, wo wir diese Meister-Schüler-Tradition nicht haben, tut man sich mit dem Wort ‘Meister’ ohnehin etwas schwer. Aber wenn in mir jemand einen Meister sieht oder mich als seinen Vater, Bruder oder spirituellen Freund betrachten will, bin ich bereit, diese Rolle für ihn zu spielen. Was auch immer für dich stimmt. Was auch immer sich für dich richtig anfühlt.“

Freiburg, 3. August 01

Da sich der Satsang-Raum hier einen Stock unter der Erde befindet, muss heute eine ältere Besucherin im Rollstuhl vorsichtig nach unten getragen werden.

Lange Stille zu Beginn des Satsangs. Dann shart sie, dass sie Krebs und nur noch ein halbes Jahr zu leben hat.

„Welch ein Geschenk“, sagt Samarpan voller Liebe, und ich denke ehrfürchtig: welch eine Antwort!!! Welche Weisheit verbirgt sich dahinter!

„Die meisten Menschen“, fährt Samarpan fort, „wissen dies nicht und sind vollkommen unvorbereitet, wenn der Tod sie besuchen kommt. Du hingegen bist in der glücklichen Lage, bereits jetzt hinsehen zu können, was im Leben wirklich wichtig ist. Um was es wirklich geht. Mit dieser starken Motivation kannst du ganz bewusst nach dem Ausschau halten, was nicht stirbt.“

Stille. Samarpan redet und schweigt und redet und schweigt. Und ich dolmetsche zutiefst berührt.

Dann ist es schließlich a b s o l u t s t i l l . Mein Gott! Was für ein Satsang! Bei niemandem ist mehr ein Auge trocken, und das Gesicht der Dame im Rollstuhl überzieht ein seliges Lächeln.

„Vielen Dank!“, sagt sie leise. Mein Gott, sie hat (den) Frieden gefunden. Und als ob der Schmerz in meiner Brust nicht schon stark genug wäre, höre ich Samarpan, den ich durch meine tränengeschwängerten Augen nur noch vollkommen verschwommen wahrnehme, sagen:

„Wir bedanken uns bei dir!“ Oh, Gott! Ich glaube, gleich zerreißt es mich.

„Deine Anwesenheit ist für uns alle ein ganz großes Geschenk.“

Ich dolmetsche stockend, wobei man meine Worte aufgrund der Schluchzer überall im Raum ohnehin kaum hört:

„Wir sind alle gesegnet, dass du uns mit deiner Anwesenheit beehrt hast.“

Oh, Gott!!! Ich kann unmöglich beschreiben, was es für ein Gefühl ist, diese Worte jetzt gerade zu dolmetschen. Ich könnte heulen, heulen, heulen! Gütiger Himmel: was für ein Satsang! Ich bin so dankbar! Welch eine Gnade, dass das

Leben sie zum Satsang geführt hat! Und welche eine Gnade, dass das Leben mich und uns alle zum Satsang geführt hat!

Zürich, 9. August 01

„Bei mir ist gerade Trauer da“, shart jemand. „Soll ich jetzt ins Zentrum gehen? Und wenn ja, wie mache ich das?“

„Mache überhaupt nichts“, lacht Samarpan. „Ich weiß, früher habe ich gesagt, man solle ins Zentrum des Gefühls gehen, aber es geht noch einfacher. Tue du überhaupt nichts. Sei du einfach nur still. Lasse das Gefühl herkommen. Lasse das Gefühl dich umgeben. Du brauchst nichts zu tun. Das Gefühl wird alles erledigen.“

Zürich, 10. August 01

Vor dem Satsang hatte ich mit Nirwana wegen dem korrekten Aufhängen unserer Satsang-Wegweis-Schilder etwas Stress gehabt, und jetzt – der Satsang ist vorbei – stehen wir uns plötzlich vor der Toilette gegenüber und sehen uns an. Und die Welt bleibt stehen! Wir sehen uns an, und im Moment sehe ich Nirwana, wie ich sie in all den Monaten noch nie zuvor gesehen habe; sehe sie, wie sie wirklich ist. Durch alle Masken und Projektionen von Härte und Verschlossenheit hindurch steht da eine wunderbare, eine wunderschöne Frau mit einem riesengroßen Herzen vor mir: absolutes Verstehen, unendliche Güte, der Inbegriff alles Weiblichen, die personifizierte Liebe. Puuuuuh! Uns beiden laufen die Tränen herunter, und wir nehmen uns sanft in den Arm. Dass ich das noch (mit ihr) erleben durfte; solch ein Geschenk.

Zürich, 12. August 01

„Ich bin kein Meister. Ich bin niemand. Nur dein eigenes Selbst. Du selbst.“

Vollkommene Stille. Und ich denke: Die Satsangs mit Samarpan sind mehr denn je ein beständiges Dahinschmelzen. Samarpans Worte sind wie reinster Honig.

Genf, 14. August 01

16 Uhr im Stadtzentrum. Oh, Gott: Der Satsang-Raum befindet sich im fünften Stock. Es gibt zwar einen Aufzug bis in den vierten, doch der ist wirklich so klitzeklein, dass wir ihn unbemannt doch dafür voll beladen zigmal rauf- und runterschicken müssen, bis der ganze ‘Krempel’ oben ist. Schwitz, schlepp, stöhn. Ich hasse es. Gott sei Dank ist es bald vorbei damit. Nirwana meint zwar, ich werde all dem in ein paar Wochen nachtrauern, aber das kann ich mir beim besten Willen nicht vorstellen.

Endlich ist alles oben. Und ich bin nass geschwitzt. Aber gleich geht es weiter. Es beginnt das übliche Spiel: Lautsprecher, Mischpult, Verstärker,

Keyboard, Video-Turm, Mikrofone samt Mikrofonständer aufbauen und alles miteinander verkabeln, Video-Leinwand zusammenbauen, Stuhl von Samarpan, Gaststuhl und Besucherstühle hinstellen, Matratzen hinlegen, Blumen- und Bildertisch und zuletzt den ganzen Raum schön herrichten. – Ich kann es drehen und wenden wie ich will. Es macht mir einfach keinen Spaß. Mir wäre es am liebsten, ich könnte einfach zum Satsang kommen, dolmetschen – da bin ich nach wie vor mit ganzem Herzen dabei – und danach gleich wieder zu gehen. Das ganze Drumherum: na ja, das alte Lied. Kira hatte vor Monaten mal angeregt, dass ich darüber doch einfach mal mit Samarpan sprechen solle: 'Vielleicht will er dich ja einfach nur als seinen Dolmetscher?' Das wäre natürlich meine Idealvorstellung gewesen, aber aufgrund meiner vorangegangenen Erfahrungen mit Samarpan, was meine Energielosigkeit anbelangt, war ich nicht gerade scharf auf ein derartiges Gespräch mit ihm, sondern hatte, so gut es eben ging, mit allen anderen an einem Strang gezogen. Aber wer weiß, was er gesagt hätte. Na ja, ist jetzt auch egal.

Da Anja heute ausnahmsweise einmal nicht da ist, kümmern sich Nirwana und eine weitere – seit kurzem mit uns umher reisende – Frau um den Aufbau des Verkaufstischs. Als es an das Auslegen der Flyer geht, kriegen sich die Beiden plötzlich total in die Haare, weil jeder eine andere Vorstellung über die Art und Weise hat, wie die Flyer auf dem Tisch drapiert sein sollten.

„Aber so ist es doch viel ansprechender!"

„Das magst du so sehen, aber Samarpan will es anders!"

So geht es hin und her, bis der Neuen, die mit den in unserer Gruppe herrschenden Grabenkämpfen noch nicht vertraut ist, die Tränen kommen. Mannomann! Diese ständigen Streitereien im Staff über derartige Kleinigkeiten sind mir so zuwider! Oft habe ich den Eindruck, manche bekämpfen sich bis auf das Messer, als gehe es um Leben und Tod! Wo ist nur die ganze Freude und Leichtigkeit von früher geblieben? Es ist so schade!

Im Satsang shart unser Neuling, dass sie dieses Gegeneinander traurig macht und sie sich im Vergleich zu dem Energiebündel Anja so langsam und so unwissend fühlt.

„Da ist nichts verkehrt", sagt Samarpan. „Du bist genau richtig, so wie du bist. Es ist perfekt. Und dass ihr euch gegenseitig die Knöpfe drückt, ist ebenfalls wunderbar."

Stille. Und ihr laufen ein paar Tränen herunter. Wahrscheinlich hat sie – wie auch ich am Anfang meines Mitreisens – die Vorstellung von einem stets schönen und harmonischen Miteinander.

„Schaut", fährt Samarpan liebevoll fort, „Es ist wichtig, dass wir all unsere Vorstellungen von Harmonie im Außen verlieren. In Poona hatte das sogar System. Sobald in einem Bereich des Ashrams alles glatt lief, ersetzte Osho den jeweiligen Chef durch einen anderen. – Anja war vollkommen. Sie hat perfekte

Arbeit geleistet. Also musste ich mich einfach von ihr trennen!“ Stille.

„Es ist wunderbar, dass du nicht wie Anja bist. Du bist, wie du bist. Sei einfach so, wie du bist. Da ist nichts verkehrt, es ist wunderschön. Gerade, dass wir alle so unterschiedlich sind, macht dieses ganze Spiel ja so interessant. Und in diesem interessanten Miteinander können wir soviel voneinander lernen. Es ist toll!“

Stille. Unser Neuling lächelt und geht Namasté-grüßend wieder an seinen Platz zurück. Wie schön.

Genf, 16. August 01

Während wir heute den Raum herrichten, frage ich mich, ob der Weg von einem schlichten Meister, der ohne großes Drumherum ganz einfach Satsang gibt, zu einem riesigen Ashram so verläuft, dass es anfangs das Ego des Meisters ist, was ihn veranlasst, sich bzw. sein Umfeld und die ihn umgebende Organisation zu vergrößern, und dass ab einem bestimmten Punkt die von ihm geschaffene Organisation eine Eigendynamik entwickelt und die von ihm ‘angeregten’ Verstände von ganz alleine nach einer steten Vergrößerung streben, ohne dass der Meister dann überhaupt noch etwas dazu sagen oder tun muss. Und ich frage mich, ob mit der Anschaffung der neuen Video-Ausrüstung dieser Punkt nun auch bei uns überschritten wurde.

Na ja, letzten Endes ist auch das wieder mal nur ‘die Story’, wie Samarpan sagen würde. Letzten Endes ist auch das wieder mal nur mein Verstand, der vielleicht versucht, eine Traurigkeit in Bezug auf das bevorstehende ‘Ende’ erst gar nicht aufkommen zu lassen; wer weiß.

Genf, 18. August 01

Wie die letzten Jahre werden auch dieses Mal die Satsangs am Wochenende wieder hier in ‘unserem’ Traum-Haus am See stattfinden. Da eine Vielzahl an Gästen erwartet wird und für die Autos nur begrenzt Platz vorhanden ist, werde ich vom Hausherrn gebeten, die Parkplatz-Einweiser-Rolle zu übernehmen. Also mache ich mich eine Stunde vor Satsang-Beginn auf den Weg hoch an die Hauptstraße, setze mich auf einen Stromverteilerkasten und genieße die warme Morgensonne auf meiner Haut.

Windstille. Unten am Strand sehe ich die anderen im Garten die letzten Vorbereitungen treffen, der Genfer See liegt still da, über mir fliegt ein Schwarm Vögel vorbei; abgesehen davon ist es vollkommen still. Paradiesisch still.

Nach ein paar Minuten kommt das erste Auto. Der Fahrer lacht, als er mich sieht, und winkt mir durch die Frontscheibe zu. Ich winke zurück und deute ihm an, wo er sein Fahrzeug hinstellen soll. Und so geht es gerade weiter. Neue Gäste kommen, ich weise sie parkplatzmäßig ein, „quatschiquatsch“, Umarmung, nächstes Auto, dann wieder minutenlang nichts, ich zurück auf den Verteilerkasten.

Dann kommt wieder eine ganze Ladung, 'Salut', 'Salut', 'Salut', einweisen, Küsschen links, Küsschen rechts, wieder Pause: ein wahrer Traumjob. Keinerlei Verantwortung. Nette Leute, alle freuen sich, mich zu sehen, schönes Wetter, frische Luft; genau so etwas könnte ich mir für meine Zeit nach Samarpan vorstellen. Ein ganz einfacher, gewöhnlicher Job. Noch drei Wochen, dann ist es soweit. Spannend! Anjas Eltern werden zu dieser Zeit wieder für längere Zeit in Urlaub sein, was bedeutet, dass wir beide währenddessen abermals deren Haus samt großem Garten hüten dürfen. So wie es also momentan aussieht, werden wir erst einmal ein paar Wochen vollkommen entspannen können. Herrlich! Ein Traum! – Haushüter wäre natürlich echt ein genialer Job, nur werden für diese Tätigkeit – wie ich mittlerweile herausgefunden habe – häufig eher ältere, gesetztere Paare engagiert, aber wer weiß? Es ist so aufregend, was passieren wird, was das Leben mit mir vorhat. Ich bin total gespannt und freue mich auf das Neue. Doch jetzt darf ich noch eine halbe Stunde Parkwächter spielen, und das ist erst einmal ein greifbarer Traum. Und da kommen auch schon wieder die nächsten.

„Hallo!" - „Hallo!" ☺☺

Stuttgart, 23. August 01

Anja und ich treffen uns zum Mittagessen in einem wunderschön gelegenen Lokal mit meinen Eltern, denen ein Stein vom Herzen fällt, als sie hören, dass ich nun bald nicht mehr mit Samarpan umher reisen werde.

„Wir hatten die Hoffnung schon fast aufgegeben, das Du dort je wieder herauskommen würdest."

Sehr friedlich alles. Es ist schön, sie so entspannt wie lange nicht mehr zu sehen. Und die Zeit wird zeigen, ob sie mit der Erfüllung ihres offensichtlich sehnlichsten Wunsches den Frieden finden werden. Oder ob ihr Verstand mit neuen Wünschen an sie herantreten wird, die dann früher oder später auch wieder auf mich übertragen werden. Aber wie auch immer; im Moment scheinen sie sehr glücklich zu sein, und das ist wunderschön.

Korfu, 4. September 01

Aufbautag, Stresstag. Insbesondere deshalb, weil der Monitor nicht funktioniert, was offensichtlich am Kabel liegt. Mist! Da Anja und ich auf der Fahrt nach Griechenland zwei Tage in Venedig pausierten, hatte ich aus Sicherheitsgründen alles auf Korfu nicht unbedingt benötigte Material bei meinem Bruder in Stuttgart aussortiert – und damit eben auch sämtliche Ersatzkabel! Ooooh, verflucht! Jetzt stecke ich echt in der Scheiße! Verdammt, verdammt, verdammt! Oh, fuck! Was nun? Scheiße! Jetzt kriege ich bestimmt eins auf's Dach! Eieieieiei!!! Oh, oh, oh.

Unsicher stehe ich in der Mitte des Raumes und warte darauf, 'gekreuzigt' zu werden, als auch schon Kira auf mich zukommt und mich dermaßen hysterisch anschreit, dass ich nur einzelne Worte verstehe. Irgend etwas in der Richtung von wegen, dass Samarpan ihr den Auftrag gegeben hat, mich – falls erforderlich – mit der Peitsche an die Arbeit zu treiben und an den Bus zu 'nageln', was auch immer darunter zu verstehen sein mag.[31]

SCHLUCK!!! WIE BITTE???!!! Samarpan hat tatsächlich so etwas gesagt???!!! Ich kann es nicht glauben! Jetzt verstehe ich wirklich überhaupt nichts mehr. Das stellt für mich wirklich 'alles', was ich je geglaubt habe, auf den Kopf.

Psychisch vollkommen derangiert stehe ich hilflos im Satsang-Raum und weiß überhaupt nichts mehr. Oh, Scheiße! Höchstwahrscheinlich wird sie Samarpan so bald wie möglich informieren und gemeinsam werden sie dann in der Story schwelgen: 'Rama macht seinen Job nicht, dieses faule Arschloch.' Und genaugenommen habe ich ja auch Bockmist gebaut, verflucht! Ich bin aber auch wirklich zu blöd, verflixt und zugenäht! Nur ist es jetzt zu spät, Scheiße!

Auf der anderen Seite verstehe ich nicht, wie Samarpan so etwas nur sagen kann, verdammt noch mal! Und Kira als seine Helfershelferin, na großartig! Andererseits: Wenn Samarpan ihr wirklich gesagt hat, dass sie mich notfalls an die Arbeit 'peitschen' soll, kann ich es nicht wirklich ihr zum Vorwurf machen, wenn sie dabei nur Samarpans Auftrag entsprechend handelt. Mann! Ich fühle mich voll verurteilt, vor allem wieder einmal von ihm: Wo zum Teufel ist da bloß Samarpans Akzeptanz, Herrgott noch mal? Ich verstehe es einfach nicht! Immer noch und trotz allem habe oder greife ich die Vorstellung wieder erneut auf, dass der Meister nie in einer Story ist. Vielleicht, weil ich ständig von Leuten

---

31 Anmerkung von Kira: Ein weiteres Mal schienen wir für Ramas Fehler haften zu sollen. Die Begründung für seine Nicht-Bereitschaft, irgendwelche Ersatzkabel mitzunehmen, verkleidet er mit „Sicherheitsgründen", anstatt die Wahrheit zu sagen, dass er schlichtweg keine Extras für den Fall, dass wir sie benötigen sollten, im Bus transportieren wollte, nicht einmal zu einem Platz wie Korfu, der von der Zivilisation weiter entfernt ist, als irgendein anderer Ort, an den wir je gereist sind. Und anstatt dann die Verantwortung dafür zu übernehmen und sich um ein Ersatzkabel zu kümmern (da er derjenige war, der entschieden hatte, keine Extras mitzubringen), wurde er ein hilfloser kleiner Bruder und fragte, woher er ein Ersatzkabel bekommen solle, als ob wir das besser hätten wissen sollen/können als er. Es schien, dass ich mit allen Antworten daher kommen sollte, ebenso für den Video- als auch für den Audio-Bereich des Aufbaus; nur weil Rama keine extra Kabel mitgebracht hatte. Also unterbrach ich meinen Part des Aufbaus, versuchte, das videotechnische Problem zu lösen und sagte „Warum fragst du nicht die Leiter des Seminar-Zentrums, ob sie uns eines leihen können?", und Rama fragte:
„Nur, wo wohnen die?" (Als ob ich das wüsste!) Mit zunehmender Ungeduld sagte ich ihm, er solle doch im Büro fragen. Es war, als musste ich Rama jeden einzelnen Schritt sagen, da er nicht gewillt schien, selbst nachzudenken! Die ganze Zeit mühte ich mich in der Hitze und in einem ungewohnten Umfeld mit den technischen Dingen des Aufbaus ab, wo einige der von uns üblicherweise benutzen Sachen fehlten und ebenso gesucht oder neu „erfunden" werden mussten. Dieses Kabel war nur eine Sache, die es erschwerte, dank Rama! Sein hilfloses Posieren war wirklich frustrierend in diesem Moment. Rama war inzwischen so nutzlos, dass ich ihn einfach aus dem Weg haben wollte.
Natürlich war Rama zu dieser Zeit auf seinem Weg aus der Crew heraus, und die angestaute Frustration hatte in der Hitze des Nachmittags und dem Stress des Reisens und des Aufbaus einfach ihren Höhepunkt erreicht.

umgeben bin, die etwas Derartiges auf ihn projizieren? Oder mache nur ich das? Oder ist er gar nicht in einer Story? Aber wie soll ich dann seine gegenüber Kira angeblich gemachte Aussage interpretieren? Sollte er ihr wirklich gesagt haben, dass sie mich an die Arbeit peitschen soll, dann wäre das doch echt das Allerletzte!! Scheiße! Aber verurteilt er mich oder mein Verhalten überhaupt? Naja, es ist die alte Story: SCHEISSE, SCHEISSE, SCHEISSE!!!

Im Büro des Seminar-Zentrums gibt es weder ein Kabel noch einen Video-Recorder. Das heißt: Ich werde alle Geschäfte am Ort abklappern müssen! Und der Ort ist groß! Und es ist eine Affenhitze! Verdammter Scheiß! Zudem liegt mir mein eigener Verstand natürlich auch ständig in den Ohren, dass ich es mal wieder falsch gemacht habe...

Nach über einer Stunde habe ich sämtliche Supermärkte abgeklappert und immer wieder zu hören bekommen, dass es diese Art von Kabel nur in Korfu-Stadt gibt, die über eine Fahrstunde entfernt liegt. Doch mittlerweile ist es so spät geworden, dass das heute nicht mehr reichen wird. Scheiße! Und jetzt? Soll ich – wie meistens in einer derartigen Situation – still bleiben, Samarpan gegenüber nichts sagen, die Arschlochrolle übernehmen und den Schmerz einfach fühlen? Oder kläre ich es jetzt ein für alle Mal, was es mit meiner Meisterprojektion vom Blickwinkel der Wahrheit aus auf sich hat? Scheiße. Letzteres bietet sich im Grunde total an. Denn wann soll ich diese Story ('Samarpan, dieses scheinheilige Aas hält mich für ein Arschloch') beenden, wenn nicht hier und jetzt?

Also gehe ich zu Samarpan und finde ihn in der Küche sitzend vor, während er gerade an seinem Laptop Freecell spielt. Puuuh! Psychisch bin ich total aufgeregt und physisch von der einstündigen Hetze in der Hitze so ausgelaugt und außer Puste, dass ich erst einmal zwei Minuten nur still dasitze, bevor ich wieder einigermaßen ruhig atmen und sprechen kann.

Dann atme ich noch einmal tief durch und erzähle Samarpan in ein paar Worten, was sich zugetragen hat und wie sich die Situation bei augenblicklichem Kenntnisstand gestaltet. Erfreulicherweise ist Samarpan ganz entspannt, keine Spur von Ärger.

„Dann gibt es heute eben keine Video-Aufnahme, und morgen kaufen wir ein neues Kabel. Kein Problem."

Ich empfange die (s quasi als) Absolution und atme auf. Allerdings geht es mir eigentlich in erster Linie ja gar nicht um das blöde Kabel, sondern um meine Meistervorstellung. Um meine Vorstellung vom unfehlbaren Meister, an der ich nach wie vor festhalte bzw. sie immer wieder auf das Neue ausgrabe. Warum eigentlich? Vielleicht weil Samarpan diesen Anspruch an sich selbst hat? Oder weil mein Verstand dies als Ausrede bzw. Entschuldigung für meine eigene Nicht-Meisterschaft gerne glauben will???

Na ja, im Grund ist das Warum völlig unwichtig… puuuuuuh! – Da ich Schiss habe, dass Samarpan sich bei diesem Thema angegriffen fühlen könnte, formuliere ich umständlich:

„Äh... Meister... blabla... Story... blabla... Jesus... Kreuz... meine Vorstellung... Wahrheit... blabla."

Und von Samarpan kriege ich eine Antwort, die exakt meinem wischi-waschi Niveau zu entsprechen scheint:

„Meister... niemand... kein Tuer... blablabla."

So ein Mist! Auf diese Weise komme ich nicht weiter. So finde ich keinen Frieden mit dieser vermaledeiten Thematik. Ich muss noch klarer werden. Au, au! Kleinlaut bekenne ich:

„Also äh, irgendwie habe ich einfach immer noch die Vorstellung, dass derjenige, der vorne im Stuhl sitzt, keine Storys mehr am Laufen hat."

Stille. Ich halte die Luft an. Auweia! Hoffentlich rastet Samarpan jetzt nicht aus! Ich habe meinen Satz zwar nur allgemein formuliert, ohne ihn direkt zu nennen, aber wen kann ich schon meinen außer ihm? Eieieieiei.

Scheinbar unbeeindruckt klickt Samarpan mit der Maus auf eine Karte am Bildschirm und sagt ohne aufzuschauen:

„We all have to face our own conditioning."

Damit schiebt er die gezogene Karte behutsam von einem Stapel zum nächsten, während ich einen Moment innehalte und spüre, was dieser Satz mit mir macht: 'Wir alle müssen uns mit unserer eigenen Konditionierung auseinander setzen.' Puuuh! Eigentlich keine Neuigkeit. Aber vielleicht kann ich es ja dieses Mal wirklich ganz 'reinlassen'. Jedenfalls erklärt das für mich im Moment gerade alles.

Absolute Stille.

Eine Minute lang sitze ich mit geschlossenen Augen da, während Samarpan in aller Ruhe sein Computer-Spiel fortsetzt. Dann stehe ich auf, sage 'Thank you.' in Richtung Samarpan und kehre zum Satsang-Raum zurück. Der Aufbau ist mittlerweile so gut wie fertig, und plötzlich – ohne dass irgend jemand irgend etwas gemacht hat – flimmert der Bildschirm zu unser aller Überraschung auf. Alles funktioniert wieder. Das gibt es doch nicht! Der ganze Stress wegen nichts? Ich fasse es nicht! Doch offensichtlich brauchte es das, offensichtlich brauchte ICH das.

Korfu, 7. September 01

Verbringe den Tag mit Anja am Strand. Heute ist auch Samarpan mit Marga da und liegt nur ein paar Meter weiter im Sand. Ein so normaler Mensch und Meister; unglaublich!

Und als er mit Marga am frühen Nachmittag eng umschlungen und freundlich lächelnd grüßend an uns vorübergeht, denke ich: 'Solch ein schönes Paar!' Anja im Arm haltend sehe ich ihnen noch eine Weile nach, wie sie gemütlich von dannen schlendern. Da geht er dahin – und ist doch immer Hier.

Korfu, 8. September 01

Gleich nach Samarpans Namasté wird das schnurlose Mikrofon einer auf dem Boden sitzenden Frau gereicht, Samarpan sieht kurz zu ihr hinüber, schließt dann seine Augen, und während sie nun in berührendster Art und Weise anfängt zu singen, dreht er seinen Kopf zunächst wieder geradeaus und dann sogar in die andere Richtung. Während Außenstehende nun vielleicht annehmen mögen, dass Samarpan hier ganz offen seine Geringschätzung für diese Person zum Ausdruck bringt, sehe ich in dieser Geste unendlich viel Liebe. Denn mir kommt es so vor, als ob dadurch, dass er keinerlei Kontakt zu der Sängerin aufnimmt, dort vorne quasi niemand ist, mit dem sie Kontakt aufnehmen könnte. Und weil dort vorne niemand ist, kann sich auch bei ihr niemand einstellen, bzw. wenn bei ihr doch jemand sein sollte, wird es diesem jemand unmöglich gemacht, ein Gegenüber zu kriegen, und dieser jemand singt ins Leere.

Doch so hingegeben wie Hier gerade gesungen wird, ist es vermutlich so, dass bei der Sängerin wirklich niemand ist. Und insofern bekommt sie einfach dieses Niemandsein gespiegelt. Mein Gott, es ist so berührend. Vorne niemand, bei ihr niemand; einfach nur singen; reines Singen. Welch ein Geschenk. Wie schön. Und auch als das Lied vorüber ist, würdigt Samarpan die Sängerin mit keinem Blick. Welch eine Weisheit. Welch ein Meister. Ich kann mir nicht verkneifen nachzusehen, ob sie enttäuscht ist, oder ob Samarpan tatsächlich eine 'ebenbürtige' Partnerin hat und wende meinen Blick nach links, hinüber zu ihr. Und da sitzt sie. Mit geschlossenen Augen; vollkommen in Frieden. Ein Buddha. – So viele Buddhas.

Korfu, 10. September 01

Samarpan ist und isst bekanntermaßen ja am liebsten alleine und deshalb verabreden wir, dass ich ihm von nun an das Essen jeweils auf sein Zimmer bringen werde. Am Abend gehe ich daher mit zwei Tüten voller Tupperware beladen zu Samarpan, der wie üblich am Esstisch in der Küche vor dem Computer sitzt.

„Hi Samarpan!“ - „Hi Rama!“

Ich packe die Tüten aus, richte ihm alles auf zwei Tellern an, stelle sie ihm neben den Computer und verschwinde wieder. Was gäbe es zwischen uns noch zu sagen?

Korfu, 11. September 01

„Rama! Rama!", ruft mir jemand auf dem Rückweg vom Strand aufgeregt zu. „Hast du schon gehört? New York... Terroristen... Flugzeuge... World Trade Center... Tausende von Toten! – Vielleicht gibt es ja jetzt Krieg!"

Immer mit der Ruhe, denke ich. Ist das nicht alles der Verstand? – Wenig später sehe auch ich die sich immer wiederholden Bilder der ins World Trade Center einschlagenden Flugzeuge im Fernsehen. Wahnsinn, und irgendwie unfassbar.

„Ja", sagt Samarpan zu Beginn des Satsangs. „Der Verstand versteht es nicht. Er kann nicht fassen, was da passiert ist. Und doch: In Wahrheit ist nichts passiert; nicht wirklich."

Stille.

„Schaut: Niemand starb, der nicht sterben sollte. Wieso sind die einen im Gebäude geblieben, während andere den Impuls hatten, es zu verlassen? Und woher kommen diese Impulse? Wir wissen es nicht. Wir wissen nicht, was geschehen soll. Nicht in unserem eigenen Leben, nicht in dem Leben von jemand anderen. Es ist alles das Göttliche. Wir wissen nicht, wann der Tod zu uns kommt. Wir haben gewisse Vorstellungen, aber das ist nur der Verstand. All unsere Vorstellungen sind nichts wert. Wenn der Tod kommt, kommt er. Und es kann jeden Augenblick sein, wir wissen es nicht."

Stille.

„Die Wahrheit ist: Wir können nichts tun. Wir können alle Vitamine nehmen und werden unser Ende damit doch nicht auch nur um eine Sekunde verlängern können. Es ist eine Illusion zu glauben, dass wir die Kontrolle darüber hätten, auch wenn jeder so tut als ob. Wir haben keine Kontrolle darüber! Wir haben überhaupt keine Kontrolle über irgendwelche Dinge in unserem Leben. Was auch immer geschehen ist oder noch geschehen wird, es ist alles der göttliche Plan. Versuche nicht, die Geschichte umzuschreiben, sondern sei in Frieden mit deinem Leben, was auch immer gerade geschieht. – Das Einzige, das wir tun können, ist in Frieden damit zu sein. Jetzt. Übe dich dein ganzes Leben darin, in Frieden zu sein. Wenn der Tod dann kommt, hast du viel Übung darin und kannst in Frieden sterben. Wer sein ganzes Leben 'im Krieg' war und immer nur gekämpft hat, wird es nicht leicht haben, ausgerechnet in diesem Moment loszulassen und in Frieden zu sein. – Sei einfach in Frieden. Jetzt! Der Tod findet nicht irgendwann in der Zukunft statt, sondern Jetzt. Geburt und Tod: Es ist alles Hier. Gib dich all dem hin. Stirb jeden Moment. Lebe jeden Moment. Erlebe jeden Moment. Total. Mit allem, was dieser Moment beinhaltet. Ist Hier Panik? Gut, erlebe Panik! Ist Hier Trauer? Gut, erfahre Trauer!"

Schöne Stille. Einzelne weinen leise.

„All diesen wunderbaren Erfahrungen. Wenn wir sie nicht verurteilen, was unser Verstand gemacht hat – er hat unsere ganze Welt in Gut und Böse eingeteilt, das ist die Dualität – dann sind es einfach nur Erfahrungen. Interessante Erfahrungen. Vielleicht schmerzhaft, aber nichts Verkehrtes. Schmerz ist einer der vielen Bestandteile des Lebens, das Salz in der Suppe. Das ganze Leben ist ein einziges Sich-Hingeben, ein Sich-Hingeben an das, was ist. Jesus ist solch ein großartiges Beispiel. Er gab sich sein ganzes Leben hin. Er gab sein ganzes Leben hin. Für uns. Um uns zu zeigen: ‘Es ist möglich. Es ist möglich, sich unter den furchtbarsten äusseren Umständen von Folter und Kreuzigung, verlassen von all seinen Freunden hinzugeben und trotzdem noch zu sagen: Dein Wille geschehe.’“

Lange Stille.

„In diesem Prozess, da sich die ganze Erde im Erwachen befindet, wird noch vieles passieren, was unser Verstand als ‘furchtbar’ beurteilen wird. Wir wissen nicht, wer welche Erfahrungen braucht, um zur Wahrheit zu finden. Menschen, die an den alten Strukturen festzuhalten versuchen, werden leiden, denn innerhalb der Illusion finden wir keine Sicherheit und keinen Frieden. Der Friede ist nur Hier und Jetzt. Sei in Frieden mit dem, was jetzt gerade ist. Nur so kannst du anderen helfen. Wenn diese am Ausflippen sind und sehen: ‘Hoppla, da ist jemand trotz all dem in Frieden.’ Und dieser Frieden ist ansteckend, genauso wie diese Verstandesenergie ansteckend ist. – In den nächsten Tagen werden viele Einzelschicksale der Menschen aus New York bekannt werden. Und jeder von uns hat die Wahl: Gebe ich nun diesen Storys Energie, oder gebe ich dem Frieden Energie, der Hier ist? Das ist die Entscheidung. Das ist der freie Wille. Das ist der einzige freie Wille, den ich habe. Worauf richte ich meine Aufmerksamkeit? Auf den Verstand mit all seinen Geschichten? Oder auf die Stille, die Hier ist? Das ist DIE Entscheidung. Jeden Moment.“

Im Satsang-Raum ist es vollkommen still. Welch ein Geschenk, dieser Moment. Dieser Moment, da Samarpan die Wahrheit so klar und einfach spricht.

„Solange wir das Böse ins Außen auf Terroristen oder andere Völker projizieren, wird es keinen Welt-Frieden geben. Alles, was wir ins Außen projizieren, kommt immer wieder auf uns selbst zurück. Wie bei einer sich selbst erfüllenden Prophezeiung. – Es gibt keine Bösen; im ganzen Universum nicht. Das bist alles du selbst. Es ist alles das Göttliche, das die einzelnen unterschiedlichen Rollen spielt. Jesus sagte: ‘Liebe deine Feinde wie dich selbst.’ Das ist es, wovon er sprach. Es gibt niemand anderen außer dir selbst. Du bist. Das ist alles. Und du bist alles. Es gibt nichts, was von dir getrennt ist. Also gibt es auch nichts zu bekämpfen. Es ist alles vollkommen. – Das ist es, wenn man die Welt mit Gottes Augen betrachtet. Wie heißt es in der Schöpfungsgeschichte: ‘Gott betrachtete seine Schöpfung und sah, dass es gut war.’ – Und es IST gut. Wir LEBEN im Paradies. Es mangelt uns an nichts. Der Einzige, der etwas Falsches sieht, ist der Verstand. Sei es in unserem Leben oder in dem Leben anderer. Wenden wir ihm den Rücken zu, ist da Frieden. Unmittelbar. Immer. Lasse diejenigen kämpfen, die kämpfen wollen. Auch das bist du. Es gibt keinen Grund für Arroganz. Sei DU in Frieden. Irgendwann werden auch diejenigen, die jetzt nach Krieg rufen, entdecken, dass Frieden nicht im Außen zu finden ist. Vielleicht ist 'Krieg' genau das, was für sie im Moment gerade benötigt wird. Vielleicht ist 'Krieg' genau das, was für manche Menschen notwendig ist, um zu erkennen, dass es nichts hilft, die Dinge im Außen verändern zu wollen. Und dann sind auch sie bereit für die Wahrheit. Wir können einfach in Frieden sein, zusehen wie sich dieser wundersame Moment entfaltet und darauf vertrauen, dass alles genau so ist, wie es sein soll."

Stille. Ich sehe Samarpan ergriffen an und denke: Osho hätte dir keinen passenderen Namen als 'Prem Samarpan' geben können: 'Hingabe an die Liebe.' Dein ganzes Leben gibst du dich der Liebe hin, gibst du dich dem Leben hin und lehrst bzw. zeigst uns das Kostbarste, was es nur zu zeigen gibt. G-r-e-n-z-e-n-l-o-s-e D-a-n-k-b-a-r-k-e-i-t.

Korfu, 12. September 01

Im Satsang geht eine Frau nach vorne und erzählt lachend, was sie heute erlebt hat. Morgens rief sie bei ihrer Mutter in Berlin an, die ihr sagte, dass anscheinend der dortige Flughafen gesperrt ist. Ihr Verstand sei daraufhin total in Panik verfallen.

„Okay, ich komme also nicht mehr nach Hause, muss hier in Griechenland überwintern, wir alle werden hier überwintern müssen, noch ist es heiß, aber schon in wenigen Wochen wird es kalt werden, und ich habe keine warmen Sachen dabei, die anderen wahrscheinlich ebenfalls nicht. Das heißt: Die Bekleidungsläden hier werden bald ausverkauft sein, also schnell, schnell: Ich muss die erste sein, bevor der große Run einsetzt!" Sie lacht. „Schon im Geschäft habe ich mich dann allerdings gerade noch rechtzeitig vor Abschluss einiger Hamsterkäufe an deine Worte erinnert und innegehalten; es ist so verrückt!"

„Ja, dass ist die Tyrannei des Verstandes. Lassen wir uns von ihm durchs Leben geleiten, ist es verrückt."

„Und es ist so offensichtlich!", erwidert sie.

„Ja, es ist so offensichtlich. Und weißt du was? Es ist wunderbar, was du erzählst. Welch wertvolle Erkenntnis ist es zu erkennen, wie verrückt der Verstand ist! Solange man glaubt, der Verstand weiß etwas, tut man sich natürlich schwer, ihm den Rücken zuzuwenden. Aber wenn man einmal erkannt hat, dass er nichts weiß, dass er nur Unfrieden stiftet und uns ein schrecklicher Tyrann ist, ist es ganz einfach. Lasse ihn sein Ding machen, das tut niemand weh. Beachte ihn nur einfach nicht."

Lange Stille. Dann shart jemand:

„Samarpan? Ich finde es trotz allem schrecklich, was in Amerika passiert ist.“

„Ja! Es ist in der Tat schrecklich, wenn man entdeckt, dass es keine Sicherheit gibt, dass jede Sicherheit in dieser Welt eine Illusion ist. Als ob einem der Boden unter den Füßen weggezogen wird. Der Boden, auf den man bislang vertraut hat. – Solange man nicht auf festem Boden steht, wird man immer wieder enttäuscht werden, denn auf nichts, auf keine Sache in dieser ‘so genannten’ Realität ist wirklich Verlass! – Die Frage ist: Auf was kann man vertrauen? Was ist das Beständige?“ Stille.

„Finde den festen Boden! Finde das, was immer da ist! Finde das, was immer Hier ist! Egal, wie die äusseren Umstände aussehen. Was war schon da, bevor das Universum in die Existenz kam? Und was wird noch da sein, wenn das Universum längst wieder gegangen ist? Das ist die Frage!“

Korfu, 13. September 01

Mehr und mehr kleine Rand-Geschichten um den eigentlichen Terrorakt herum dringen an die Öffentlichkeit. Und der Verstand einiger ist entsetzt. Was ist es da für ein großes, unbezahlbares Geschenk, in solch einem Moment in der Nähe eines Meisters zu sein, der die Dinge ohne Umschweife wieder ins rechte Licht rückt.

„So furchtbar es vom Verstand aus betrachtet auch aussehen mag: Die Wahrheit ist, wir wissen nicht, wofür etwas gut ist. – Ich möchte euch eine Geschichte erzählen. Da war einmal ein Sufi, der besaß ein wunderschönes Pferd. Eines Abends wurde vergessen, das Gatter zu schließen, und so kam es, dass das Pferd am nächsten Morgen verschwunden war. ‘So ein Pech!’, bemitleidete ihn sein Nachbar, doch der Sufi sagte nur: ‘Vielleicht.’ Ein paar Tage vergingen, als das Pferd zurückkehrte und mit ihm auch noch einige Wildpferde. ‘So ein Glück!’, sagte sein Nachbar, doch der Sufi meinte nur: ‘Vielleicht.’ Am nächsten Tag wollte der Sohn des Sufi eines dieser Wildpferde zureiten, stürzte jedoch dabei und brach sich ein Bein. ‘So ein Pech!’, bemitleidete ihn wiederum sein Nachbar, doch der Sufi sagte nur: ‘Vielleicht.’ Kurze Zeit später kamen Bedienstete des Königs auf der Suche nach jungen Männern für den bevorstehenden Krieg vorbei und nahmen die Söhne aller Nachbarn mit. Nur der verletzte Sohn des Sufi konnte zu Hause bleiben.“

Stille.

„Seht: Wir wissen nicht, wofür dieses ‘Un’-glück gut ist. Das wird erst die Zeit zeigen. – Wenn ich auf mein Leben zurückblicke, dann sehe ich: Es war alles perfekt. All die Niederlagen, all die Fehlschläge und Frustrationen: es war alles perfekt. Genauso wie es sein sollte. In diesen Momenten mag mir das nicht bewusst gewesen sein, aber jetzt im Nachhinein erkenne ich es. Und so ist es auch mit deinem Leben. So ist es mit dem Leben von jedem einzelnen.

– Das Einzige, das wir in solch einer Situation machen können, ist, unser Urteil darüber fallen zu lassen, wie wir glauben, dass es sein sollte. Wir können nur fühlen, was gerade Hier ist. Die Ohnmacht, die Unsicherheit, die Hilflosigkeit. – Und wir SIND vollkommen hilflos! Was auch immer geschieht oder in Zukunft noch geschehen wird: Wir können nichts machen. Das Einzige, was wir tun können, ist, zu sagen: 'Hallo Gott! Ich verstehe es nicht. Aus meiner Sicht macht es keinen Sinn. Mein Verstand beurteilt es als falsch. Aber wenn du der Meinung bist, dass dies genau das ist, was geschehen soll, dann will ich dir vertrauen, dann will ich mich dem hingeben. Deiner Güte. Deiner Liebe.' Wie Jesus am Kreuz: Nicht mein Wille, sondern dein Wille geschehe. Wie im Himmel so auf Erden. – Wende dem Verstand den Rücken zu und vertraue auf das Göttliche. Das ist das Einzige, was wir im Angesicht eines solchen 'Ereignisses' tun können. Das ist das Einzige, was wir überhaupt je tun können. All die kleinen Kreuzigungen in unserem Leben: loslassen, loslassen, loslassen. Jeden Moment unseres Lebens, bis zum letzten Atemzug."

13.

All dies ist nicht real. Es ist bloß ein Film.
Niemand tut wirklich irgend etwas.
Du träumst das alles nur. – Entspanne einfach.
Es ist alles in Ordnung.
(Samarpan)

Korfu, 14. September 01

„Weißt du denn, was du nach Korfu machst, Rama?“, werde ich von einem Satsang-Teilnehmer gefragt. – Huiuiui! Die gleiche Frage ist mir in den letzten Tagen hier und da zwar schon öfters gestellt worden, und ich antworte immer ‘brav’ mit ‘Keine Ahnung’. Aber jetzt und hier merke ich, kommt die Frage aus einem wirklich tiefen und ernsthaften Interesse meines Gegenübers. Tiefe Stille. Puuuh. Na ja, der Gedanke ‘Satsang zu geben’ ist mir in der letzten Zeit schon immer wieder mal durch den Kopf gegangen. Allerdings ist das ja nicht unbedingt etwas, was man ‘machen’ könnte. Irgendwie habe ich die Vorstellung, dass sich so etwas von ganz alleine ergeben muss. Und außerdem ist das Letzte, was ich will, dass sich in den nächsten Tagen die Nachricht wie ein Lauffeuer verbreitet: ‘Hast du schon gehört? Rama will jetzt auch Satsang geben!’ Denn ich erlebe es nicht als ein ‘Wollen’. Tatsächlich liebe ich es, alleine zu sein und meine Freiheit zu haben. Und doch hat diese Vorstellung eine gewisse Anziehung.

„Mmh“, sage ich. „Also irgend etwas mit der Wahrheit so im Satsang-Umfeld wäre schon nicht schlecht. – Aber im Grunde habe ich keine Ahnung.“

Eigentlich ist das ja schon auch die Wahrheit: Ich habe in der Tat nicht wirklich eine Ahnung, wie und wo es weitergehen soll.

„Die ersten Wochen werden wir auf alle Fälle erst einmal im Haus von Anjas verreisten Eltern total relaxen können. Und dann: mal sehen.“

„Spannend, oder?“ - „Ja! Total spannend!“

Korfu, 15. September 01

Als Anja und ich Samarpan heute im Bereich des Nacktbadestrandes über den Weg laufen, lacht er uns freundlich an:

„Hey! Ich habe gehört, Ihr überlegt euch, mit einem Imbisswagen mitzureisen und die Satsang-Besucher nach dem Satsang zu beköstigen?“

„Na ja, das war halt mal so eine Idee“, sage ich und staune, wie er das denn wohl erfahren hat.

„Mir gefällt diese Idee“, meint Samarpan halb ernst, halb lustig. „Und im Winter gibt es Glühwein?“

„Na ja, eigentlich hatten wir mehr an Pizzas gedacht."
„Auch gut. Nur bitte nicht im Satsang-Gebäude."
Äh, äh, wo denn sonst? Na ja, gut, aus dem Bus heraus, das könnte auch gehen.
„Ja. Mal sehen." Wir sehen uns an. Und Samarpan sagt lächelnd:
„Interessant."
Ich nicke. Und Samarpan nickt ebenfalls. Damit gehen wir weiter, und ich sage zu Anja:
„Ein Imbisswagen... huuuaaa, das sieht total nach Stress aus."
„Stimmt, aber Glühwein ist eine Superidee!"
„Das ist richtig. Man braucht nur ein paar Thermoskannen, Plastikbecher; die Investitionskosten sind minimal, die laufenden Kosten ebenfalls. Wow! Ja! Das könnte gehen. Und wenn man an einem kalten Winter-Abend von geschätzten hundertfünfzig Satsang-Teilnehmern an dreißig von ihnen Glühwein verkauft, bei einem Becherpreis von... Doch, das hat was!"

In Stille gehen wir weiter. Es ist interessant, wie schnell diese Idee, die ja vor Wochen geboren, doch seitdem nicht mehr beachtet wurde, durch ein solch kurzes Gespräch mit Samarpan wieder Energie bekommt. Und wie viel Energie! Aber das Schönste war für mich eben, von Samarpan zu hören, dass er es begrüßen würde, wenn wir auch weiterhin dabei wären. Welch ein Geschenk, in Frieden vom Meister Abschied nehmen zu dürfen. Sich in Harmonie zu 'trennen'. Wie schön hat das Leben dies bei uns arrangiert. Welch ein Segen.

Korfu, 16. September 01
Als ich Samarpan heute das Abendessen bringe, sage ich – wie schon die letzten beiden Tage auch – nicht einmal mehr 'Hi'. Es gibt einfach nichts mehr zu sagen. Und auch er scheint mich an seinem Computer sitzend und E-Mails beantwortend gar nicht wahrzunehmen. Wie ein Schatten husche ich kurz durch die Küche und bin schon wieder weg. Es fühlt sich alles so stimmig an.

Korfu, 17. September 01
19:30 Uhr, mein letzter Satsang beginnt, und alles ist wie immer. Die Musik verklingt, Samarpan führt lächelnd die Hände zusammen und sagt:
„Good evening! Welcome to Satsang!"
Wie schön! Und nun fließe ich ein letztes Mal dahin, während mir die Ehre zuteil wird, für Samarpan die Wahrheit dolmetschen zu dürfen. Alle Storys sind vergessen. Da ist nur noch grenzenlose Dankbarkeit und Liebe. Und als Samarpan den Satsang nach zwei Stunden mit Namasté beendet, lege ich das Mikrofon zu Boden, führe meine Handflächen langsam und bewusst ein allerletztes Mal vor dem Gesicht zusammen, neige leicht meinen Kopf und

schließe die Augen. Von all den Abermillionen Worten, die zwischen uns im Lauf der gemeinsamen Monate und Jahre gewechselt wurden, ist nur noch ein einziges übrig geblieben, dass ich jetzt stumm und in tiefster Demut mit meinen Lippen formuliere:

„Namasté Samarpan, Na-mas-té."

Kontakt zum Autor: www.schmetterlinge-ueberall.de

Wie alles anfing…

Das Buch 'Auf der Suche nach dem Schmetterling' beginnt am Tag der ersten Begegnung von Samarpan und Rama im März 1997 und fesselt den Leser mit einer sehr lebendigen Sprache. Eindrücklich, ehrlich und ungeschönt schildert Rama sein Leben als Schüler und Dolmetscher an der Seite Samarpans mit all den möglichen Hindernissen, die auf dem Weg einer spirituellen Suche nach Erleuchtung auftreten. Seine immer wiederkehrenden Zweifel und schmerzvollen Erfahrungen werden hier vom Leser ebenso miterlebt wie seine kleinen Schritte in Richtung der Wahrheit.

Und wie in 'Schmetterlinge überall' gibt es dabei eine Vielzahl von detaillierten Dialogen zwischen ihm und anderen Suchenden mit Samarpan, bei denen es um Themen aus allen Bereichen des menschlichen Lebens geht, wie z. B. Beruf, Geld, Macht, Liebe, Partnerschaft, Sexualität, Meditation, Krankheit, Tod und Gott.

Stets weisen die Antworten und Weisheiten Samarpans auf das Eine hin, und so bietet dieses Buch dem Leser viele Möglichkeiten, sich von der Wahrheit berühren zu lassen und den Schmetterling in sich selbst zu ent-decken.

Im Veth Verlag außerdem erschienen:

Ein Buch für Praktiker. Es beginnt dort, wo Seminare normalerweise enden: beim weiterführenden Experiment, der Praxis! Schon seit Urzeiten gelingt es dem Menschen, seinen Bewusstseinszustand mit Hilfe von Trommel oder Rassel zu verändern. Dieser „schamanische Bewusstseinszustand" ermöglicht es auch dem „Normalverbraucher", Kontakt zu jener mystischen Welt der Schamaninnen und Schamanen aufzunehmen, die uns ansonsten verschlossen bleibt.

Dieses Buch ist als Anregung und Hilfestellung für jene interessierten Menschen unserer ver-zivilisierten Welt gedacht, die ihr Bewusstsein erweitern möchten, um so zu neuer Erkenntnis, Heilung und spiritueller Bewusstwerdung zu gelangen. Die Anleitungen in diesem Buch eignen sich für Fortgeschrittene ebenso wie für Anfänger. Sie bieten auch dem aufgeschlossenen Therapeuten neue Möglichkeiten, um auf seine Klienten tiefer und intensiver eingehen zu können. Manchen Seminarteilnehmern erschließt sich diese schamanische Welt innerhalb der mittlerweile in Massen angebotenen Seminaren nur zum Teil; die Gruppe wirkt oft mehr hinderlich als unterstützend, um wirkliche Erfahrungen sammeln zu können. So bleiben viele Fragen meist unbeantwortet.

In diesem Buch gibt der Autor, selbst Schamane und Curandero, eben jene ausstehenden Antworten und mehr: Die „allgemeinen" und „organspezifischen Sequenzen" in diesem Buch bieten z. B. detaillierte Anleitungen für Reisen im neo-schamanischen Heil-Kontext, wie sie nur wenigen Heilern bekannt sind. Vorbereitende Übungen, Körperhaltungen, Tees und Bäder, rituelles Umfeld, Kreisbahnensystem und Vergangenheitsintegration - alles im Kontext des schamanischen Reisens im Neo-Schamanismus und ein Brückenschlag zum Curanderismo...

Das Buch kann bestellt werden unter:
www.veth-verlag.de

Georg O. Gschwandler
Die Anatomie der Kraft
Wege des Herzens